Outdoor Kompass

Das Reisehandbuch für Aktive

Bodensee

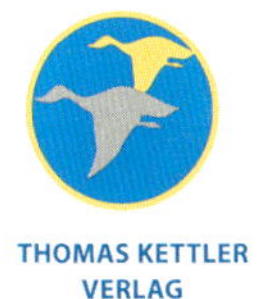

THOMAS KETTLER
VERLAG

Impressum

Von-Hutten-Str. 15
D-22761 Hamburg
Tel +49 (40) 39 10 99 10
Fax +49 (40) 390 68 20
mail@thomas-kettler-verlag.de
www.thomas-kettler-verlag.de

1. Auflage Mai 2013
Satz: Thomas Kettler Verlag
Text: Björn Nehrhoff von Holderberg
Lektorat & Textergänzung: Thomas Kettler
Titelfoto: *Die Lindauer Luitpoldkaserne vor der malerischen Kulisse der schneebedeckten Alpen,* Björn Nehrhoff von Holderberg
Fotos: Björn Nehrhoff von Holderberg sowie Abenteuer Expedition Reisen, Ivan Walther (Seite 35, 40, 66, 77, 92, 95, 116)
Karten: Heide Schwinn
Illustrationen: Carola Hillmann, Ann-Sophie Ränger
Gestaltung: Melanie Walter
Konzept: Carola Hillmann
Kanufahrschule: Michael Hennemann, Falk Bruder
Druck: AZ Druck und Datentechnik GmbH, Kempten

Bibliografische Information Der Deutschen Nationalbibliothek
Die Deutsche Nationalbibliothek verzeichnet diese Publikation in der Deutschen Nationalbibliografie; detaillierte bibliografische Daten sind im Internet über *http://dnb.d-nb.de* abrufbar.

Wir sind jederzeit an Tipps und Hinweisen zu anderen, im ganzen europäischen Raum liegenden, Outdoor-Touren interessiert.

Dieses Buch ist über den Buchhandel, Outdoor-Läden, das Internet oder direkt beim Verlag zu beziehen.

ISBN 978-3-934014-26-8

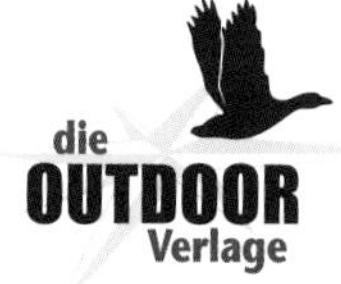

Outdoor Kompass

Das Reisehandbuch für Aktive

Bodensee

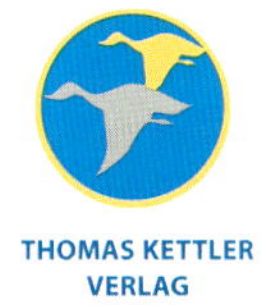

THOMAS KETTLER VERLAG

Reiseinfos von A-Z

Ausrüstung

Besonderheiten für Kanufahrer

Kultur- & Naturhistorisches

Die Touren

Stadtrundgänge

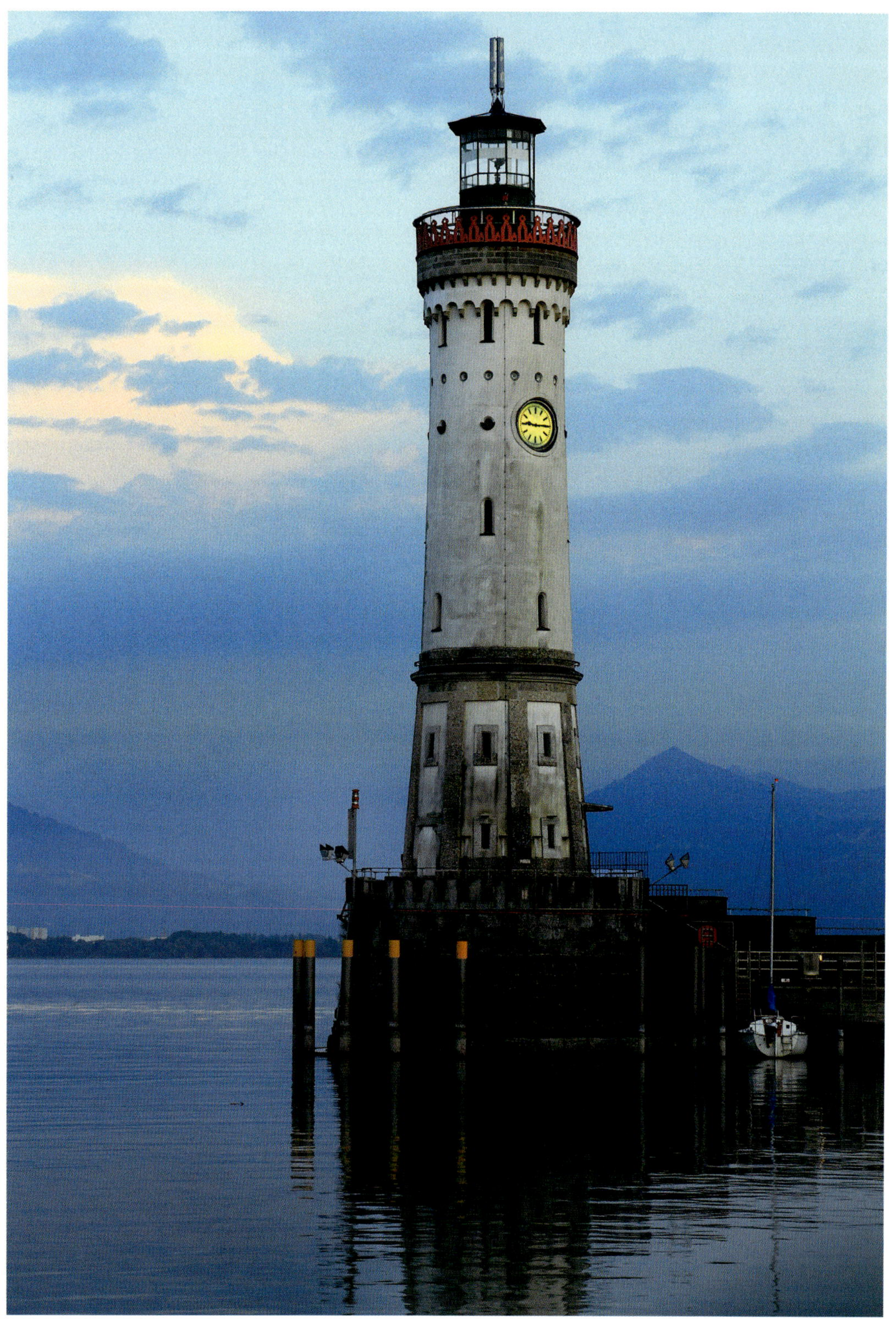

Vorweg

i

Die Bodenseeregion am Fuße der Alpen ist ein sonnenverwöhntes Fleckchen mit fruchtbaren Böden, historischen Stätten und unglaublich viel Natur. Hauptdarsteller ist der bis zu 254 Meter tiefe Bodensee selbst, der zusammen mit dem Untersee eine Fläche von 536 Quadratkilometern aufweist und somit als der drittgrößte Binnensee Mitteleuropas gilt. Sein Wasser ist so rein, dass es von etwa viereinhalb Millionen Menschen als Trinkwasserreservoir genutzt wird. Naturliebhaber kommen hier ebenso auf ihre Kosten wie alle Kunstinteressierten oder sportlich Aktiven.

Ganz im Westen, im Hegau, finden wir eine faszinierende Vulkanlandschaft, gespickt mit stattlichen Ritterburgen. Deutschlands höchstgelegener Weinberg am Hohentwiel ist ebenso ein Highlight, wie Deutschlands wasserreichste Karstquelle, der Aachtopf. Darüber hinaus fließt hier der Hochrhein aus dem Untersee durch eine natürliche Flusslandschaft, ehe er sich tosend über den 23 Meter hohen Rheinfall ergießt.

Der liebliche Untersee wird eingerahmt von mittelgebirgsartigen Bergrücken und hügeligen Weidelandschaften. Wegen der bevorzugten klimatischen Lage gründete man schon früh Klöster, wehrhafte Burgen und romantische Schlösser. Höhepunkte sind sicher die UNESCO-Welterbestätte auf der Insel Reichenau mit ihrem Kloster und das mittelalterliche Städtchen Stein am Rhein mit seinen Fassadenmalereien. Entdecken Sie den Lebens- und Schaffensraum der Künstler Otto Dix und Adolf Dietrich. Die Natur fasziniert hier mit einem Vogelschutzgebiet von europäischer Bedeutung, dem Wollmatinger Ried. Traumhafte Buchten und einsame Aussichtsberge warten auf ihre Entdeckung.

Der nördliche Bodensee zeichnet sich durch eine sanft geschwungene und liebliche, von Weinbergen geprägte Landschaft aus, wo urige Weinlokale zur Einkehr locken. Die historischen Städte Meersburg, Überlingen und Lindau mit ihren wunderschönen Fachwerkhäusern und das modernere Friedrichshafen wollen ebenso entdeckt werden, wie die 5.000 Jahre alten Spuren der Pfahlbausiedler. Entlang der Seeufer oder auch tief versteckt im Wald, finden wir eigenwillige Felsformationen. Dazwischen breiten sich Streuobstwiesen und Obstplantagen aus und über allem steht an klaren Tagen eine unvergleichliche Aussicht auf die majestätische Alpenkette.

Ganz im Osten gehört der Bodensee zu Österreich. Hier sind die seenahen Berge am höchsten und die Aussichten auf das Binnenmeer am spektakulärsten. Sonnige Höhenwanderwege gehören ebenso zum Landschaftsbild wie die altehrwürdige Stadt Bregenz mit ihren weltbekannten Festspielen. Ganz unerwartet trifft man in der Rheinmündung auf ein Naturschutzgebiet, in dem man sich wegen der Deiche und weiten Schilfflächen trotz des Alpenblicks an die Küste versetzt glaubt.

Am Schweizer Südufer erstreckt sich zwischen Rorschach und Kreuzlingen eine liebliche Bauernlandschaft, in die pittoreske Dörfer eingebettet sind. Das altehrwürdige Arbon ist ein historisches Highlight.

In der Summe bietet sich rund um den Bodensee eine unglaubliche Fülle an Möglichkeiten für ein Traumwochenende oder gar für einen mehrwöchigen Urlaub.

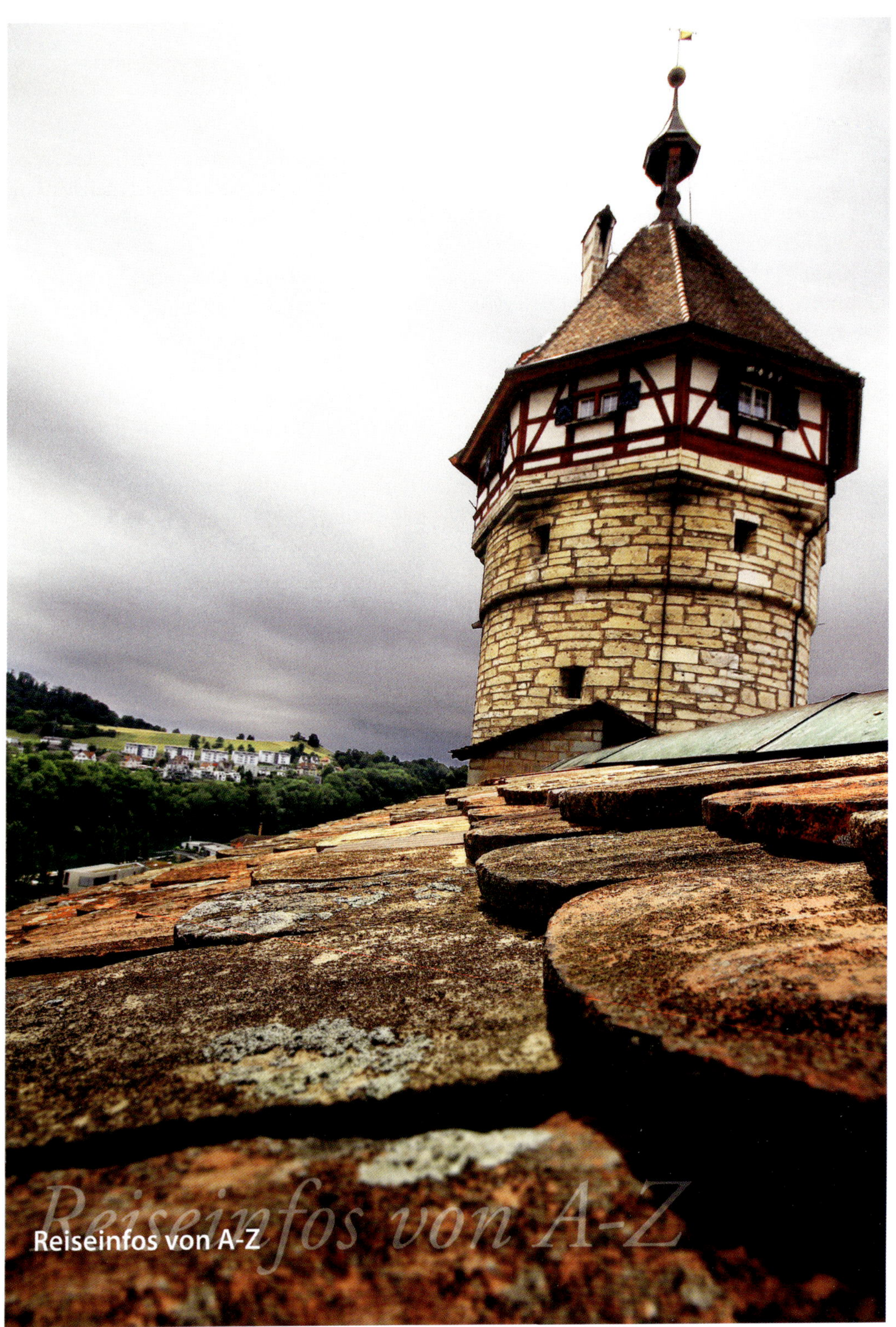
Reiseinfos von A-Z
Reiseinfos von A-Z

Angeln

Für **das Angeln vom Boot** aus, sind in allen Fällen ein Fischereischein sowie die entsprechende Gewässerkarte (Angelerlaubnisschein vom Boot) notwendig.
Vom **deutschen Bodenseeufer** aus, wird neben dem Fischereischein auch der Angelerlaubnisschein für den Bodensee bzw. für den jeweiligen Seeabschnitt benötigt. Nur Inhaber dieser beiden Scheine sind berechtigt am Bodensee vom Ufer aus zu angeln.
Für das **österreichische Bodenseeufer** wird ebenfalls eine Angelerlaubnis benötigt, diese wird jedoch, im Gegensatz zum deutschen Uferteil, auch ohne einen gültigen Fischereischein ausgegeben.
Für das **schweizer Ufer** wird unter Berücksichtigung einiger Regeln für das Angeln am Bodensee kein Fischereischein oder Angelschein benötigt. Angeln ist nur mit einer einfachen Ausrüstung, d.h. einer einfachen Angel, bestückt mit Schwimmer und Haken, erlaubt. Als Köder kommt nur ein toter Köder (keine Köderfische) in Betracht und die Fischerei darf nicht mit Blinkern, Wobblern, Spinnern, Pilker etc. betrieben werden. Beachtet werden sollte, dass trotzdem, wie auch in den übrigen Regionen, die Tierschutzbestimmungen eingehalten werden müssen.

Anreise

Mit Bus und Bahn ist die Bodenseeregion bequem zu erreichen. Beispielsweise mit Fernzügen nach Lindau, Friedrichshafen und Konstanz (umsteigen in Ravensburg).
Mit der **Tageskarte „Euregio Bodensee"** gibt es rund um und auf dem Bodensee eine länderübergreifende kostengünstige Fahrkarte für alle, die der Hektik des Straßenverkehrs entkommen wollen.

Info: www.euregiokarte.com

Auch die länderübergreifende **„Bodensee-Erlebniskarte"** hat ihre Gültigkeit auf Schiffen und Bergbahnen und bietet darüber hinaus Ermäßigungen zu über 180 Freizeit-Attraktionen, vom Museum bis zum Thermalbad.

Info: www.bodensee-erlebniskarte.info

Im österreichischen Teil gibt es die **„Bodensee-Vorarlberg Freizeitkarte"**. Auch sie bietet Ermäßigungen oder gar freie Fahrt mit Schiff und Bus.

Info: www.bodensee-vorarlberg.com

Mit dem Flugzeug:
Der Bodensee-Airport Friedrichshafen unterhält Flugverbindungen zu zahlreichen deutschen Flughäfen. Der Allgäu Airport in Memmingen, der Flughafen St. Gallen-Altenrhein und der Flughafen Zürich sind weitere Alternativen.

Mit dem Auto:
Die Autobahnen A7 und A81 führen über die Nord-Süd-Achse zum nördlichen Seeufer und München ist über die A96 mit Lindau/Bregenz verbunden. Nicht unerwähnt bleiben sollte der in den Sommermonaten dichte Autoverkehr in den Ufergemeinden, da Umgehungsstraßen meist nicht vorhanden sind.

Fotografieren

Für normale Ansprüche braucht man keine super High-Tech Spiegelreflexkamera. Auf Tour empfiehlt sich daher eine kompaktere Kamera, die einen gewissen Zoombereich (z.B. 28 - 120 mm Kleinbildäquivalent) abdeckt, um für verschiedene Aufnahmesituationen gewappnet zu sein. Ersatzbatterien und Speicherkarten gehören ebenso ins Gepäck wie eine schützende Fototasche, die beim Kanufahren am besten wasserdicht sein sollte.

i

Geld

Die Schweiz ist EU-Außengrenze und hat mit dem Franken eine eigene starke Währung. In Grenznähe kann man zwar fast überall problemlos mit Euro bezahlen, aber meist zu einem schlechteren Kurs als in offiziellen Wechselstuben oder am Geldautomaten. Es ist daher ratsam, sich schon vor Fahrtantritt mit Schweizer Franken zu versorgen.
... und nicht erschrecken, die Schweiz hat ein deutlich höheres Lohnniveau und damit einhergehend auch höhere Preise in der Gastronomie. Ein Trost: abseits der Touristenströme sinken die Preise spürbar.

Klima

Der große Wasserkörper des Sees hat eine gewisse dämpfende Wirkung auf die Temperaturen rund um den See. Im Winter mild – im Sommer nicht zu heiß. An windarmen, heißen Sommertagen kann es allerdings durch die vermehrte Verdunstung zu drückender Schwüle kommen. Demgegenüber wird das Klima bei heißem und windigem Wetter als angenehm empfunden, da der Luft durch die starke Verdunstung Wärme entzogen wird. Durch die Lage am Alpenrand muss auch mit Föhnwetterlagen gerechnet werden. Sommergewitter können über den Alpengipfeln schnell aufziehen und sind vor allem in den Bergen und auf dem Wasser zu beachten. Dann können orkanartige Winde meterhohe Wellen aufbauen.

Notruf

112 für alle internationale Handynetze

Deutschland

Polizei 110
Rettungsdienst 112
Feuerwehr 112

Schweiz

Polizei 117
Rettungsdienst 144
Feuerwehr 118

Österreich

Polizei 133
Rettungsdienst 144
Feuerwehr 122

Notfallnummern im Handy speichern!

Straßenverkehr

Deutschland

Höchstgeschwindigkeit:
innerorts 50,
außerorts 100,
Autobahnen auf unbeschilderten Strecken ohne Begrenzung.
Die **Blutalkoholgrenze** für das Führen von Fahrzeugen beträgt 0,3 Promille.
Maut nur für LKW

Schweiz

Höchstgeschwindigkeit:
innerorts 50,
außerorts 80 ,
Autostraßen 100,
Autobahnen 120.
Die **Blutalkoholgrenze** beträgt 0,5 Promille.
Jährliche Abgabe (Vignette) für das Benutzen von Autobahnen z.Z. 40 CHF (Kalenderjahr unabhängig vom Kaufzeitpunkt).

Österreich

Höchstgeschwindigkeit:
innerorts: 50,
außerorts: 100,
Autobahn: 130.
Die **Blutalkoholgrenze** beträgt 0,5 Promille.
Vignette für Autobahnen und Schnellstraßen (Extra **Durchgangsvignette** für den kurzen Abschnitt am Bodensee).

i

Telefonieren

Die **Ländervorwahlen** für die Bodenseeanrainer lauten:
Deutschland 0049 – auch +49 geschreiben
Schweiz 0041 – auch +41 geschreiben
Österreich 0043 – auch +43 geschreiben

Übernachten

In allen drei Ländern gibt es eine Vielzahl von verschiedenen Übernachtungsangeboten. Sie reichen vom einfachen Campingplatz, über preiswerte B&B´s bis hin zu Oberklasse-Hotels. In diesem Buch werden vorrangig Campingplätze, Jugendherbergen, schöne B&B-Unterkünfte und Hotels für das normale Budget aufgeführt. Da, wo es in Wassernähe keine Alternativen gibt, auch mal ein teureres Hotel. Kanufahrer können, sofern sie Mitglied eines Kanuverbandes sind, auf den besonderen Service der Kanuvereine zählen und dort nächtigen. Meist werden auch nicht organisierte Paddler gern aufgenommen.

Zollbestimmungen

Waren für den Eigenbedarf müssen EU-weit nicht mehr verzollt werden. Allerdings gelten Höchstmengen. Werden diese überschritten, gelten die Waren als gewerblich. Während das für Deutschland und Österreich kein Problem darstellen sollte, liegt in der Schweiz die Grenze, z.B. für Wein, bei momentan zwei Litern.
Auf der Internetseite **www.ezv.admin.ch** findet man die aktuellen Zollbestimmungen für die Schweiz als PDF zum Download.

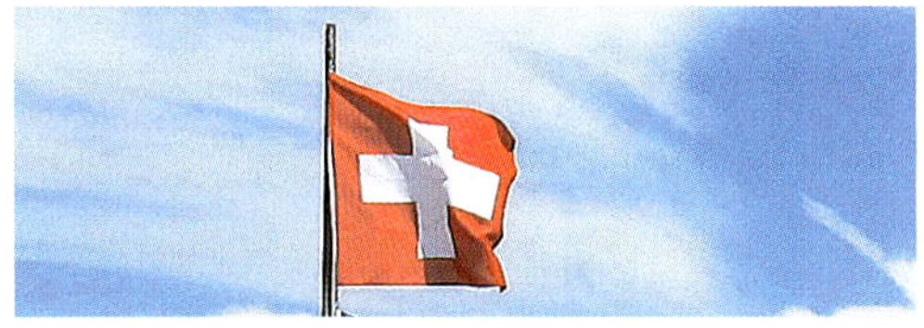

Der Bodensee im Internet

www.bodensee.eu
www.bodensee-club.de
www.bodensee-kanu-ring.de

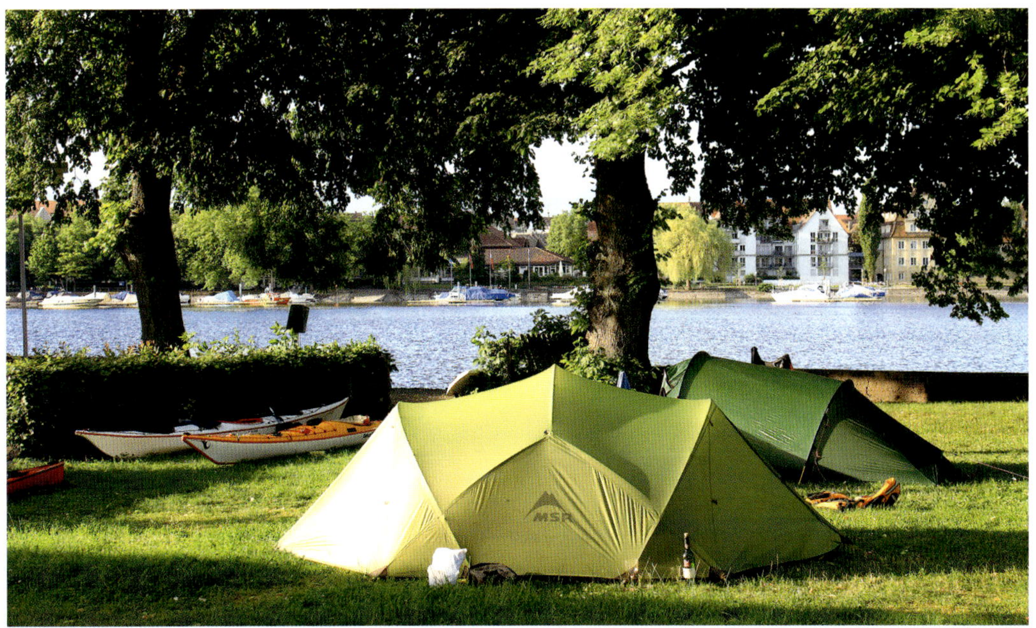

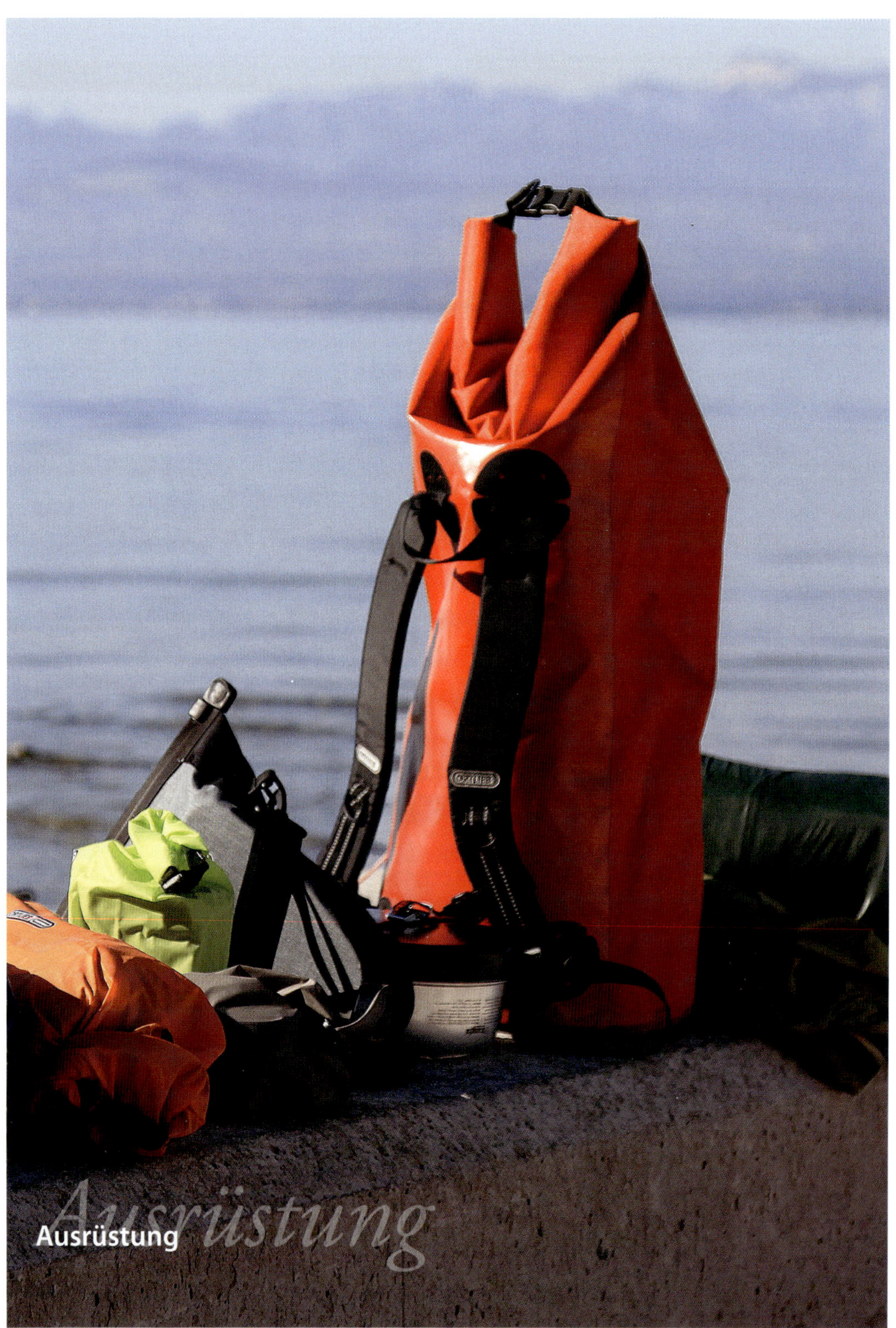

Ausrüstung

Bekleidung

Trotz des relativ milden Klimas sollte man nicht gänzlich unvorbereitet auf Tour gehen. Besonders in den unbeständigen Tagen im Herbst oder Frühling, hebt gute Kleidung den Tourenkomfort. Beim Wandern oder Radfahren gehören auf jeden Fall eine **wasserdichte Jacke** und ebensolche **Hose** mit ins Gepäck. Wer gut vorbereitet sein will, kleidet sich nach dem bewährten **Zwiebelprinzip**. Die unterste Schicht besteht dabei aus dünner Funktionswäsche. Sie leitet die Feuchtigkeit von der Haut weg in eine Wärmeschicht (Fleece oder Wolle) und von dort im Idealfall durch eine wasserdampfdurchlässige Jacke (GoreTex und andere Membranen) nach außen. Auch den besten High-Tech-Jacken gelingt es nicht, das Schwitzen gänzlich zu unterbinden, dafür aber die Feuchtigkeit auf der Haut auf ein komfortables Niveau zu senken. In der kälteren Jahreszeit empfiehlt sich auch das Tragen einer Mütze als Schutz vor Wind und Kälte, denn ein Großteil der Körperwärme geht über den Kopf verloren.

Wanderschuhe

Bei gutem Wetter reichen für die meisten Wanderungen in diesem Buch feste Turnschuhe. Trotzdem möchte ich ausdrücklich spezielle Wanderstiefel empfehlen, da ihr Schaft den Knöcheln und die Sohlen auf feuchtem Untergrund deutlich mehr Halt geben.

Tagesrucksack

Ein kleiner Tagesrucksack bietet Platz für das Nötigste wie Regenjacke, Pullover, Trinkflasche und Brotzeit. Darüber hinaus findet sich idealerweise auch Platz für Reiseliteratur, Kamera oder ein Fernglas zur Tierbeobachtung.

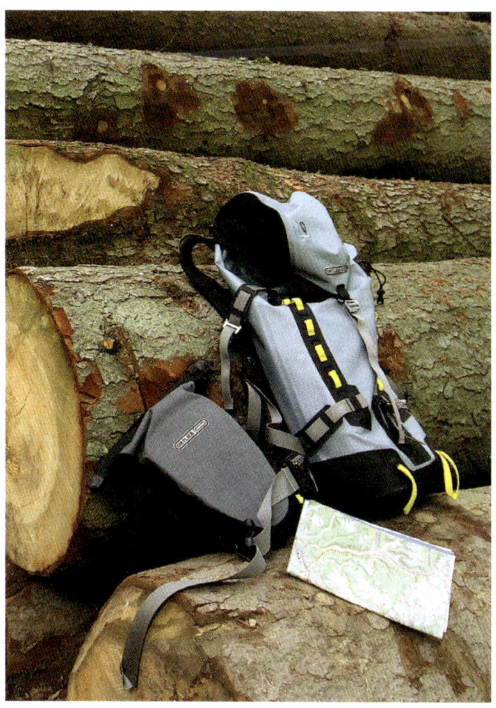

Radfahren

Wer Gepäck mit dem Fahrrad mitnehmen möchte, dem seien **Satteltaschen** empfohlen. Alles was beim Radfahren auf dem Rücken getragen werden muss und schwerer als drei oder vier Kilogramm ist, wird auf Dauer als unangenehm empfunden. Zu schwere Rucksäcke führen dann zu Verspannungen in Rücken und Schultern. Wer öfter mit dem Rad unterwegs ist, wird sich einen extra stabilen Gepäckträger zulegen. Ebenso spezielle Radtaschen bei denen eine Spritzwasserfestigkeit nicht schadet, denn Wasser kommt nicht nur von oben, sondern durch Aufwirbelungen der Räder auch von unten. Sehr zu empfehlen ist auch eine **stabile Lenkertasche**, in der man die wichtigsten Kleinigkeiten, wie Portemonnaie oder Kamera griffbereit aufbewahrt. Schön ist es, wenn diese Tasche mit einem schnellen Handgriff vom Lenker entfernt und mitgenommen werden kann. Wer

viel Gepäck hat, benötigt eventuell Taschen, die an der Vorderradgabel angebracht werden können. Dazu muss man sich einen speziellen Lowrider-Gepäckträger zulegen.
Da der Bodensee-Radweg normalen Straßen und Feldwegen folgt, ist ein übliches Rad mit Gangschaltung in der Regel ausreichend. Ein gut laufendes Reiserad ist allerdings niemals von Nachteil. Der Autor war mit einem gewöhnlichen Mountainbike auf Tour, sowie Sattel- und Lenkertaschen der Firma Ortlieb.

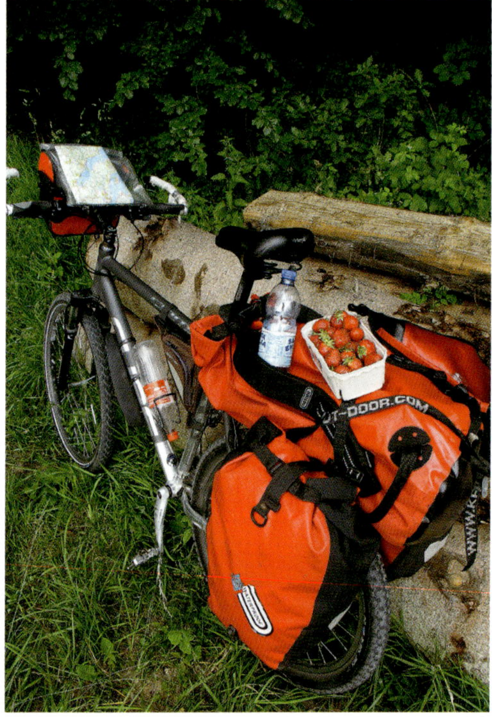

Kanuausrüstung

Kajak oder Kanadier? Generell gilt, dass ein **Kajak**, also ein geschlossenes Kanu, auf offenen, dem Wind ausgesetzten Wasserflächen, immer einen großen Sicherheits- und Geschwindigkeitsvorteil gegenüber einem Kanadier, einem offenen Kanu, hat. Wer große Strecken zurücklegen und sich in der Streckenwahl nicht so leicht einschränken lassen will, der besorgt sich also am besten ein schnittiges Tourenkajak. Auch **Seekajaks** geben auf dem Bodensee eine gute Figur ab. Natürlich kann man auch mit Kanadiern den Bodensee umrunden. Besonders im Sommer gibt es häufig stabile Wetterphasen, in denen das vorzüglich klappen kann. Man sollte sich aber immer nahe am Ufer aufhalten, denn thermische Bergwinde können sich auch im Sommer schnell entwickeln. Der Vorteil beim **Kanadier** liegt im leichteren Packen des Bootes und der größeren Bewegungsfreiheit im Boot. **Wasserdichte Packsäcke** oder **Kunststofftonnen,** beispielsweise der Firma Zölzer (www.zoelzer.de), schützen die Ausrüstung vor Nässe.
Möglichkeiten sich ein Kanu zu leihen, gibt es zuhauf um den Bodensee herum (siehe Seite 20-21). Es ist daher nicht erforderlich, mit dem eigenen Kanu anzureisen.

Kleidung im Kanu

Unabdingbar ist eine **Schwimmweste**, für Kinder eine **ohnmachtsichere Rettungsweste.** Bei einer Kanufahrt muss immer die Wassertemperatur mit einbezogen werden. Oft gibt es im Frühling schon warmes, sommerliches Wetter, das Wasser ist aber noch eiskalt. Hier heißt es dann: „dress for a swim", denn allzu schnell fällt man in kaltem Wasser der Unterkühlung anheim. Dies gilt erst recht für das Rheindelta im österreichischen Bodenseeteil. Hier strömt selbst im Sommer sehr kaltes Bergwasser in den See. Wegen der an dieser Stelle herrschenden Strömung ist außerdem besondere Aufmerksamkeit gefragt. Wer im Winter auf dem Bodensee paddeln will, für den empfiehlt sich zumindest eine **Neoprenunterbekleidung** oder noch besser ein **wasserdichter Trockenanzug.**

i

Campingausrüstung

Wenn Sie draußen übernachten, benötigen Sie eine komplette Campingausrüstung. Zur Grundausstattung gehören Zelt mit Schnüren und Heringen, Zeltunterlage, Isomatte und Schlafsack, vielleicht auch ein kleines Kopfkissen. Als Zelttyp kommen grundsätzlich Kuppel- oder Tunnelzelte in Frage. Beide leisten gute Dienste. Der Hauptunterschied: Ein **Kuppelzelt** ist freistehend, d.h. Sie benötigen zum Aufstellen nicht zwangsläufig Heringe. Da allerdings auf keinem der Zeltplätze entlang der vorgestellten Touren harter Steinboden anzutreffen ist, lassen sich auch Tunnelzelte gut mit Leinen und Heringen abspannen.

Der Vorteil eines **Tunnelzelts**: Es ist schnell aufgestellt und meistens werden Innen- und Außenzelt zusammen aufgebaut, so dass das Innenzelt selbst beim Aufbau im strömenden Regen trocken bleibt.

Wegen der zahlreichen Möglichkeiten zum Einkehren braucht man nicht unbedingt eine Kochausrüstung mitzunehmen. Reisende, die nicht so viel Geld ausgeben wollen, empfinden einen Kocher aber als angebrachte Alternative. Die „Outdoor-Küche" besteht aus Kocher mit Brennstoff, Töpfen, Pfanne und Essbesteck.

Am einfachsten ist ein **Spirituskocher**. Die fast unzerstörbaren Brenner halten ewig und sind in ausgeklügelten Systemen mit Töpfen und Zubehör zu erwerben, leider hat Spiritus einen niedrigen Brennwert und das Wasser braucht lange bis es kocht.

Gaskocher sind deutlich schneller. Sie benötigen spezielle Kartuschen, die in verschiedenen Größen (je nach Länger der Tour) erhältlich sind. Leider sind sie meist sehr laut.

Benzinkocher nutzen den Brennstoff am effektivsten. Wobei man speziell gereinigtes Kocherbenzin verwenden sollte, um unerwünschte Abgase zu vermeiden. Nachteilig sind die höhere Wartungsanfälligkeit und die mitunter entstehenden Stichflammen beim Starten des Gerätes.

Eine **Taschen**- oder besser **Stirnlampe** leistet wertvolle Dienste, wenn Sie mal im Dunklen das Zelt aufbauen und kochen müssen.

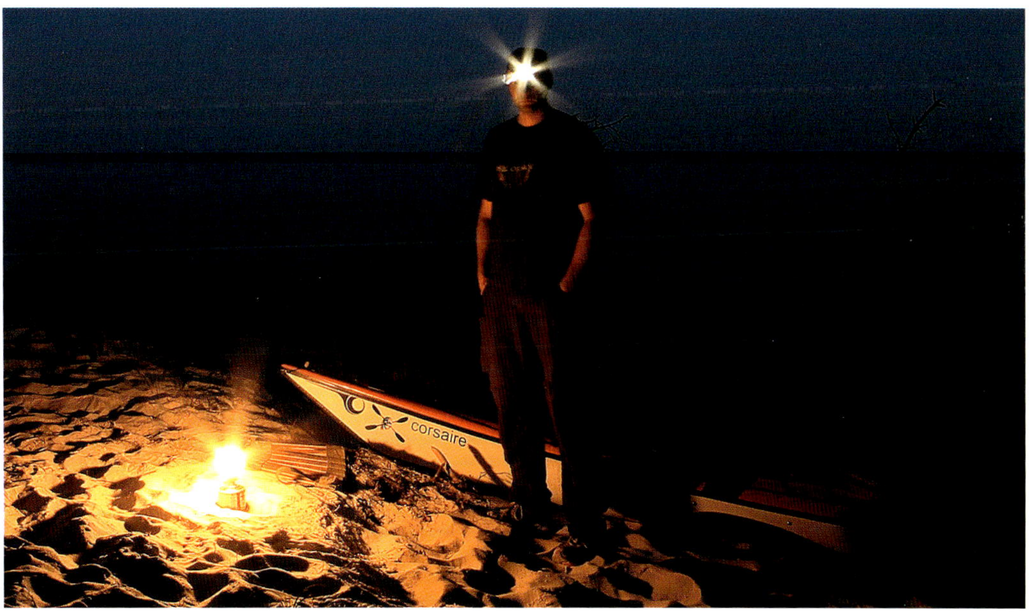

Checkliste

Kleidung & Co

- ☐ 2 Trekkinghosen lang
- ☐ Fleecehose oder lange Unterhose
- ☐ 1 Trekkinghose kurz
- ☐ Regenhose
- ☐ Regenjacke
- ☐ Regenhut
- ☐ 1 Fleecepullover oder -jacke
- ☐ 3 Paar Socken
- ☐ 3 Unterhosen
- ☐ Fleecesocken evtl.
- ☐ 2 Funktions T-Shirts kurz
- ☐ 1 Funktions T-Shirt lang
- ☐ für Frauen 2 Sport BHs
- ☐ Wanderstiefel
- ☐ ein Paar bequeme und leichte Schuhe
- ☐ Sonnenhut
- ☐ Sonnenbrille
- ☐ Badesachen, Handtuch
- ☐ Outdoor-Handtuch
- ☐ Wanderschuhe
- ☐ Trekkingstöcke evtl.
- ☐ leichte Leinenschuhe
- ☐ evtl. Fleecemütze
- ☐ Halstuch
- ☐ Kopfbedeckung
- ☐ einmal Klamotten stadtfein
- ☐ ____________________

Toilettenartikel

- ☐ Zahnbürste
- ☐ Zahnpasta
- ☐ 1 kleines Handtuch
- ☐ Kamm/Bürste
- ☐ Toilettenpapier
- ☐ Nagelschere
- ☐ Feuchtigkeitscreme
- ☐ Lippenschutz
- ☐ Seife (biologisch abbaubar)
- ☐ Haarbürste
- ☐ Haarklammern
- ☐ kleiner Spiegel
- ☐ Rasierzeug
- ☐ Tampons/Slipeinlagen
- ☐ Sonnencreme
- ☐ Mückenmitttel
- ☐ diverse/eigene Medikamente
- ☐ ____________________
- ☐ ____________________

Sonstiges

- ☐ Personalausweis
- ☐ Schweizer Franken evtl.
- ☐ Kreditkarte
- ☐ EC-Karte
- ☐ Handy und Ladegerät
- ☐ Kompass, evtl. GPS - Gerät
- ☐ Karten für die Touren
- ☐ Wasserdichte Kartenhülle
- ☐ Rucksack
- ☐ Regenüberzug für Rucksack
- ☐ Stift/Papier
- ☐ Plastiktüten (als Müllbeutel)
- ☐ Taschenmesser
- ☐ Tool *(mit Schraubenzieher und Kombizange)*
- ☐ Nähzeug
- ☐ Reiseführer
- ☐ Lesebuch
- ☐ Uhr, Wecker
- ☐ Taschenlampe/Stirnlampe
- ☐ Batterien oder Akkus
- ☐ Ladegerät für Akkus
- ☐ Kerzen
- ☐ Streichhölzer / Feuerzeuge
- ☐ Papiertaschentücher
- ☐ Schnüre / Seile, Draht, Gummis
- ☐ Wäscheklammern
- ☐ ____________________
- ☐ ____________________
- ☐ ____________________
- ☐ ____________________

Küche

- ☐ Kocher, Brennerersatzteile
- ☐ Brennstoff
- ☐ Grillrost
- ☐ Grill-Anzünder
- ☐ Topf + Deckel
- ☐ Espressokanne
- ☐ Thermobecher / Tassen
- ☐ Besteck
- ☐ Teller (tief / flach)
- ☐ Wassersack
- ☐ Thermosflasche & Trinkflasche
- ☐ kleines scharfes Messer
- ☐ Sparschäler, Kochlöffel
- ☐ große Schere
- ☐ kleines Holzbrett
- ☐ Alufolie
- ☐ Faltschüssel
- ☐ Spülmittel
- ☐ Schwamm/Geschirrtuch
- ☐ Topfreiniger

Campingausrüstung

- ☐ Zelt (mit Stangen und Zeltnägeln)
- ☐ Zeltunterlage
- ☐ Isomatte
- ☐ Schlafsack, Schlafsack-Inlet
- ☐ Fleecekissenbezug oder Kissen

Ergänzung Kanutouren

- ☐ Boot
- ☐ Paddel & Ersatzpaddel
- ☐ Spritzdecke
- ☐ Schwimmweste
- ☐ evtl. Neoprenhandschuhe
- ☐ wasserdichte Säcke und/oder Tonnen
- ☐ wasserfestes Sitzkissen
- ☐ Neoprenschuhe oder alte Sportschuhe
- ☐ Bootsleine
- ☐ Bootswagen
- ☐ Schwamm (Zum Entwässern des Bootes)

Ergänzung Radtouren

- ☐ Fahrrad
- ☐ wasserdichte Fahrradtaschen und Säcke
- ☐ Werkzeug
- ☐ Luftpumpe
- ☐ Flickzeug
- ☐ Tacho
- ☐ Schloss
- ☐ Spanngurte
- ☐ eine lange und eine kurze Radhose
- ☐ Fahrradschuhe, evtl. Fahrradhandschuhe
- ☐ Radhelm
- ☐ Öl für die Kette

Fotoausrüstung

- ☐ Fotoapparat
- ☐ Objektive, Polfilter
- ☐ Stativ
- ☐ Filmaterial (Speicherkarten oder Diafilme)
- ☐ Akkus oder Fotobatterien
- ☐ Fototasche (evtl. wasserdicht)

Erste Hilfe & Reparatur

- ☐ Pflaster, Blasenpflaster
- ☐ Mullbinden, Leukoplast
- ☐ sterile Wundauflagen
- ☐ Desinfektionsmittel, Wundsalbe
- ☐ Kopfschmerztabletten
- ☐ Durchfalltabletten, Augensalbe
- ☐ Grippetabletten
- ☐ Schmerztabletten
- ☐ Cetirizin Hexal (Allergikum)
- ☐ Sportsalbe (Kytta oder Voltaren Emulgel)
- ☐ Brandsalbe, Insektenstichsalbe
- ☐ Zeckenzange, Pinzette
- ☐ Rettungsdecke
- ☐ Reparatur-Set für Kanu
- ☐ Duck Tape-Klebeband
- ☐ Seam-Grip-Kleber
- ☐ Arbeitshandschuhe
- ☐ ______________________

Besonderheiten für Kanufahrer

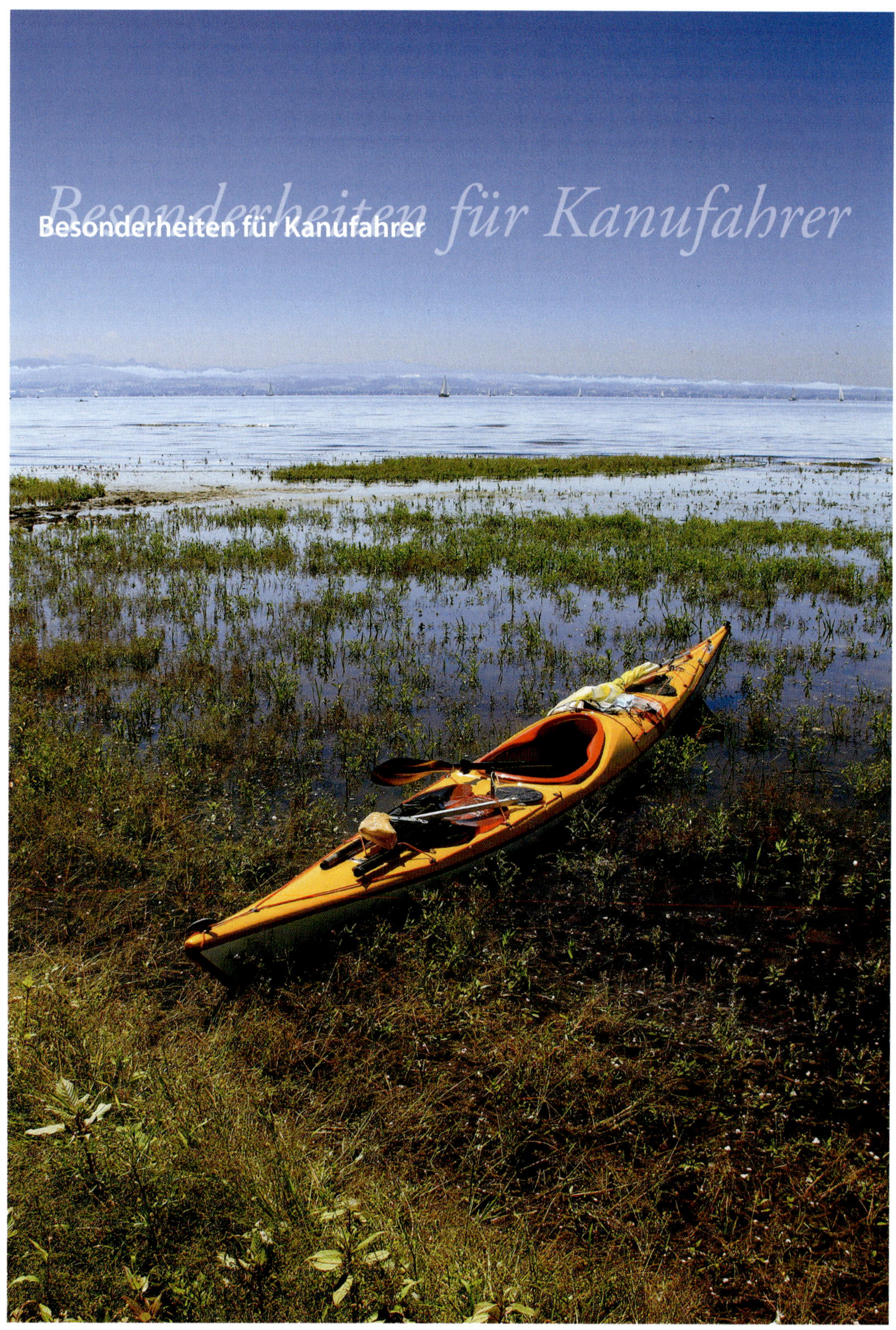

i

Sturmwarnung am Bodensee

Der Bodensee ist wegen seines beständigen Wetters im Sommer ein ideales Revier für Kanutouren. Besonders geeignet für Anfänger sind die geschützteren Bereiche im Überlinger See und in allen Ausläufern des Untersees. Während beständiger Wetterlagen lassen sich auch die Ufer der großen Wasserfläche des Obersees gut erkunden. Immer zu beachten sind jedoch Bergwinde und relativ schnell aufziehende Gewitterzellen. So kann es durchaus vorkommen, dass auf der einen Seite des Sees ein Gewittersturm niederfährt und Bäume entwurzelt und auf der anderen Seite nichts von alldem zu spüren ist. Dafür wurde rund um den See von den drei Anrainerländern ein Warnsystem eingerichtet. Der See wurde in drei Warnzonen aufgeteilt (West, Mitte, Ost).

Gewarnt wird in zwei Stufen mittels 60 Sturmwarnleuchten rund um den See.

Starkwindwarnung: 40 orangefarbene Blitze pro Minute weisen auf starke Windböen ab 6 Beaufort (25-33 Knoten).

Sturmwarnung: 90 orangefarbene Blitze pro Minute kündigen das Auftreten von Sturmböen ab 8 Beaufort (ab 34 Knoten) an.

Man sollte sich jedoch niemals nur auf das Warnsystem verlassen, zumal Anfänger auch schon weit unterhalb von 6 Beaufort in Schwierigkeit geraten können. Die eigene Wetterbeobachtung ist für Kanuten daher ebenfalls wichtig. Ein aufziehendes Gewitter ist oft gut zu erkennen. Es macht sich im Sommer mit schwüler Luft, verändernden Winden und aufgetürmten, immer dunkler werdenden Wolken bemerkbar. Vor einer Gewitterfront wehen böige Winde mit bis zu Sturmstärke, sie sind die größte Gefahr für Paddler. Im Zweifelsfall also besser sofort vom Wasser gehen und das funktioniert am Bodensee im Notfall eigentlich immer innerhalb der nächsten paar hundert Meter.

Wetter am Bodensee

www.bodenseewetter.eu
www.bodensee.de/service/wetter.html
www.windfinder.com
www.deutscher-warndienst.de
www.webcam-bodensee.de

Kanuverleihstationen

Rund um den See gibt es ein gut ausgebautes Netz von Kanuverleihstationen. Ein eigenes Boot muss daher nicht unbedingt mitgebracht werden. Meist bekommt man zusammen mit dem Leihboot auch die Möglichkeit für einem Rücktransport zum Ausgangsort angeboten. Eine Übersicht mit Karte der Verleihstationen finden Sie auf Seite 20-21.

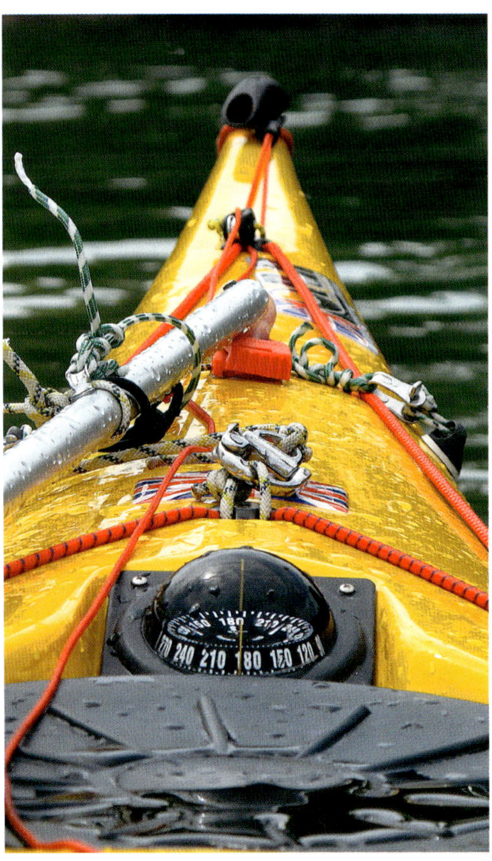

i

Übersicht Kanuverleihstationen

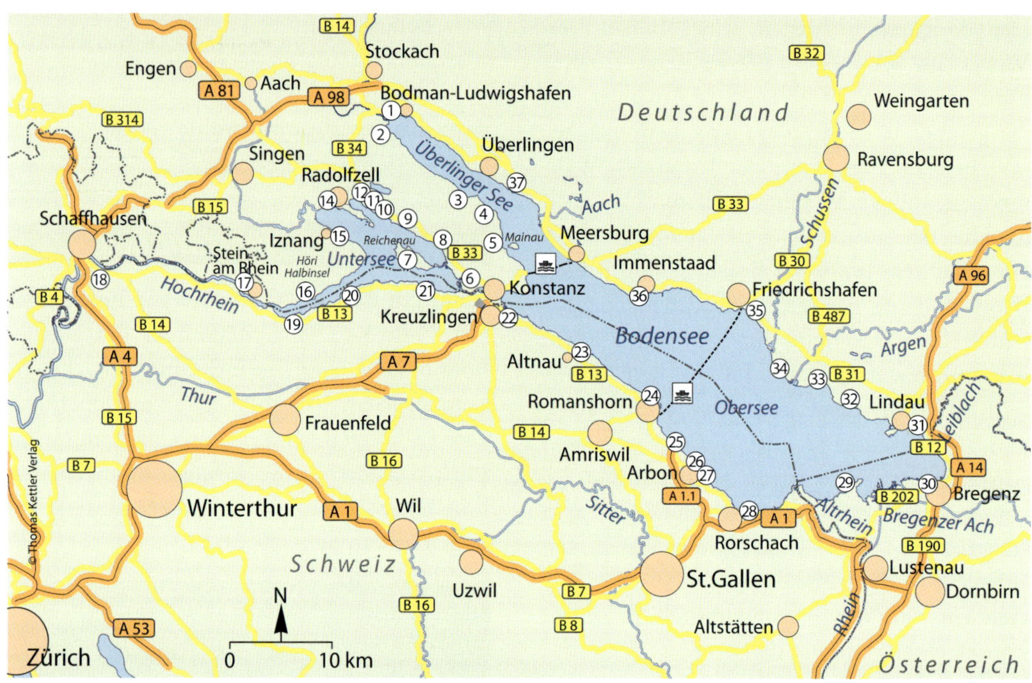

1. Kanustation Ludwigshafen
Seehotel Adler, Hafenstr. 4
78351 Bodman-Ludwigshafen
Tel. +49 (0)7773 93 390
ludwigshafen@lacanoa.com
tgl. 7-21

2. Kanustation Bodman
Strandbad,
Im Neustückern 4
78351 Bodman-Ludwigshafen
Tel. +49 (0)7773 54 08
bodman@lacanoa.com
tgl. 9.30-21

3. Kanustation Wallhausen
Strandbad, Uferstr. 39
78465 Wallhausen
Tel. +49 (0)7533 99 88 13
wallhausen@lacanoa.com
tgl. 10-22

4. Kanustation Dingelsdorf
Seepark Fließhorn,
Am Fließhorn 1
78465 Dingelsdorf
Tel. +49 (0)7533 52 62
dingelsdorf@lacanoa.com
tgl. 9-12 & 14-19

5. Kanustation Mainau
Campingplatz Litzelstetten
Großherzog-Friedrich Str. 43
78465 Litzelstetten
Tel. +49 (0)7531 94 303 0
litzelstetten@lacanoa.com
tgl. 9-20

6. Kanustation Konstanz
KanuZentrum Konstanz
Robert-Bosch-Str. 4
78467 Konstanz
Tel. +49 (0)7531 95 959 7
info@lacanoa.com
Di-Fr 10-12.30 & 14-18, Sa 10-16

7. Insel Reichenau:

Freizeitcenter Insel Reichenau
Bradlengasse 24 (beim Campingplatz)
Tel. +49 (0)7534 99 58 777
www.freizeitcenter-reichenau.de
Auch Fahrrad- & E-Bike-Verleih
Mär-Okt 9-19

Bodensee-Kanu-Tours am Yachthafen
Hermannus-Contractus-Str. 28
Tel: +49 (0)7732 823 77 13
www.bodensee-kanu-tours.de

Kanustation Insel Reichenau
Schiffslände, 78479 Insel Reichenau
Tel. +49 (0)7534 99 97 67
reichenau@lacanoa.com
tgl. 10.15-18.30

8. Kanustation Hegne
Camping und Strandbad
78476 Allensbach-Hegne
Tel. +49 (0)7533 63 84
hegne@LaCanoa.com tgl. 9-20

9. Kanustation Allensbach
Campingplatz Himmelreich
Strandweg 34, 78476 Allensbach
Tel. +49 (0)7533 93 612 85
allensbach@lacanoa.com
tgl. 8.30-12 & 13-20

10. Kanustation Willam
Campingplatz Willam
78315 Markelfingen
Tel. +49 (0)7533 62 11
willam@lacanoa.com tgl. 8-20

11. Bodensee-Kanu-Tours am Naturfreundehaus Bodensee
Radolfzeller Str. 1
78315 Radolfzell-Markelfingen

i

Tel. +49 (0)7732 823 77 13
www.bodensee-kanu-tours.de
tgl. 9-17

12. Kanustation Markelfingen
Campingplatz, Unterdorfstr. 19
78315 Radolfzell-Markelfingen
Tel. +49 (0)7732 106 11
markelfingen@lacanoa.com
tgl. 8-12.30 & 14-21

14. Bootsvermietung Radolfzell
An der Uferpromenade
Karl-Wolf-Str. 9, 78315 Radolfzell
Tel. +49 (0)7732 567 20 & (0)173 / 310 55 55, Mo-Sa 11-21, So 9-21
www.bootsvermietung-radolfzell.de

15. Bodensee-Kanu-Tours am Strandbad Iznang
Strandbadstr. 21
78345 Moos–Iznang
Tel. +49 (0)7732 24 60
www.bodensee-kanu-tours.de

16. Bootsstüble Wangen
Seeweg 13, 78337 Wangen am Bodensee (auch geführte Touren)
Tel. +49 (0)7735 44 06 62
www.bootsstueble-wangen.de

17. Kanustation Stein am Rhein
Jugendherberge, Hemishoferstr. 87
CH-8260 Stein am Rhein
steinamrhein@lacanoa.com
Tel. +41 (0)52 741 12 55
tgl. 8-12 & 17-22

18. Kanustation Schaffhausen Langwiesen TCS-Campingplatz Rheinwiesen
CH-8248 Langwiesen
Tel. +41 (0)52 659 33 00
langwiesen@lacanoa.com
Nur Abgabe, keine Vermietung

19. Kanustation Mammern
Campingplatz Guldifuss
Guldifuss Str. 1
CH-8265 Mammern
Tel. +41 (0)52 7411 320
mammern@lacanoa.com
tgl. 8.30-11.30 & 14-21 bis Mai Mi + Do Ruhetag, bis Jun Do Ruhetag

20. Kanustation Steckborn
See & Park Hotel Feldbach
Feldbachareal beim Yachthafen
CH-8266 Steckborn
Tel. +41 (0)52 7622 121
steckborn@lacanoa.com tgl. 10-17

21. Kanustation Ermatingen
Schiffslände
CH-8272 Ermatingen
Tel. +41 (0)79 830 38 02
tägl. 8-19 Uhr auf Anruf
bitte Kanus telefonisch reservieren

22. Kanustation Kreuzlingen
Jugendherberge, Promenadenstr. 7
CH-8280 Kreuzlingen
Tel. +41 (0)71 688 26 63
kreuzlingen@lacanoa.com
tgl. 8-10 & 17-21

23. Kanustation Altnau
Hafen Altnau, Hafenstraße
CH-8595 Altnau
Tel. +41 (0)79 744 62 54
altnau@lacanoa.com
durchgehend geöffnet

24. Kanustation Romanshorn
Park-Hotel Inseli Romanshorn
Inselistr. 6, CH-8590 Romanshorn
Tel. +41 (0)71 466 88 88
romanshorn@lacanoa.com
tgl. 10-18

25. Kanustation Egnach
Camping Seehorn, Wiedehorn
CH-9322 Egnach
Tel. +41 (0)71 477 10 06
egnach@lacanoa.com
tgl. 9-12 & 13.30-17

26. Kanuschule Bodensee
Rosenstr. 9
Kanuschule, Shop und Testcenter im Philosophenweg
CH-9230 Arbon
Tel. +41 (0)71 440 02 82
info@kanuschule-bodensee.ch
Termin vereinbaren

27. Kanustation Arbon
Hotel Metropol
Bahnhofstr. 49
CH-9320 Arbon
Tel. +41 (0)71 447 82 82
arbon@lacanoa.com tgl. 10-18 Uhr

28. Kanustation Rorschach
Strandbad Rorschach
Churerstr. 4
CH-9400 Rorschach
Tel. +41 (0)71 844 97 10
rorschach@lacanoa.com tgl. 8-20

29. Kanustation Rohrspitz
Camping Rohrspitz
Rohr 1, A-6972 Fußach
Tel. +43 (0)5578 757 08 28
rohrspitz@lacanoa.com tgl. 8-21

30. Kanustation Bregenz
Camping Mexico, Hechtweg 4
A-6900 Bregenz
Tel. +43 (0)5574 732 60
bregenz@lacanoa.com
tgl. 8-12 & 14-21

31. Kanustation Lindau
Park-Camping Lindau am See
Fraunhoferstr. 20, 88131 Lindau
Tel. +49 (0)8382 722 36
lindau@lacanoa.com
tgl. 8-12.30 & 13.30-20

32. Kanustation Wasserburg
Hotel zum Lieben Augustin
Halbinselstr. 70, 88142 Wasserburg
Tel. +49 (0)8382 98 00
wasserburg@lacanoa.com tgl. 8-20

33. Kanustation Kressbronn
Match Center GmbH & Co. KG
Bodanstr. 67 (Strandbad)
88079 Kressbronn
Tel. +49 (0)7543 961 83 31
kressbronn@lacanoa.com tgl. 10-20

34. Kanustation Langenargen
Match Center GmbH & Co. KG
Obere Seestr. 2/2
88085 Langenargen
Tel. +49 (0)7543 961 83 31
langenargen@lacanoa.com tgl. 10-20

35. Kanustation Friedrichshafen
Camping CAP Rotach, Lindauer Str. 2
88046 Friedrichshafen
Tel. +49 (0)7541 734 21
friedrichshafen@lacanoa.com
tgl. 9-12 & 14.30-20

36. Kanustation Immenstaad
Minigolfanlage Käpt'n Golf
Seestraße West 37
88090 Immenstaad
Tel. +49 (0)7545 949 96 90
immenstaad@lacanoa.com
in den Ferien tgl. 10-20
sonst nach telef. Rücksprache

37. Trekking Tours Bovio
Zur Forelle 13, 88662 Überlingen-Nussdorf, Tel. +49 (0)7557 28 40 04
www.bodensee-trekking-tours.de
Nur geführte Touren und Kanuverleih für Gruppen nach Voranmeldung

i

Bodensee-Kanu-Ring

Der Bodensee-Kanu-Ring ist ein Zusammenschluss der am Bodensee ansässigen Kanusportvereine in den Ländern Deutschland, Österreich und der Schweiz. Fast 4.000 Mitglieder in 24 Vereinen haben das Ziel die gemeinsamen Interessen des Kanusports gegenüber Behörden, Verbänden und der Öffentlichkeit zu vertreten. Außerdem werden vom Kanu-Ring Wanderfahrten koordiniert. Zur Erhaltung der See- und Flussufer im Bodenseegebiet soll grenzübergreifend der Natur- und Landschaftsschutz unterstützt werden. Bei einer vollständigen Umrundung des Bodensees belohnt der Bodensee-Kanu-Ring e.V. diese Paddleraktivität mit einem Wanderwimpel und Aufklebern. Er soll den Kanuten noch mehr Anreize und Tipps geben und vor allem auf Gefahren bei Überquerungen des Obersees aufmerksam machen.
Alle teilnehmenden Vereine und mehr Information zum Kanu-Ring findet man auf der Internetseite www.bodensee-kanu-ring.de
Hier die Vereine in einer Übersicht, bei denen man während einer Fahrt auf dem See wassernah übernachten kann:
Eine Übersicht der Vereine (Reihenfolge des Tourenverlaufs), bei denen man, oft jedoch nur als Verbandsmitglied, während einer Kanutour auf dem See übernachten kann:

Kanuclub Singen, Strandbadstr. 17
78345 Moos-Iznang, Tel. 0176 / 38 48 07 22
www.kanuclub-singen.de
Naturfreunde Wollmatingen, Rudolf-Diesel-Str. 30, 78467 Konstanz, Tel. (07531) 53 850,
www.naturfreunde-wollmatingen.de
Kanu Club Konstanz, Wintererstieg 15-17
Tel. 0151 / 52 04 95 14 od. 0152 / 54 30 30 57
www.kc-konstanz.de
Kanu-Club Romanshorn, Seeweg 1
CH-8590 Romanshorn, Tel. +41 (0)71 44 67 543
www.kcro.ch
Paddelclub Rheineck, Strandweg (am Altrhein), CH-9424 Rheineck, Tel. +41 (0)71 22 22 625, *www.paddelclub.ch*
Lindauer Kanuclub e.V., Aeschacher Ufer 35
www.lindauer-kanuclub.de
KanuSport im VfB Friedrichshafen, Am Seemooser Horn 18, 88045 Friedrichshafen, Tel. (07541) 75 548, *www.kanu-sport-friedrichshafen.de*
WSV Fischbach, Fischerstr. 20, 88048 Friedrichshafen, Tel. (07541) 41 665
www.wvfischbach.de
Paddelclub Überlingen e.V., Strandweg 20, 88662 Überlingen, Tel. (07551) 63 943
www.paddelclub-ueberlingen.de
Naturfreundehaus Bodensee, Radolfzeller Str. 1, 78315 Radolfzell-Markelfingen, Tel.
Tel. (07732) 82 37 70, *www.nfhb.de*
Kanu-Club Radolfzell e.V., Karl-Wolf-Str. 15, 78303 Radolfzell, Tel. (07732) 28 76
www.kanu-radolfzell.de
Kanu-Club Schaffhausen, Fischhäuserstr. 48, CH-8200 Schaffhausen, Tel. +41 (0)52 62 46 290, *www.kcsh.ch*

Bodensee-Kanu-Marathon

Den Bodensee-Kanu-Marathon gibt es seit 1982. Diese internationale Veranstaltung mit Bootsausstellung und -test findet jährlich in Iznang, immer Mitte Juni auf der gleichen Strecke statt. Organisiert vom Bodensee-Kanu-Ring. Der gastgebende Verein Kanuclub Singen e.V. und der Bereich Untersee bieten ideale Bedingungen für Unterbringung, Rennverlauf und Rahmenprogramm.
www.bodensee-kanu-marathon.com

Übernachtungsmöglichkeiten

Für jene, die Mehrtagestouren unternehmen wollen, bietet der Bodensee eine Menge. Körperlich fitte Paddler können innerhalb eines einwöchigen Urlaubs den gesamten See erkunden. Dabei finden sich allerorten die verschiedensten Unterkunftsmöglichkeiten, so dass jeder die Tour nach Wetter, Lust und Laune abändern kann. Besonders beliebt ist unter Paddlern eine Übernachtung auf den Grundstücken der Paddelvereine (siehe Kanu-Ring). Hier hat man gegen einen fairen Unkostenbeitrag ruhige und schön gelegene Zeltplätze zur Auswahl. Ganz nebenbei bekommt man von den ortsansässigen Paddlern immer gute Tipps, sei es zum Einkaufen, der Wetterentwicklung oder zu den schönsten Stellen am See. Wer dem funktionellen Charme von Kanuvereinen nichts abgewinnen kann, der findet rund um den See zahlreiche wunderschön gelegene Campingplätze. Allerdings nehmen besonders in der Schweiz nicht alle Campingplätze durchreisende Camper auf. Ich wurde mehrfach auf Nachfrage abgewiesen, da es sich bei solchen Anlagen in der Tat eher um einen exklusiven Platz nur für Dauercamper handelte.

Wer es komfortabel mag, der findet von der Jugendherberge bis zum Luxushotel mit eigenem Strand eine endlose Auswahl weiterer Unterkunftsmöglichkeiten. Die im Buch erwähnten Übernachtungsmöglichkeiten sind vorrangig jene mit moderaten Preisen und meist gut zugänglich in Seenähe gelegen. Ausnahmen bilden Orte, wo man die Boote z.B. beim Verein liegen lassen kann um dann in der Stadt zu übernachten (z.B. Lindau). „Wildes Zelten" ist am ganzen See verboten und es finden sich eh kaum Stellen, die dafür geeignet wären.

Gepäcktransport

Besonders komfortabel paddelt oder radelt man, wenn das Gepäck einfach zum nächsten Übernachtungsort transportiert wird. Den Gepäcktransport kann man buchen auf *www.bodensee-radweg.com* oder
Tel. +49 (0)7531 / 81 99 30.

Zurück zur Einsetzstelle

Sportliche Kanuten kommen wegen der meist flachen Uferstrecken auch sehr gut mit dem Rad zurück (Radtouren im Buch). Ein weiterer Vorteil des Bodenseereviers ist die gute Möglichkeit mit Bahn, Bus, Fähre oder Ausflugsschiff schnell zum Ausgangspunkt zurückzukehren.

Infos: ***Verkehrsverbund Bodensee-Oberschwaben:*** *www.bodo.de*
Verkehrsverbund Hegau Bodensee: *www.vhb-info.de*
Ostwind - Tarifverbund der Schweiz: *www.ostwind.ch*

Tipp: Wer mit dem Kanadier unterwegs ist und an Land mobil sein möchte (zurück zum Pkw), sollte in Erwägung ziehen, ein Faltrad mitzunehmen. Durch optimierte Falt-Scharniere wird aus dem Fahrrad innerhalb weniger Sekunden ein kleines, handliches Paket.

Sicherheit & Verhalten

Grundsätzliches:

- Alkohol im Kanu ist tabu.
- Jeder der ein Kanu besteigt muss schwimmen können.
- Kinder tragen immer eine ohnmachtssichere Rettungsweste, Erwachsene eine Schwimmweste.
- bei Sturmwarnung oder Gewitter geht man nicht aufs Wasser.
- Kleidung entsprechend der Wassertemperatur wählen.
- es ist ratsam mit einem erfahrenen Mitpaddler loszufahren.
- Führe ein wasserdicht verpacktes Handy mit eingespeicherten Notrufnummern mit.

i

- im Falle einer Kenterung fern des Ufers beim Kanu bleiben und andere Schiffsführer auf sich aufmerksam machen.
- wer keinerlei Kanuerfahrung hat, dem sei die Teilnahme an einer geführten Tour empfohlen. Adressen von Veranstaltern finden sich in diesem Buch.

Dem Bodensee sollte schon aufgrund seiner Größe mit Respekt begegnet werden. **Darüber hinaus gibt es Folgendes zu beachten:**

Kurs- und Berufsschifffahrt hat immer Vorfahrt. **Segelschiffe** haben Vorfahrt, wenn sie ohne Motor unter Segeln laufen. Die für Kanuten geltende Vorfahrt gegenüber privaten Motorbooten sollte man tunlichst nicht erzwingen.

Fähren fahren im Schnelltakt oft dicht hintereinander. Die Querung von Fährlinien findet zügig und in geschlossen Gruppen möglichst nahe an der Hafenausfahrt statt, denn mit steigendem Abstand zum Hafen vergrößert sich der Gefahrenbereich. Begebt Euch niemals mit dem Kanu vor eine bereits fahrende Fähre!

Übersicht aller Fähren *www.bsb-online.com*

Die **Schifffahrtsrinne** ist durch Wiffen (Pfähle mit grün-weißen Rauten) markiert. Die Kursschiffe fahren normalerweise auf der grünen Seite. Maßgeblich ist aber die Linie zwischen zwei Tafeln, und die verläuft oft im Zickzackkurs. Da Kursschiffe Vorfahrt haben, sollte man als Kanufahrer frühzeitig ausweichen. Allerdings sollte man auch darauf achten, dass man den Wiffen im Bereich starker Strömung selbst nicht zu nahe kommt oder vor Ihnen quer schlägt. Ein Abstand von zwei Bootslängen ist ratsam! Von Wiffen geht eine erhebliche Gefahr aus, es kommt jedes Jahr zu Totalschäden von Kanus, die wie eine Krawatte um die Wiffen gewickelt werden. Auch für die Paddler selbst ist eine Kollision mit einer erheblichen Verklemmungsgefahr im Boot verbunden. Tour 10 ist daher ohne Führung nur für erfahrene Kanuten geeignet.

Zum **Ein- und Aussetzen** benutzt man möglichst die zahlreichen ins Wasser führenden Rampen (Slipanlagen) zum Einwassern von Sportbooten, um eine Beeinträchtigung der Tier- und Pflanzenwelt zu vermeiden.

Das **Befahren von Naturschutzgebieten** und **Strandbädern** ist ausdrücklich verboten und kann mit einem Bußgeld geahndet werden. Für die Schifffahrt (auch Kanus) gesperrte Bereiche sind in der Regel durch rot-weiß-rote Schilder oder Bojen markiert, Strandbäder oft auch durch gelbe oder weiße Bojen. Der gesperrte Bereich wird durch die Linie zwischen den Bojen begrenzt.

Auch außerhalb von Naturschutzgebieten dürfen Schilfzonen wegen der dort Schutz suchenden Wasservögel grundsätzlich nicht befahren werden.

Müll wieder mitnehmen und Zigarettenkippen nicht dem See zu überlassen. Vermeide Lärm, nimm Rücksicht auf andere Erholungssuchende und umfahre Vogelansammlungen weiträumig. Lasse Dich niemals von einem Motorboot abschleppen! Die Gefahr einer Kenterung ist dabei außerordentlich groß.

Wasserschutzpolizei

Lindau: +49 (0) 8382 / 91 01 60
Friedrichshafen: +49 (0) 7541 / 28 93 0
Überlingen: +49 (0) 7551 / 94 95 90
Konstanz: +49 (0) 7531 / 59 02 0
Reichenau: +49 (0) 7534 / 97 19 0
Bregenzer Bucht: +43 (0)5574 / 666 06
Rorschach: +41 (0)71 / 846 60 70
Schaffhausen: +41 (0)52 / 624 24 24

Notfallnummern (siehe auch Seite 10) vor Beginn der Tour im Handy speichern!

i

Kanu- & Ausrüstungsläden am Bodensee und in der Umgebung

Deutschland

La Canoa - KanuZentrum Konstanz
Robert-Bosch-Str. 4
D-78467 Konstanz
Tel. + 49 (0)7531 95 95 95
www.lacanoa.com
Mär-Okt Di-Fr 10-12.30 & 14-18, Sa 10-16
Nov-Feb ausschließlich Sa 10-14

„Konstanzer Kanumesse"
jährlich Anfang März im KanuZentrum
Hersteller präsentieren Ihre Produkte
+ Rahmenprogramm

Gerry´s Outdoor und Trekking Shop
Byk.-Gulden-Str. 33
D-78467 Konstanz
Tel. +49 (0)7531 676 76
www.gerry-outdoor.de
Mo-Fr 13.30-18, Sa 8.30-13

Wesarg's Canoe & Trekking Company
Kemptener Str. 67
D-88131 Lindau
Tel. +49 (0)8382 749 21
www.wesargs.de
Mo-Fr 9.30-12 & 14.30-18, Sa 9-13

Outdoor Corner
Kemptener Str. 16
D-88131 Lindau
Tel. +49 (0)8382 274 43 42
www.outdoor-corner.de
Apr-Sep Mo-Fr 9-18 Do-19, Sa 9-16
Okt-Mär Mo-Fr 9-12.30 & 14-18, Do-19, 9-12.30, Sa 9-16

Sport Schmidt
Scheffelstr. 4
D-88045 Friedrichshafen
Tel. +49 (0)7541 235 31
www.sport-schmidt-gmbh.de
Di-Fr 9-13 & 14-18, Sa 9-14

Faltbootzentrum - Out-Trade GmbH
Nicolaus-Otto-Str. 34
D-89079 Ulm
Tel. +49 (0)731 400 76 75
www.out-trade.de
Mo-Fr 10-12 & 14-18, Mär-Aug Sa 10-16
Sep-Feb Samstag geschlossen

Kanu Trekking Grabscheid
Brückenring 17
86916 Kaufering
Tel. +49 (0)8191 652 88
www.kanu-trekking.de
Apr-Sep Di-Fr 10-12.30 & 14-18, Sa 9.30-13

Schweiz

Kanuschule Bodensee GmbH
Rosenstr. 9
CH-9320 Arbon (Strandbad)
Tel. +41 (0)71 440 02 82
www.kanuschule-bodensee.ch
keine Öffnungszeiten - Termin machen

Seekajak.ch
Länggstr. 15
CH-8308 Illnau-Effretikon
Tel. +41 (0)44 586 08 80
www.seekajak.ch
Mi 14-20, Do 11-18, Fr 14-19, Sa 10-16

„Kleine Kajak- & Kanadier-Fahrschule"

Kajak-Fahrschule

Allgemeines

In der Regel sind die beiden Blätter eines Doppelpaddels gegeneinander verdreht. Beim üblichen rechtsgedrehten Paddel umfasst die rechte Hand den Schaft so, dass das rechte Paddelblatt senkrecht ins Wasser eingetaucht werden kann. Die linke Hand umfasst den Paddelschaft nur locker und nach jedem Paddelschlag wird das Paddel mit der rechten Hand so gedreht, dass das aktive Blatt senkrecht ins Wasser gesetzt werden kann (beim linksgedrehten Paddel gelten die Hinweise entsprechend seitenvertauscht). Stellen Sie die Fußstützen des Kajaks so ein, dass Sie bequem sitzen und gleichzeitig einen guten Bootskontakt mit den Oberschenkeln haben. Bei Kajaks mit Fußsteuerung den Abstand der Pedale so wählen, dass Sie mit angewickelten Beinen im Boot sitzen und genügend Spielraum nach vorne haben, um das Pedal durchzutreten und das Steuer bewegen zu können.

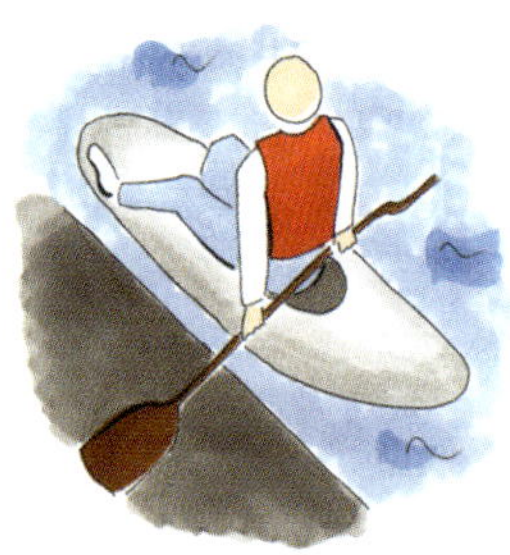

Einsteigen

Kanu parallel zum Ufer ausrichten, bei starker Strömung mit dem Bug (= Bootsspitze) gegen die Strömungsrichtung. Zum Einsteigen das Boot mit der sogenannten „Paddelbrücke" stabilisieren: Paddel im rechten Winkel zum Boot über Süllrand (= Bootsrand) und Ufer oder Steg legen; mit einer Hand Süllrand und Paddel fassen und mit der anderen Hand das Paddel aufs Ufer drücken. Zum Einsteigen das Gewicht über das Paddel verlagern und mit dem bootsseitigen Fuß zuerst einsteigen. Anschließend möglichst rasch hinsetzen, d. h. im Kajak gleich auf den Sitz rutschen, um einen tiefen Schwerpunkt zu erzielen und die Stabilität des Kanus zu erhöhen.

Spritzdecke

Spritzdecke zunächst hinter dem Körper um den Süllrand legen und von hinten nach vorne schließen; abschließend vorne über den Süllrand ziehen. Dabei unbedingt darauf achten, dass die Lasche vorne herausguckt, um die Spritzdecke im Falle einer Kenterung schnell öffnen zu können.

Paddelhaltung

Das Paddel in beide Hände nehmen und auf den Kopf legen. Die optimale Griffweite ist erreicht, wenn der Winkel zwischen Ober- und Unterarm ein wenig kleiner als 90 Grad ist.

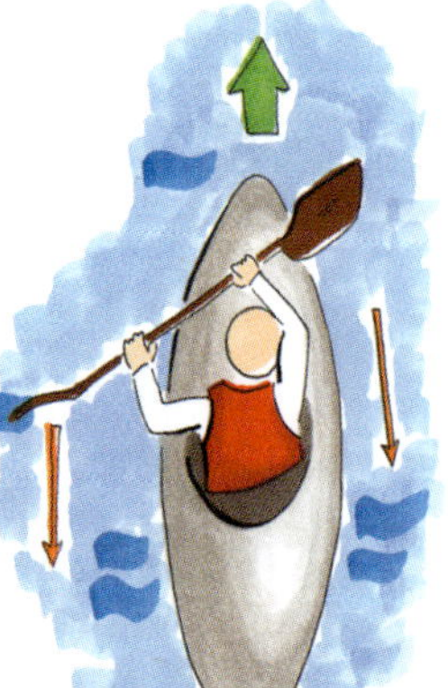

Grund- und Treibschlag

Mit leicht nach vorne gebeugtem Oberkörper Paddel vorne, dicht neben der Bootswand, einsetzen. Die „Zughand" zieht das Paddel parallel am Boot entlang nach hinten, während die „Druckhand" das sich in der Luft befindliche Blatt nach vorne drückt. Die Bewegung nicht allein mit den Unterarmen ausführen, sondern zur Unterstützung bei gestrecktem Arm den Oberkörper mitdrehen. Ist das aktive Paddelblatt knapp hinter der Sitzposition, den Zug stoppen und die Seite wechseln.

„Kleine Kajak- & Kanadier-Fahrschule"

Kanadier-Fahrschule

Allgemeines

Auf dem hinteren Sitz nimmt in der Regel der erfahrenere oder kräftigere Paddler Platz. Er gibt im Flachwasser die grobe Richtung vor, der Vordermann versucht ihn zu unterstützen. Der Vordermann gibt die Schlagzahl vor; achten Sie darauf, einen möglichst gleichmäßigen Schlagrhythmus einzuhalten, um ein „Aus-dem-Ruder-laufen" zu vermeiden. Je nach Ausdauer kann ein gelegentlicher Wechsel der Paddelseiten stattfinden, der von beiden nach Absprache gleichzeitig durchgeführt wird. Der Vordermann hat stets die Aufgabe auf Hindernisse, die direkt vor dem Kanadier auftauchen, aufmerksam zu machen.

Einsteigen

Kanu parallel zum Ufer ausrichten, bei starker Strömung mit dem Bug (= Bootsspitze) gegen die Strömungsrichtung. Zum Einsteigen das Boot mit der sogenannten „Paddelbrücke" stabilisieren: Paddel im rechten Winkel zum Boot über Süllrand (=Bootsrand) und Ufer oder Steg legen; mit einer Hand Süllrand und Paddel fassen und mit der anderen Hand das Paddel aufs Ufer drücken. Zum Einsteigen das Gewicht über das Paddel verlagern und mit dem bootsseitigen Fuß zuerst einsteigen. Anschließend möglichst rasch hinsetzen oder beim Kanadier auch möglich, eventuell hinknien, um einen tiefen Schwerpunkt zu erzielen und die Stabilität des Kanus zu erhöhen.

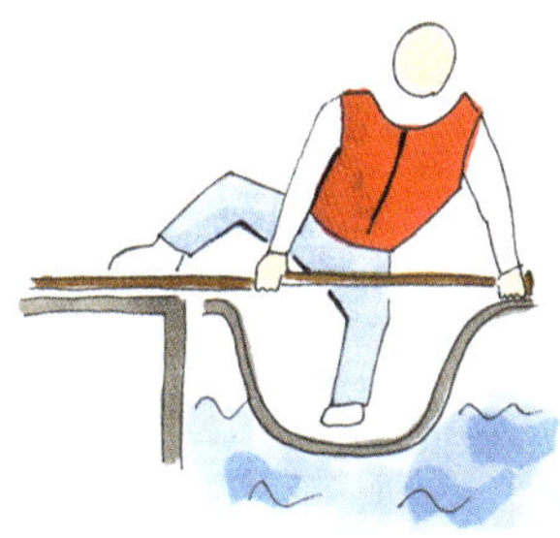

Aussteigen

Wie Einsteigen, nur in umgekehrter Reihenfolge.

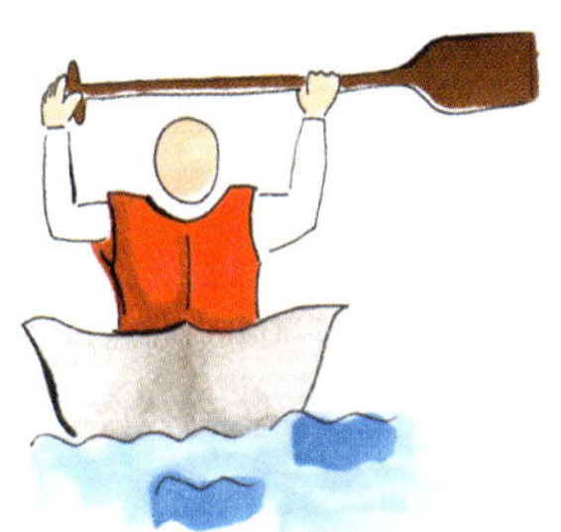

Paddelhaltung

Eine Hand fasst den Paddelknauf, hierbei wird der Griff von oben wie beim Spaten umfasst. Die andere Hand umgreift den Paddelschaft, so dass Ober- und Unterarm einen Winkel von 90 Grad bilden.

Grund- und Treibschlag

Das ganze Paddelblatt wird senkrecht ins Wasser getaucht und parallel zum Boot (in Bootslängsachse) bis etwa auf Körperhöhe durchs Wasser gezogen. Dabei wird mit dem unteren Arm gezogen, während der obere Arm drückt; gleichzeitig wird der Oberkörper etwas nach vorne geneigt und mitgedreht. Stimmen Vorder- und Hintermann ihren Grundschlag aufeinander ab, bewegt sich der Kanadier kursstabil geradeaus. Paddelt nur einer, bewegt sich das Kanu der paddelabgewandten Seite zu.

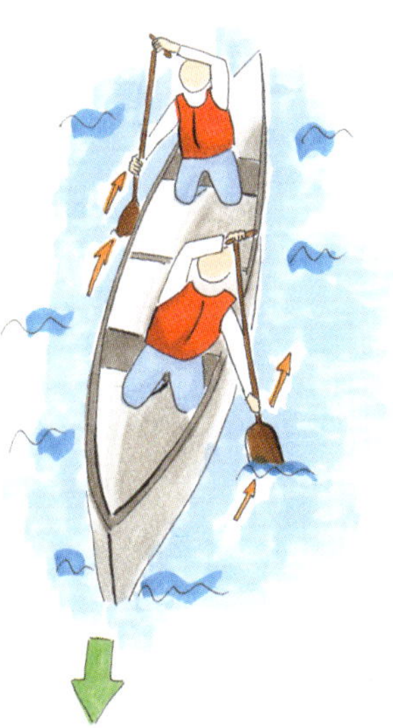

i

Kajak-Fahrschule

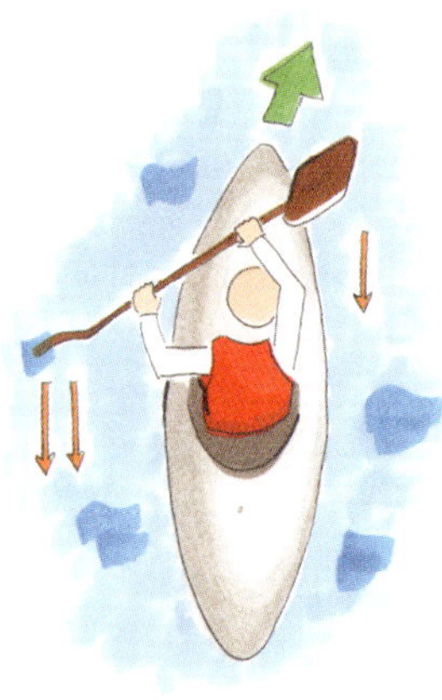

Steuern

Wird der Paddelschlag auf der linken Seite stärker ausgeführt, dreht der Bug nach rechts – und umgekehrt. So können Sie das Boot – ganz ohne eventuell vorhandene Fußsteueranlage – auf Kurs halten. Sind starke Kursänderungen erforderlich, erreichen Sie diese mit dem Bogenschlag. Beim Ab- und Anlegen mit Kajaks, die über eine Steueranlage verfügen, unbedingt daran denken, das Steuer rechtzeitig einzuklappen, um es nicht zu verbiegen.

Ziehschlag

Steuerschlag, um das Boot seitlich zu versetzen; dazu das Paddelblatt möglichst weit entfernt senkrecht zur Längsachse und parallel zum Boot ins Wasser tauchen und nicht zu dicht, an die Bootswand heranziehen und nach oben aus dem Wasser nehmen. Dabei darauf achten, dass das Paddelblatt nicht unter den Bootskörper gezogen wird, da dies zum Kentern führen kann.

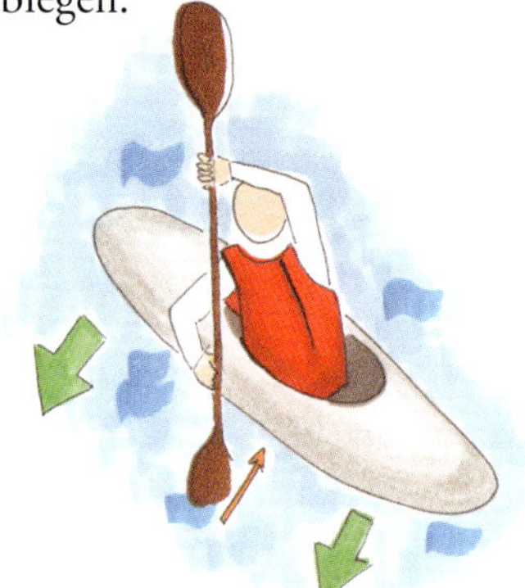

Bogenschlag

Steuerschlag, um das Boot zu drehen: *vorwärts* ausgeführt, dreht er das Boot weg von der Schlagseite. Dazu das Paddel möglichst weit vorne und dicht am Boot eintauchen und das Paddelblatt flach unter der Wasseroberfläche in einem weiten Halbkreis um das Boot bis nahe ans Heck führen. Je größer der Radius, desto stärker die Steuerwirkung. Um das Kanu abzubremsen und gleichzeitig eine Kurskorrektur zur Paddelseite hin durchzuführen, können Sie den Bogenschlag *rückwärts* ausführen.

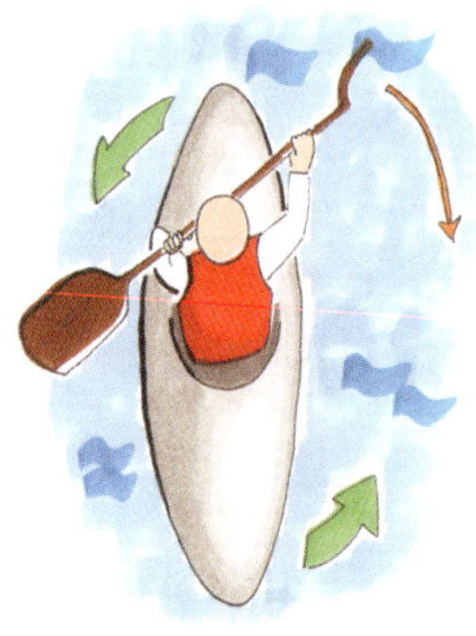

vorwärts

rückwärts

Paddelstütze

Stabilisierungsschlag, bei dem das Paddel als Ausleger genutzt wird, um das Kentern zu verhindern; dazu einfach das Paddel auf der Seite, zu der das Boot zu kippen droht, soweit wie möglich nach außen flach auf das Wasser drücken.

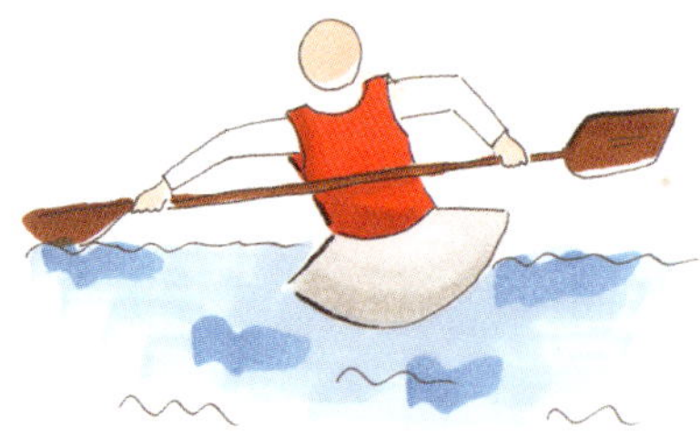

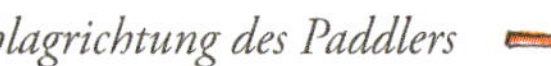

Schlagrichtung des Paddlers

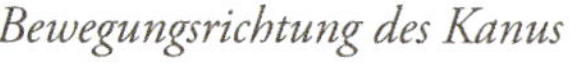

Bewegungsrichtung des Kanus

Kanadier-Fahrschule

i

Steuern oder J-Schlag (nur Hintermann)

Dabei wird das Paddel zuerst wie beim Grundschlag geführt, am Körper vorbei in einer Bogenbewegung mit der wasserverdrängenden Paddelseite vom Boot weggedrückt. Dabei zeigt der Daumen der Hand am Paddelknauf nach unten und der Handrücken nach außen. Der Vordermann kann weiterhin den Grundschlag ausführen oder die Drehbewegung mit einem Bogenschlag verstärken. Der J-Schlag ist besonders vorteilhaft für Solokanadier, da er das „Aus-dem-Ruder-laufen" bei der normalen Geradeausfahrt verhindert.

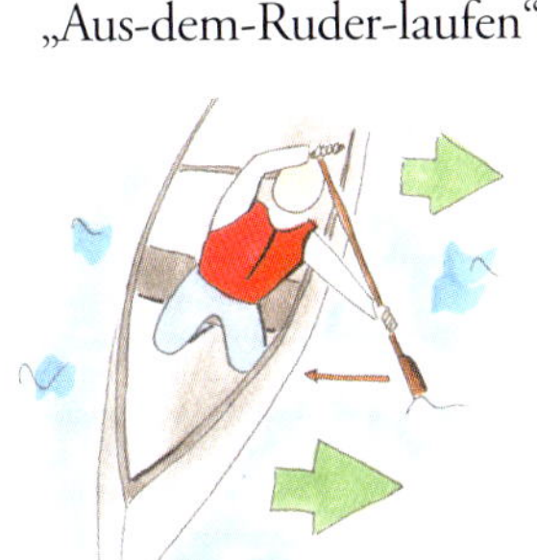

Ziehschlag

Steuerschlag, um das Boot seitlich zu versetzen; dazu das Paddelblatt möglichst weit entfernt senkrecht zur Längsachse und parallel zum Boot ins Wasser tauchen und, nicht zu dicht, an die Bootswand heranziehen und nach oben aus dem Wasser nehmen. Dabei darauf achten, dass das Paddelblatt nicht unter den Bootskörper gezogen wird, da dies zum Kentern führen kann.

Bogenschlag

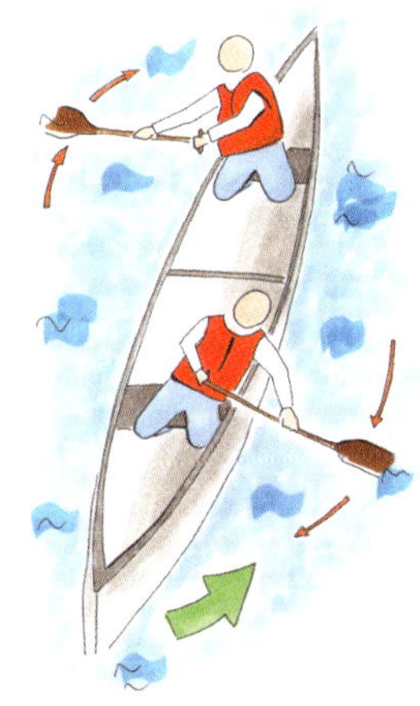

Steuerschlag, um das Boot zu drehen. Um einen Zweierkanadier auf der Stelle zu drehen, führt der Vordermann den Bogenschlag vorwärts und der Hintermann den Bogenschlag rückwärts aus (oder umgekehrt, aber immer gegenläufig). Vorne vorwärts: das Paddel möglichst weit vorne und dicht am Boot eintauchen und das Paddelblatt flach unter der Wasseroberfläche in einem Viertelskreis bis auf Körperhöhe führen. Hinten rückwärts: Beginn nahe am Heck des Bootes und das Paddelblatt von hinten nach vorne im Viertelskreis bis auf Körperhöhe führen. Dies dreht das Boot weg von der Paddelseite des Vordermanns. Zum Drehen zur anderen Seite werden die Schläge genau gegenläufig durchgeführt: vorne rückwärts, hinten vorwärts. Jeweils gilt, je größer der Radius, desto stärker die Steuerwirkung.

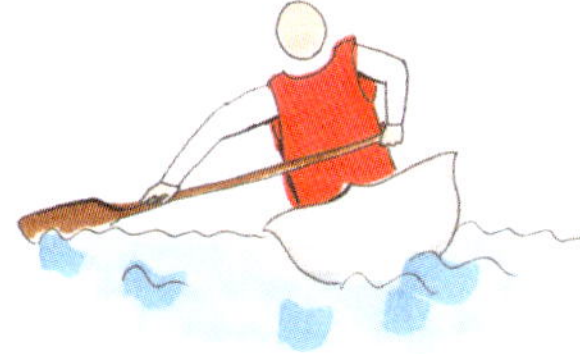

Paddelstütze

Stabilisierungsschlag, bei dem das Paddel als Ausleger genutzt wird, um das Kentern zu verhindern; dazu einfach das Paddel auf der Seite, zu der das Boot zu kippen droht, soweit wie möglich nach außen flach auf das Wasser drücken.

Die beschriebenen Paddelschläge können und sollen miteinander kombiniert werden. Einige Beispiele haben wir gegeben. Zur korrekten Ausführung wird das Paddel im Prinzip nicht durch das Wasser „gezogen", sondern soll annähernd stationär bleiben und das Kanu über das Wasser bewegt werden. Hierbei wird eine optimale Kraftausbeute angestrebt. Bei einem sehr gut ausgeführten Paddelschlag gibt es keine Verwirbelungen und kaum Wellen am Paddelblatt.
Text: Michael Hennemann, Lektorat: Falk Bruder

Binnenschifffahrtszeichen

Durchfahrt verboten

Gesperrte Wasserfläche

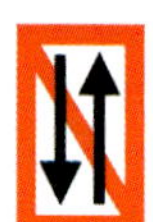

Begegnungs- und Überholverbot

Überholverbot allgemein

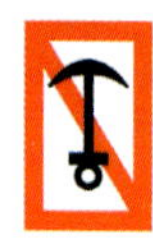

Ankerverbot

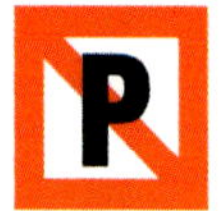

Stillliegeverbot

Festmachverbot

Wellenschlag vermeiden

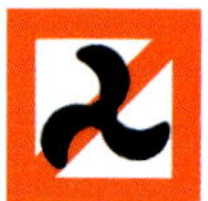

Fahrverbot für Fahrzeuge mit Maschinenantrieb

Fahrverbot für Sportboote

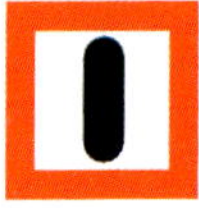

Vorsicht

Geschwindigkeit nicht überschreiten

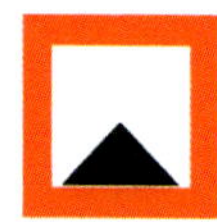

Begrenzte Fahrwassertiefe

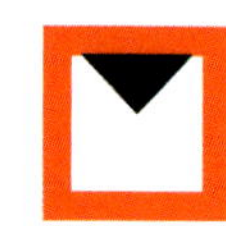

Begrenzte Höhe über Wasserspiegel

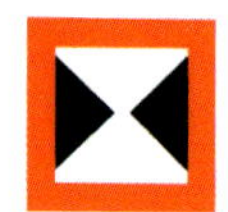

Begrenzte Breite

Fahrwassereinengung rechtes Ufer

Gebotene Fahrtrichtung

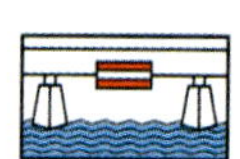

Durchfahrt unter Brücke verboten

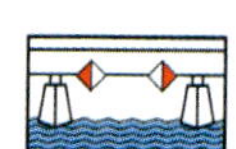

Durchfahrt nur zwischen Schildern

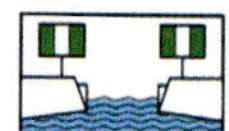

Wehr - Durchfahrt frei

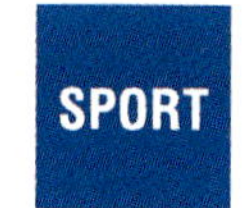

Sportbootschleuse

Wasserskistrecke

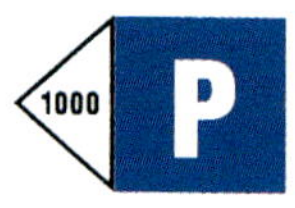

Stillliegeerlaubnis auf 1.000 m

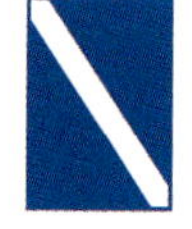

Ende von Einschränkungen

Ankererlaubnis

Fahrtrichtungsempfehlung

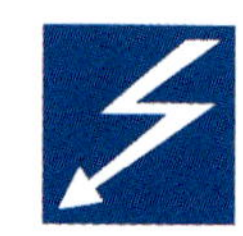

Hochspannungsleitung kreuzt

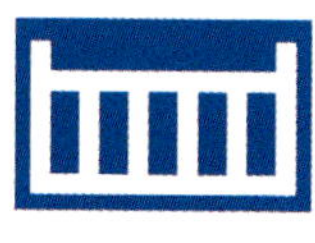

Vorsicht Wehr

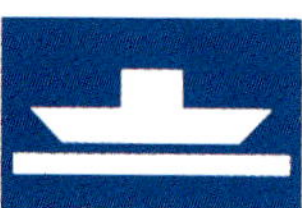

nicht frei fahrende Fähre

Wichtige Schallsignale in der Binnenschifffahrt

—	Achtung
•	ich richte meinen Kurs nach Steuerbord
• •	ich richte meinen Kurs nach Backbord
• • •	meine Maschine geht rückwärts
• • • •	ich bin manövrierunfähig
• • • • • •	Gefahr eines Zusammenstoßes (mehr als fünf kurze Töne)
— •	ich wende über Steuerbord
— • •	ich wende über Backbord
— — —	ich will überqueren
— — — — —	Notsignal (wiederholt lange Töne)

• *kurzer Signalton* — *langer Signalton*

Symbole in den Touren-Karten

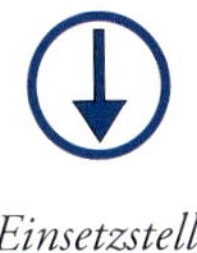
Einsetzstelle

Aussetzstelle

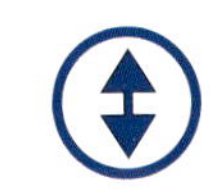
Ein- & Aussetzstelle

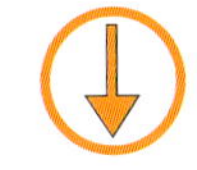
Tourenstart

Tourenende

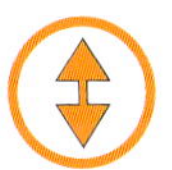
Tourenstart & -ende

Kanuverleih

Kanuclub

Campingplatz

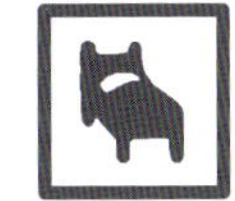
Übernachtung im Bett

Jugendherberge

Café, Imbiss, Restaurant

Fähre

Hafen

Fahrradverleih

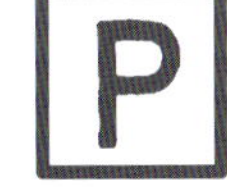

Parkplatz

Badestelle

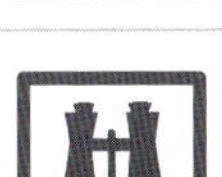

Aussichtsturm

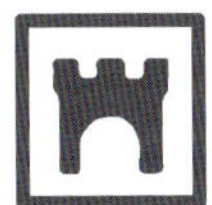
Burg, Schloss

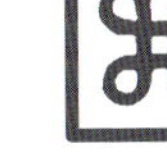
Sehenswürdigkeit

Kirche

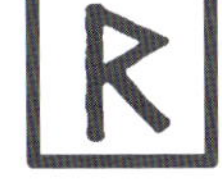

Ruine

Museum

Aussichtspunkt

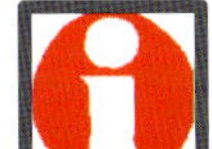
Tourist-Info

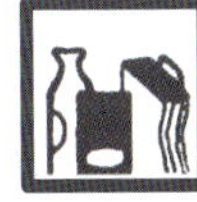
Einkaufen

Naturschutzgebiet

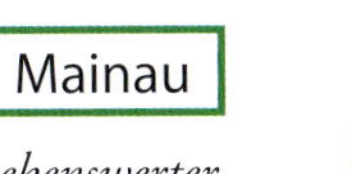

sehenswerter Ort

Tourverlauf

Tourrichtung

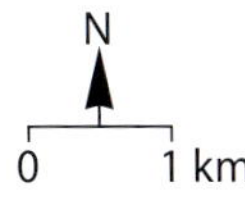

Maßstab

Die Touren

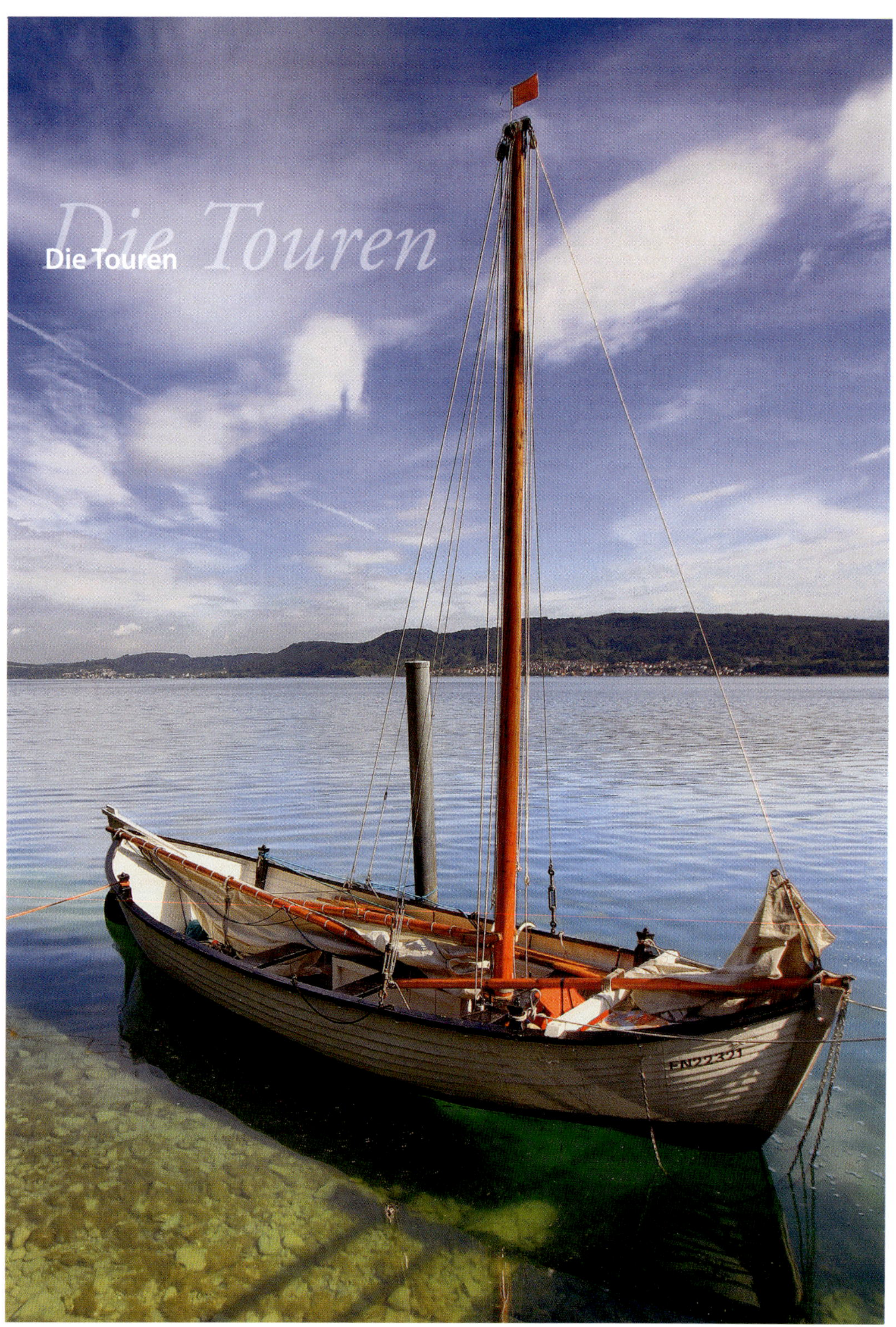

Tourenübersicht

Zu den Touren

Die in diesem Buch beschriebenen Touren wurden im Jahre 2012 gepaddelt, geradelt und gewandert. Alle Angaben zu Preisen, Adressen, Telefonnummern und sonstige Angaben wurden nach bestem Wissen erstellt. Dieses Handbuch erhebt keinen Anspruch auf Vollständigkeit, doch haben wir versucht, aus allen Bereichen die wichtigsten Adressen zu nennen. Trotz aller Aktualität können sich örtliche Gegenheiten und Adressen jedoch schnell wieder verändert haben. Sie als Leser helfen uns, den „OUTDOOR KOMPASS Bodensee" aktuell zu halten, indem Sie uns etwaige Änderungen mitteilen. Unsere Adresse finden Sie im Impressum.

Der Streckenauswahl liegt eine durchschnittliche Kondition zugrunde. Jeder halbwegs fitte Paddler, Radler oder Wanderer sollte die empfohlenen Etappen bewältigen können – aber fassen Sie diese bitte nur als Vorschlag auf. Die fittesten unter Ihnen können sie nach Belieben verlängern, andererseits kann es besonders für Familien mit Kindern ratsam sein, bei den Kanu- und Radtouren die Etappe früher enden zu lassen. Gründe dafür gibt es schließlich genug, ist doch die Bodenseeregion reich an Sehenswürdigkeiten und eine passende Übernachtungsmöglichkeit ist nie weit. Dabei haben wir in der Auswahl der Unterkünfte darauf geachtet, dass für jeden etwas dabei ist – vom Gelände eines Wassersportvereins über Campingplatz und Jugendherberge bis hin zum Hotel. In diesem Zusammenhang muss darauf hingewiesen werden, dass einige Vereine nur Mitgliedern anderer Wassersportverbände aus dem In- oder Ausland einen Platz auf ihrem Gelände zur Verfügung stellen. Ein guter Grund für eine Mitgliedschaft in einem Kanuverband!

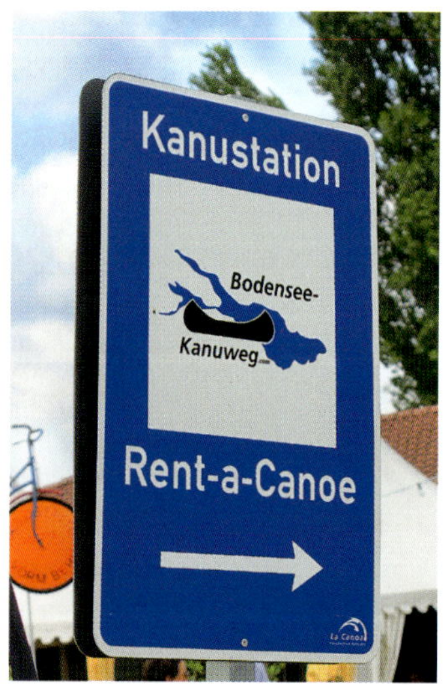

Die gemäßigte Hügellandschaft ist das ideale Revier für leichte Wanderungen und wegen der unglaublich guten Infrastruktur für Radfahrer gehört der Bodensee-Radweg zu den beliebtesten Mehrtagesstrecken nicht nur Deutschlands, sondern auch Österreichs und der Schweiz. Paddler müssen vor allen Dingen Respekt vor der großen Wasserfläche des Bodensees haben. Daher gilt, worauf schon im Kapitel „Besonderheiten für Kanufahrer" hingewiesen wurde: tragen Sie eine Schwimmweste, bleiben Sie in der Nähe des Ufers, legen Sie am Ufer an, sobald das Wetter umschlägt!

Die Höhenprofile bei den vorgestellten, fast durchweg einfachen Wanderungen und die Piktogramme (Sternchen) zu „Schwierigkeit, Natur, Kultur" im Infoteil jeder Tour sollen Ihnen helfen, die Tour auf einen Blick gemäß Ihrer Vorlieben, Interessen und Kondition einzuschätzen. Wir haben Sternchen von 0 (wenig) bis 4 (viel) vergeben.

Die Kartenskizzen im Buch dienen lediglich der Übersicht und Tourenplanung und sind nicht als Ersatz für topografische Karten gedacht. Öffnungszeiten haben wir so dargestellt: (Di-So 10-17), was heißen soll, dass Dienstag bis Sonntag von 10.00 Uhr bis 17.00 Uhr geöffnet ist.

Telefonnummern in Österreich und der Schweiz haben wir mit der jeweiligen Ländervorwahl (+43 bzw. +41) aufgeführt. Aufgrund der Vielzahl der Adressen und Telefonnummern auf deutscher Seite des Bodensees, haben wir aus Platzgründen und zu Gunsten der Übersichtlichkeit bei Anschlüssen in Deutschland auf die Nennung der Ländervorwahl (+49) verzichtet.

Iznang - Konstanz

Kultur und Natur zwischen den Ländern

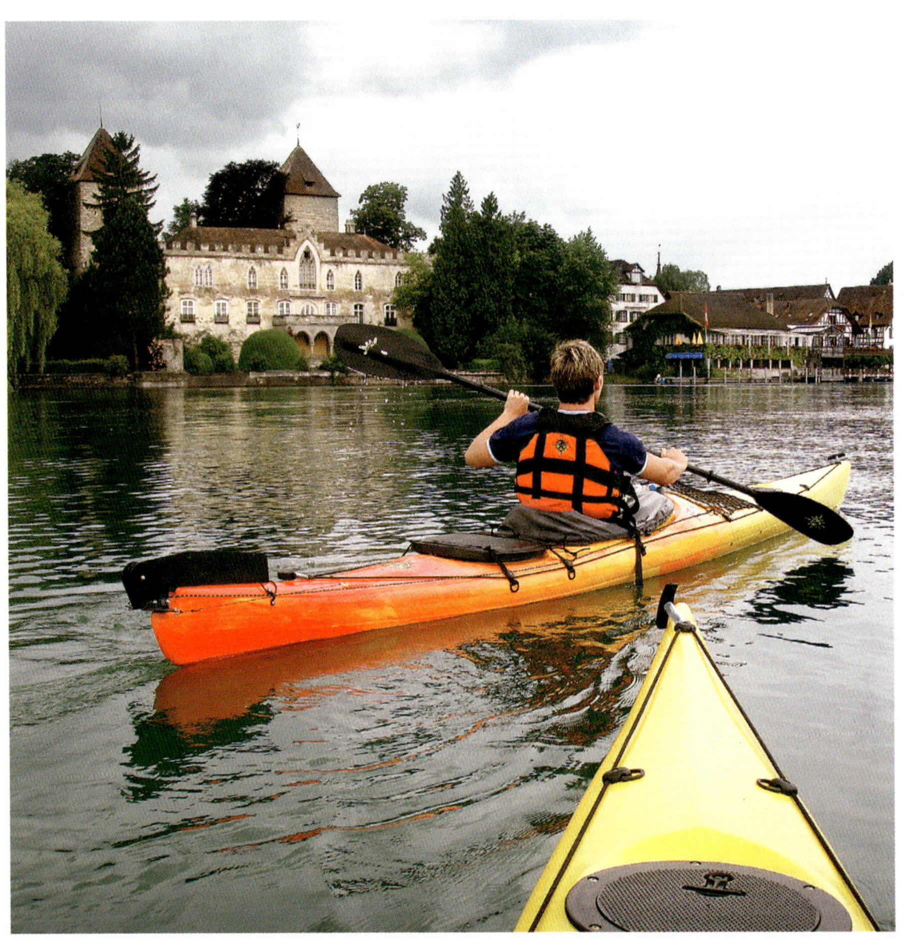

Tour 1

Infos Bodensee-Kanuweg Iznang - Konstanz

Charakter der Tour

Schöne Tour die über große Teile des Untersees führt. Wir streifen die Weltkulturerbe-Insel Reichenau und gelangen in den schmalen Seerhein, ehe wir im geschichtlich interessanten Konstanz ankommen. Ein besonders reiches Wasservogelleben können wir an der Grenze zum Naturschutzgebiet Wollmatinger Ried erleben.

Besonderheiten

Die Wasserfläche vor der Spitze der Insel Reichenau wird von lokalen Paddlern gern als „Bermudadreieck" bezeichnet. Bergwinde und Kabbelwellen sind hier besonders bei Querungen zu beachten. Im Fahrwasser des Seerheins kommt es zu erhöhtem Schiffsaufkommen, daher sich am besten außerhalb der Fahrwassermarkierungen halten. Eine leichte Strömung geht im Seerhein in Richtung Untersee. Wir bewegen uns über weite Strecken zwischen den Ländern Deutschland und Schweiz. Ein Ausweis gehört also ins Gepäck.

Sehenswürdigkeiten

Gaienhofen: *Hermann-Hesse-Höri-Museum* (15.Mär-Okt Di-Sa 10-17, Nov-14.Mär Fr+Sa 14-17, So 10-17), www.hermann-hesse-hoeri-museum.de; *Hermann-Hesse Haus,* Führungen auf Anfrage Tel. (07735) 44 06 53, *Schloss Gaienhofen* (11. Jh.). **Hemmenhofen:** *Otto-Dix-Haus* (Wiedereröffnung Juni 2013), www.otto-dix-haus.com. **Reichenau:** *Münster St. Maria und Markus* (9. Jh.), die romanische *Säulenbasilika St. Peter und Paul* (11.-12. Jh.), *St. Georgskirche* (9. Jh.), *Burgruine Schopflen* (11. Jh.). **Gottlieben:** *Schloss* (13. Jh.), *Fachwerkhaus Hotel Drachenburg, Bodman-Haus* (Apr-Okt Fr,Sa 14-17, So 11-17), Tel. +41 (0)71 667 02 80, www.bodmanhaus.ch **Konstanz:** *Historisches Konstanz* (Stadtrundgang S. 42), ***Museen in Konstanz:*** *Bodensee-Naturmuseum,* Entstehung des Bodensees + Lebensräume; *Landesarchäologiemuseum; Städtische Wessenberg-Galerie; Hans Breinlinger Museum; Hus-Museum.*

Sonstige Aktivitäten

Paddeln: Mit dem Kajak nach Schaffhausen (Siehe Tour 10). **Wandern:** Im Hegau und in Iznangs Umgebung (Siehe Tour 15-18) sowie auf dem Bodanrück. **Sonstiges:** *Schifffahrt* auf dem Bodensee und auf dem Rhein, www.bsb-online.com; *Besuch des Aquariums „Sea Life Center Konstanz"* (tgl. 10-18), www.visitsealife.com/konstanz; *Bodensee-Therme Konstanz* (tgl. 9-22), www.bodensee-therme-konstanz.de

Anreise:

Vom Autobahnkreuz Hegau bei Singen geht es auf die B33 in Richtung Radolfzell, nach fünf Kilometern rechts auf die B 34 nach Singen. Gleich wieder links auf die L 220 Rickelshausener Straße Richtung Böhringen / Rickelshausen. Am nächsten Kreisverkehr erste Ausfahrt, im folgenden Kreisverkehr die zweite Ausfahrt (links) abbiegen Richtung Moos. Nun auf der L 192 bis Iznang, dort links in die See- und sofort wieder rechts in die Strandbadstraße zum Parkplatz am Freibad.

Länge der Tour:
17 km, Paddelzeit 4,5 h

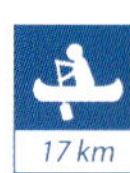

Einsetzen:
Kanuclub Singen e.V., Strandbadstr. 17, 78345 Moos-Iznang

Zurück zum Auto:
Mit der Bahn von Konstanz nach Radolfzell und von dort mit dem Höribus (Linie 7368) zurück nach Iznang. Alternativ mit einem Schiff der Bodenseeschifffahrt mehrmals täglich von Konstanz nach Iznang mit umsteigen in Mannenbach CH.

Kanuverleih:
Diverse Kanustationen am Untersee und somit verschiedene alternative Startpunkte.
Siehe Übersicht Kanuverleihstationen Seite 20-21.

Kartenmaterial:
Bodensee-Navigationskarten Set: ***Karte I: Überlinger See, Untersee und Karte II: Obersee.***
Rad- und Wanderkarte ***Überlinger See – Untersee,*** Publicpress.

Übernachtung in Wassernähe:
Iznang: *Kanuclub Singen* (Camping und Zimmer), Strandbadstr. 17, Tel. 0176 / 38 48 07 22, www.kanuclub-singen.de; *Gästehaus-Café Perlmuschel,* Seestr. 14, Tel. (07732) 570 83, www.cafe-perlmuschel.de; *Campingplatz Stoffel,* Strandbadstr. 8, Tel. (07732) 823 84 80, www.campingplatz-stoffel.de; **Gaienhofen:** *Gästehaus & Jugendhotel am See,* Hornstaaderstr. 50 + 54b, Tel. (07735) 985 20, www.spassamsee.de; *Campingplatz Horn,* Strandweg 3-18, Tel. (07735) 685 75, www.gaienhofen.de/campingplatz_horn; **Mammern:** *Camping Seewiese,* Hauptstr. 6, Tel. +41 (0)52 741 46 19; **Reichenau:** *Camping Sandseele* (Camping, Zimmer), Bradlengasse 24, Tel. (07534) 73 84, www.sandseele.de; **Konstanz:** *Kanu Club Konstanz e.V.,* Winterersteig 15-17, Tel. 0152 / 54 30 30 57, www.kc-konstanz.de; *Jugendherberge Otto-Moericke-Turm,* Zur Allmannshöhe 16, Tel. (07531) 322 60, www.konstanz.jugendherberge-bw.de; *Campingplatz Bruderhofer Konstanz-"Staad",* Fohrenbühlweg 50, Tel. (07531) 313 88, www.campingplatz-konstanz.de; *DKV-Campingplatz Bodensee,* Fohrenbühlweg 45, Tel. (07531) 330 57, www.dkv-camping.de

Auskunft:
Tourist-Info Reichenau, Pirminstr. 145, Tel. (07534) 920 70, www.reichenau.de
Tourist-Info Konstanz, Bahnhofplatz 43, Tel. (07531) 13 30 30, www.konstanz-tourismus.de

Kultur und Natur zwischen den Ländern

Der kleine Ort Iznang am Untersee beherbergt den gastfreundlichen Kanuclub Singen und bietet sich daher als Startplatz für diese Tourenetappe an. In den letzten Jahren richtete er stets den Bodensee-Kanu-Marathon aus (www.bodensee-kanu-marathon.com).
Wer sich also sportlich messen mag, dem sei diese Veranstaltung jährlich Mitte Juni empfohlen. Logistisch betrachtet ist der Verein gesegnet mit reichlich Platz (Kanustation des Deutschen Kanuverbandes) sowie guten Übernachtungsmöglichkeiten. Vom Zelt auf der grünen Wiese nahe des Ufers bis zum Zimmer werden die unterschiedlichsten Ansprüche erfüllt. Das macht Iznang zum perfekten Ausgangsort für Ausfahrten rund um den Untersee.
Bilderbuchwetter kann man es nicht gerade

Karte Iznang - Konstanz

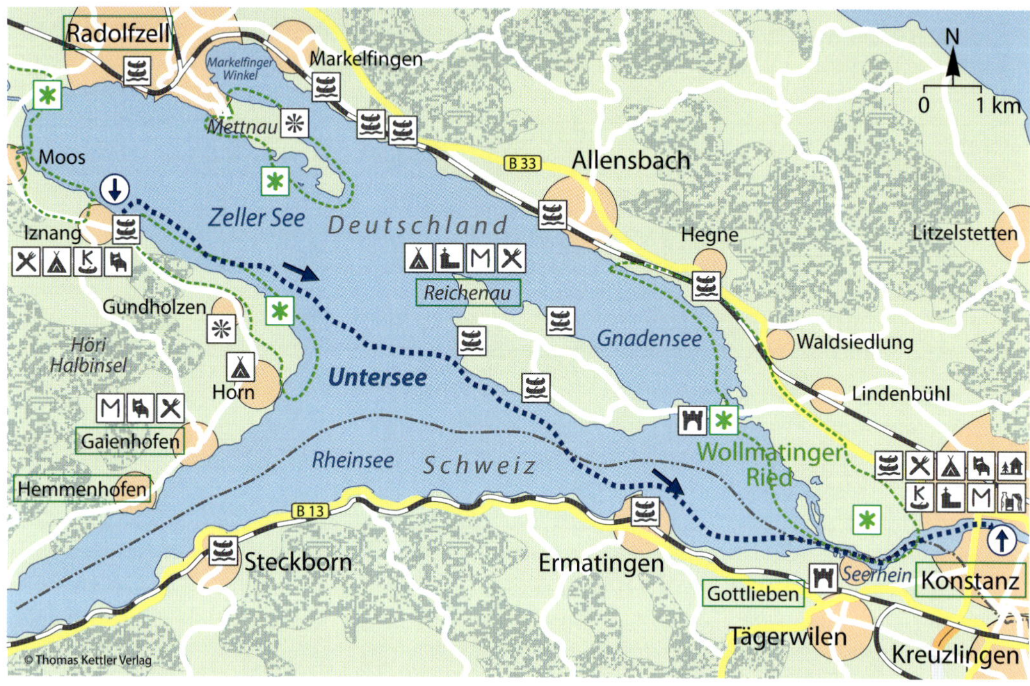

nennen – leichter Nieselregen am frühen Morgen über dem Zeller See, wie dieser Teil des Untersees genannt wird. Vorbei an dem direkt neben dem Gelände des Kanuclubs liegenden Freibads, richtet sich der Bug des Kanus nach Osten, Richtung Spitze der Höri Halbinsel. Stramm stehende Pappelalleen säumen das Ufer, dann wird das Wasser sehr flach und ich muss Abstand halten, weil sich hier ein Vogelschutzgebiet befindet. Es ist durch rot-weiße Tonnen gut sichtbar gekennzeichnet. Die Landschaft der 45 Quadratkilometer großen Halbinsel Höri hat sich ihre Ursprünglichkeit bewahrt. Vor dem mit Schilf bewachsenen Uferstreifen stippen Höckerschwäne auf Suche nach Nahrung ihre langen Hälse ins Wasser.

Bekannte Künstler wie Otto Dix, Erich Heckel oder Max Ackermann, die in der Zeit des Nationalsozialismus als entartet galten, zogen sich auf die idyllische Halbinsel zurück. Sie bot überdies die Möglichkeit zur etwaigen schnellen Flucht in die nahe Schweiz. Selbst Hermann Hesse lebte eine zeitlang hier, der gemeinsam mit dem Direktor der Düsseldorfer Kunstakademie, Walter Kaesbach, als treibende Kraft in der dortigen Kunstszene galt.

An der letzten Tonne des Naturschutzgebietes quere ich die zweieinhalb Kilometer über den See zur westlichen Seite der Insel Reichenau. Dort, wo das Wasser schnell tiefer wird, treffe ich auf einige Angler in ihren Booten, die mit ihren Ruten Seesaibling, Felchen, Forelle oder Hecht nachstellen.

Vom Wasser aus lassen allenfalls der Turm des Klosters Reichenau, die Doppeltürme von St. Peter und Paul oder jener der Georgskirche auf den Status als Weltkulturerbe schließen, ansonsten stechen erst einmal die zahlreichen Glasflächen der Treibhäuser ins Auge. Das

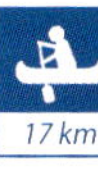

überaus milde Klima auf der flächenmäßig größten Insel im Bodensee ermöglicht bis zu drei Gemüse-Freilandernten im Jahr.

Der vor mir liegende Campingplatz Sandseele am südwestlichen Ufer, bietet mit seinem Uferrestaurant eine lauschige Einkehrmöglichkeit. Überdies kommen jene, die auf ihrer Tour kein Zelt aufschlagen wollen, in Zweier- und Vierer-Stockbettzimmern unter.

Am langgestreckten Südufer passiere ich den Schiffsanleger Reichenau, der auch Schiffslände genannt wird. Der aus den Schweizer Bergen herabkommende Fallwind wirft kleine Wellen auf, die mich ab und an in meinem Kajak sogar zum Surfen bringen. Dieser Teil des Sees ist unter lokalen Paddlern als „Bermudadreieck“ bekannt, weil plötzlich auftretende Windböen und Wellengang schon so manchem wackeren Kanuten das Fürchten gelehrt haben soll. Jenes „Teufelsdreieck“ umschiffe ich allerdings ohne weitere Vorkommnisse.

Mein Blick schweift über kleine Anleger vor adretten Anwesen, doch interessanter ist der Blick auf das andere Seeufer hinüber in die Schweiz. Dort sind die oberen Höhen der bergigen Ufer von dunklem Wald bedeckt. Unterhalb dieser Waldhänge fasziniert ein Mosaik aus Wiesen, Höfen, Dörfern und Alleen.

Den Damm, der Reichenau mit dem Festland verbindet, säumt eine endlos lange Allee aus Pappeln. Das sich anschließende 767 Hektar große Naturschutzgebiet Wollmatinger Ried ist eines der ältesten Naturschutzgebiete am deutschen Bodenseeufer und hat in den Wintermonaten weitreichende Bedeutung als Rast- und Ruheplatz für Zugvögel aus ganz

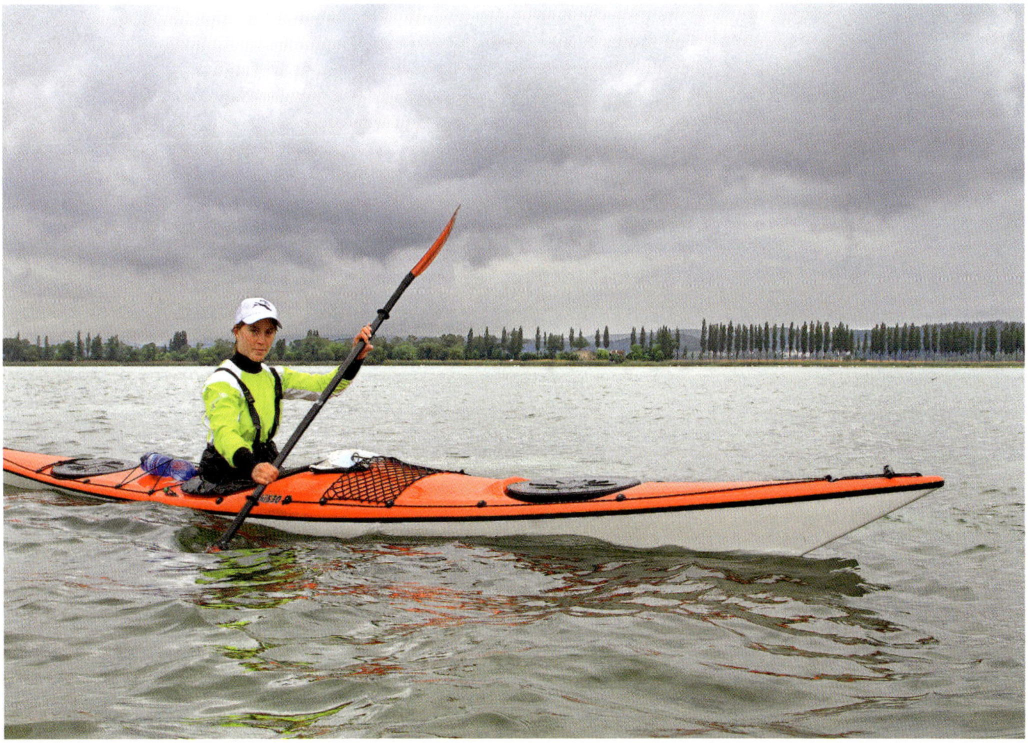

Hier auf dem Untersee, dem kleineren der beiden Seen des Bodensees, verläuft die Grenze zwischen Deutschland und der Schweiz.

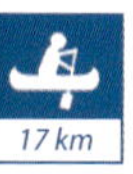

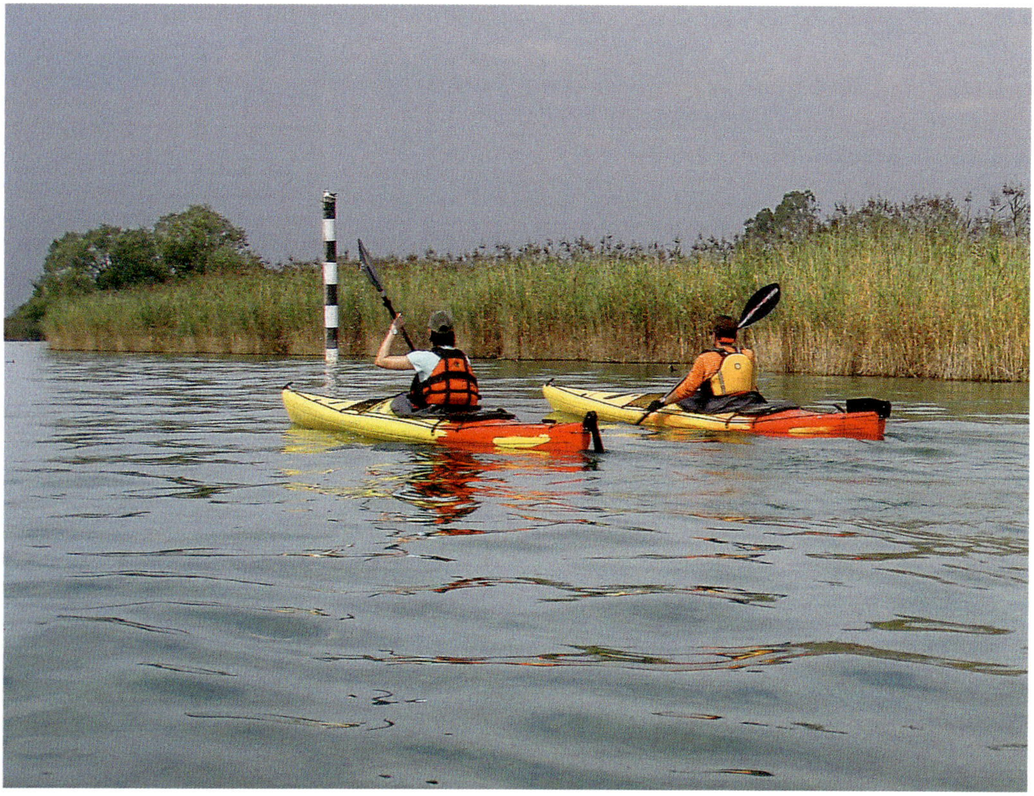

Das Schilfröhricht des Wollmatinger Rieds, teilweise bis zu 500 Meter breit, schützt das Ufer vor Wellenschlag und ist Lebensraum zahlreicher Wasservögel.

Europa. Bei Hochwasser ist fast die ganze Fläche überschwemmt. Jetzt, im Frühsommer, begleiten Höckerschwäne ihre grauen Jungen, die aussehen wie kleine graue Federknäuele und die wie Korken auf dem Wasser hin und her hüpfen.

Langsam verengt sich der Untersee zum Seerhein. An der Grenze zum Naturschutzgebiet wird das Wasser arg flach. Abstand ist bei niedrigem Wasserstand dringend anzuraten, denn wer möchte schon gern mit dem Kajak festsitzen. Auch hier ist das Naturschutzgebiet wieder weithin sichtbar durch die rot-weiß-roten Tonnen markiert. Wer dagegen direkt am Rand des Fahrwassers bzw. der Schifffahrtslinie paddelt, muss zwar mit der einen oder anderen vorbeifahrenden Motoryacht rechnen, hat dafür aber keine Probleme mit dem Wasserstand.

Etwa ab der auf der Schweizer Seite liegenden Ortschaft Gottlieben, macht sich eine leichte Gegenströmung bemerkbar. Nach Passieren des Sportboothafens liegt am rechten Ufer das gleichnamige Schloss Gottlieben, welches aus der im Jahre 1251 erbauten Wasserburg hervorging. Bischof Eberhard II., Truchsess von Waldenburg, wollte mit dem Handelsort Gottlieben dem verfeindeten Konstanz Konkurrenz machen. In den Jahren 1414-18, während des Konstanzer Konzils, wurde im Westturm der Reformator Johannes Hus gefangen gehalten. Heute lädt das malerische Ortsbild zu einem Bummel durch eine der kleinsten Gemeinden der Schweiz.

Das 35 Meter hohe Minarett der Mevlana-Moschee, eines der höchsten in Deutschland, kündigt das moderne Konstanz an. Gleich hinter der riesigen Straßenbrücke, befindet sich rechtsufrig das Gelände des Kanu-Clubs Konstanz. Rechts von den Steganlagen muss man sein Boot eine Rampe hochschieben. Sicherheitshalber hat man sich vorher angemeldet, um nicht vor verschlossenen Türen zu stehen. Wer hier übernachtet, findet eine schöne Zeltwiese. Allerdings soll die

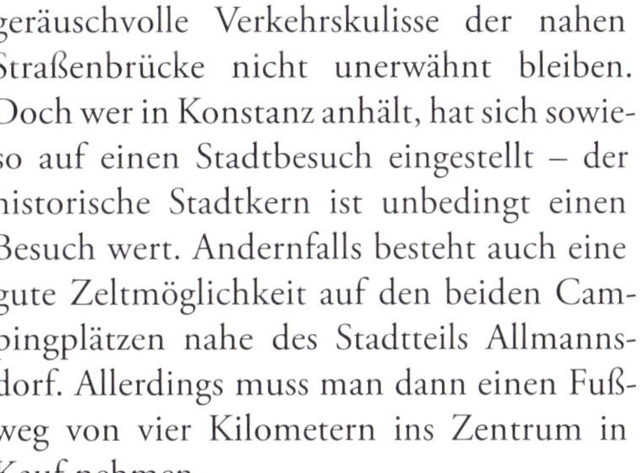

geräuschvolle Verkehrskulisse der nahen Straßenbrücke nicht unerwähnt bleiben. Doch wer in Konstanz anhält, hat sich sowieso auf einen Stadtbesuch eingestellt – der historische Stadtkern ist unbedingt einen Besuch wert. Andernfalls besteht auch eine gute Zeltmöglichkeit auf den beiden Campingplätzen nahe des Stadtteils Allmannsdorf. Allerdings muss man dann einen Fußweg von vier Kilometern ins Zentrum in Kauf nehmen.

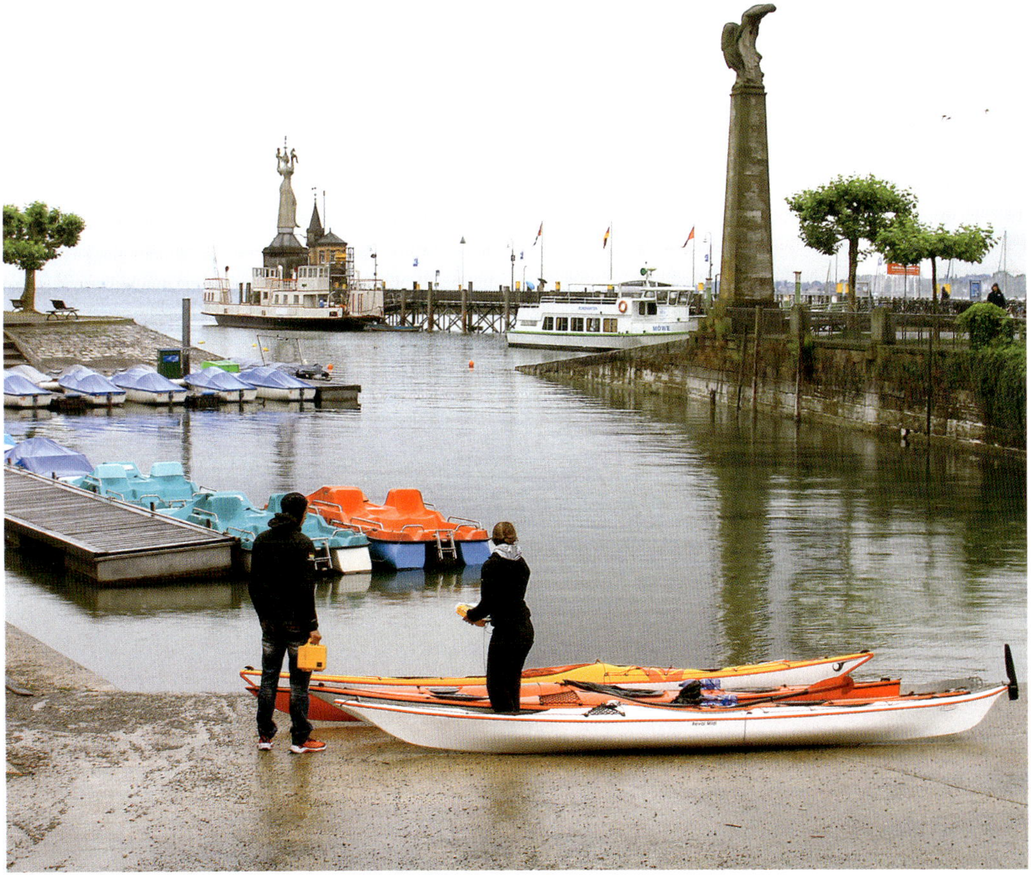

Vor der Hafeneinfahrt erinnert die Imperia an das Konstanzer Konzil von 1414 - 1418.

Stadtrundgang Konstanz

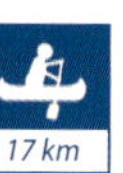

Um vom Kanuverein in die Altstadt zu gelangen, folgen wir dem Seerhein in östliche Richtung. Kurz vor dem Ausfluss in den Obersee, gelangen wir zu dem im 14. Jahrhundert als nordwestlichen Eckpfeiler der Stadtbefestigung errichteten ***Pulverturm (1)***. Der wenige Meter weiter am Ufer stehende ***Rheintorturm (2)***, wurde sogar schon im 12. Jahrhundert zum Schutz der mittelalterlichen Brückenanlagen errichtet. Am gegenüberliegenden Ufer reckt die Mevlana-Moschee der türkisch-islamischen Gemeinde ihr 35 Meter hohes Minarett, eines der höchsten Deutschlands, in den Himmel.
Nun folgen wir der vom Wasser wegführenden Rheingasse, um an deren Ende nach links in die Inselgasse und gleich wieder nach rechts in die Brückengasse zu schwenken. Sie führt uns geradewegs zum Münsterplatz mit dem ***Münster (3)***, dem Wahrzeichen der Stadt und einem der größten romanischen Kirchen Südwestdeutschlands. Die im 11. Jahrhundert errichtete dreischiffige Säulenbasilika bekam im späten Mittelalter gotische Fassaden, während das Innere barocke, klassizistische und neugotische Elemente aufweist. Die Besteigung des erst im 19. Jahrhundert errichteten neugotischen Turms lohnt allemal, denn der Blick über die Stadt und den Bodensee ist atemberaubend.
Gegenüber des Portals der ehemaligen Bischofskirche durchschreiten wir die Katzgasse, folgen kurz nach links der Straße Untere Laube, um gleich wieder, auf Höhe der Brunnenanlage ***„Konstanzer Triumphbogen“ (4)***, nach links in die Torgasse einzubiegen. Von dem Künstler Peter Lenk geschaffen, karikiert sie den Autowahn, die Eitelkeit und andere gesellschaftliche Entgleisungen.
Der Torgasse folgend, kommen wir zur ***St. Stephanskirche (5)***. Sie war während des Konzils 1414-1418 Tagungsort des päpstlichen Gerichts der „Rota Romana“ und zeigt spätgotische Glasmalereien in den Rundbogenfenstern und Sakramentshäuschen des niederländischen Bildhauers Hans Morinck. Hinter der Kirche kommen wir in die Wessenbergstraße, die sich nach wenigen Schritten zum

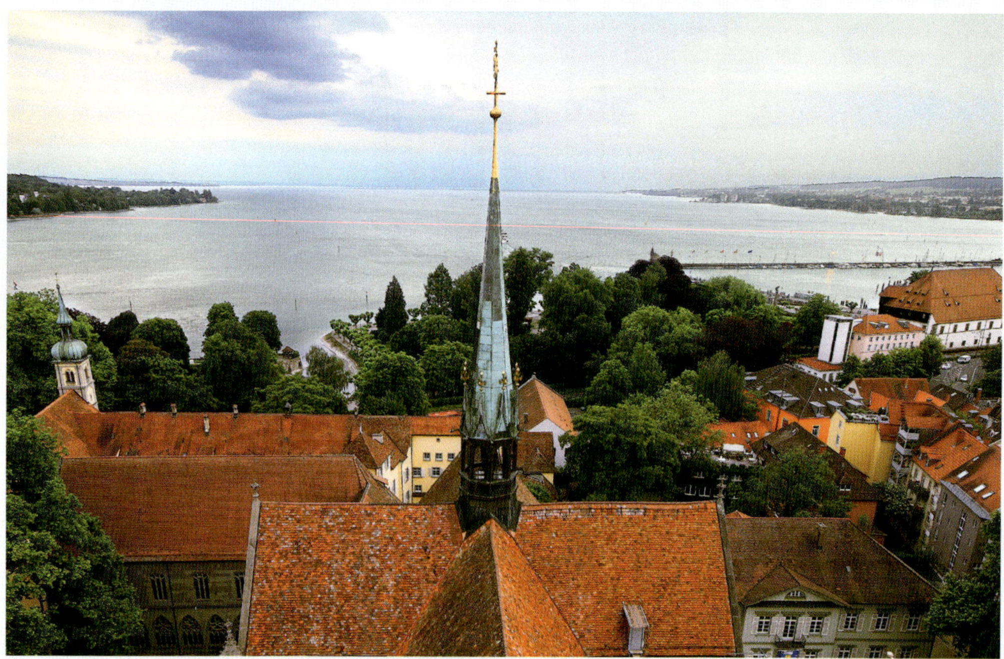

Vom Turm des Konstanzer Münsters hat man einen herrlichen Blick über die Dächer der Altstadt und den Obersee.

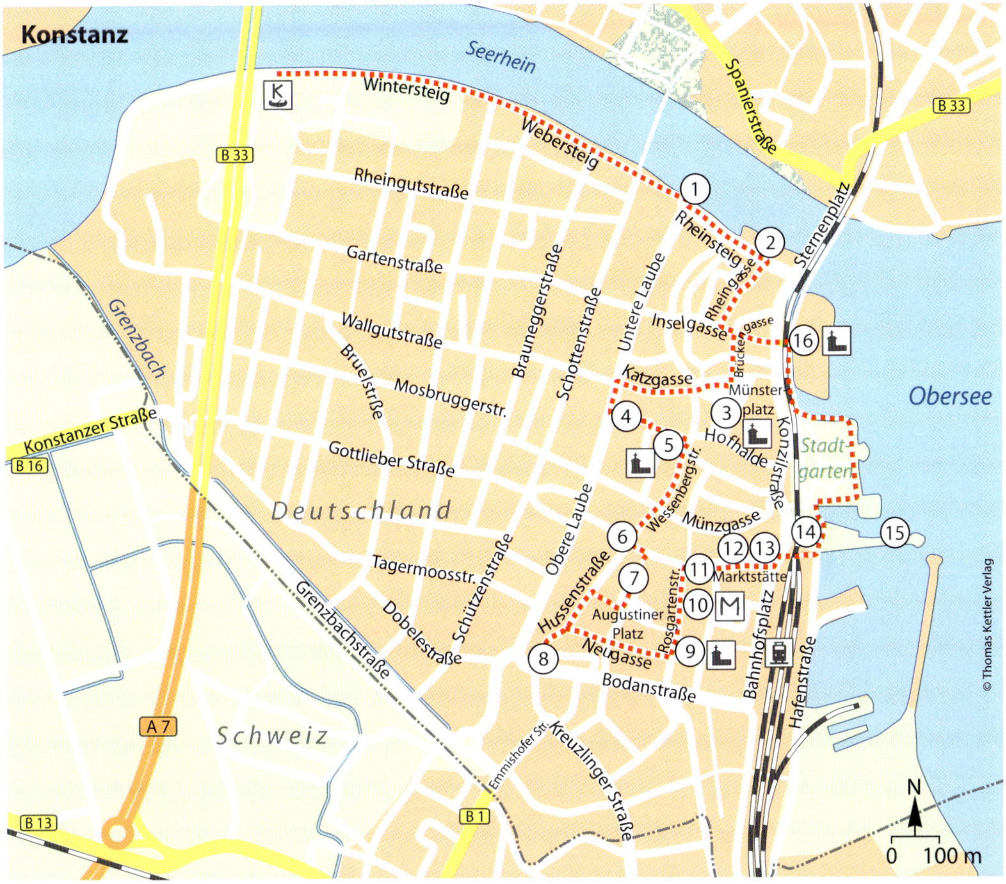

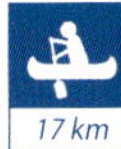

Obermarkt (6) weitet. Im Mittelalter wurde hier Gericht gehalten. Am Südende des Obermarkts biegen wir links in die Kanzleistraße, um gleich rechts durch die Franz-Knapp-Passage zum *Rathaus (7)* der Stadt zu gelangen. Der Gebäudekomplex stammt aus verschiedenen Epochen, wird im Innenhof aber von der italienischen Renaissance geprägt. Kern des Ensembles ist das aus dem 16. Jahrhundert stammende Zunfthaus der Weber. Uns rechts haltend, kommen wir über den Augustiner Platz erst auf den Blätzleplatz und folgen hier links der Hussenstraße. An deren Ende stoßen wir auf das *Schnetztor (8)*, das im 14. Jahrhundert als südliche Stadtbegrenzung erbaut wurde und heute als Baudenkmal von nationaler Bedeutung eingestuft ist.

Wir gehen ein Stück zurück und biegen rechts in die Neugasse. Sie bringt uns zur *Dreifaltigkeitskirche (9)*, die 1268 als Augustinerkloster gegründet wurde und zwischenzeitlich jüdische Synagoge war. Die kreuzende Rosgartenstraße links nehmend, gelangen wir nach wenigen Schritten zu einer der bedeutendsten kunst- und kulturgeschichtlichen Sammlungen des Bodenseegebietes – dem *Rosgartenmuseum (10)*. Es bietet einen Querschnitt durch die Geschichte, Kunst und Kultur des Bodenseegebietes und der Stadt Konstanz von der Steinzeit bis heute (Di-Fr 10-18 und Sa, So 10-17).

Rechts auf der Marktstätte steht der *Kaiserbrunnen (11)*. Ursprünglich stand hier ein 1897 vom Bildhauer Hans Baur entworfener Brunnen mit vier Kaiserstandbildern. Im Zweiten Weltkrieg als Metallspende eingeschmolzen, schuf der Künstler Gernot Rumpf 1.990 Figuren, wie beispielsweise einen

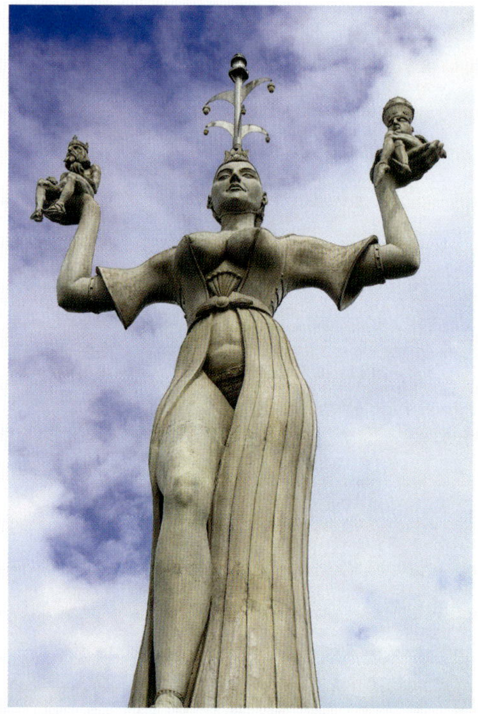

Die aus Beton gegossene und neun Meter hohe Imperia dreht sich innerhalb von vier Minuten einmal um die eigene Achse.

wasserspeienden Seehasen und einen dreiköpfigen Pfau mit drei Papstkronen, die wohl satirisch auf die Konzilszeit und die Stadtgeschichte anspielen. Wenige Schritte weiter links liegt das ehemalige ***Hotel „Zum Goldenen Adler" (12)***. Früher beherbergte das Haus mit der klassizistischen Fassade nicht nur gekrönte Häupter, sondern auch den Dichter Johann Wolfgang von Goethe und Napoleon Bonaparte. Dieser stiftete auch den nach Südwesten blickenden napoleonischen Adler aus Gold, der auf die Verbindung zwischen der Residenzstadt Konstanz und dem kaiserlichen Schloss Arenenberg am Untersee hinweist.

Vor der Einmündung in die Konzilstraße liegt links das ehemalige ***Bürgerspital (13)***. Das schon 1225 gegründete Spital der Konstanzer, beherbergt heute einen modernen Wohn- und Geschäftskomplex. In der Schalterhalle der Post sind mittelalterliche Wandmalereien des ursprünglichen Gebäudes erhalten. Ein Stück nach links die Konzilstraße entlang und dann rechts die Bahnschienen überquerend, stehen wir vor dem wohl weltgeschichtlich wichtigsten Haus der Stadt, dem ***Konzil (14)***. Als Lagerhaus 1388 erbaut und später als Handelshaus und Warenlager genutzt, wählten hier im Gebäude im Jahre 1417 die Versammlung der Kardinäle der römischen Kirche Papst Martin V. Heute befinden sich im Gebäude ein feines Restaurant mit lokalen Fischgerichten und ein Veranstaltungssaal für Konzerte.

Davor, an der Hafenmole, thront die ***„Imperia" (15)***, abermals ein Werk vom Künstler Peter Lenk. Die in ein wallendes Gewand gehüllte Dame mit der aufreizenden Figur trägt auf ihren Händen zwei Gaukler, die sich Kaiserkrone und die Krone des Papstes aufs Haupt gesetzt haben. Vorbild für die sich ständig drehende Statue soll einer Erzählung des französischen Dichters Balzac über eine Edelkurtisane entnommen sein und will auf die angebliche Mätressenherrschaft der römischen Amtskirche hinweisen. Imperia mit dem Kopfschmuck, einer Art Narrenkappe mit Schellen, nimmt wohl neben der Kurtisanenrolle auch die des Hofnarren ein, sich über das Spiel der Mächtigen lustig machend.

Nun folgen wir der Promenade zurück zum Seerhein und passieren dabei das hinter dem Stadtgarten gelegen ehemalige ***Dominikanerkloster (16)***, 1235 gegründet. Im ehemaligen Kirchenschiff können heute früh- und hochgotische Wandmalereien besichtigt werden. Das im 18. Jahrhundert säkularisierte Kloster gilt außerdem als Geburtsort des Luftschiffpioniers Graf Ferdinand von Zeppelin.

Museen: *Bodensee-Naturmuseum* (Jul-11.Sep 10-19, Mai-Jun + ab 12.Sep 10-18, Nov-Apr 10-17), Entstehung des Bodensees + Lebensräume; *Landesarchäologiemuseum (Di-So 10-18), Städtische Wessenberg-Galerie (Di-Fr 10-18, Sa,So 10-17); Hans Breinlinger Museum; Hus-Museum (Apr-Sep Di-So 11-17, Okt-Mär Di-So 11-16),* Leben und Wirken des Reformators Jan Hus.

Konstanz - Romanshorn

Entlang sanfter Wiesenhügel

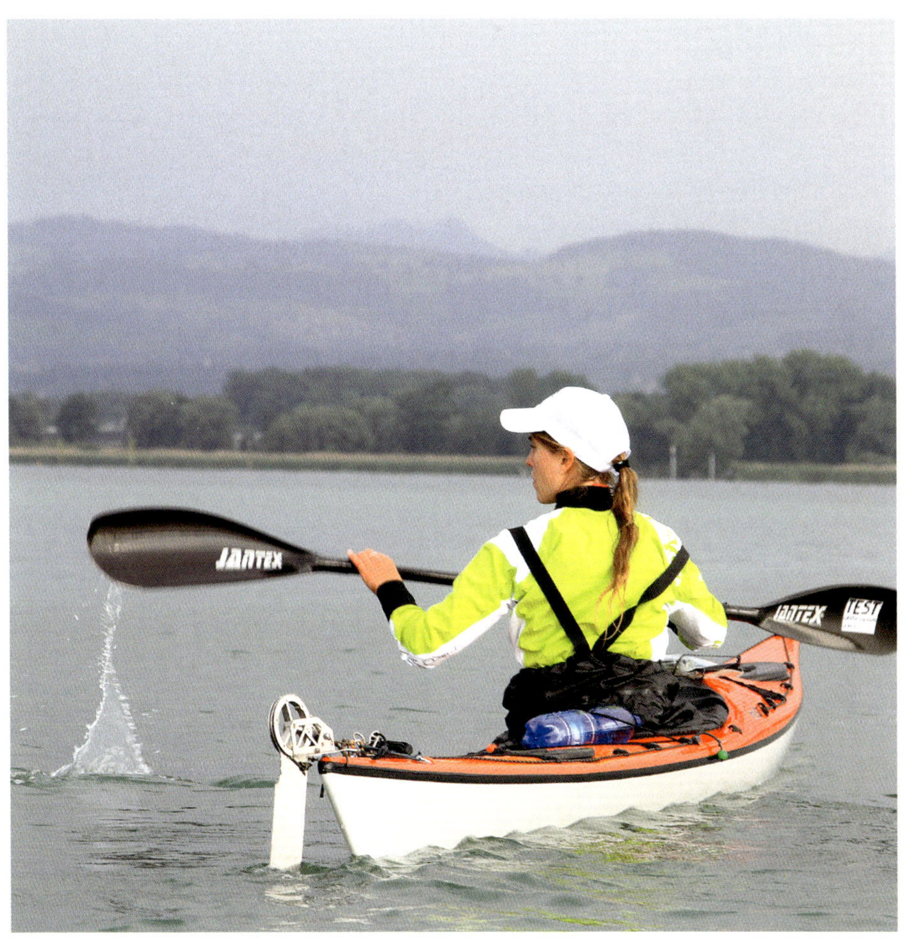

Tour 2

Infos Konstanz - Romanshorn

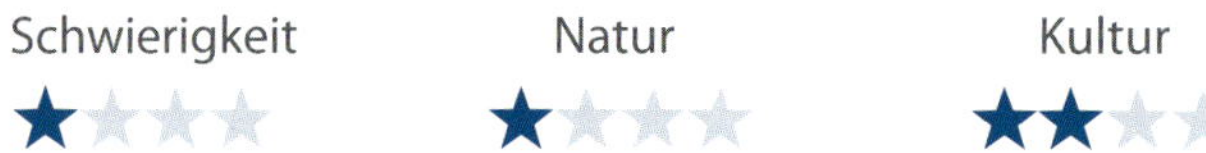

Charakter der Tour

Von Konstanz aus über den Seerhein geht es ein Stück hinaus auf die weite Fläche des Obersees. Der größte Teil der Strecke führt entlang des Schweizer Ufers, an das sich einzelne Gehöfte, grüne Wiesen und kleine Gemeinden schmiegen.

Besonderheiten

Im Fahrwasser des Seerheins kommt es zu erhöhtem Schiffsaufkommen, daher sich am besten außerhalb der Fahrwassermarkierungen halten. Wir bewegen uns über weite Strecken in der Schweiz. Ein Ausweis gehört ins Gepäck.

Sehenswürdigkeiten

Konstanz: *historisches Konstanz* (Stadtrundgang Seite 42), ***Museen in Konstanz:*** *Bodensee-Naturmuseum,* Entstehung des Bodensees + Lebensräume; *Städtische Wessenberg-Galerie; Hus-Museum; Landes-Archäologiemuseum.* **Kreuzlingen:** *Schloss Ebersberg* (16. Jh.), *Schloss Brunegg* (13. Jh.), *Schloss Girsberg* (15. Jh.), *Schloss Seeburg* (16. Jh.), *Schloss Bernegg* (13. Jh.), *Schlösschen Irsee* (17. Jh.), *Felsenburg und Felsenschlössli* (18. Jh.), *Schloss Rosenegg* (17. Jh.), *Seemuseum Kreuzlingen* (Juli, Aug, Sept, Di-So 11-17 / Apr, Mai, Juni, Okt, Mi+Sa 14-17), *Museum Rosenegg* (So u. Fr 14-17, Mi 17-19), *Napoleonmuseum Schloss Arenenberg* (Di-So 10-17), *Galerie am Schloss, Planetarium und Sternwarte Kreuzlingen.* **Güttingen:** *Schloss Moosburg.* **Romanshorn:** *Ev. Kirche* (8. Jh.), *Kath. Kirche St. Johannes der Täufer* (20. Jh.), *Eisenbahnmuseum Locorama* (5.Mai 27.Okt Sa+So 13-17), *Hafenanlagen, Strandbad.*

Sonstige Aktivitäten

Paddeln: Mit dem Kajak auf dem östlichen Bodensee.
Schifffahrt auf dem östlichen Bodensee und auf dem Rhein, www.bsb-online.com;
Sonstiges: *Besuch des Aquariums „Sea Life Center Konstanz“* (tgl. 10-18), www.visitsealife.com/konstanz; *Bodensee-Therme Konstanz* (tgl. 9-22), www.bodensee-therme-konstanz.de

Anreise:
Vom Autobahnkreuz Hegau bei Singen geht es auf die B33 die sich in einer Linie bis nach Konstanz zieht. Hinter der Brücke gleich links in die Gartenstraße, nach 500 Metern links in die Löhrystraße. Dann am Ufer links in den Winterersteig. Das Gelände des Kanu Club Konstanz befindet sich kurz vor der Brücke.

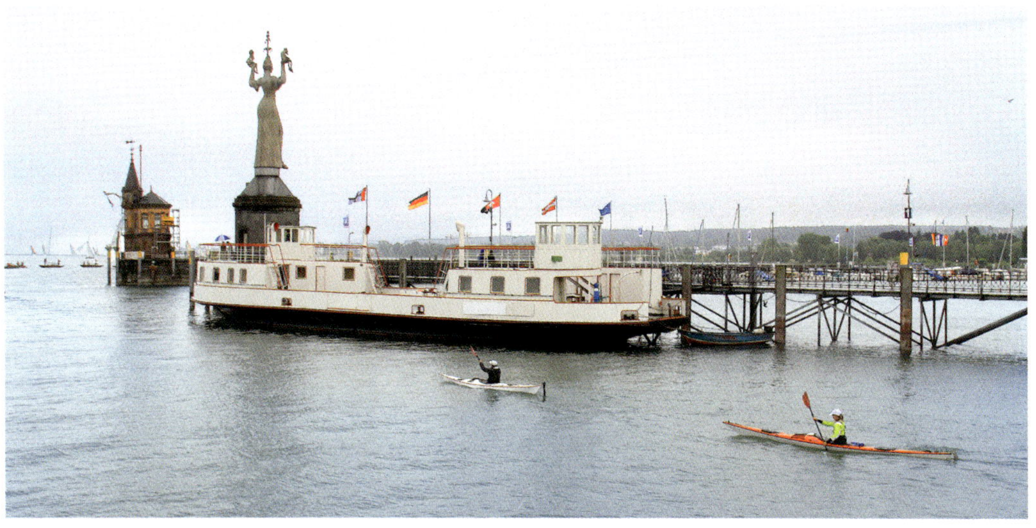

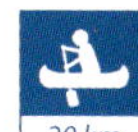

Im Hafen von Konstanz herrscht geschäftiger Fährverkehr.

Länge der Tour:
20 km, Paddelzeit 5 h

Einsetzen:

Kanu Club Konstanz e.V., Winterersteig 15-17, 78462 Konstanz

Kanuverleih:

Diverse Kanustationen am Obersee und somit verschiedene alternative Startpunkte. Siehe Übersicht Kanustationen und Verleih.

Kartenmaterial:

Bodensee-Navigationskarten Set: ***Karte I: Überlinger See, Untersee und Karte II: Obersee.***
Kompass Wander- und Radkarte: ***Bodensee Ost,*** 1:50.000.

Übernachtung in Wassernähe:

Konstanz: *Kanu Club Konstanz e.V.,* Winterersteig 15-17, Tel. 0152 / 54 30 30 57, www.kc-konstanz.de *Jugendherberge Otto-Moericke-Turm,* Zur Allmannshöhe 16, Tel. (07531) 322 60, www.konstanz.jugendherberge-bw.de; *Campingplatz Bruderhofer Konstanz-"Staad",* Fohrenbühlweg 50, Tel. (07531) 313 88, www.campingplatz-konstanz.de
DKV-Campingplatz Bodensee, Fohrenbühlweg 45, Tel. (07531) 330 57, www.dkv-camping.de;
Kreuzlingen: *Camping Fischerhaus,* Promenadenstr. 52, Tel. +41 (0)71 688 49 03, www.camping-fischerhaus.ch, *Jugendherberge Kreuzlingen,* Promenadenstr. 7, Tel. +41 (0)71 688 26 63, www.youthhostel.ch/de/hostels/kreuzlingen;
Romanshorn: *Kanu-Club Romanshorn,* Seeweg 1, Tel. +41 (0)71 463 61 42, www.kcro.ch; *Frühstückspension Romanshorn,* Tel. +41 (0)71 465 29 13, *Jugendherberge Romanshorn,* Gottfried-Keller-Str. 6, Tel. +41 (0)71 463 17 17, www.youthhostel.ch/de/hostels/romanshorn;
Egnach: *Camping Seelust,* Wiedehorn, Tel. +41 (0)71 477 10 06, www.seehorn.ch

Auskunft:

Tourist-Info Konstanz, Bahnhofplatz 43, Tel. (07531) 13 30 30, www.konstanz-tourismus.de
Kreuzlingen Tourismus Haus zum Hammer, Sonnenstr. 4, Tel. +41 (0)71 672 38 40 www.kreuzlingen-tourismus.ch
Tourist-Info Romanshorn, Im Bahnhof, Tel. +41 (0)71 463 32 32, www.romanshorn.ch/tourismus

Entlang sanfter Wiesenhügel

Karte Konstanz - Romanshorn

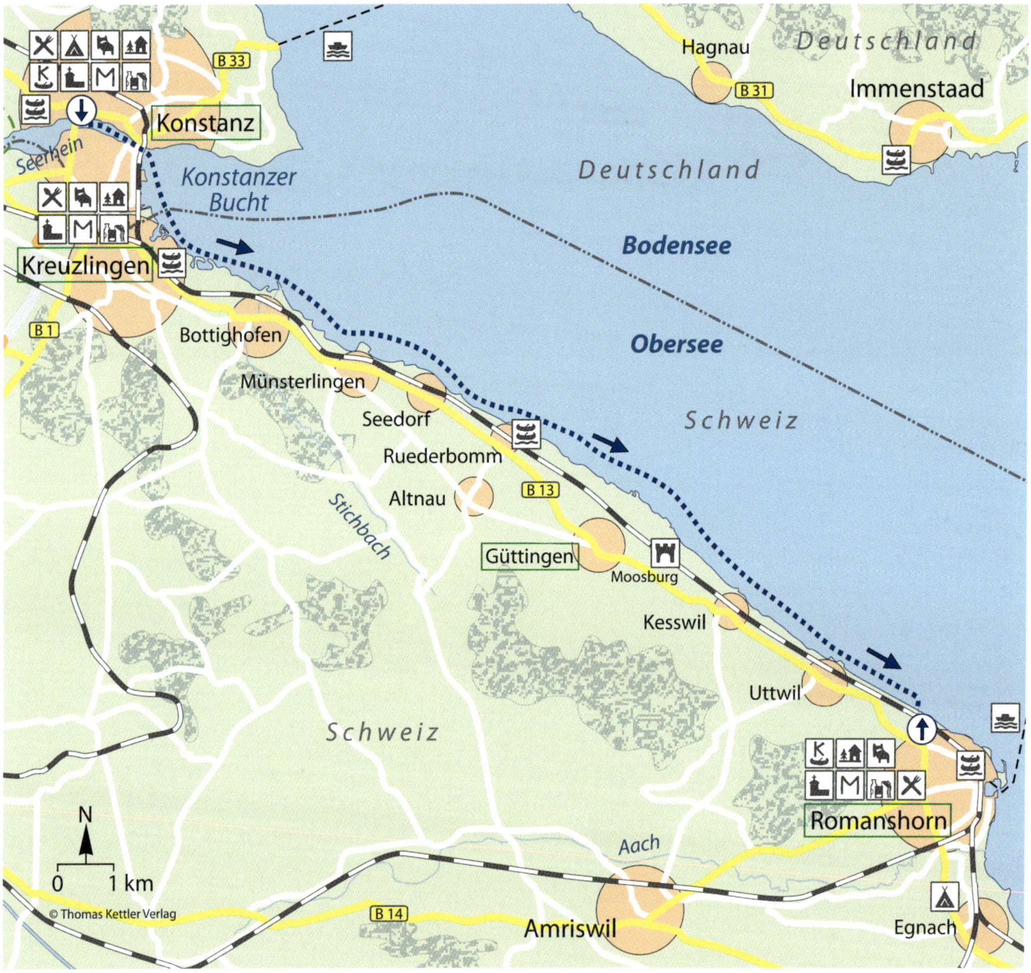

Vom Kanu Club Konstanz aus führt die Fahrt unter der nächsten Brücke hindurch raus in die Konstanzer Bucht, die bald in die weite Wasserfläche des Obersees übergeht. Auch vom Wasser aus ist das Mittelalter in Konstanz überall präsent. Entlang an zwei mächtigen Wehrtürmen, dem ehemaligen Dominikaner-Kloster und heutigen Inselhotel sowie dem Konzilgebäude, geht es am Konstanzer Hafen vorbei, wo die mächtige Imperia, das neue Wahrzeichen von Konstanz, die Ankommenden begrüßt. Wegen des diesigen Wetters ist seeseitig am Horizont kein Land auszumachen. Ich bewege mich in Richtung Kreuzlingen entlang des Schweizer Ufers, das sich unmittelbar an Konstanz anschließt. Die größte Stadt der Schweiz am Bodenseeufer entstand erst in den späten 20er Jahren des

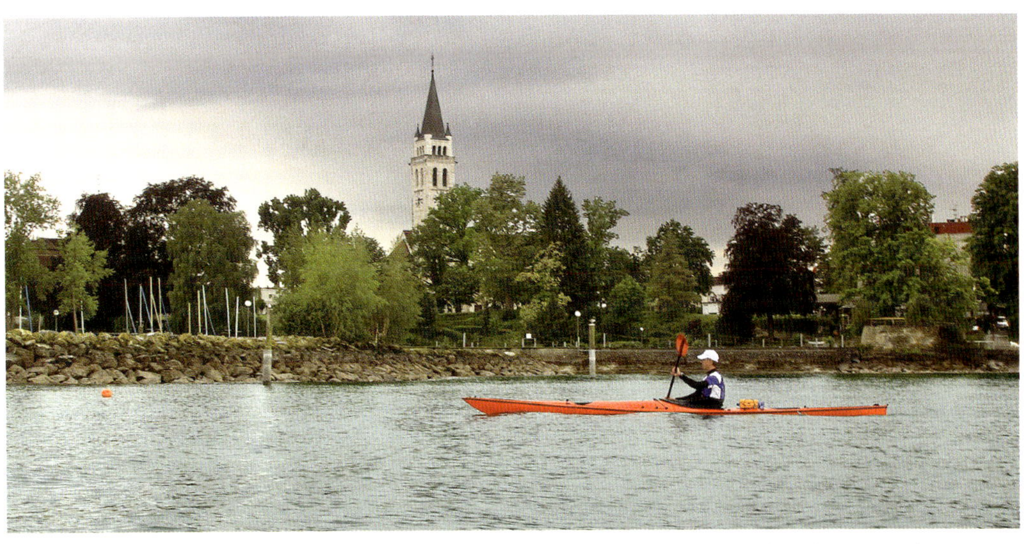

Der markante Kirchturm der Pfarrkirche St. Johannes ist das weithin sichtbare Wahrzeichen Romanshorns.

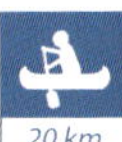

20. Jahrhunderts aus dem Zusammenschluss dreier Dörfer. Der Name „Kreuzlingen" geht auf das 1125 vom Bischof von Konstanz gegründete Augustinerstift Cruzelin zurück, das 1848 aufgelöst wurde. Die barocke Klosterkirche St. Ulrich und St. Anna von 1650 und das nahe Seemuseum, dessen Gemäldesammlung einen Einblick in die früheren Landschaftsformen des Bodensees vermittelt, sind einen Besuch wert. Im idyllischen, ufernahen Seeburgpark liegt das Schloss Seeburg, dessen Anfänge im 16. Jahrhundert liegen. Im 19. Jahrhundert umfassend renoviert, lockt das mit einem schönen Zinnengiebel versehene Schloss mit einem Restaurant der gehobenen Klasse.

Mich dicht ans Ufer haltend, lasse ich kleine, in sanfte Wiesenhügel gebettete Orte an mir vorüberziehen. Wie Reste von Seeufersiedlungen zeigen, war die Gegend um Bottighofen schon in urgeschichtlicher Zeit besiedelt.

Das benachbarte Kloster Münsterlingen war von Benediktinerinnen betrieben und ist heute eine Psychiatrische Klinik. Seine barokke Klosterkirche wurde im frühen 18. Jahrhundert als Benediktinerinnenabtei gebaut und birgt die Büste des Heiligen Johannes. Während der sogenannten „Seegfrörnen" wird seine Büste, einem jahrhundertealten Brauch folgend, über den zugefrorenen See in die Partnergemeinde getragen. Statistisch gesehen ist mit einem Zufrieren des Bodensees aufgrund des milden Klimas allerdings sehr selten zu rechnen. Seit dem Jahre 875 ist dies nur 33 Mal der Fall gewesen, zuletzt im Winter 1963.

Kurz vor dem Hafen Altnau bietet das Gasthaus „Schiff", direkt am Ufer gelegen, einen idealen Pausenplatz. Auf der Terrasse kann man unter alten Bäumen sitzend, feine Speisen und Getränke genießen.

Knapp einen Kilometer weiter liegt auf einem Hügel westlich des Ortes Moosburg, das im 16. Jahrhundert erbaute gleichnamige Schloss. Im Stil der Spätgotik erbaut, dient es heute als Veranstaltungsort und Restaurant.

Der Ort Kesswil besticht durch einige gut erhaltene Fachwerkhäuser des 17. Jahrhunderts. Das stille Fischer- und Bauerndorf Uttwil, einen Kilometer weiter, wurde im 18. Jahrhundert Hauptumschlagplatz für Korn und Salz aus Deutschland. Von dort wurden

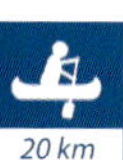

Seegfrörnen

Es kommt selten einmal vor, dass der Bodensee im Winter so stark zufriert, dass sein Eis Menschen trägt. Jene Jahre in denen das auf dem ganzen See möglich ist, werden Seegfrörnen-Jahre genannt. Zum ersten Mal wurde dieses Ereignis im 9. Jahrhundert schriftlich erwähnt. In den letzten 1100 Jahren ist der Bodensee allerdings nur 33 Mal zugefroren. Statistisch gesehen friert er also alle 33 Jahre einmal zu. Doch die Natur hält sich an keine Statistiken. Es gab in einigen Jahrhunderten wohl mehrere dieser seltenen Eisereignisse zeitlich nah beieinander, in anderen Jahrhunderten nur ein einziges Mal. Das Schwäbische Meer war zum letzten Mal im Jahre 1963 gänzlich vom Eis bedeckt. Über 50.000 Menschen sollen an diesen Tagen mit Schlittschuhen, Eisseglern, Fahrrädern oder einfach zu Fuß auf dem Eis unterwegs gewesen sein. So es denn die Klimaerwärmung nicht verhindert, ist ein erneutes Zufrieren statistisch gesehen überfällig.
Im Jahre 1573 wurde wahrscheinlich erstmals während einer Seegfrörnen eine Büste des „Heiligen Johannes" im Zuge einer kirchlichen Prozession vom schweizerischen Kloster Münsterlingen zum Rathaus des deutschen Ortes Hagnau getragen. Bei der folgenden Seegfrörnen, hundert Jahre später, wurde die Skulptur über das Eis feierlich zurückgebracht. So kam ein bis in die heutigen Tage andauernde Tradition auf. Zurzeit steht die Büste in Münsterlingen.

die Waren weiter nach Zürich, Genf und Bern befördert. Von seinem damaligen Reichtum zeugen einige stattliche Häuser entlang des Dorfbaches. Mit dem Einzug der Eisenbahn die Romanshorn als Endpunkt wählte, verlor es schlagartig wieder an Bedeutung. Doch hat die Beschaulichkeit des Ortes auch immer wieder Künstler aus ganz Europa angezogen. Im ersten Weltkrieg und den Jahren danach, bildeten sich verschiedene kulturelle Zentren und auch heute wird versucht, mit den „Uttwiler Meisterkursen" an die künstlerische Tradition anzuknüpfen.

Kurz vor Romanshorn, unmittelbar vor dem Freibad, befindet sich der Kanu-Club Romanshorn, der zu den sportlich erfolgreichsten Vereinen am Bodensee zählt.

Hier kann man auf Anfrage sein Zelt auf dem Seegrundstück des Vereins aufstellen und am Abend der Stadt einen Besuch abstatten. Diese wurde erstmals im 8. Jahrhundert in einer Schenkungsurkunde erwähnt. Aus dieser Zeit stammt auch die alte Kirche, die Jahrhunderte lang ein wichtiger Außenposten des Klosters St. Gallen darstellte. Der Ort entfaltete sich allerdings erst später zu voller Größe, als im Zuge des Eisenbahnbaus ein Hafen errichtet wurde, der sich, von der Wasserfläche her, zum größten Schiffshafen am Bodensee entwickelte. Heute macht die Autofähre die Romanshorn mit Friedrichshafen verbindet, das Städtchen zu einem echten Verkehrsknotenpunkt. Eisenbahnliebhaber sollten in Romanshorn das Eisenbahnmuseum nicht verpassen. Hier befinden sich eine interessante, sechsgleisige Lokremise und eine 20-Meter-Hand-Drehscheibe zwischen zahlreichen Abstellgleisen. Auch ein Einkehren lohnt für die Gourmets unter den Paddlern – das Restaurant „Zur Mole", direkt im Yachthafen, ist bekannt für seine Fischgerichte. Aufgrund des reizvollen Hinterlandes ist der Ort idealer Ausgangspunkt für Wanderer und Radfahrer.

Romanshorn - Rheinspitz

Schweizer Uferträume

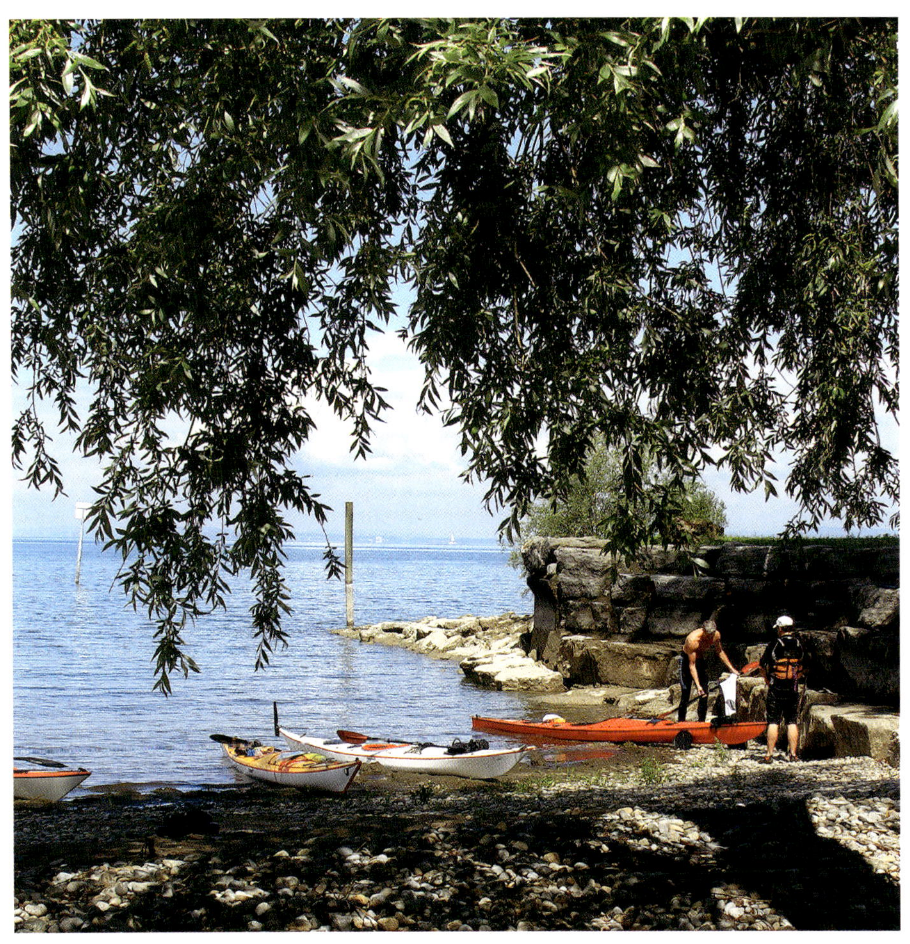

Tour 3

Infos Romanshorn - Rheinspitz

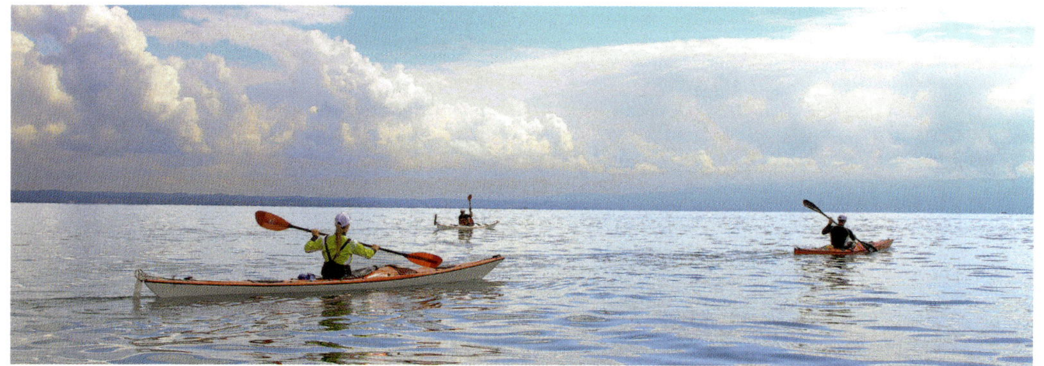

Paddeln ins Blaue hinein, das ist typisch Bodensee im Sommer.

Charakter der Tour

Auf dieser tollen Etappe geht es von Romanshorn zur Mündung des Alt Rheins. Am Ufer liegen Orte wie das mittelalterliche Arbon und das geschäftige Rorschach. Schöne Natur wartet am Ende der Tour. Wer noch genügend Energie und Reserven hat, kann einen Abstecher in den Alten Rhein mit seinen Auwäldern und Kiesbänken machen (8 km hin und zurück), oder sich dafür einfach einen Extra-Tag gönnen.

Besonderheiten

Bei Vorbeifahrt am Hafen von Romanshorn ist mit erhöhtem Fähraufkommen zu rechnen. Diese haben selbstverständlich wie auch die restliche Berufsschifffahrt auf dem See Vorfahrt vor uns Kanufahrern. Auch auf dieser Etappe Ausweispapiere mitführen.

Sehenswürdigkeiten

Romanshorn: *Ev. Kirche* (8. Jh.), *Kath. Kirche St. Johannes der Täufer* (20. Jh.), *Eisenbahnmuseum Locorama* (5.Mai-27.Okt Sa+So 13-17), *Hafenanlagen, Strandbad.* **Egnach:** *Schloss Luxburg* (14. Jh.).
Arbon: *Kastell Arbor Felix /Schloss Arbon* (3./16. Jh.), *historische Altstadt mit Fischmarktplatz* (Brunnen und viel Schweizer Fachwerk), *Galluskapelle* (12./13. Jh.), *Kirche St. Martin* (18. Jh.), *Turmhaus* (14. Jh.), *Schädlerfabrik* (20. Jh.), *Rathaus, Wachturm* (13. Jh.), *Historisches Museum im Schloss Arbon* (Mai-Sep Di-So 14-17, Okt, Nov, Mär, Apr So14 -17), www.museum-arbon.ch **Rorschach:** *„Badhütte"* (Badeanstalt von 1924), *Kornhaus* aus dem 18. Jh. mit Museum (Apr-Okt tgl. 10-17), *ehemaliges Kloster Mariaberg* (15. Jh.), *Schloss Wartegg* in Rorschacherberg (16. Jh.). **Altenrhein:** *„Markthalle Altenrhein"* von Hundertwasser.

Sonstige Aktivitäten

Schifffahrt auf dem östlichen Bodensee und auf dem Rhein, www.bsb-online.com.
Sonstiges: *Besuch der Altstadt von Arbon* und des nahen *St. Gallen.*

Länge der Tour:
21 km, Paddelzeit 5,5 h

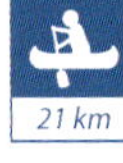

Anreise:
Vom Autobahnkreuz Hegau bei Singen geht es auf die B33 die sich in einer Linie bis nach Konstanz zieht. Dort rechts ab auf der Europastraße über die Brücke Richtung Schweiz. Am ersten Kreisverkehr die dritte Ausfahrt auf der „13“ Richtung Romanshorn. Beim Ortseingang Romanshorn links in die Reckholdernstraße, erste links in die Obstgartenstraße. Am Ende nach rechts in die Lohzelgstraße. Gleich wieder links in die Hinterwiesenstraße. Unter der Bahnunterführung hindurch, dann rechts und gleich wieder links in den Seeweg. Hinter der Hausnummer 1 liegt der Kanu-Club.

Einsetzen:
Kanu-Club Romanshorn, Seeweg 1, CH-8590 Romanshorn

Zurück zum Pkw:
Halbstündlich mit der Bahn von Altenrhein bis Romanshorn. Alternativ mit den Kursschiffen der Bodenseeschifffahrt von Rheineck (im Alter Rhein flussaufwärts) oder von Altenrhein zurück nach Rorschach. Dort umsteigen nach Romanshorn.

Kanuverleih:
Diverse Kanustationen am Obersee und somit verschiedene alternative Startpunkte.
Siehe Übersicht Kanuverleihstationen Seite 20-21.

Kartenmaterial:
Bodensee-Navigationskarten Set: *Karte I: Überlinger See, Untersee und Karte II: Obersee.*
Kompass Wander- und Radkarte: *Bodensee Ost,* 1:50.000.

Übernachtung:
Romanshorn: *Kanu-Club Romanshorn,* Seeweg 1, Tel. +41 (0)71 463 61 42, www.kcro.ch
Frühstückspension Romanshorn, Tel. +41 (0)71 465 29 13
Jugendherberge Romanshorn, Gottfried-Keller-Str. 6, Tel. +41 (0)71 463 17 17
Egnach: *Camping Seehorn,* Wiedehorn, Tel. +41 (0)71 477 10 06, www.seehorn.ch
Landgasthof Seelust, Wiedehorn, Tel. +41 (0)71 474 75 75, www.seelust.ch
Arbon: *Camping Buchhorn,* Philosophenweg 17, Tel. +41 (0)71 446 65 45
Horn: *Hotel Bad Horn* (hochpreisig), Seestr. 36, Tel. +41 (0)71 844 51 51, www.badhorn.ch
Rorschach: *Hotel Mozart,* Hauptstr. 82, Tel. +41 (0)71 844 4747, www.mozart-rorschach.ch
Herberge Rorschach-See, Churerstr. 4, Tel. +41 (0)71 844 97 12, www.herberge-rorschach.ch
Altenrhein: *Camping Marina Rheinhof,* Rheinhofstr. 44, Tel. +41 (0)71 855 55 55, www.ffmr.ch
Rheineck: *Paddelclub Rheineck,* Tel. +41 (0)71 222 26 25, www.paddelclub.ch

Auskunft:
Tourist-Info Romanshorn, Im Bahnhof, Tel. +41 (0)71 463 32 32, www.romanshorn.ch
Infocenter Arbon, Schmiedgasse 5, Tel. +41 (0)71 440 13 80, www.arbon.ch
Tourist-Info Rorschach, Hauptstr. 56, Tel. +41 (0)71 841 70 34, www.tourist-rorschach.ch

Schweizer Uferträume

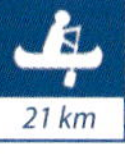

Strahlender Sonnenschein bildet einen krassen Gegensatz zum Wetter des Vortages. Kein Lüftchen regt sich und das Wasser liegt spiegelglatt vor mir. Beim Passieren von Romanshorn fällt der Blick auf die beeindruckenden Hafenmauern der Stadt. Eine kleine Insel, die in die Hafenmauern integriert wurde, ist von windzerzausten Eichen bestanden. Der lange ersehnte Fernblick auf die Alpen, deren Gipfel zum Teil noch mit Schnee bedeckt sind, hat sich eingestellt. Genauso hatte ich mir eine Tour auf dem Bodensee vorgestellt. Sonnenschein und Blick auf die Berge! Auch wenn der Frühsommer im Vergleich zu anderen Regionen deutlich milder ausfällt, sind solche Idealbedingungen nicht garantiert.

Ausgedehnte Schilfflächen prägen das flache Ufer vor Egnach. Ein Badeareal schaut aus dem Schilf heraus. Zu dem 150 Meter dahinter liegenden Campingplatz „Seehorn" muss man sein Kanu rollern. Er gehört zum Netz der Kanustationen des Bodensee-Kanuweges. Jene, die zuvor im angeschlossenen Landgasthof „Seelust" reserviert haben, können sich in den komfortablen Zimmern einquartieren. Die eigentliche Ortschaft befindet sich

Karte Romanshorn - Rheinspitz

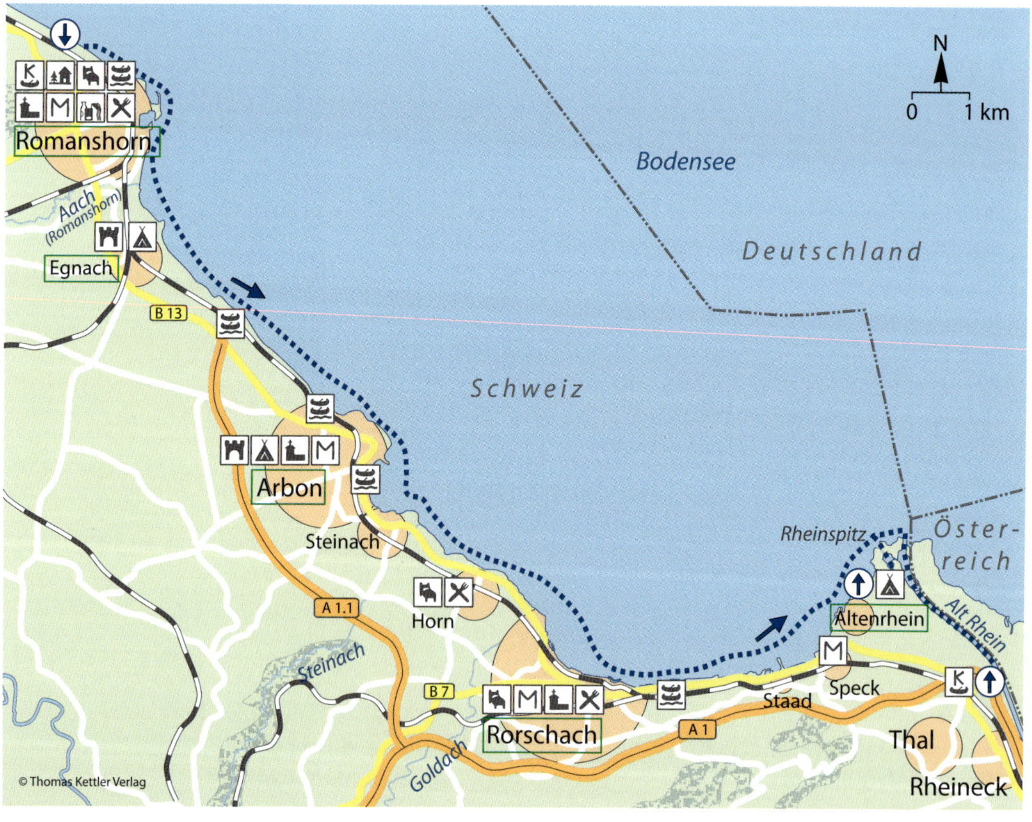

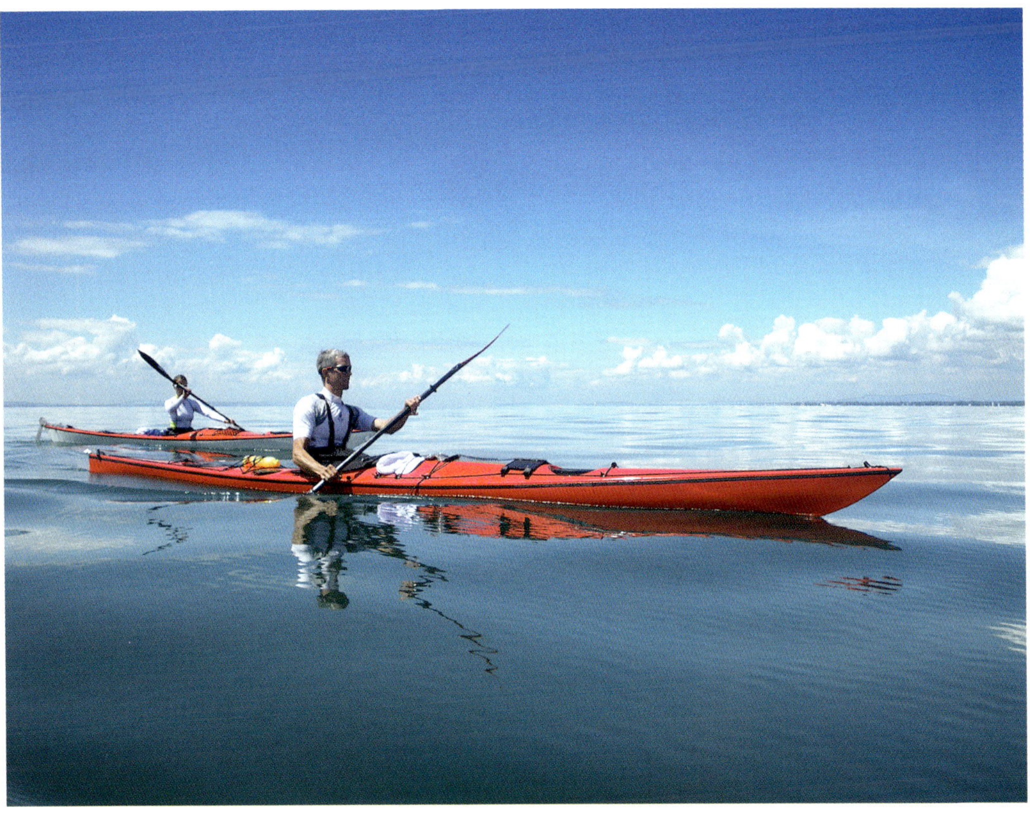

Manchmal könnte man meinen, auf dem weiten Meer unterwegs zu sein.

ein Stück landeinwärts. Schon von den Kelten und Römern soll die Gegend bewohnt gewesen sein. Der Egnacher Urwald wurde von der römischen Heerstraße durchzogen und im 8. Jahrhundert von den Alemannen gerodet. Eine Besonderheit des Ortes ist das in einem Park liegende Schlösschen Luxburg, im 14. Jahrhundert im altgotischen Stil von Kaiser Friedrich III. erbaut. Später stark modernisiert, wurde es Justizsitz des Bistums Konstanz.

Auf der folgenden Strecke wechselt das Ufer zwischen offenen Schilfflächen, Strandbädern, repräsentativen Privatgrundstücken und kleinen kiesigen Stränden, bevor die Türme der Stadt Arbon in Sicht kommen. Die Römer hatten hier ein Kastell samt Bad errichtet, das sie „Arbor Felix" nannten, was so viel wie „glücklicher Baum" bedeutet und sicher an den riesigen, umgebenden Wäldern zu jener Zeit lag. Ausgrabungen zufolge hatte es eine Fläche von annähernd 10.000 Quadratmetern. Die Aufgabe des Obergermanisch-Raetischen Limes und damit die Rücknahme der römischen Grenze an der Linie Rhein-Iller-Donau soll der Grund für die Befestigung der Anlage im 3. Jahrhundert gewesen sein. Auf das 8. Jahrhundert wird eine erste Burganlage datiert, an deren Stelle heute das Schloss Arbon steht, das mit seinem Bergfried das Wahrzeichen der Stadt darstellt. Bischof Hugo von Hohenlandenberg ließ es im Jahre 1515 errichten. Der gewaltige Wehrturm beherbergt das überaus interessante Historische Museum. Ebenfalls sehenswert sind das Alte Rathaus aus dem 13. Jahrhundert und das Bohlenständerhaus aus dem 15. Jahrhundert. Mit ihren gut erhaltenen historischen Gebäuden und den verwinkelten Gassen gehört die Stadt sicherlich zu den schönsten am Bodensee. Ein breiter Kiesstrand vor der Stadt eignet sich vorzüglich zum Anlanden und dem anschließenden Erkunden. Gourmets unter den Paddlern haben die Aussicht auf ein echtes Highlight. Sie können nach ein paar Minuten Fußweg in Richtung Stadtkern im Hotel Restaurant „Römerhof" einkehren. Keine ganz billige Angelegenheit, dafür erlebt man eine Küche, die mit 17 Gault Millau Punkten ausgezeichnet wurde und zu den besten Restaurants der Schweiz gehört.

21 km

Hinter Arbon ziehen sich Siedlungen, kleine Häfen und Freibäder wie an einer Perlenkette aufgereiht am Ufer entlang. Das Städtchen Rorschach mit seiner schönen Uferpromenade lohnt einen Pausenstopp. Unmittelbar am Bodenseeufer lockt das Erlebnisbad mit einer 60-Meter-Rutsche. Sehenswert ist das 1749 in Betrieb genommene Kornhaus, das Wahrzeichen der Stadt. Mit Ausstellungen zur Urgeschichte, zur Stadtentwicklung, zur Tierwelt am Bodensee, aber auch beispielsweise zu Optik und Mathe-Magie, beherbergt es ein Museum der besonderen Art.

Die dreiflügelige Badeanstalt „Badhütte", die auf Betonpfeilern im Wasser des Bodensees ruht, wurde 1924 erbaut und ist die einzige ihrer Art am Schweizer Bodenseeufer. Bleibt noch das alljährlich im Spätsommer stattfindende Sandskulpturen-Festival mit internationalen Künstlern zu erwähnen, an dessen Ende von Publikum und Jury die besten Arbeiten prämiert werden.

Auf dem Weg zur Mündung des Alten Rheins, komme ich an der gleichnamigen Ortschaft Altenrhein vorbei. Wer hier an Land geht, kann mit der „Markthalle Altenrhein" ein typisches verspieltes Hundertwasserhaus besichtigen. Neben einem Restaurant, Shop und Galerie mit Werken des Künstlers, gibt es in dem skurrilen Gebäude auch immer wieder klassische Konzerte zu bewundern.

Hinter der Ortschaft mit dem kleinen Flugplatz nimmt die Natur wieder das Zepter in die Hand. Vom Geschiebe des Flusses über Jahrhunderte aufgeschwemmt, schaut hier die flache Landnase Rheinspitz in den See. An ihrem äußersten Zipfel befindet sich der Campingplatz Rheinspitz und der dazu gehörige Yachthafen. Eine Wiese im Hafen dient als perfektes Domizil zur Erkundung der Gegend. Wer nicht campen, sondern nur pausieren möchte, kann dies an einem schönen Kiesstrand unter alten Weiden oder um die Ecke an einem etwas sandigeren Strandabschnitt tun. Wer noch genügend Energie hat, für den empfiehlt sich unbedingt, einen Abstecher den Alt Rhein aufwärts zu machen und sich gegen die Strömung durch Auwälder aus alten Weiden, Pappeln und Ahorn zu bewegen. Allerdings stößt man nach nicht ganz vier Kilometern auf eine den Fluss begleitende Autobahn, die den natürlichen Erkundungsdrang schnell zum Stoppen bringt. Glücklicherweise gibt es hier eine weitere vorzügliche Möglichkeit zum Übernachten – auf dem Gelände des Paddelclubs Rheineck.

Rheinspitz - Lindau

Durch die Karibik des Bodensees

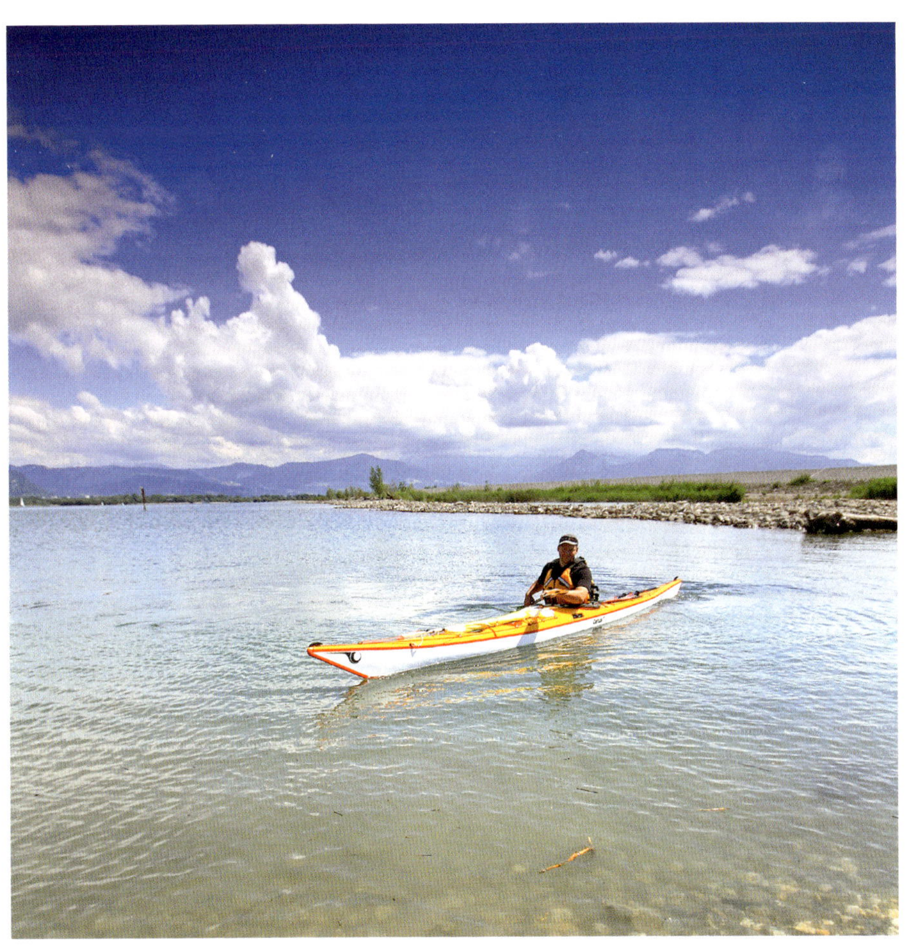

Tour 4

Infos Rheinspitz - Lindau

Schwierigkeit	Natur	Kultur
★★☆☆	★★★☆	★★★☆

Charakter der Tour

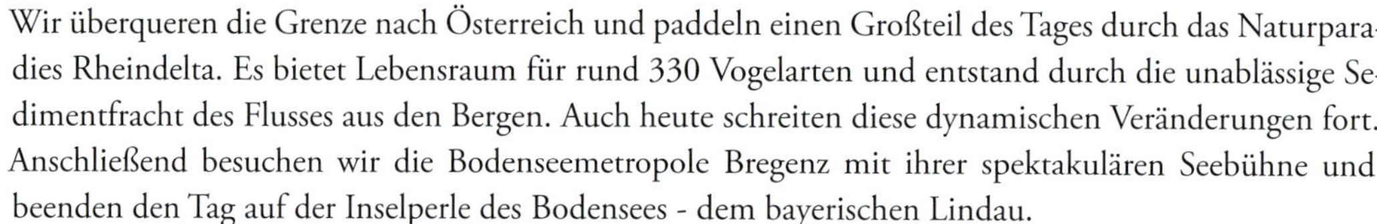

26 km

Wir überqueren die Grenze nach Österreich und paddeln einen Großteil des Tages durch das Naturparadies Rheindelta. Es bietet Lebensraum für rund 330 Vogelarten und entstand durch die unablässige Sedimentfracht des Flusses aus den Bergen. Auch heute schreiten diese dynamischen Veränderungen fort. Anschließend besuchen wir die Bodenseemetropole Bregenz mit ihrer spektakulären Seebühne und beenden den Tag auf der Inselperle des Bodensees - dem bayerischen Lindau.

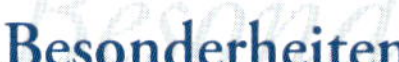

Besonderheiten

An den Mündungen von Altem Rhein und in besonderem Maße dem Neuen Rhein treffen wir auch in den Sommermonaten auf starke Strömungen und eiskaltes Wasser. Bei Vorbeifahrt am Hafen von Bregenz ist mit erhöhtem Schiffsaufkommen zu rechnen, ebenso wie vor Lindau. Auch auf dieser Etappe Ausweispapiere mitführen.

Sehenswürdigkeiten

Hard: *Textildruckmuseum Mittelweiherburg* (Apr-Okt Mi+Sa 17-19, So 10-12), Tel. +43 (0)55746 97 20.
St. Margrethen: *Festungsmuseum Heldsberg* (Apr-Okt Sa 13-18), Tel. +41 (0)71 744 82 08 www.festung.ch, *Kirche St. Margaretha* (10. Jh.). **Bregenz:** *Kloster Mehrerau* (16. Jh.), Stadtrundgang Seite 63.
Lindau: Stadtrundgang Seite 67.

Sonstige Aktivitäten

Wandern: Tour 25 und 26. **Schifffahrt** auf dem Bodensee, www.bsb-online.com.
Sonstiges: *Besuch der Bregenzer Festspiele,* Tel. +43 (0)5574 407 www.bregenzerfestspiele.com/de; *Junges Theater Kosmos,* Tel. +43 (0)5574 44 034, www.theaterkosmos.at;

Anreise:
Von Lindau auf die Autobahn Richtung Österreich (Maut beachten). Ausfahrt Dornbirn Süd Richtung Lustenau. Dort über Rhein und Grenze in die Schweiz und auf die Autobahn Richtung St. Gallen (Schweizer Vignette beachten). Ausfahrt Rheineck / Rorschach, rechts auf der „13" und die Dorfstraße nach Altenrhein. Dann die dritte Straße links in die Hafenstraße und im Hafen einsetzen.

Einsetzen:
Hafenstraße, 9423 Altenrhein

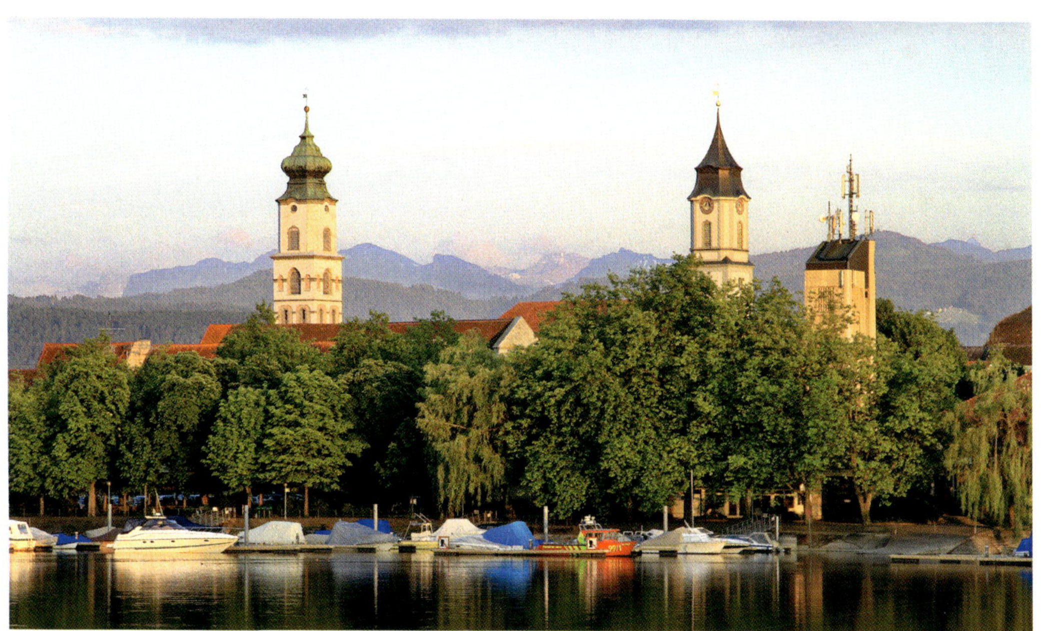

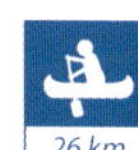

Vom Lindauer Kanuclub blickt man auf die Stiftskirche und St. Stephan, die ein harmonisches Ensemble auf dem Marktplatz bilden.

Länge der Tour:
26 km, Paddelzeit 6,5 h

Zurück zum Auto: Stündlich mit der Bahn von Lindau nach Altenrhein. Fahrzeit etwas mehr als eine Stunde.

Kartenmaterial:

Bodensee-Navigationskarten Set: ***Karte I: Überlinger See, Untersee und Karte II: Obersee.***
Kompass Wander- und Radkarte: ***Bodensee Ost,*** 1:50.000.

Übernachtung in Wassernähe:

Altenrhein: *Camping Marina Rheinhof,* Rheinhofstr. 44, Tel. +41 (0)71 855 55 55, www.ffmr.ch **Rheineck:** *Paddelclub Rheineck,* Tel. +41 (0)71 222 26 25, www.paddelclub.ch **Fußach:** *Rohrspitz Camping,* Rohr 1, Tel. +43 (0)5578 757 08, www.salzmann.at **Bregenz/Hard:** *JUFA Bregenz,* Mehrerauerstr. 5, Tel. +43 (0)5574 428 67 www.jufa.eu www.jfgh.at/bregenz JUFA Booking Center Tel.: +43 (0)5 7083; *Junges Hotel Hard* (Jugendherberge), Allmendstr. 87, Tel. +43 (0)5574 734 35, www.jugendherberge-hard.at; *Camping Mexico,* Hechtweg 4, Tel. +43 (0)5574 732 60, www.camping-mexico.at; ***Pensionen und Hotels in Bregenz Stadt sind vom Boot aus wegen der scheidenden Bahnlinie nur mit viel Aufwand zu erreichen.*** **Lindau:** *Park Camping am See,* Fraunhoferstr. 20, Tel. (08382) 722 36, www.park-camping.de; *Lindauer Kanuclub e.V.,* Aeschacher Ufer 35, www.lindauer-kanuclub.de; *Jugendherberge Lindau,* Herbergsweg 11, Tel. (08382) 967 10, www.jugendherberge.de/jh/bayern/lindau/; *Hotel Seerose,* Auf der Mauer 3, Tel. (08382) 241 20, www.seerose-lindau.de; *Zimmer am See,* An der Kalkhütte 1, Tel. (08382) 715 98 18

Auskunft:

Bregenz Tourismus & Stadtmarketing GmbH, Rathausstr. 35a, Tel. +43 (0)5574 495 90, www.bregenz.at; **Lindau Tourismus und Kongress GmbH,** Alfred-Nobel-Platz 1, Tel. (08382) 26 00 30, www.lindau-tourismus.de

Durch die Karibik des Bodensees

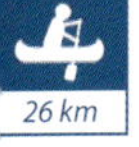

Die folgende Etappe ist bei guter Sicht vielleicht der schönste Abschnitt der Bodenseetour. Die Alpen rücken jetzt ganz nah ans Ufer heran. Mit dem Passieren der Mündung Alter Rhein befindet man sich nun auf österreichischem Gebiet. Die ganze, „Wetterwinkel“ genannte Bucht bis zur Mündung des Neuen Rheins, gilt als Rheindelta und ist als Naturschutzgebiet ausgewiesen. Seine rund 2.000 Hektar Flachwassergebiete mit Schilfröhrichten, Feuchtwiesen und Auwäldern bieten Lebensraum für 330 Vogelarten. Auch die Pflanzen- und Kleintierwelt beeindruckt mit einer Vielzahl seltener Arten. Sogar Biber sollen im Gebiet vorkommen, aber auch eingewanderte oder ausgesetzte Arten wie die Bisamratte aus Nordamerika, das Nutria aus Südamerika, sowie der Marderhund aus Asien. Hier vermittelt der Bodensee mit seinem türkisfarbenen Wasser wahres „Karibik-Feeling“. Auf keinen Fall sollte man versäumen, einen kleinen Abstecher durch die Fußacher Bucht zu fahren. Die Tatsache, dass es sich gleichzeitig um ein landwirtschaftlich genutztes und viel besuchtes Erholungsgebiet handelt, führt fast zwangsläufig zu Konflikten. Wir als Paddler dürfen hier zwar hindurchpaddeln, aber die Sand- und Schlickflächen im Mündungsgebiet des Neuen Rheins dürfen von uns nicht betreten und auch der Damm darf nicht zwischen 23.00 und 5.00 Uhr betreten werden. Um den riesigen Sedimentablagerungen des Flusses Herr zu werden, wurde er kilometerlang wie

Karte Rheinspitz - Lindau

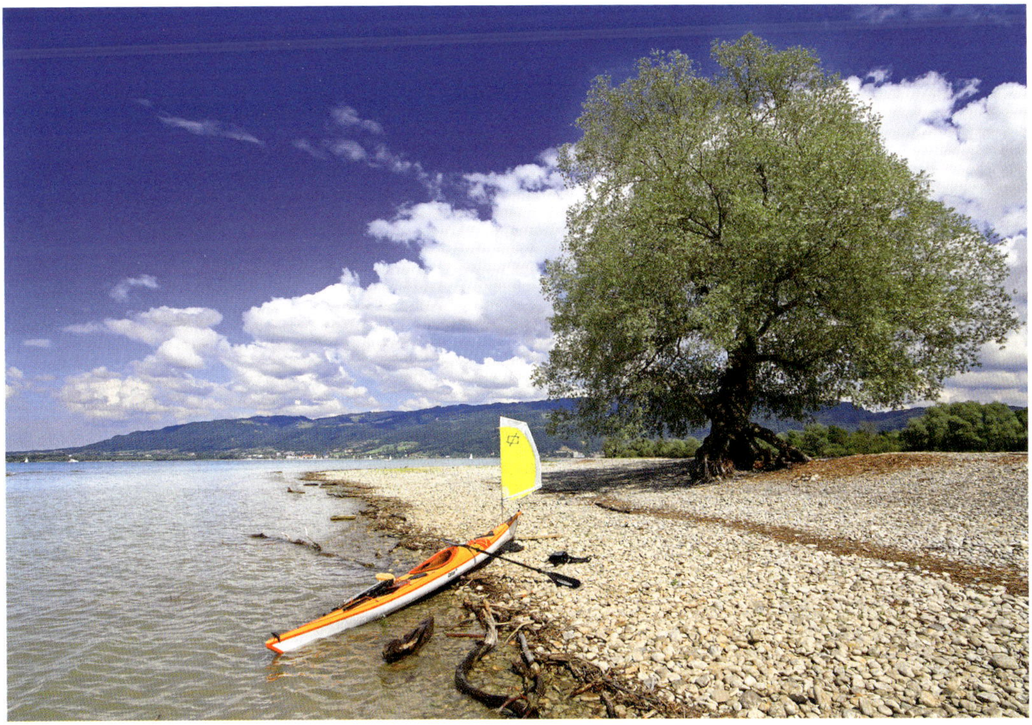

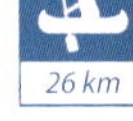

Im Delta der Bregenzer Ach beschattet die weit ausladende Krone einer uralten Weide das kiesige Ufer.

ein Stachel in den Bodensee hineingebaut. Aus dem Korsett der massiven Leitdämme schießt mir braunes, eiskaltes Wasser entgegen. Hier trifft es auf warmes, stehendes und klares Bodenseewasser. Das führt zu einigen Verwirbelungen, die man als Kajaker beachten sollte. Wer nahe der Spundwand quert, ist einer starken Strömung ausgesetzt – hat aber einen kurzen Weg. Wem die Strömung nicht geheuer ist, kann mit einem weiten Bogen um die Dämme herum den größten Ärger vermeiden. Nicht vergessen sollte man, dass, wer hier ins Wasser fallen sollte, auch im Sommer in eisig kaltem Bergwasser schwimmt, das in der Überlebenszeit sich nicht von den allgemein als gefährlich geltenden Winterpaddeltemperaturen unterscheidet. Das Tragen eines Neoprenanzugs ist daher anzuraten! Alternativ: Wer unsicher ist und sich nicht der starken Strömung aussetzen will, sollte hier schon hinüber Richtung der gut sichtbaren Insel Lindau paddeln. Von dort kann er am nächsten Tag in Ruhe die Bregenzer Bucht mit der Festspielstadt Bregenz erkunden. Für gute Paddler ist es allerdings eher eine Freude zuzuschauen, wie sich das braune, schnell fließende Wasser des Rheins und das grünliche warme Wasser des Bodensees verhalten. Sie vermischen sich keineswegs sofort. Eine klar erkennbare Trennlinie, Rheinbrech genannt, zieht sich zwischen beiden weit in den See hinaus, ehe sie eine milchige Mischung ergeben. Abgebrochene Äste und allerlei Unrat wie Plastikflaschen und Mülltüten strudeln hier umher. Die Wasserschutzpolizei ist ein paar hundert Meter weiter dabei, die größeren Baumstämme aus dem Wasser zu fischen, damit diese nicht die Bodenseeschifffahrt gefährden.

Auch hinter der Mündung bleibt das Ufer

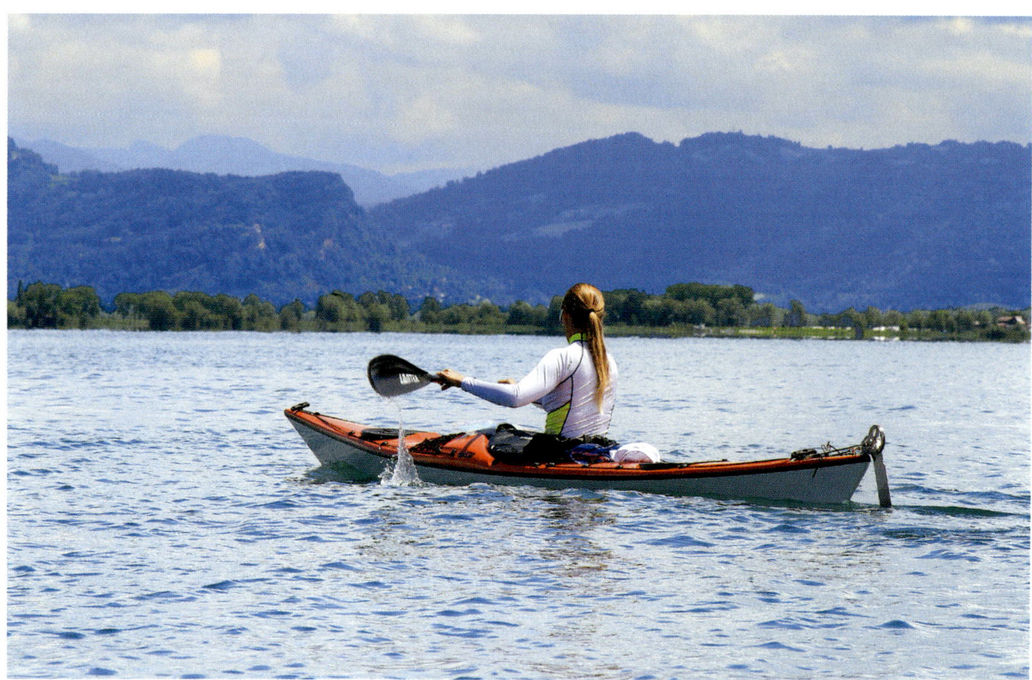

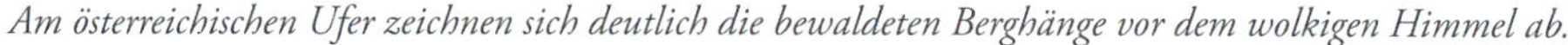

Am österreichischen Ufer zeichnen sich deutlich die bewaldeten Berghänge vor dem wolkigen Himmel ab.

interessant. Große Kiesflächen umschließen die Betonmauern der Dammanlage. Hier tummelt sich die Vogelwelt auf der Suche nach Nahrung zwischen den Steinen. Uferläufer rennen im Zickzack den Strand entlang. Die Mündung der Bregenzer Ach folgt bald auf der rechten Seite. Kies-Inselchen verteilen sich im Delta. Ganz vorzüglich pausieren kann man auf der Kies-Nase hinter der Ach-Mündung, wo eine uralte Weide mit ihrer ausladenden, wild verzweigten Krone das Ufer beschattet.

Am nächsten kleinen Sportboothafen besteht die Möglichkeit, dem nahen Kloster Mehrerau einen Besuch abzustatten. Von den Mönchen des Benediktinerklosters Petershausen im Jahre 1097 gegründet, kauften die Zisterzienser 1854 das Anwesen, nachdem das Kloster 1803 aufgehoben worden war. Im Zuge der rücksichtslosen Auflösung, die mit Plünderungen und Brandschatzungen einherging, wurde die kostbare Klosterbibliothek in alle Winde zerstreut. Rund um das Kloster ist heute ein Obstlehrpfad angelegt, auf dessen 20 Stationen die Streuobstsorten des Unteren Rheintals vorgestellt werden.

Nun ist es nicht mehr weit bis Bregenz, das unter der beeindruckenden Kulisse des 1.064 Meter hohen Berges Pfänder kleiner zu sein scheint, als es in Wirklichkeit ist. Von ihm hat man einen der schönsten Aussichten am ganzen Bodensee, bequem per Seilbahn zu erreichen. Hafenanlagen von Angelclubs und Segelvereinen säumen die Ufer bis hin zur Stadt. Von nun an nimmt das Rauschen der nahen Autobahn deutlich zu. Die mitten im Wasser auf einer Plattform ruhende Bregenzer Seebühne, die größte der Welt, taucht vor mir auf. Rund 200.000 Besucher strömen jährlich in die Stadt, um eines der atemberaubendsten Spektakel der internationalen Festspielszene zu erleben.

Stadtrundgang Bregenz

Die ältesten Spuren menschlicher Besiedlung auf dem Gebiet von Bregenz stammen von vor über 3.500 Jahren. Eine erste befestigte Siedlung erbauten 500 v. Chr. die Brigantier, ein Volksstamm der Kelten, von dem sich auch der Name der Stadt ableitet.
Wir beginnen unseren Rundgang am Hafen der Stadt. Am westlichen Ende des Hafens überqueren wir die Bahngleise. Zu unserer Linken befinden sich direkt an der Reichsstraße hintereinander das ***Landesmuseum Vorarlberg Museum,*** das ***Theater*** und das ***Kunsthaus (1)***. Im Landesmuseum gibt es Ausstellungen mit lokalem Bezug von Archäologie über Malerei bis zur Volkskunde zu bestaunen. Im europaweit bekannten Kunsthaus haben wir die Möglichkeit wechselnde Ausstellungen international wichtiger Künstler zu besuchen und die moderne Architektur des Schweizer Architekten Peter Zumthor zu bewundern. Hinter dem Glaskubus des Kunsthauses biegen wir rechts ab und kommen zur kleinen, runden ***Nepomukkapelle (2)***, die 1757 von Johann Michael Beer erbaut wurde und im Inneren der Kuppel schöne Deckenmalereien und einen Hochaltar beherbergt. Anschließend folgen wir rechts der Kornmarktstraße. Dort, wo der Kronmarktplatz beginnt, überqueren wir die Straße und gehen in die Gasse zwischen dem Theatergebäude am Kornmarkt und dem Restaurant Poseidon. Am Ende der Gasse stoßen wir rechts schräg gegenüber auf die Bergmannstraße, die genau auf die beeindruckende ***Herz-Jesu-Kirche (3)*** zuläuft. Bei ihrem Anblick ist man sogleich von den markanten 62 Meter hohen Doppeltürmen aus Backstein beeindruckt. Der erst Anfang des 20. Jahrhunderts fertiggestellte Sakralbau birgt im Inneren prunkvolle Altäre und eine Orgel mit 4.650 Pfeifen. Vor der Herz-Jesu-Kirche stehend, folgen wir dem rechten Arm der Straße Am Brand, biegen an deren Ende links ab und werden zum steilen Stadtsteig geführt, dem wir aufwärts folgen. Vor dem Stadttor kön-

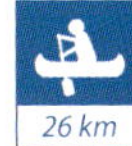

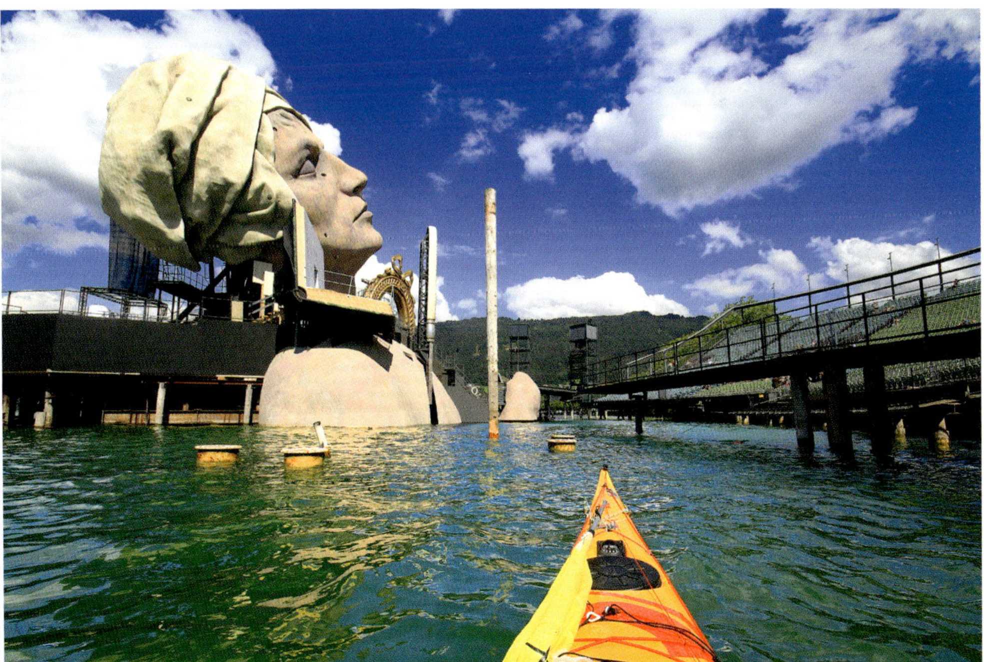

Der Revolutionär Marat während der Französischen Revolution, kurz nachdem er in der Badewanne erstochen worden war. Im Bregenzer Bühnenbild dient der Bodensee als Badewanne.

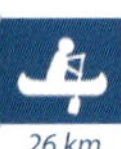

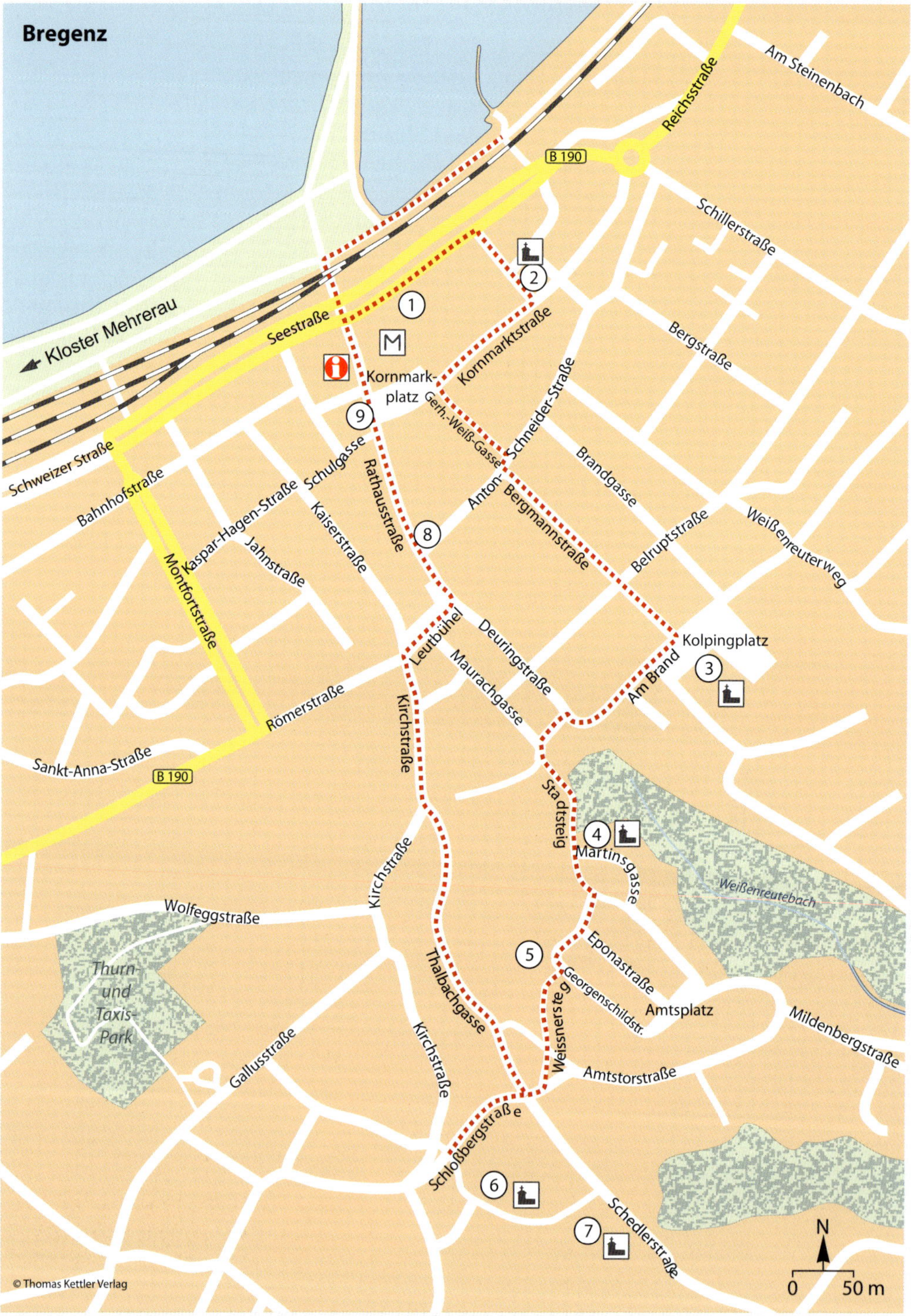

Bregenz

Kloster Mehrerau
Seestraße
Reichsstraße
Am Steinenbach
B 190
Schillerstraße
Bergstraße
1
2
M
Kornmarktstraße
Kornmarkt-
platz
9
Gerh.-Weiß-Gasse
Schneider-Straße
Anton-
Bergmannstraße
Brandgasse
Belruptstraße
Weißenreuterweg
Schweizer Straße
Bahnhofstraße
Kaspar-Hagen-Straße
Schulgasse
Kaiserstraße
Rathausstraße
8
Jahnstraße
Montfortstraße
Leutbühel
Deuringstraße
Maurachgasse
Kolpingplatz
3
Am Brand
Römerstraße
Kirchstraße
Sankt-Anna-Straße
B 190
Stadtsteig
4
Martinsgasse
Weißenreutebach
Wolfeggstraße
Kirchstraße
Thurn-
und
Taxis-
Park
5
Eponastraße
Georgenschildstr.
Amtsplatz
Mildenbergstraße
Thalbachgasse
Weissnersteig
Amtstorstraße
Gallusstraße
Kirchstraße
Schloßbergstraße
6
7
Schedlerstraße
N
0 50 m

nen wir linker Hand den ***Martinsturm (4)*** mit der Martinskapelle sehen. Seine ausladende Turmzwiebel soll angeblich die größte ihrer Art in Europa sein. Den Turm erbaute man 1601 zunächst als Beobachtungsturm. Die angeschlossene Kapelle wurde erst später errichtet und immer wieder ausgebaut. Durch das urige Stadttor hindurch, das geschmückt ist mit gruseligen Prangerinstrumenten, kommen wir in die Oberstadt. Hier geht es ruhig zu. Der alte Stadtkern wird von einer noch zu großen Teilen erhaltenen Wehrmauer umgeben. Hinter dem Tor halten wir uns rechts und sehen in der Ecke das ***Deuring Schlössle (5)***, das im 15. Jahrhundert zunächst als Herrenhaus errichtet und später zu einer Burg umgebaut wurde. Ende des 20. Jahrhunderts wird der Bau zu einem romantischen Gourmetrestaurant umfunktioniert.
Hinter dem Schlössle führt der verwunschene Weissnerstieg zwischen alten Mauern eine Treppe hinunter. Er endet an der Amtstorstraße der wir rechts folgen. Diese geht hinter der Kreuzung in die Schloßbergstraße über, an der wir nach wenigen Metern links zur katholischen ***Pfarrkirche St. Gallus (6)*** kommen, die im 11. Jahrhundert errichtet wurde. Allerdings erhielt der Sakralbau erst im 18. Jahrhundert sein heutiges Gesicht. Hinter der Kirche befindet sich das ***Kloster Thalbach (7)***, das im 15. Jahrhundert von Franziskanerinnen gegründet wurde. In der angeschlossenen Klosterkirche bestaunen wir eine sitzende Maria Statue mit dem Jesuskind im Arm, die aus dem 13. Jahrhundert stammt und zu den wichtigen Kunstwerken am Bodensee zählen soll.

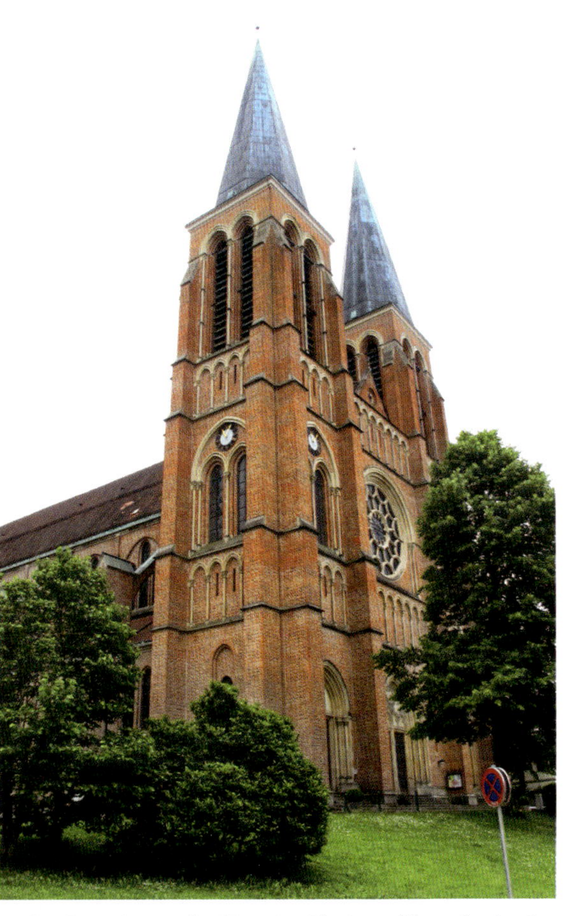
Die Doppeltürme der Herz-Jesu-Kirche sind beeindruckend.

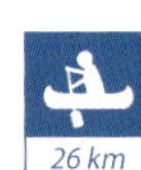

Wir gehen anschließend die Schloßbergstraße zurück und biegen links auf die lange Thalbachgasse, die zur Kirchstraße führt. Am Ende der Kirchstraße kommen wir rechts zum Leutbühel auf dem ein schöner ***Brunnen (8)*** mit vier Becken steht. Dahinter sehen wir sogleich die Seekapelle, eine Kirche die 1445 errichtet, später aber mehrfach umgebaut wurde. Der Sakralbau ist mit einem Hochaltar aus der Renaissance ausgestattet. Um zum Ausgangspunkt zurück zu gelangen, folgen wir der Rathausstraße an der Seekapelle in Richtung Wasser. Kurz bevor wir die Bahnlinie überqueren und erneut zum Hafen kommen, passieren wir links die ***Touristinformation (9)*** der Stadt.

Museen: *Kunsthaus* (Di-So 10-18, Do bis 21), *Landesmuseum Vorarlberg Museum* (Wiedereröffnung Juni 2013), *Kloster Mehrerau* Führungen auf Anfrage, werktags 8.30-11 & 15-17 So-15-16, Tel. +43 (0)5574 71 46 10.

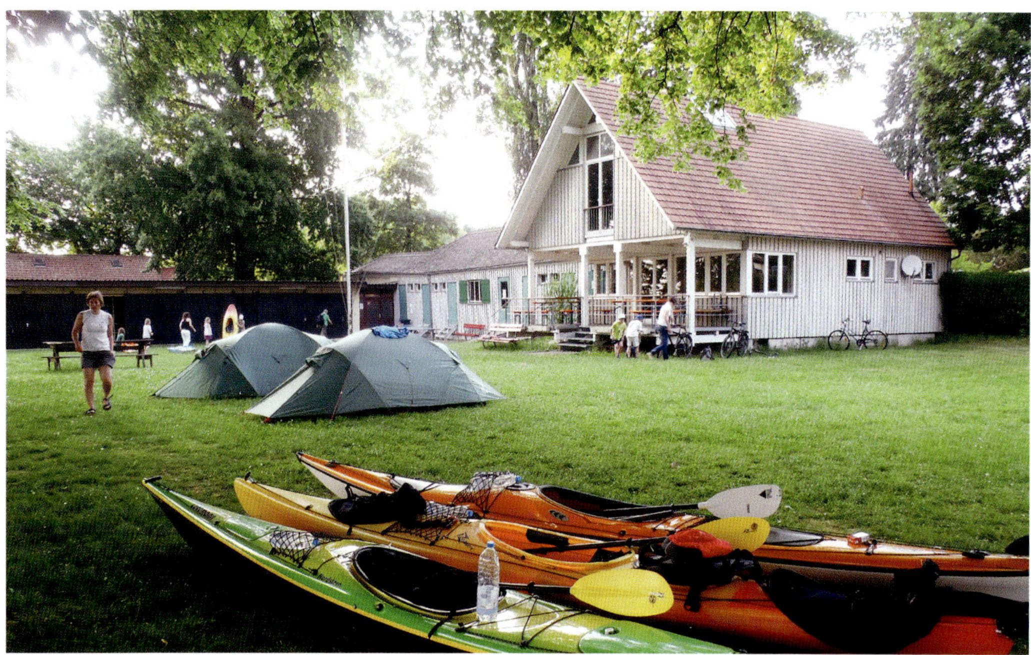

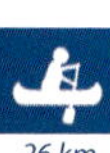

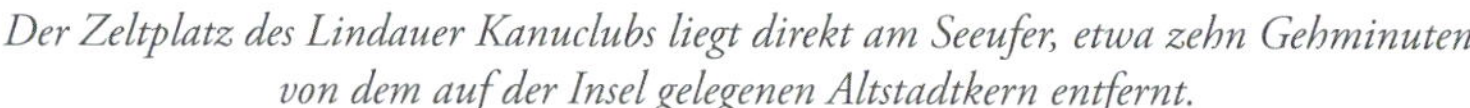
Der Zeltplatz des Lindauer Kanuclubs liegt direkt am Seeufer, etwa zehn Gehminuten von dem auf der Insel gelegenen Altstadtkern entfernt.

Während gegenüber der Bucht das Tagesziel, die Insel Lindau, schon zum Greifen nah scheint, halte ich mich weiter ans Bregenzer Ufer, vorbei an weit ins Wasser reichenden Stegen. Über mehr als einen Kilometer zieht sich eine eintönige Betonwand das Ufer entlang. Dann endlich lädt eine weitläufige Parkanlage zum Pausieren ein, ehe die Flussmündung der Leiblach den Übergang nach Deutschland ankündigt.

Am rechten Ufer halte ich Abstand zu einem kleinen Naturschutzgebiet und paddle dann auf die Innenseite der Insel Lindau zu.

Hinter der Brücke, auf der Festlandseite, liegt das herrliche Gelände des äußerst gastfreundlichen Kanuclubs Lindau. Mit direktem Blick auf die Altstadtinsel logiert man hier auf einer grünen Wiese unter alten Lindenbäumen und genießt den Ausblick auf Stadtmauer und Kirchen.

Selbstredend, dass ein Besuch der Altstadt zum Pflichtprogramm gehört. Doch zuvor bekomme ich noch eine Einladung zweier Vereinsmitglieder, sie auf ihrer Abendrunde um die Insel zu begleiten. Wer die Umrundung der Insel mit dem Kajak verpasst, der versäumt den wasserseitigen Blick auf vielleicht Deutschlands schönsten Leuchtturm. Immerhin 33 Meter hoch ist der Ende des 19. Jahrhunderts errichtete Turm. Neben dem Leuchtfeuer bieten sich in Form der Stadtmauer, des Bayerischen Löwen und dem Pulverturm weitere Sehenswürdigkeiten vom Wasser aus.

An diesem lauen Sommerabend herrscht auf der Altstadtinsel eine lockere, fast mediterrane Atmosphäre. Die Menschen grillen am Strand oder flanieren entlang der parkartigen Promenade, verliebte Paare sitzen auf der Stadtmauer, alle haben eines gemein: sie schauen zu, wie die Sonne im See versinkt und die Silhouetten der Berge in ein dunkles Licht getaucht werden.

Stadtrundgang Lindau

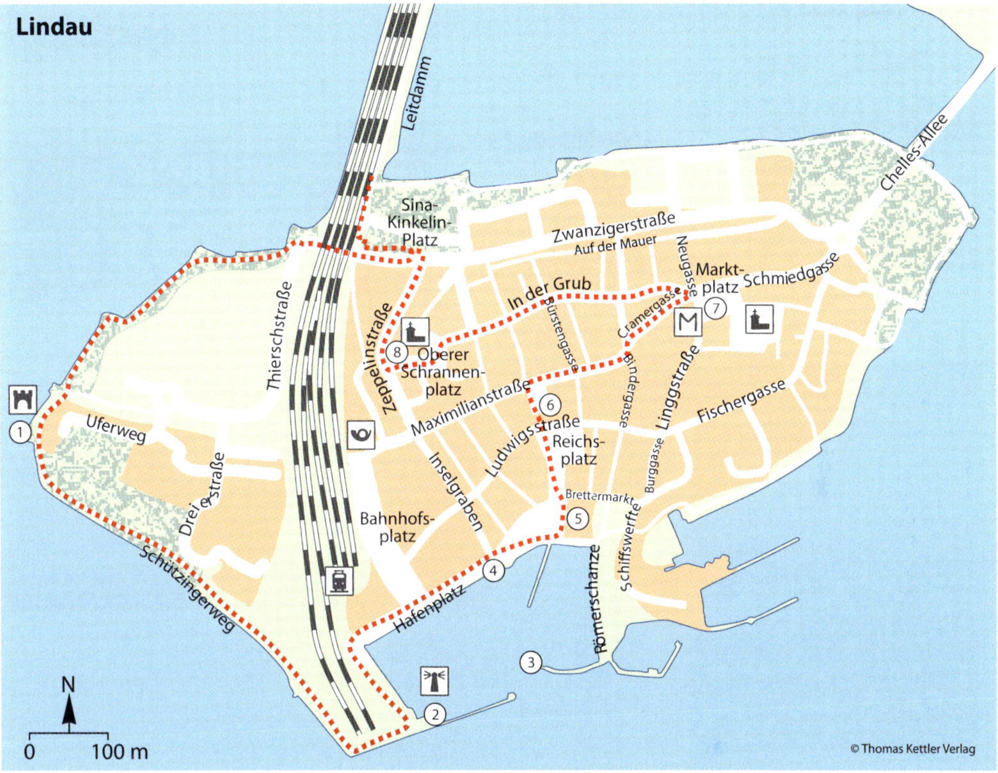

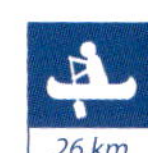

Über den Leitdamm gelangen wir in das auf einer Insel gelegene historische Zentrum von Lindau. Die Stadt entstand aus einem im 10. Jahrhundert gegründeten Markt, der zunächst auf dem Festland, später aber auf der Insel abgehalten wurde. Auf dem Eiland angekommen, geht es links im Park hinauf zur Thierschstraße, der wir nach rechts folgen um über die gleichnamige Brücke über die Bahngleise zu gelangen. Sogleich steigen wir rechts wieder abwärts in Richtung Uferpromenade. Gegen den Uhrzeigersinn schlendern wir immer am Seeufer entlang, bis wir auf die ***Pulverschanze (1)*** stoßen. Das große schlossartige Gebäude links ist eine ehemalige Kaserne, heute aber Multifunktionsgebäude und beherbergt die Handelskammer, die Volkshochschule und andere Einrichtungen. Wer genau hinschaut, erblickt auf dem Sims des

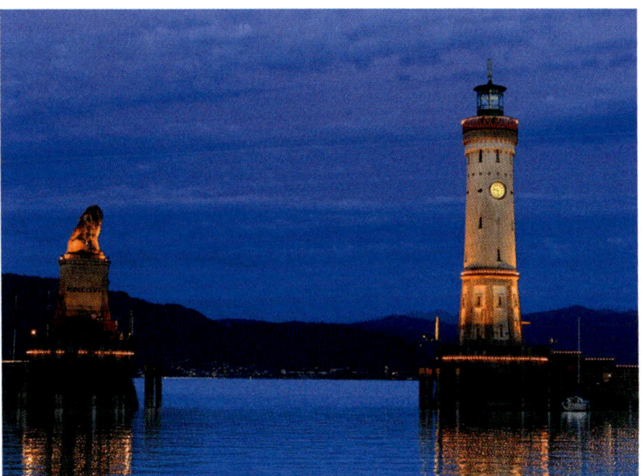

Imposanter Blick am Abend auf die Lindauer Hafeneinfahrt.

Gebäudes ein Leuchtfeuer. Direkt gegenüber an der Stadtmauer steht der 1508 erbaute Pulverturm. Er diente zunächst als Wehrturm, wurde aber später von den Lindauern zum Lagern von Pulver verwendet. Weiter geht es entlang der massiven Stadtmauer, die gesäumt wird von alten Parkbäumen hin zum ***Neuen Leuchtturm (2)***. Der vielleicht schönste und gleichzeitig südlichste Leuchtturm Deutschlands steht genau an der Hafeneinfahrt der Stadt. Am 1856 fertiggestellten Turm prangt eine Uhr, was durchaus ungewöhnlich für Leuchttürme ist. Ihm direkt gegenüber auf der anderen Seite der Hafeneinfahrt, steht eine sechs Meter hohe ***Löwenskulptur (3)***. Der Bildhauer Johann von Halbig erschuf im Jahr 1856 das stolze Wappentier der Bayern, das zusammen mit dem Leuchtturm das vielleicht meistfotografierte Motiv am Bodensee darstellt. Nun flanieren wir am Hafenbecken entlang. Zahlreiche Ausflugsdampfer liegen hier vertäut und rund um den Hafen gibt es zahlreiche Möglichkeiten zum Einkehren. In der Mitte des Hafens steht der im 12. Jahrhundert erbaute ***Mangturm (4)***. Der ehemalige Leuchtturm war bis 1300 in Betrieb und einst nur über eine Zugbrücke zu erreichen. Vom Hafenplatz geht es nun links zum Reichsplatz auf dem sich rechts der ***Lindavia Brunnen (5)*** befindet, der 1884 für das 20jährige Thronjubiläum des Märchenkönigs Ludwig II. errichtet wurde. An der Stirnseite des Reichsplatzes steht das mit üppigen Malereien verzierte ***Alte Rathaus (6)*** mit seinen treppenförmigen Giebeln. Erbaut im 15. Jahrhundert, beherbergt es die Reichsstädtische Bibliothek. Weiter geht es durch eine enge Gasse vorbei am Alten Rathaus rechts in die Maximilianstraße mit ihren alten Häusern. An deren Ende biegen wir links in die Cramergasse, die auf den ***Marktplatz (7)*** stößt. Hier gibt es viel zu entdecken. Zum einen liegt gleich rechts das Stadtmuseum in dem zahlreiche Gemälde und Plastiken ausgestellt sind. Zum anderen stehen auf der gegenüberliegenden Seite in harmonischer Eintracht gleich zwei Kirchen nebeneinander. Links die evangelische Stephanskirche, deren erste Grundmauern aus dem 12. Jahrhundert stammen. Im Inneren befinden sich Altäre im Stile des Rokoko. Gleich rechts daneben entstand im 18. Jahrhundert nach einem verheerenden Brand das katholische „Münster Unserer Lieben Frau“. Seine Innenausstattung wird geprägt von prächtigen barocken Deckenmalereien und vergoldetem Dekor. Vom Marktplatz geht es gleich neben der bereits bekannten Cramergasse hinein in das Sträßchen In der Grub, das in gerader Linie zur ***Peterskirche (8)*** führt. Dieser, auch Fischerkirche genannte, Sakralbau wurde um das Jahr 1000 errichtet und ist das älteste der Lindauer Gotteshäuser. Gleich neben der Kirche steht der Diebs- oder Malefitzturm. Der im 14. Jahrhundert errichtete Turm mit den drei kleinen Erkertürmchen war Bestandteil der Verteidigungsanlagen der Stadt. Über die Zeppelinstraße gelangen wir zurück zu unserem Ausgangspunkt.

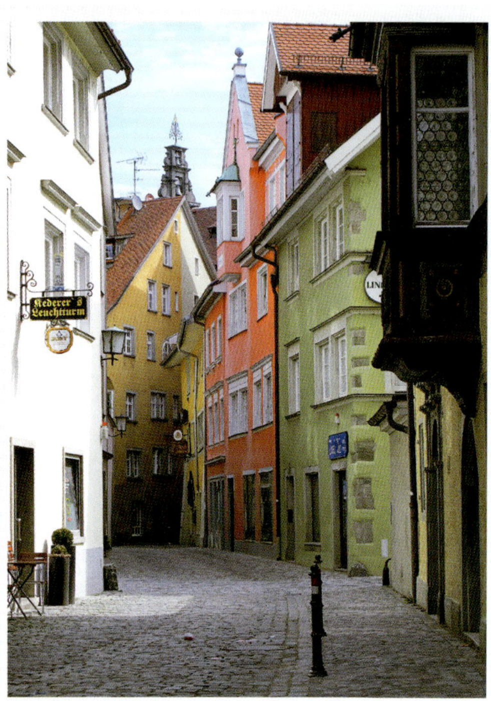

Gasse in der Altstadt von Lindau.

Museen: *Stadtmuseum Lindau „Haus zum Cavazzen“*, Di-Fr 11-17 Sa 14-17 So 11-17, Marktplatz 6, Tel. (08382) 277 565-14; *Märchenstunde im historischen Mangturm*, Mai-Sep Fr 19 Uhr.

Lindau - Fischbach

Entlang der „Bayerischen Riviera"

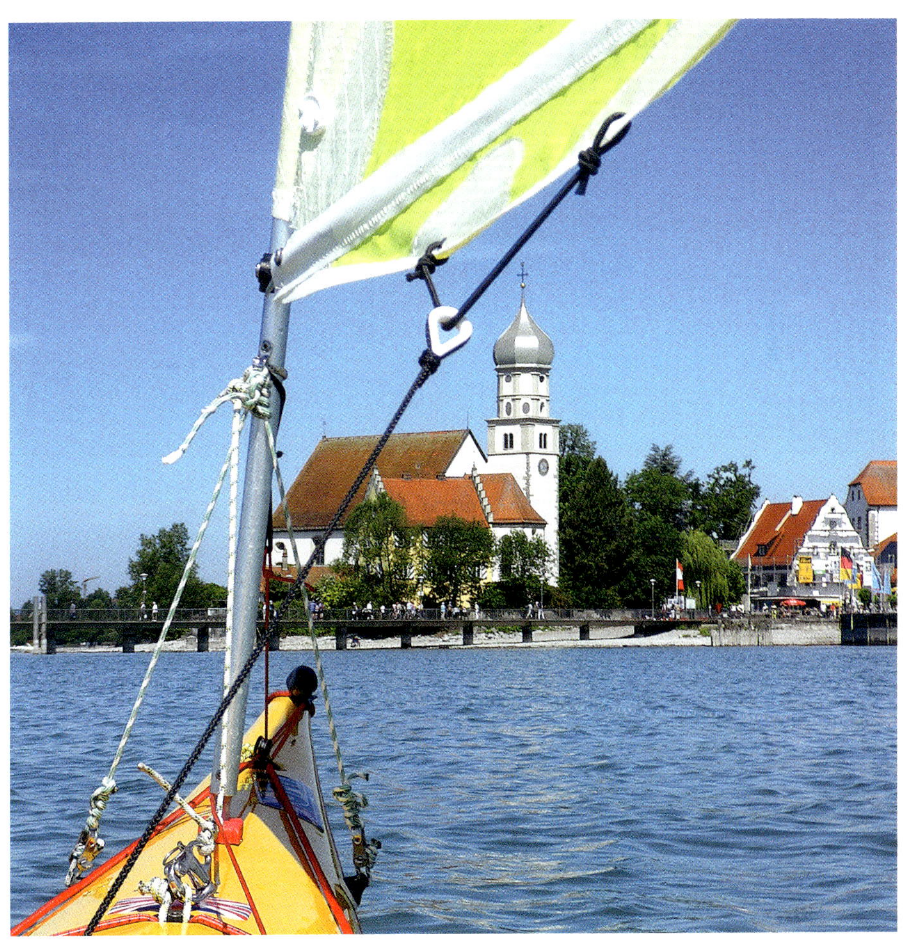

Tour 5

Infos Lindau - Fischbach

Schwierigkeit  Natur Kultur

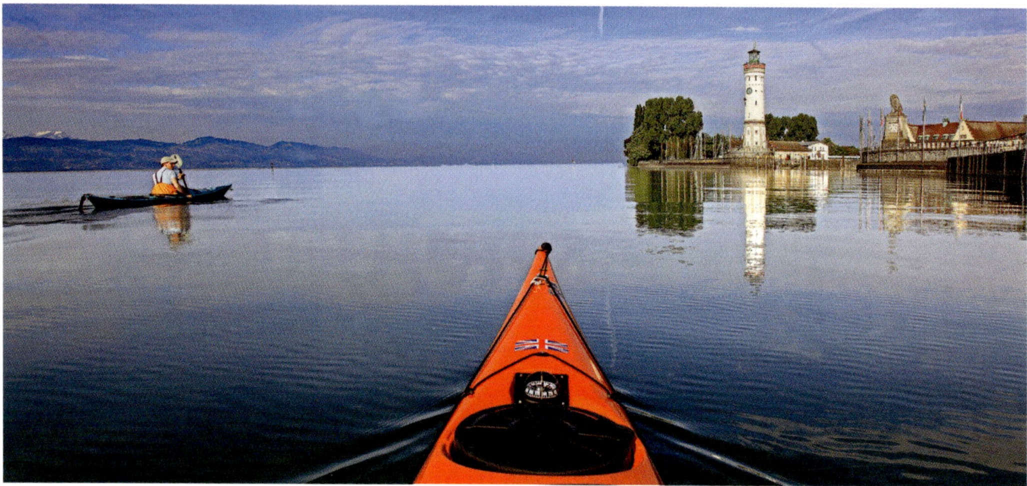

Eine Rundfahrt um die Insel Lindau, den mit einer 150 Meter langen Seebrücke mit dem Festland verbundenen Altstadtkern, sollte man nicht verpassen.

Charakter der Tour

Wir starten an der historischen Altstadtinsel von Lindau und bewegen uns am Nordufer des Bodensees entlang nach Friedrichshafen. Dabei passieren wir hübsche Flussmündungen und Naturschutzgebiete sowie den geschichtlich interessanten Ort Wasserburg.

Besonderheiten

Diverse Hafenanlagen auf dem Weg sorgen punktuell für erhöhtes Verkehrsaufkommen auf dem Wasser.

Sehenswürdigkeiten

Lindau: Stadtrundgang Seite 67. **Wasserburg:** *Schloss* (16. Jh.), *Malhaus* (16. Jh.) mit Museum (Di-So 10.30-12.30 + Mi, Sa, So 14.30-17), *St. Georg Kirche* (8. Jh.), *Sankt Jakobus Kapelle* in Reutenen (17. Jh.), *Antoniuskapelle* (15. Jh.). **Nonnenhorn:** *St. Jakobus-Kapelle* (13. Jh.), *Weintorkel* von 1591, *Narrenbrunnen.* **Langenargen:** *Schloss Montfort* (19. Jh.), *Kavalierhaus* (19. Jh.), *Kabelhängebrücke* an der Argen (19. Jh.), *Barockkirche St. Martin* (18. Jh.).

Friedrichshafen: *Zeppelin Museum,* Tel. (07541) 380 10, (Mai-Okt tgl. 9-17, Nov-Apr Di-So 10-17), www.zeppelin-museum.de, *Dornier-Museum* (Mai-Okt 10-18, Nov-Apr Di-So 10-17), www.dorniermuseum.de, *Feuerwehrmuseum, Schlosskirche* (17./18. Jh.), *Buchhornbrunnen* am Adenauerplatz (20. Jh.), *Konstruktion Klangschiff* von Künstler Helmut Lutz, *Kapelle St. Benedikt* (21. Jh.), *Aussichtsturm* im Hafen.

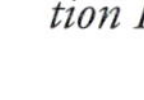

Sonstige Aktivitäten

Wandern: Auf dem zwölf Kilometer langen *„Zeppelin-Pfad"* (Hinweistafeln an neun Stationen) in Friedrichshafen. *Wanderung Hochberg* Tour 25.

Schifffahrt auf dem Bodensee, www.bsb-online.com.

Länge der Tour:
25 km, Paddelzeit 6 h

Anreise:

Auf der A 96 in Richtung Süden nach Lindau, Ausfahrt 2 (letzte vor der Grenze). Im Kreis auf die Bregenzer Straße (Nr. 12), Richtung Zentrum, der wir bis zum Ende folgen. Dort im Kreisverkehr erste Ausfahrt in den Langenweg, gleich wieder links in den Hasenweidweg, dann die erste links in die Straße Aeschacher Ufer abbiegen. Kurz vor Ende der Straße befindet sich der Kanuclub Lindau auf der linken Straßenseite.

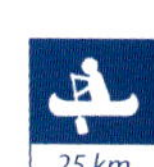

Einsetzen:

Lindauer Kanuclub, Aeschacher Ufer 35, 88131 Lindau

Zurück zum Pkw:

Mit der Bahn halbstündlich von Friedrichshafen nach Überlingen

Kartenmaterial:

Bodensee-Navigationskarten Set: ***Karte I: Überlinger See, Untersee und Karte II: Obersee.***

Kompass Wander- und Radkarte: ***Bodensee Ost,*** 1:50.000.

Übernachtung:

Lindau: *Park Camping am See,* Fraunhoferstr. 20, Tel. (08382) 722 36, www.park-camping.de; *Lindauer Kanuclub e.V.,* Aeschacher Ufer 35, www.lindauer-kanuclub.de; *Jugendherberge Lindau,* Herbergsweg 11, Tel. (08382) 967 10, www.lindau.jugendherberge.de; *Hotel Seerose Auf der Mauer 3,* Tel. (08382) 241 20, www.seerose-lindau.de; *Zimmer im See,* An der Kalkhütte 1, Tel. (08382) 715 98 18.

Wasserburg: *Camping-Eschbach,* Höhenstr. 16, Tel. (08382) 88 77 15, www.camping-eschbach.de; *Hotel zum Lieben Augustin am See,* Halbinselstr. 70, Tel. (08382) 980-0, www.hotel-lieber-augustin.de; *Gästehaus Uhl,* Uli-Wieland-Str. 26, Tel. (08382) 948 71-0, www.gaestehaus-uhl.info; *Hotel Lipprandt,* Halbinselstr. 65, Tel. (08382) 987 60, www.hotel-lipprandt.de **Nonnenhorn:** *Landhaus Hornstein am See,* Conrad-Forster-Str. 50, Tel. (08382) 987 80, www.hornstein-am-see.de; *Campingplatz Schnell,* Seestr. 32, Tel. (08382) 85 97.

Kressbronn: *Camping Park Gohren,* Zum Seglerhafen, Tel. (07543) 605 90, www.campingplatz-gohren.de; *Campingplatz Iriswiese,* Tunau 16, Tel. (07543) 80 10, www.campingplatz-iriswiese.de

Langenargen: *Hotel Engel Wittmann,* Marktplatz 3, Tel. (07543) 934 40, www.bodensee-engel.de

Friedrichshafen: *CAP Campingplatz* (Camping + Zimmer), Lindauer Str. 2, Tel. (07541) 734 21, www.cap-fn.de; *Jugendherberge am Bodensee,* Lindauer Str. 3, Tel. (07541) 724 04, www.jugendherberge-friedrichshafen.de **Friedrichshafen-Fischbach:** *Kanusport Friedrichshafen,* Am Seemoser Horn 18, Tel. (07541) 755 48, www.kanu-sport-friedrichshafen.de; *Erholungs- und Tagungshaus Schwesternheim Fischbach,* Ziegelstr. 5, Tel. (07541) 956-0, www.diak-stuttgart.de; *Campingplatz Fischbach,* Grenzösch 3, Tel. (07541) 420 59, www.camping-fischbach.de

Auskunft:

Lindau Tourismus und Kongress GmbH, Alfred-Nobel-Platz 1, Tel. (08382) 26 00 30, www.lindau-tourismus.de;

Tourist-Info Friedrichshafen, Bahnhofplatz 2, Tel. (07541) 300 10, www.friedrichshafen.info

Entlang der „Bayerischen Riviera“

Lindau liegt noch verschlafen in der Sonne, als ich mein Boot einsetze. Weit draußen auf dem See zieht langsam eine Fähre vorüber. Mein Blick ruht auf den letzten Schneeresten des 2.500 Meter hohen Säntis, dem höchsten Berg im Alpstein-Gebirge.

Ich halte mich dicht am Ufer und komme am Rand von Lindau zu einer Villa, die mit ihren Türmchen aus der parkartigen Umgebung heraussticht. Die Villa Wacker wurde Anfang des 19. Jahrhunderts vom gleichnamigen Unternehmer im späthistorischen Stil aus rotem Sandstein errichtet und ist heute im Besitz des früheren Inhabers von Hugo Boss. Ein weiterer markanter Bau in der parkartigen Villenlandschaft, ist das feudale Hotel Bad Schachen, dessen Geschichte vor mehr als 250 Jahren mit der Erschließung einer Heilquelle als Kurbad ihren Anfang nahm. Mit dem charakteristischen Turm und der Seeterrasse strahlt es den Charme der Belle Epoque aus. Das Motto heute: Wellness und SPA auf hohem Niveau. Nur vom Fähranleger Bad Schachen getrennt, schließt sich der

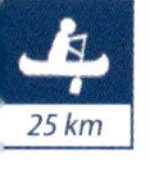

Karte Lindau - Fischbach

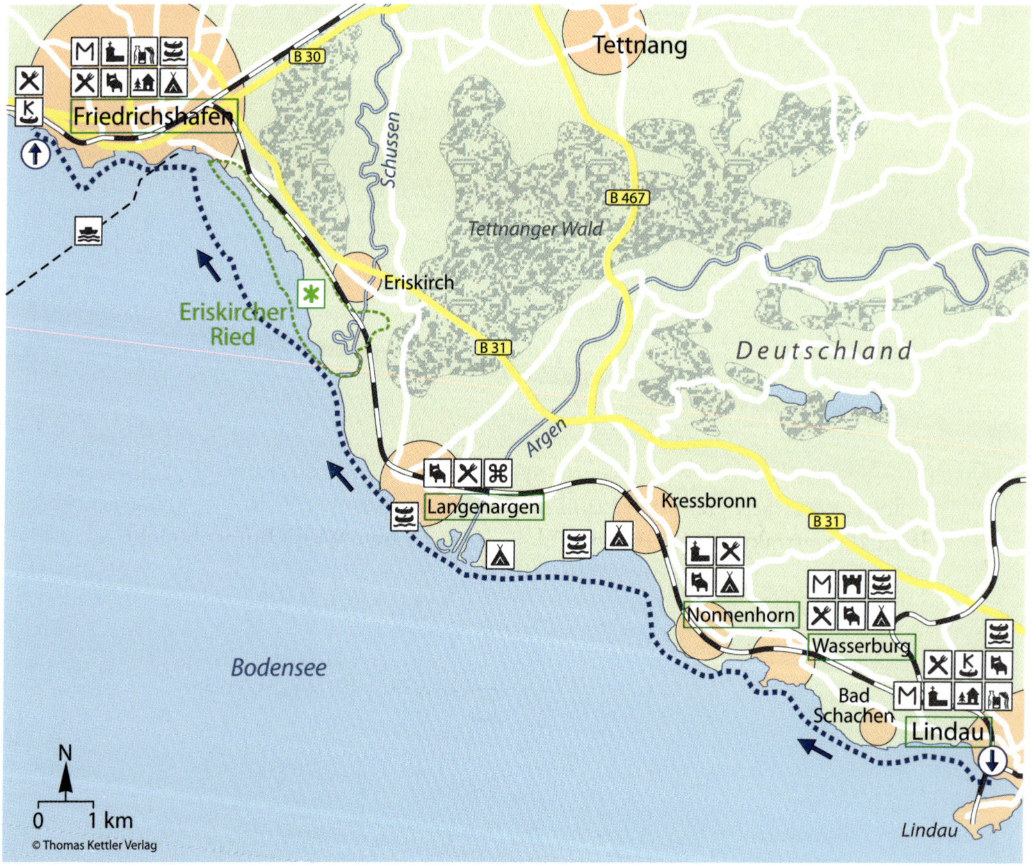

Tettnang
B 30
Friedrichshafen
Schussen
B 467
Tettnanger Wald
Eriskirch
Eriskircher Ried
B 31
Deutschland
Argen
Langenargen
Kressbronn
Nonnenhorn
Wasserburg
Bad Schachen
Lindau
Bodensee
N
0 1 km
© Thomas Kettler Verlag

Martin Walser

Wenn man einen Dichter sucht der eng mit dem Bodensee verbunden ist, stößt man schnell auf Martin Walser. Der im Jahre 1927 in Wasserburg am Bodensee geborene Sohn eines Schankwirts und Kohlenhändlers ging in Lindau zur Schule und studierte in Regensburg Literaturwissenschaft. Seine Kindheitserlebnisse rund um das Bahnhofsrestaurant seines Vaters verarbeitet er im Roman „Ein springender Brunnen". Schon während seines Studiums beginnt seine Zusammenarbeit mit dem Süddeutschen Rundfunk. Hier wirkte er als Autor und Auslandskorrespondent und arrangierte Hörspiele. Von den Teilnehmern des deutschsprachigen Schriftstellertreffens „Gruppe 47" wird der fünffache Vater im Jahre 1955 für seine Erzählung „Templones Ende" ausgezeichnet. Auch später bleibt der Lebensmittelpunkt von Walser am Bodensee, wo er als freier Schriftsteller zahlreiche Romane veröffentlicht. Sein erster Roman „Ehen in Phillipsburg" wird ein Erfolg, ebenso wie viele seiner nachfolgenden Werke. Antihelden des Kleinbürgertums sind die Protagonisten für seine Beschäftigung mit der deutschen Geschichte. Der Holocaust, die Teilung Deutschlands und die Nachkriegsgeschichte sind seine bevorzugten Themen. Der Autor unterstützt später die SPD bei der Wahl von Willi Brandt als Kanzler, lässt später aber auch das ein oder andere Fettnäpfchen nicht aus. Bei einer Ehrung für seinen Roman „Ein Springender Brunnen" der 1998 mit dem „Friedenspreis des Deutschen Buchhandels" ausgezeichnet wird, kritisiert Walser die „Instrumentalisierung" von Auschwitz und erzeugt damit Wellen der Empörung. Nicht zuletzt schuf der Künstler Peter Lenk auf Grund dieses Vorkommnisses den Springbrunnen in Überlingen, der den „unvorteilhaft" auf einem Esel sitzenden Martin Walser zeigt. Dieser fühlt sich missverstanden, schreibt aber weiterhin an erfolgreichen Werken wie z.B. den Roman „Tod eines Kritikers".

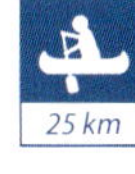

geschichtsträchtige Lindenhofpark an. Als man in den 40er Jahren des 19. Jahrhunderts herrschaftliche Villen wie an der Perlenkette aufgereiht links und rechts der Insel Lindau an die Ufer baute, nannte man den Uferabschnitt auch „Bayerische Riviera". Der von Maximilian Friedrich Weyhe, einem Vetter des berühmten Josef Peter Lenné erbaute Park, ist ein Paradestück der Gartenkunst und zählt zu den attraktivsten Gärten Süddeutschlands.

Ein Stück weiter rückt der Zwiebelturm der St. Georg Kirche von Wasserburg ins Blickfeld. Mit dem auf einer kleinen Insel gelegenen Bau des Städtchens wurde schon 784 als Bestandteil einer Burganlage begonnen. Insel samt Burg wurden von einer massiven Wehrmauer umgeben, die in einer Auseinandersetzung mit dem Städtebund 1358 in Schutt und Asche gelegt wurde. Die Grafen von Montfort ließen dann im 16. Jahrhundert ein neues Renaissanceschloss anstelle der alten Burg errichten. Seit 1720 verbindet ein Damm die Insel mit dem Festland. Auch heute lohnt die Halbinsel einen Besuch. Im Inneren der Pfarrkirche St. Georg kann ein barocker Hochaltar mit lebensgroßen Figuren ebenso wie filigrane Deckenfresken mit Motiven aus der reichen Geschichte Wasserburgs besichtigt werden. Nicht zuletzt kann man dem Schloss im Zentrum der Halbinsel einen Besuch abstatten. Es beherbergt ein Hotel-Restaurant. Im kleinen Malhaus, das im 16. Jahrhundert als Gerichtsgebäude errichtet wurde und das mit seinen weiß-blauen Fensterläden fotogen direkt am Landesteg der Bodensee-Schiffsbetriebe steht, befindet sich heute ein Museum. Gezeigt werden Ausstellungen zur Fisch- und Vogelwelt

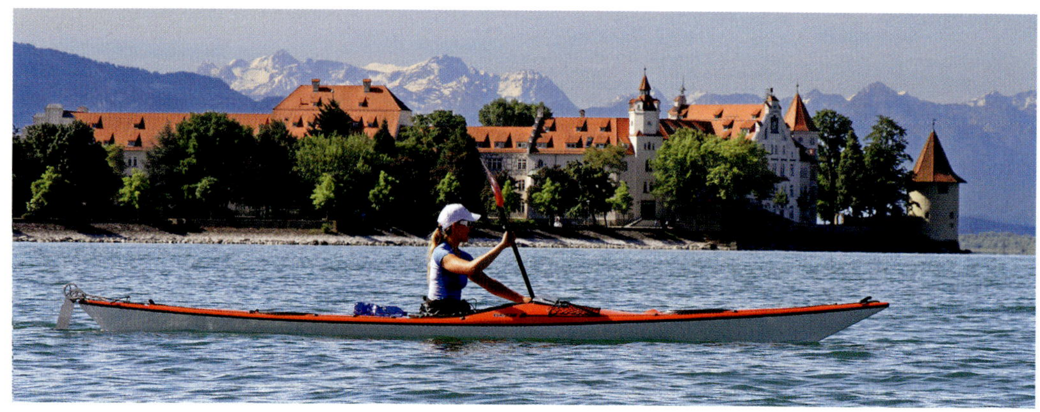

Die Lindauer Luitpoldkaserne und der Pulverturm bilden einen malerischen Kontrast zu den schneebedeckten Alpen.

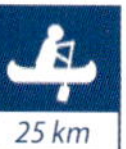

am Bodensee, Exponate zum berühmtesten Sohn der Stadt, dem Schriftsteller Martin Walser und Wissenswertes zu mittelalterlichen Hexenprozessen in der Region. Um all das in Augenschein zu nehmen, kann man gleich hinter Wasserburg am Strand anlegen. Wenig später komme ich vorbei an Nonnenhorn, das seinen Namen einem ehemaligen Nonnenkloster aus dem 9. Jahrhundert verdankt. Das sonnige Nordufer und das milde Bodenseeklima zeichnen verantwortlich für die leckeren Weine der Lagen „Sonnenbichl" und „Seehalde", die bei den örtlichen Winzern verkostet werden können. Einen besonderen Reiz stellt die Obstblüte im Frühjahr dar, wenn Apfel-, Birnen-, Zwetschgen- und Kirschbäume die Gegend in ein wahres Blütenmeer verwandeln. In diesem Zusammenhang sei der Nonnenhorner Weintorkel von 1591, eine der ältesten und unter Denkmalschutz stehenden Weinpressen der Bodenseeregion, erwähnt, im Ort in der Conrad-Forster-Straße zu bewundern. Ungefähr 30 Pferde und 40 Mann waren nötig, um eine Presse dieser Größe zu errichten. Der Weinhändler Conrad Forster war es auch, der den badischen Freiheitskämpfer Carl Schurz, der 1848 von Soldaten bis in den Ort verfolgt wurde, vor einer Verhaftung bewahrte. Er bewirtete seine Häscher so fürstlich mit Wein, bis diese stockbetrunken waren. Dann ruderte er Schurz über den Bodensee in die rettende Schweiz. Von dort gelangte dieser in die USA, wo er es bekanntlich bis zum Innenminister brachte. Auf den nächsten Kilometern finden sich im Hinterland tropfenförmige Hügel, die durch Schuttablagerungen der eiszeitlichen Gletscher entstanden sind und sich gemäß der ehemaligen Eisbewegungsrichtung stromlinienförmig in die Länge dehnen. Badestrände säumen nun das Ufer und Sonnenbadende breiten ihre bunten Handtücher auf den Kiesflächen aus. Wenig später mündet das Flüsslein Argen in den Bodensee. Hier liegt einer der größten Yachthäfen der Region, was auch sofort mit steigendem Verkehrsaufkommen auf dem Wasser einhergeht. Als Kanufahrer muss man an schönen Sommerwochenenden ein wachsames Auge auf die Hafeneinfahrt haben, die scheinbar im 30-Sekunden-Takt Segel- und Motorboote ausspuckt.

Vor Langenargen fällt sofort das Wahrzeichen des Ortes, das kleine Schloss Montfort auf. Es steht exponiert an der Spitze einer Landzunge und ist mit orientalischen Architekturmerkmalen im 19. Jahrhundert erbaut worden. Erste römische Siedlungsspuren stammen immerhin aus dem 2. Jahrhundert. Aller-

dings wurde der Ort erst im Jahre 770 in einer Schenkungsurkunde des Klosters St. Gallen schriftlich erwähnt.
Gleich hinter Langenargen lege ich am Ufer an. Hier, wo das kleine Flüsschen Schussen mündet (Siehe KANU KOMPASS „Bayern, Baden-Württemberg), kann man als Kanuwanderer hervorragend auf Holzbänken im Schatten alter Bäume pausieren. Gleich nebenan liegt das Naturschutzgebiet Eriskircher Ried. Das größte Naturschutzgebiet am Nordufer des Bodensees schützt den artenreichen Lebensraum flacher Uferzonen. Diese flachen Gebiete entstanden durch große Mengen angeschwemmter Sedimente der umliegenden Flüsse, die sich vor allem in der Uferzone ablagerten und durch Wasserniveauschwankungen freigelegt wurden. Im ehemaligen Bahnhofsgebäude von Eriskirch kann man im Naturschutzzentrum mehr darüber in Erfahrung

Zeppeline und der Bodensee

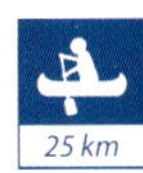

Die zündende Idee für ein Luftschiff mit starrem Rumpf hatte der ungarische Luftfahrtspezialist David Schwarz, die er mit einer ersten Konstruktion und einem Jungfernflug im russischen St. Petersburg verwirklichte. Kurz nach seinem Tod erwarb Ferdinand Graf von Zeppelin das Patent von der Witwe des Verstorbenen.
Der Graf hatte zuvor während seiner militärischen Laufbahn den kriegerischen Einsatz von Ballonen beobachtet. Ihn faszinierte der Gedanke des Fliegens, sah jedoch den Nachteil, dass Ballone nicht zu steuern waren. Da erschien das steuerbare Starrluftschiff als die Lösung. Trotz großen Widerstands seiner Zeitgenossen begann er mit der Konstruktion eines lenkbaren Luftschiffs. Dazu gründete er die „Gesellschaft zur Förderung der Luftschifffahrt". Er selbst brachte mehr als die Hälfte des Eigenkapitals für dieses Unternehmen auf. Mit Hilfe von Ingenieuren wurden die ersten Prototypen der Starrluftschiffe in einer schwimmenden Montagehalle auf dem Bodensee vor Friedrichshafen gebaut. Im Jahr 1900 kam es dann zu den ersten erfolgreichen Testflügen vor Ort. Schon der erste Prototyp war fast 130 Meter lang. Trotzdem blieb der wirtschaftliche Erfolg vorerst aus. Erst mit Engagement des Ingenieurs und Unternehmers Alfred Colsman wurde die Idee „Zeppelin" im zweiten Anlauf zu einer Erfolgsgeschichte. Natürlich stieß diese neuartige Technologie unter dem Militär auf großes Interesse. Der Erste Weltkrieg führte daher auch im Luftschiffbau zu stark verbesserten Konstruktionen. Von 1900 bis 1940 waren Zeppeline sowohl Bestandteil der zivilen Personenbeförderung, als auch der von Kriegswaffensystemen. Im Laufe der Zeit kam es zu vielen tragischen Unfällen, die auf Motorausfälle und das leicht entflammbare Wasserstoffgas zurückzuführen waren. Eine Sternstunde der Zeppelinfahrt war sicherlich der 81 Stunden dauernde Flug über den Atlantik von Friedrichshafen nach New York im Jahre 1924.
Ende des 20. Jahrhunderts lebte die Idee des Zeppelins wieder auf. Die neuen Zeppeline dienen nun vor allem Forschungszwecken, dem Lastentransport und den beliebten Rundflügen, wie man bei einem Aufenthalt am Bodensee sicher schnell feststellen wird. Ein solcher Flug bietet sicher königliche Perspektiven, ist aber mit 200-800 Euro pro Fahrt eher etwas für den dickeren Geldbeutel. In Friedrichshafen kann man heute im Zeppelinmuseum Exponate und Medien über die Luftschifffahrt bestaunen.

Infos: www.zeppelinflug.de, www.zeppelin-museum.de

bringen. Eine Besonderheit ist der „Gemeine Wasserschlauch". Er gehört in die Kategorie fleischfressender Pflanzen und kann mit seinen Fangbläschen kleine Wassertierchen fangen und verdauen. Im Sommer bilden überschwemmte Schilfbestände eine Kinderstube für Fische und Wasservögel. Im Herbst ist das Gebiet Rastgebiet für tausende Reiher- und Tafelenten und häufig auch Singschwäne.
Nach Passieren des Naturschutzgebietes ist Friedrichshafen erreicht, bekannt als Stadt der Zeppeline. Auch heute noch gibt es rund um Friedrichshafen einige Hochtechnologie-Unternehmen aus der Luft- und Raumfahrt.

Am rechten Ufer liegt der Campingplatz „CAP-Rotach", der eine der Kanustationen des Bodensee-Kanuweg ist, und sich nicht zuletzt wegen seiner Stadtnähe als Tourenende besonders eignet. Der eigentliche Kern der Stadt entstand mit der Gründung des Alemannendorfes Buchhorn im 5. Jahrhundert. 1241 erhielt dieses die Stadtrechte. Aber erst 1811 entstand durch Zusammenschluss von Dorf und Kloster Hofen die Stadt Friedrichshafen. Vor dem großen Hafen der Stadt prangt auf einer Mole das Stahlgerippe eines 22 Meter hohen Aussichtsturmes. Von hier aus fällt der Blick auf die Schlosskirche und die Obstgärten im Hinterland, und natürlich auf das geschäftige Friedrichshafen selbst. Bald passiere ich das Wahrzeichen der Stadt, eben jene 1702 als Kloster errichtete Schlosskirche. Sie wurde im Zuge der Säkularisation zur Sommerresidenz des Hauses Württemberg, und später zum Mittelpunkt der Evangelischen Gemeinde. Über mir dreht ein Zeppelin majestätisch seine Runde. Fluggäste die von der Zeppelinwerft aus starten, können verschiedene Routen wählen, die von 30 Minuten bis zu zwei Stunden Flugdauer reichen. Bis zu Kanusport Friedrichshafen sind es jetzt nur noch ein paar Paddelschläge. Als einer der wenigen am See gelegenen Kanuvereine, ist er leicht vom Wasser aus zu finden, da der Wimpel des Deutschen Kanu Verbandes (DKV) und die schlanke Mole schon von weitem zu erkennen sind. Die anderen Paddelvereine am See sind dagegen oft „gut versteckt", da nicht, wie gewöhnlich bei Kanuvereinen, die Bootsstege und Schuppen von weitem zu erkennen sind. Dessen ungeachtet, haben sich die Vereine rund um das schwäbische Meer zum „Bodensee-Kanu-Ring" zusammengeschlossen, von denen mehrere Vereine auch sehr gute Übernachtungsmöglichkeiten anbieten. So ist es für alle Kanufahrer, die mit leidlicher Kondition ausgestattet sind möglich, das Binnengewässer zu umrunden, ohne eine andere Übernachtungsmöglichkeit anlaufen zu müssen.
Auf dem weiteren Weg kommt man zu dem im Friedrichshafener Ortsteil Fischbach unmittelbar links neben dem Wassersporthafen gelegenen „Erholungs- und Tagungshaus Schwesternheim Fischbach". Ein Geheimtipp (immer vorbuchen)! Zimmer gibt es zu fairen Preisen, manche mit Blick auf den Bodensee. Die großzügige Liegewiese lädt dazu ein den Tag zu verbummeln. Aber das Besondere ist das nahe Clubrestaurant des Wassersportvereins Fischbach am Wassersporthafen. Dort lässt es sich so richtig schlemmen – Bodenseefelchen mit hausgemachtem Kartoffelsalat und ein köstlicher Weißwein aus der Region. Was will man mehr?
Mittlerweile nähert sich die Sonne dem Horizont. Ich genieße mein Abendessen vom Spirituskocher und einen grandiosen Blick auf die Alpen. Die Berge glühen geradezu im roten Licht der untergehenden Sonne - was für ein schöner Tagesabschluss.

Fischbach - Überlingen

Zu einem der größten Freilichtmuseen Europas

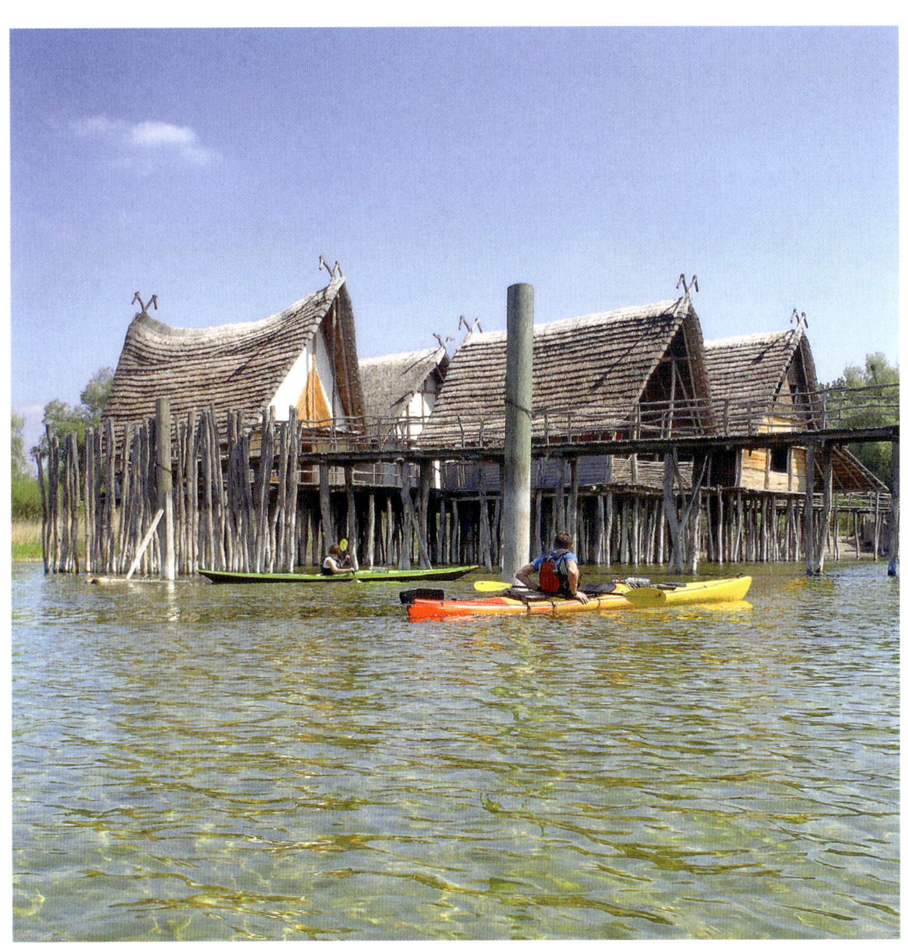

Tour 6

Infos Fischbach - Überlingen

Schwierigkeit	Natur	Kultur
★☆☆☆	★☆☆☆	★★★☆

Charakter der Tour

Auf der etwas längeren Etappe von Friedrichshafen nach Überlingen geht es zunächst über die weite und offene Fläche des Obersees hinein in den sich langsam verjüngenden Überlinger See. Am Ufer wartet die altehrwürdige Schönheit Meersburg mit ihrer wunderbar erhaltenen Altstadt auf unseren Besuch, ebenso das berühmte Pfahlbaumuseum Unteruhldingen.

Besonderheiten

Diverse Häfen auf der Strecke sorgen punktuell für erhöhtes Verkehrsaufkommen auf dem Wasser.

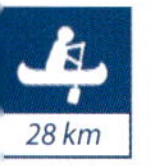

Sehenswürdigkeiten

Friedrichshafen: *Zeppelin Museum,* Tel. (07541) 380 10, (Mai-Okt tgl. 9-17, Nov-Apr Di-So 10-17), www.zeppelin-museum.de, *Dornier-Museum* (Mai-Okt tgl. 10-18, Nov-Apr Di-So 10-17) www.dorniermuseum.de, *Feuerwehrmuseum, Schlosskirche* (17./18. Jh.), *Buchhornbrunnen* am Adenauerplatz (20. Jh.), *Konstruktion Klangschiff* von Künstler Helmut Lutz, Kapelle St. Benedikt (21. Jh.), *Aussichtsturm* im Hafen. **Immenstaad:** *Schloss Kirchberg, Pfarrkirche St. Jodokus* (15. Jh.), *Schloss Hersberg* (13. Jh.), *Schloss Helmsdorf* (19. Jh.), *Romanische Kirche St. Oswald und St. Otmar* (12. Jh.). **Hagnau:** *Rathaus und ehemaliger Klosterhof* (18. Jh.), *Klosterhöfe, Hagnauer Museum, Baumtorkel* (300 Jahre alte Weinpresse). **Meersburg:** Stadtrundgang Seite 138. **Uhldingen-Mühlhofen:** *Pfahlbaumuseum* (Apr-Sep tgl. 9-19, Okt 9-17), www.pfahlbauten.de, *Wallfahrtskirche Birnau* (18. Jh.), *Schloss Maurach* (12. Jh.), *Pfarrkirche St. Martin* (12. Jh.), *Ortskapelle* von Unteruhldingen (16. Jh.). **Überlingen:** Stadtrundgang Seite 85.

Sonstige Aktivitäten

Wandern: *Wanderung Meersburg* Tour 24. **Schifffahrt** auf dem Bodensee, www.bsb-online.com. **Sonstiges:** *„Abenteuer-Park"* mit großem Hochseilgarten bei Immenstaad, *Rundfahrten mit der „Lädine"* (Nachbau eines historischen Lastenseglers) ab Immenstaad, *Besuch des Reptilienhauses* in Unteruhldingen; *Besuch des Affenbergs Salem* (Deutschlands größtes Freigehege für Affen).

Anreise:

Auf der A 96 in Richtung Süden nach Lindau. Kurz vor Lindau an der Ausfahrt 3 abfahren und rechts auf die B31 abbiegen und über Friedrichshafen hinaus weiter befahren. Bei Fischbach geht es links in die Straße „Am Seemooser Horn". Dort finden wir den Kanuverein Kanusport im VFB Friedrichshafen.

Einsetzen:

Kanusport Friedrichshafen, Am Seemoser Horn 18, 88045 Friedrichshafen-Fischbach. Alternativ in Friedrichshafen auf dem **Campingplatz CAP Rotach.**

Länge der Tour:
28 km, Paddelzeit 7 h

Zurück zum Pkw:
Mit der Bahn halbstündlich von Friedrichshafen nach Überlingen.

Kartenmaterial:
Bodensee-Navigationskarten Set: ***Karte I: Überlinger See, Untersee und Karte II: Obersee.***
Kompass Wander- und Radkarte: ***Bodensee Ost,*** 1:50.000.

Übernachtung:
Friedrichshafen: *Campingplatz CAP Rotach* (Camping + Zimmer), Lindauer Str. 2, Tel. (07541) 734 21, www.cap-fn.de; *Jugendherberge am Bodensee,* Lindauer Str. 3, Tel. (07541) 724 04, www.jugendherberge-friedrichshafen.de **Friedrichshafen-Fischbach:** *Kanusport Friedrichshafen,* Am Seemoser Horn 18, Tel. (07541) 755 48, www.kanu-sport-friedrichshafen.de; *Erholungs- und Tagungshaus Schwesternheim Fischbach,* Ziegelstr. 5, Tel. (07541) 956-0, www.diak-stuttgart.de; *Campingplatz Fischbach,* Grenzösch 3, Tel. (07541) 420 59, www.camping-fischbach.de
Immenstaad: *Camping & Pension Freizeitzentrum Schloss Helmsdorf,* Friedrichshafener Str. 41, Tel. (07545) 62 52, www.schloss-helmsdorf.org; *Campingplatz Schloss-Kirchberg,* Tel. (07545) 64 13, www.camping-kirchberg.de; *Gästehaus Berger am See,* Seestraße Ost 39, Tel. (07545) 942 58, www.gaestehaus-berger.de **Hagnau:** *Gasthaus Seeblick,* Seestr. 11, Tel. (07532) 62 82, www.seeblick-hagnau.de; *Seepension Gnädinger,* Seestr. 23, Tel. (07532) 75 83, www.haus-gnaedinger.de
Meersburg: *JUFA Jugend- & Familiengästehaus,* Vorburggasse 1-3, Tel. (07532) 445 80 92, www.jufa.eu/jufa-meersburg-am-bodensee; *Hotel Fischerhaus Garni,* Unteruhldinger Str. 10, Tel. (07532) 65 70, www.fischerhaus-meersburg.de; *Fewotel „Seegarten“,* Uferpromenade 47, Tel. (07532) 800 30, www.seegarten-meersburg.de
Uhldingen: *Camping Birnau-Maurach,* Tel. (07556) 66 99, www.birnau-maurach.de
Nußdorf - Untermaurach: *Campingplatz Denz-Köhne,* Untermaurach 4, Tel. (07551) 43 79, www.untermaurach.de; *Campingplatz Nell,* Zur Barbe 5, Tel. (07551) 42 54, www.campingplatz-nell.de; *Camping Luft,* Zum Kretzer 12, Tel. (07551) 615 57, www.camping-luft.de
Überlingen: *Paddelclub Überlingen,* Strandweg 20, Tel. (07551) 683 34, www.paddelclub-ueberlingen.de *Campingpark Überlingen,* Bahnhofstr. 57, Tel. (07551) 645 83, *Hotel Seegarten,* Seepromenade 7, Tel. (07551) 91 88 90, www.seegarten-ueberlingen.com *Martin-Buber-Jugendherberge,* Alte Nussdorfer Str. 26, Tel. (07551) 42 04, www.ueberlingen.jugendherberge-bw.de

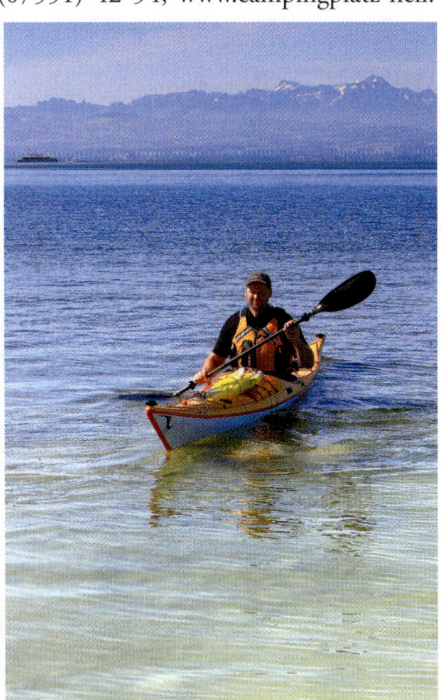

Auskunft:
Tourist-Info Friedrichshafen, Bahnhofplatz 2, Tel. (07541) 300 10, www.friedrichshafen.info
Tourist-Info Immenstaad, Dr.-Zimmermann-Str. 1, Tel. (07545) 20 11 10, www.immenstaad-tourismus.de
Tourist-Info Uhldingen-Mühlhofen, Schulstr. 12, Tel. (07556) 921 60, www.seeferien.com
Tourist-Info Meersburg, Kirchstr. 4, Tel. (07532) 44 04 00, www.meersburg.de
Kur und Touristik Überlingen GmbH, Landungsplatz 5, Tel. (07551) 947 15 22, www.ueberlingen.de

Zu einem der größten Freilichtmuseen Europas

Hinter Fischbach bleibt das Ufer weiterhin stark besiedelt, abgesehen von einigen Resten verschilften Auwaldes beim Naturschutzgebiet „Lipbachmündung" und zwei vor Immenstaad in den See ragenden und unter Naturschutz stehenden Inselchen. Immenstaad sah sich gerade in der jüngsten Geschichte einer Verdoppelung seiner Bevölkerung ausgesetzt. In der Mitte des 20. Jahrhunderts zog das wirtschaftliche Wachstum des Flugzeugbauers Dornier viele Neuzuwanderer an. Einerseits hat sich der Ort einen dörflichen Charakter bewahrt, andererseits prägen Hochhäusern und Industriegebäude weiterer High Tech Firmen das Bild. Die Firma Dornier wurde in den 1980 Jahren von Daimler Benz übernommen, um dann später Teil des Luft- und Raumfahrtkonzern EADS zu werden. Was gut für den Arbeitsmarkt ist, wirkt sich auf den Wohnungsmarkt aber mit steigenden Preisen aus und so versuche ich mir auszumalen, was die Villengrundstücke wohl kosten mögen, die mich im weiteren Verlauf meiner Fahrt begleiten.

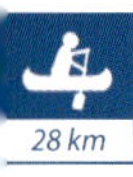

Rechter Hand fällt der Blick in den Yachthafen. Hier befindet sich das Schloss Helmsdorf, das heute als Freizeitzentrum mit eigener Brauerei, Yachthafen und Campingplatz aufwartet. Ein guter Ort, um anzulegen und einzukehren. Hinter Immenstaad wird das Ufer natürlicher. Ein kleiner Buchenwald begleitet meine Paddelschläge. Mitten im Buchenwald steht ein grau bemütztes gelbes Badehäuschen. Es gehört zum Schloss Kirchberg, das sich neben dem Wald auf einer Anhöhe befindet. Über das zwischen Weinbergen und Obstanbauflächen eingebettete Schloss gibt es folgende Sage: Zwei Brüder im Ritterstand verliebten sich beide in dasselbe Mädchen. Eifersucht und Hass gipfel-

Karte Fischbach - Überlingen

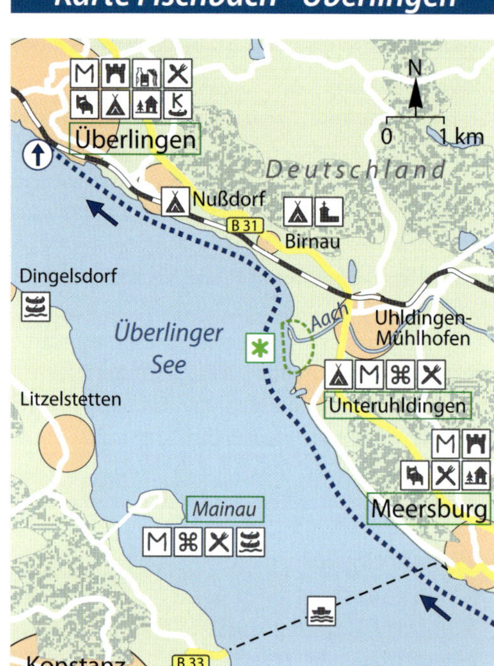

ten darin, dass einer der Brüder den andern in ein dunkles Verlies warf, wo dieser starb. Von Gewissensbissen geplagt, vermachte daraufhin der Ältere seinen Besitz dem Kloster Kempten und zog als Einsiedler in die Welt. Geschichtlich belegt ist dagegen, dass der Gebäudekomplex etwa 700 Jahre lang zum Kloster Salem gehörte. Heute ist Schloss Kirchberg eine private Wohnanlage.

Vor Hagnau schiebt sich der lange Anleger der Weissen Flotte in den See. Ab hier weist der Grund interessante Gesteinsformationen auf. Im grünlichen, klaren Wasser leuchten abgerundete Konturen heller Gesteinsknubbel unter dem Kajakboden. Gebilde, die auf den ersten Blick bleichen Korallen ähneln. Schwärme von Barschen huschen über den Grund, als sie den Druck des Paddels spüren.

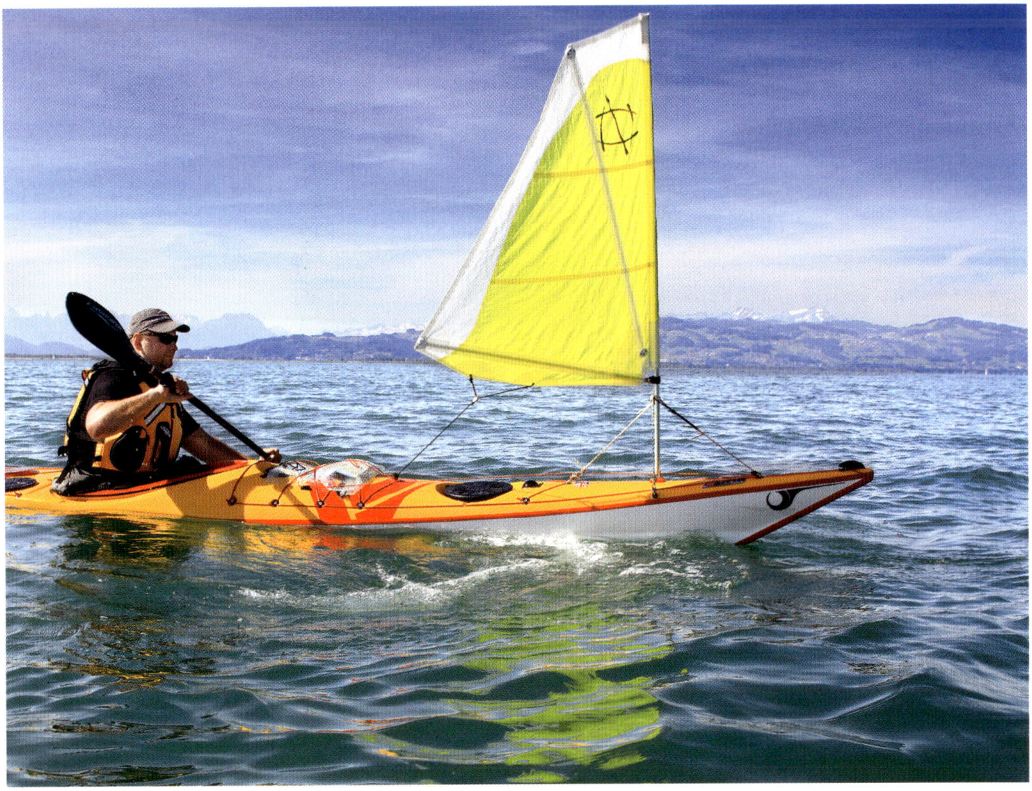

Mit einer steifen Brise und dem gehissten Segel geht es schnell Richtung Meersburg.

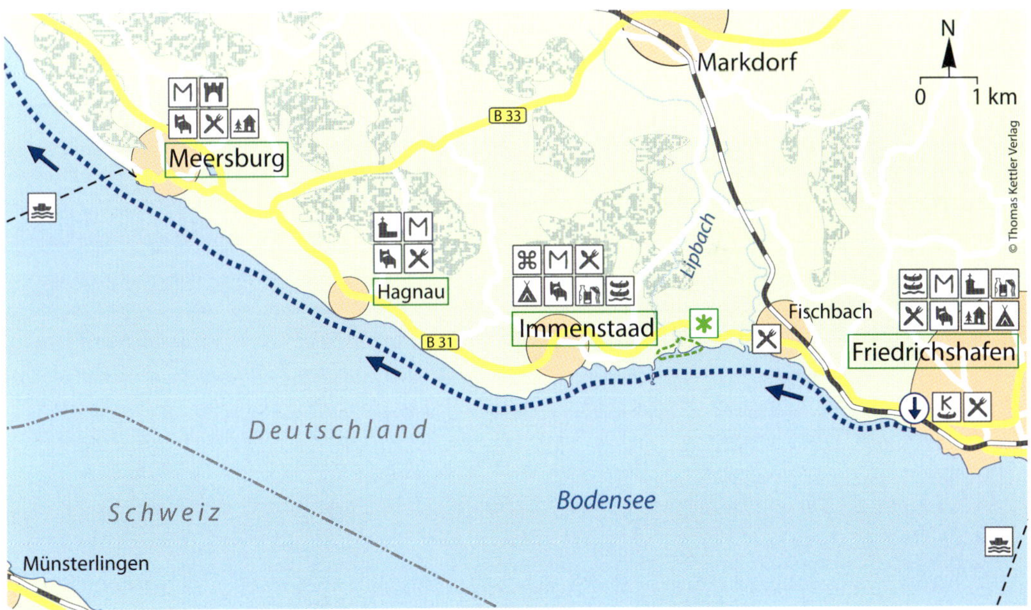

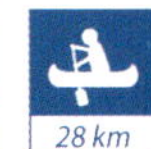

Hagnau ist besonders für Freunde des Weins ein lohnendes Ausflugsziel, denn die Winzergenossenschaft ist die älteste Badens und auch die größte am Bodensee. Angebaut werden in der Region neben Müller-Thurgau auch Weißer Burgunder, Ruländer und Spätburgunder. Sie lassen sich in den örtlichen Besenwirtschaften verkosten. Ein Weinwanderweg bietet nicht nur jede Menge Wissenswertes über den angebauten Wein auf Infotafeln, sondern auch einen herrlichen Ausblick auf den Bodensee. Mehrere Fischer fahren noch mit ihren offenen, flachen Fischerbooten auf den See hinaus, folglich gibt es auch zahlreiche Möglichkeiten im Ort fangfrische Felchen zu genießen.

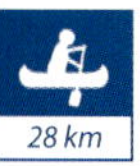

Hinter Hagnau geht es nun in den nordwestlichen Teil des Bodensees, auch Überlinger See genannt. Diese schmale, an einen Finger erinnernde Bucht, ist mehr als andere Teile von Hügeln und Wäldern umgeben. Aber immer noch bestimmen rechter Hand die Weinberge das Ufer. Ein kleiner Turm steht auf einem Hügel mitten in den grünen Reben. Ein wunderbarer Aussichtspunkt, wie ich von einer späteren Wanderung weiß (Tour 24, Seite 201).

Die majestätische Silhouette von Meersburg taucht hinter den Rebhängen auf. Die an den Hang gebaute Stadt begeistert vom Wasser aus gleich mit mehreren prächtigen Bauten. In der Oberstadt beeindrucken die häufig als Barockensemble bezeichneten und von Konstanzer Fürstbischöfen erbauten Gebäude Neues Schloss und der gelbe Reit- und Stallhof aus dem 18. Jahrhundert. Über allem thront das Alte Schloss, die eigentliche Meersburg. Zum mittelalterlichen Stadtkern der Unterstadt gehören auch alte Speichergebäude des Hafens und seine massiven Steinmolen. Zwischen Hafen und Freibad kann man als Paddler sein Boot anlanden, um sich in der örtlichen Gastronomie zu stärken. (Stadtrundgang Meersburg Seite 138).

Nach der malerischen Uferpromenade von Meersburg ist äußerste Vorsicht geboten. Die Autofähren zwischen Konstanz und Meersburg kreuzen hier ständig und verur-

Bodenseefelchen

Die Blaufelche gehört zu den lachsartigen Fischen. Anderswo ist dieser schlanke, silbrig glänzende Fisch unter dem Namen Maräne oder Renke bekannt. Da die Fischpopulationen oft in weit voneinander separierten Gewässern vorkommen, haben sich Unterarten gebildet, die sich im Aussehen unterscheiden. Vor Ort wird die Blaufelche daher auch als Bodenseefelche bezeichnet, obwohl sie erst seit Anfang des 20. Jahrhunderts aus anderen Seen eingesetzt worden ist. Sie ist ein begehrter Speisefisch und gehört auf dem Bodensee zu den „Brotfischarten“ der ansässigen Fischer. Die Blaufelche, die sich weitgehend von Algen und Kleinstlebewesen ernährt, kann bis zu 60 cm lang werden und ist daher nur schwer mit der herkömmlichen Angelrute zu fangen. Im Alter von drei bis vier Jahren werden die Fische geschlechtsreif. Die Laichzeit liegt zwischen November und Dezember. Die Fische laichen am tiefen Seegrund oder schwimmen die Zubringerflüsse hinauf. Interessant ist, dass im Zuge der Verbesserung der Wasserqualität des Bodensees, Zahl und Maße der Fische (nicht nur der Felchen) langfristig rückläufig ist. Das liegt daran, dass klares, sauberes Wasser weniger Algen und Kleinstlebewesen aufweist und somit auch weniger Nahrung für die Fische bietet.

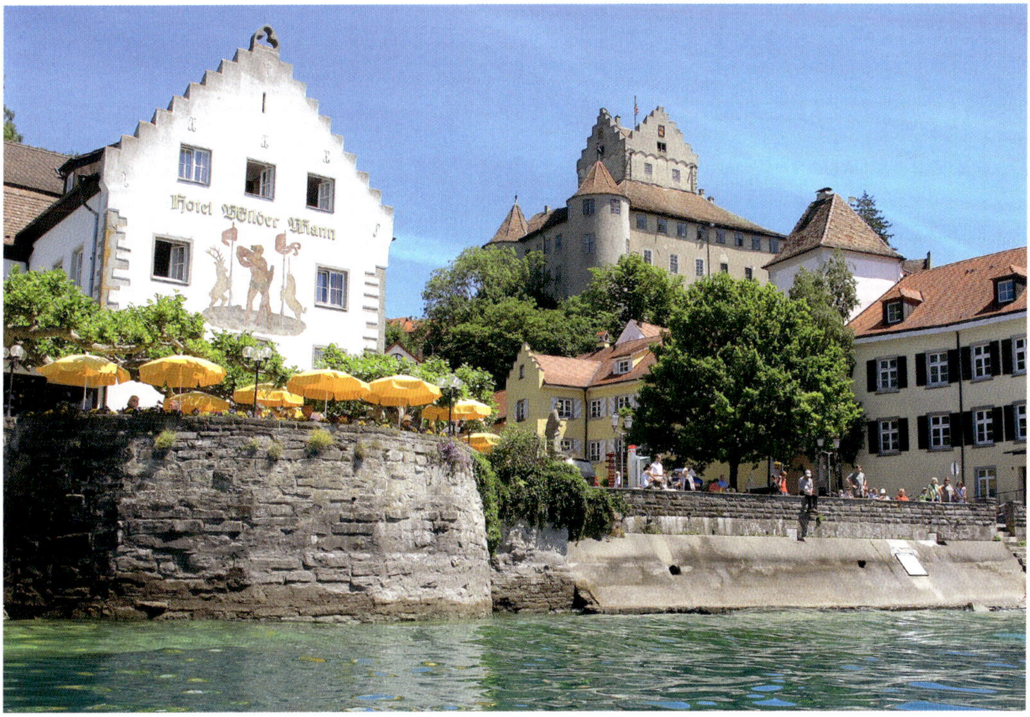

Die Burg von Meersburg sieht vom Wasser aus besonders imposant aus.

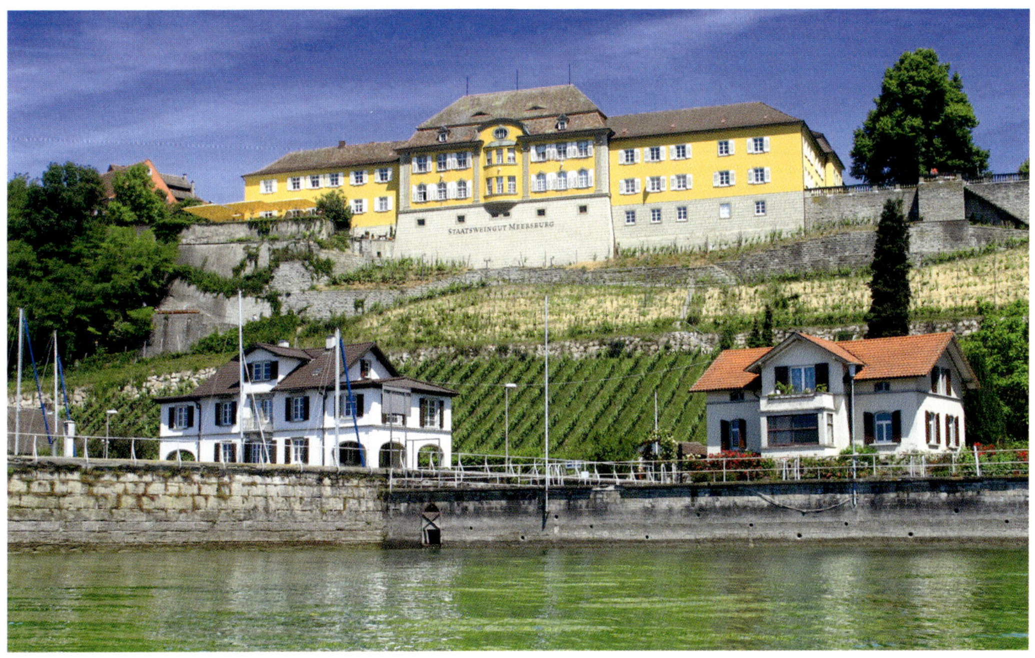

Das Staatsweingut Meersburg stammt aus dem frühen 18. Jahrhundert. Hier kann man kostenlos Weine probieren und sich von den Mitarbeitern fachkundig beraten lassen.

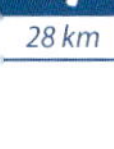

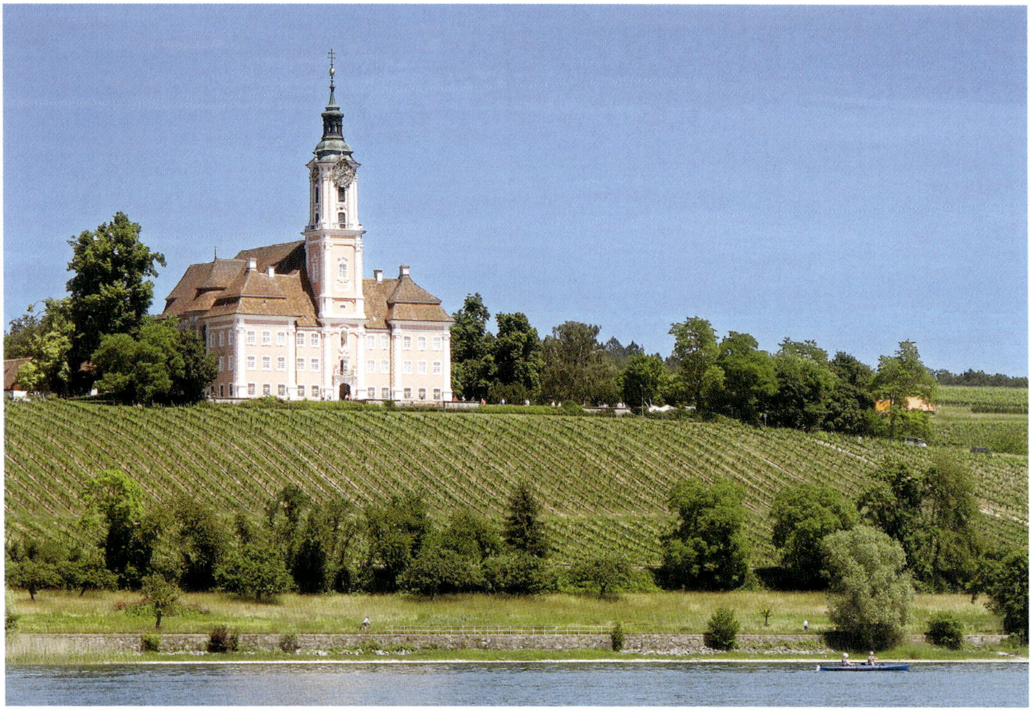

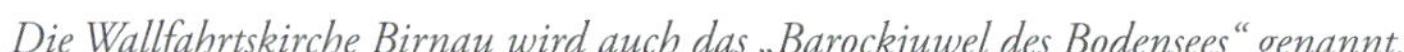

Die Wallfahrtskirche Birnau wird auch das „Barockjuwel des Bodensees" genannt.

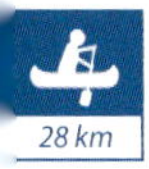

sachen mächtige Wellen. Unbedingt eine passende Gelegenheit zur Passage des Anlegers abwarten!

Nach ein paar Paddelschlägen wartet schon das nächste Highlight am Ufer des Schwäbischen Binnenmeeres. Direkt hinter dem Anleger von Unteruhldingen kommt das Pfahlbaumuseum in Sicht. Da es mitten in der unter Naturschutz stehenden Mündung der Seefelder Aach liegt, lege ich mit dem Boot schon unmittelbar hinter dem Schiffanleger an. In einem der größten Freilichtmuseen Europas wurde ein typisches Steinzeitdorf nachgebaut, wie es früher häufiger am Ufer des Bodensees zu finden war. In dem angeschlossenen Museum werden überdies Funde aus der Stein- und Bronzezeit präsentiert und Leben und Arbeiten in der frühzeitlichen Kultur verdeutlicht. Im Jahre 2011 wurden die Überreste der Pfahlbausiedlungen in die Weltkulturerbeliste der UNESCO aufgenommen.

Ein paar Kilometer weiter strahlt das Kloster Birnau mit seinen kräftigen Lachsfarben über sanfte Wiesenhügel. Es gehört zu den eindrucksvollsten Beispielen barocker Kirchenbauten in Süddeutschland. Im Inneren glänzt die Wallfahrtskirche mit prachtvoller Rokoko-Ausstattung. 1750 erbaut, gehört sie heute zum vorarlberger Zisterzienser-Kloster Mehrerau.

Während sich der Bodensee in Richtung Nordwesten immer weiter verjüngt, steuere ich Überlingen an. Die altehrwürdige Stadt lockt mit einer Anzahl von Einkaufsmöglichkeiten und schöner Bausubstanz. Direkt hinter der Surfstation (im Sommer durch eine Fahne zu erkennen), finde ich den Steg des Paddelclubs Überlingen. Auf Nachfrage kann ich auf dem Gelände des Vereins nächtigen.

Stadtrundgang Überlingen

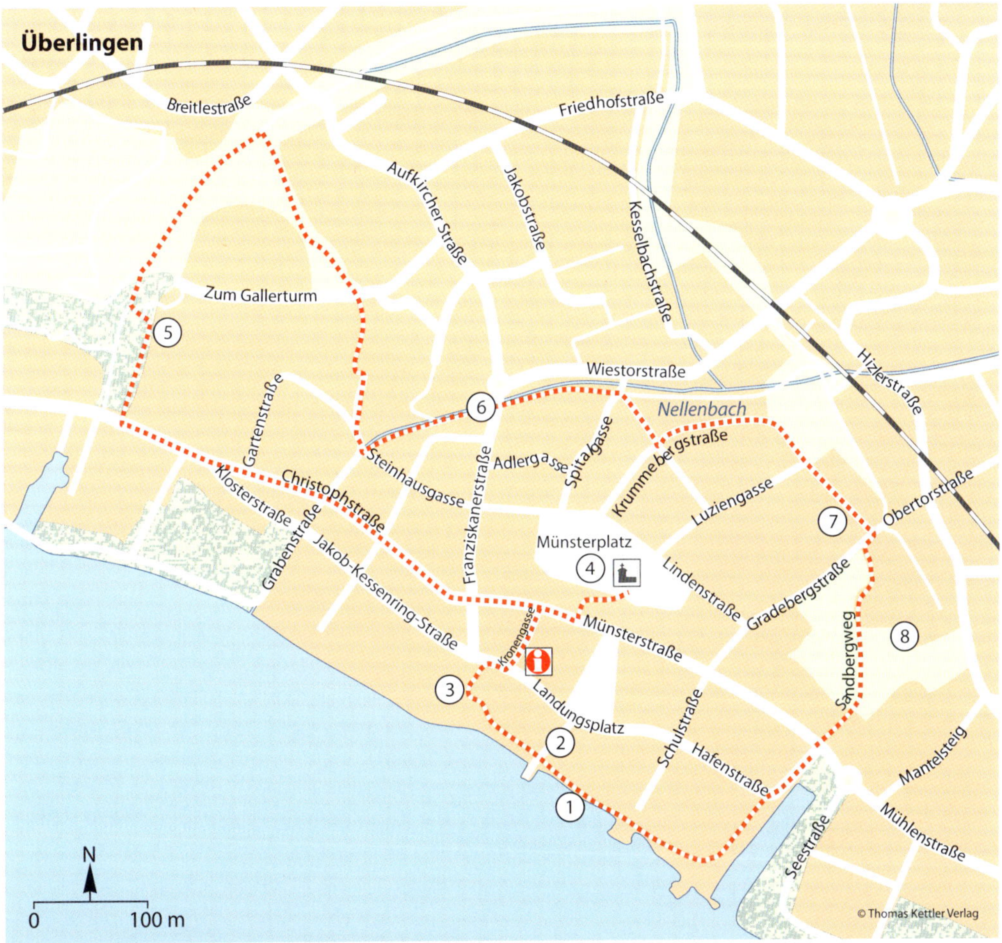

Unser Stadtrundgang beginnt am ***Mantelhafen (1)***, direkt am Ufer des „Schwäbischen Meers". Der tiefe, schlauchartige Schutzhafen in unmittelbarer Nähe zur Altstadt, war früher Teil der alten Befestigungsanlage. Heute liegen hier viele Segel- und Ausflugsboote vertäut. Anfangs geht es an der Seepromenade mit dem mediterranen Flair entlang. Sie gilt unter Besuchern als die schönste am Bodensee. Die palmengeschmückten Außenbereiche der Cafés und Restaurants begleiten uns zum Landungsplatz. Das letzte Haus an der Promenade, ist das im 15. Jahrhundert erbaute ***Handels- und Kornhaus Greth (2)*** mit barocken und klassizistischen Wesenszügen, heute Markthalle, Restaurant und Kino. Gegenüber sehen wir den ***Bodenseereiter-Brunnen*** von Peter Lenk ***(3)***, der augenzwinkernd auf die Aussagen des Schriftstellers Martin Walser zur jüngeren deutschen Geschichte anspielt. Jenseits der Straße befindet sich die Touristeninformation. Links daneben bringt uns die Kronengasse zur Münsterstraße, von der aus die Treppen zum Überlinger Münster hinaufführen. Davor steht die kleine Ölbergkapelle, die wie ein halboffener Pavillon gestaltet ist. Im 15. Jahrhundert errichtet, steht in ihrer Mitte eine große, in Stein gehauene Christusfigur.

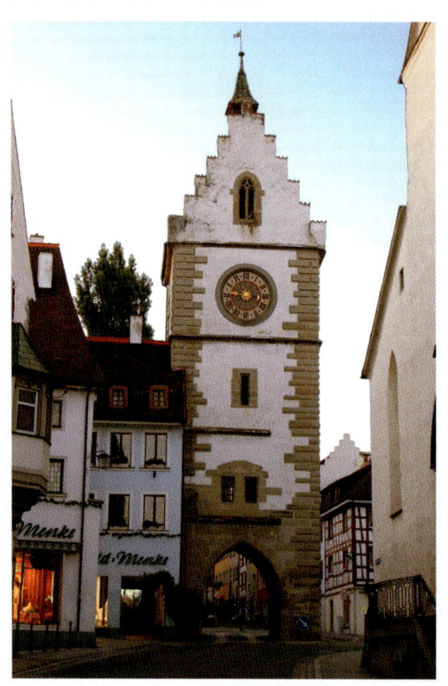

Überlingen wartet mit einer ganzen Reihe kultureller Highlights auf.

Das ***Münster St. Nikolaus (4)*** selbst, wurde als fünfschiffige Basilika 1576 fertiggestellt und beeindruckt durch seine Ausmaße. Der größte spätgotische Bau am Bodensee birgt im Inneren einen Hochaltar aus Lindenholz aus den Anfängen des 16. Jahrhunderts. Vom Überlinger Holzschnitzer Jörg Zürn geschaffen, ist es das überregional bedeutsamste Kunstwerk des Münsters. In den Seitenkapellen befinden sich 13 weitere sehenswerte Altäre, zwischen dem 15. und 19. Jahrhundert entstanden.

Nun begeben wir uns zurück auf die Münsterstraße und folgen ihr nach rechts. Sie geht in die Christophstraße über der wir weiter folgen, bis sich rechts eine Parkanlage auftut. Hier gehen wir rechts zum ***Gallerturm (5)*** der um 1500 erbaut wurde und als Teil der Stadtmauer einer von vier erhaltenen der ehemals 15 Wehrtürmen ist. Er bietet eine herrliche Aussicht über Stadt und See. Unterhalb des Turms beginnt ein in den Sandstein geschlagenes System des einstigen Stadtgrabens, das fast wie eine natürliche Schlucht wirkt, da die Mauern teils von Kletterpflanzen bewachsen sind und heute zu romantischen Spaziergängen einlädt. Nach 200 Metern führt der Weg nach rechts durch einen Mauerdurchlass und bringt uns schnell zur Stadt zurück. Auf der Gartenstraße gehen wir ein Weilchen, ehe wir an der Kreuzung zur Grabenstraße links abbiegen. Sie führt uns geradewegs zu dem 1494 im gotischen Stil erbauten ***Franziskanertor (6)***, eines von einstmals elf Stadttoren. Schräg gegenüber folgen wir der Wiestorstraße Richtung Osten und biegen nach hundert Metern am Weinhaus Renker rechts ab. Gleich geht es links in die Krummebergstraße und in einem weiten Bogen gelangen wir rechts zum Patrizierpalast ***Reichlin-von-Meldegg-Haus (7)***. Es ist das älteste Renaissancegebäude Deutschlands und beherbergt heute das Städtische Museum. Am Ende der Krummebergstraße überqueren wir die Gradebergstraße und gelangen schräg gegenüber in den Sandbergweg, der am *St. Johann-Turm (8)* vorbeiführt. Der 1523 errichtetet Rundturm ist fast 40 Meter hoch und war einst mit Artilleriegeschützen bestückt. Wir folgen dem Sandbergweg weiter zum Mantelhafen und beenden hier unseren kleinen Stadtrundgang.

Museen: Städtisches Museum Überlingen (Di-Sa 9-12.30 & 14-17 + Apr-Okt So 10-15)

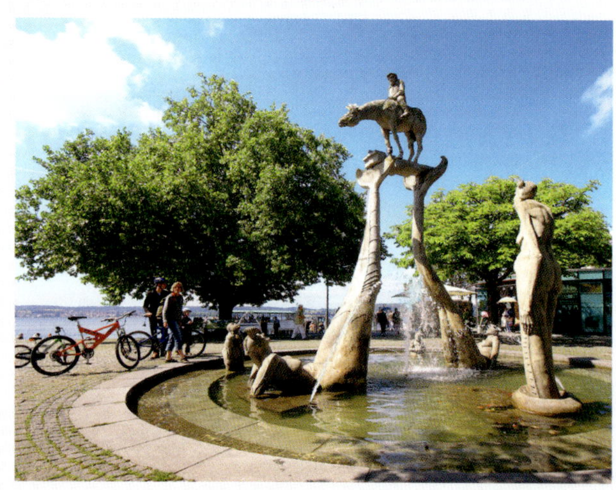

Zankapfel und Kunstwerk, der Brunnen von Überlingen.

Überlinger Bucht

Naturparadies „Überlinger Finger“

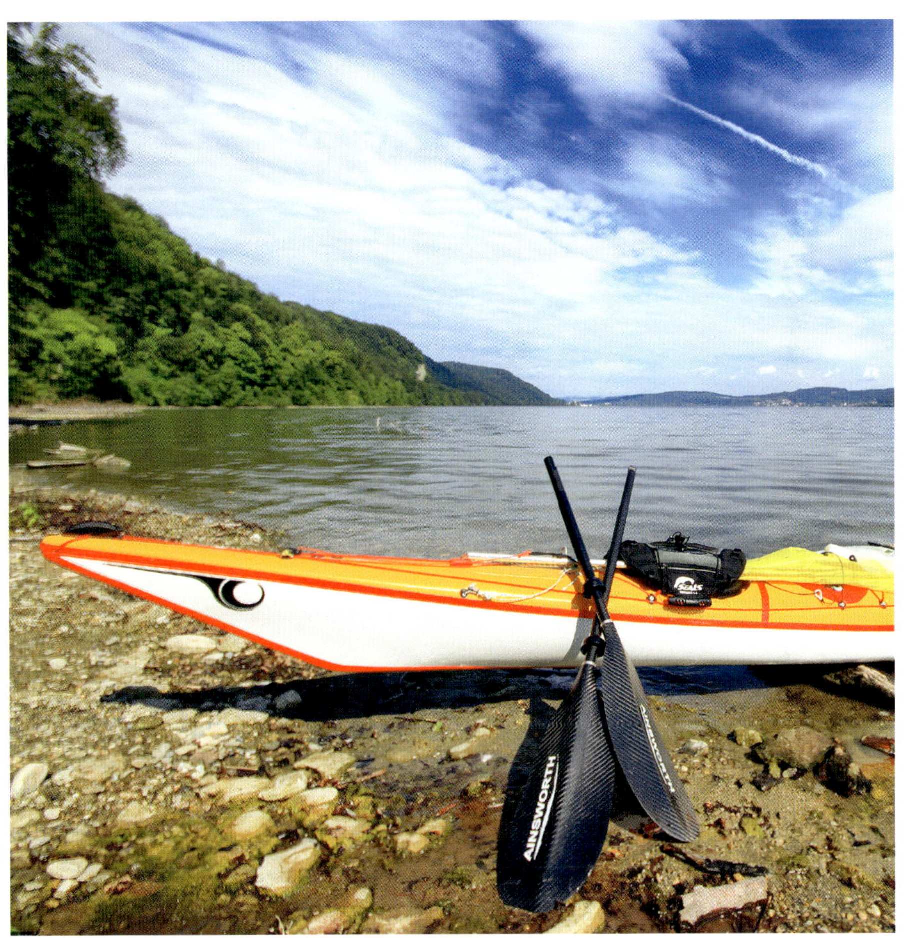

Tour

Infos Überlinger Bucht

Schwierigkeit	Natur	Kultur
★★☆☆	★★★★	★★☆☆

Charakter der Tour

Eine Rundtour in der Rundtour. Von Überlingen aus erkunden wir den schönen Überlinger See. Dichter Wald und Felsformationen prägen die Ufer. Durch die hügelige Umgebung fühlt man sich manchmal in einen Fjord versetzt.

Besonderheiten

Diverse Hafenanlagen auf dem Weg sorgen punktuell für erhöhtes Verkehrsaufkommen auf dem Wasser. Das Wasser- und Naturschutzgebiet am Seeende nicht befahren. Bei der Querung zurück nach Überlingen ist auf gutes Wetter zu achten.

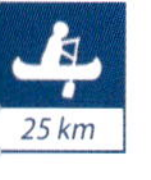

Sehenswürdigkeiten

Überlingen: Stadtrundgang Seite 85. **Sipplingen:** *Ruine Burg Hohenfels* (12. Jh.), *Pfarrkirche St. Martin, 1.000-jährige Linde, Fachwerkbau Bruderschaftshaus Sipplingen* (16. Jh.), *Kunstgalerie* im ehemaligen Bahnhof. **Bodman:** *Ruine Altbodman* (13. Jh.), *Kloster Frauenberg* (14. Jh.), *Schloss* (19. Jh.), *Pfarrkirche St. Peter & Paul* (15. Jh.), *Torkel* (ehemalige Weinpresse mit Fachwerkbau aus dem 18. Jh.), *Seetor* (altes Torhaus), *Hafenanlagen*, *Stadtpark* mit Mammutbäumen, *Echotal* (Tour 21).
Langenrain: *Kirche St. Josef, Barockschloss* (17. Jh.), *Bisongehege „Bodenwald"*, *Ruine Kargegg* (14. Jh.), *Marienschlucht.*

Sonstige Aktivitäten

Wandern: Tour 21 bis 23. *Ruine Kargegg* (14. Jh.) und *Marienschlucht* (siehe Seite 94).
Schifffahrt auf dem Bodensee, www.bsb-online.com.
Sonstiges: *Besuch des Affenbergs Salem* (Deutschlands größtes Freigehege für Affen).

Anreise:
Vom Autobahnkreuz Hegau bei Singen geht es auf die A 98 in Richtung Nordosten, nach 13 Kilometern rechts bei der Ausfahrt Nr.13 / Sipplingen / Ludwigshafen abbiegen, auf der B31 rechts weiterfahren bis Brünnensbach dort rechts auf die 195 nach Überlingen und ihr weiter durch den Ort folgen, bis rechts der Strandweg kommt. Nach 300 Metern befindet sich rechts der Paddelclub Überlingen.

Einsetzen:
Paddelclub Überlingen, Strandweg 20, 88662 Überlingen

Länge der Tour:
25 km, Paddelzeit 6 h

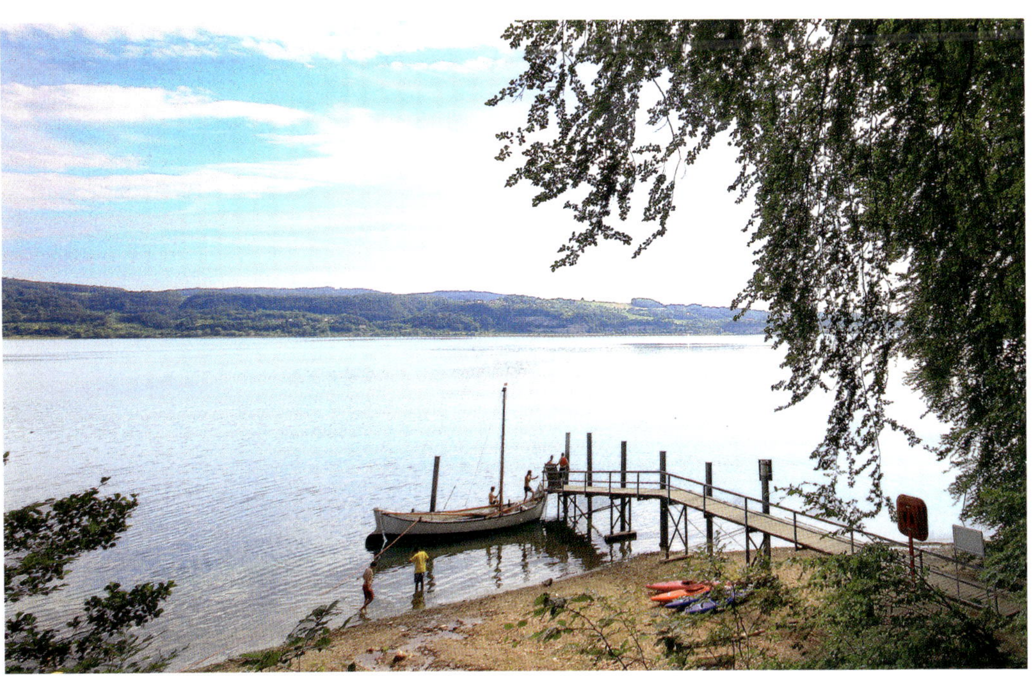

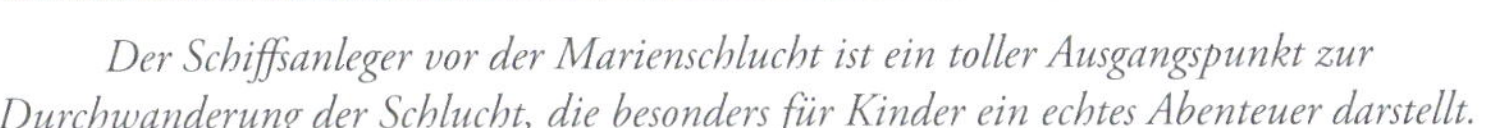
Der Schiffsanleger vor der Marienschlucht ist ein toller Ausgangspunkt zur Durchwanderung der Schlucht, die besonders für Kinder ein echtes Abenteuer darstellt.

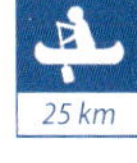

Zurück zum Pkw:

Sollte eine Querung von Wallhausen nach Überlingen nicht möglich sein, so kann man den Schiffspendelverkehr nutzen, der zwischen beiden Orten verkehrt.

Kartenmaterial:

Bodensee-Navigationskarten Set: ***Karte I: Überlinger See, Untersee und Karte II: Obersee.***
Kompass Wander- und Radkarte: ***Bodensee Ost,*** 1:50.000.

Übernachtung:

Überlingen: *Paddelclub Überlingen,* Strandweg 20, Tel. (07551) 683 34, www.paddelclub-ueberlingen.de; *Campingpark Überlingen,* Bahnhofstr. 57, Tel. (07551) 645 83, *Hotel Seegarten,* Seepromenade 7, Tel. (07551) 91 88 90, www.seegarten-ueberlingen.com; *Martin-Buber-Jugendherberge,* Alte Nussdorfer Str. 26, Tel. (07551) 42 04, www.ueberlingen.jugendherberge-bw.de **Sipplingen:** *Hotel Krone am See,* Seestr. 54, Tel. (07551) 632 11, www.krone-am-see.de **Ludwigshafen:** *Hotel Zum Hafen,* Parkstr. 1, Tel. (07773) 52 07, www.zum-hafen.de; *Campingplatz Bodman-Ludwigshafen,* Tel. (07773) 93 75 18. **Bodman:** *Café Seerose Hotel Garni,* Seestr. 12, Tel. (07773) 51 79, www.seerose-bodman.de; *Fischerhaus,* Am Torkel 9, Tel. (07773) 93 00 40, www.hotel-fischerhaus.de
Dingelsdorf: *Pension Seeschau,* Zur Schiffslände 11, Tel. (07533) 51 90, www.gasthaus-seeschau.de; *Camping Klausenhorn,* Hornwiesenstr. 40/42, Tel. (07533) 63 72, www.camping-klausenhorn.de

Auskunft:

Kur und Touristik Überlingen, Landungsplatz 5, Tel. (07551) 947 15 22, www.ueberlingen.de
Tourist-Info Sipplingen, Seestr. 3, Tel. (07551) 949 93 70, www.sipplingen.de
Tourist-Info Bodman-Ludwigshafen, Hafenstr. 5, Tel. (07773) 93 00 40, www.die-ersten-am-see.de

Naturparadies „Überlinger Finger“

Ein Plausch mit heimischen Kanuwanderern eröffnet mir am Morgen Einblick in die aktuelle Wetterentwicklung. Wie die dunklen Wolken und die schwüle Luft mich schon vermuten ließen, soll es am Nachmittag wohl regnen. Ob auch ein ausgewachsenes Gewitter hereinbricht, bleibt ungewiss. Es ist ganz typisch für das Wettergeschehen am Bodensee, dass sich am Ende eines warmen Tages Gewitterzellen aufbauen, meist aus Nordwesten kommend und über dem See entladen. Nicht immer kommen sie mit Blitz und Donner, aber meist mit reichlich Wind im Gepäck. Da dieser oft abrupt auf absolutes Glattwasserpaddeln folgt, machen seine plötzlichen Wetterumschwünge und Fallwinde den See gefährlich für den Paddelanfänger. Deswegen wurde ein Warnsystem (siehe Seite 19) eingerichtet.

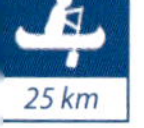

Grund genug einmal einen Ruhetag einzulegen, der hübschen Stadt Überlingen einen Besuch (Stadtrundgang Seite 85) abzustatten und erst am nächsten Tag meine Rundtour um den „Überlinger Finger“ zu starten.
Er gilt wohl zu Recht als einer der schönsten Ecken des Bodensees. Je weiter ich mich in Richtung Nordwesten bewege, desto hügeliger und grüner werden die Ufer. Ich schaue auf dichte Waldkuppen, Dörfer die sich an Abhänge schmiegen, Streuobstwiesen und verstreute Flecken mit Weinreben mittendrin. Rechter Hand reckt sich der massige Bergstock des Sipplinger Berges mit seinen lehmig braunen Sandsteinformationen über den Rand des Sees. Hier findet sich auch der Einstieg in den Hödinger Tobel, eine tief eingeschnittene Schlucht mit einem in den Fels

Karte Überlinger Bucht

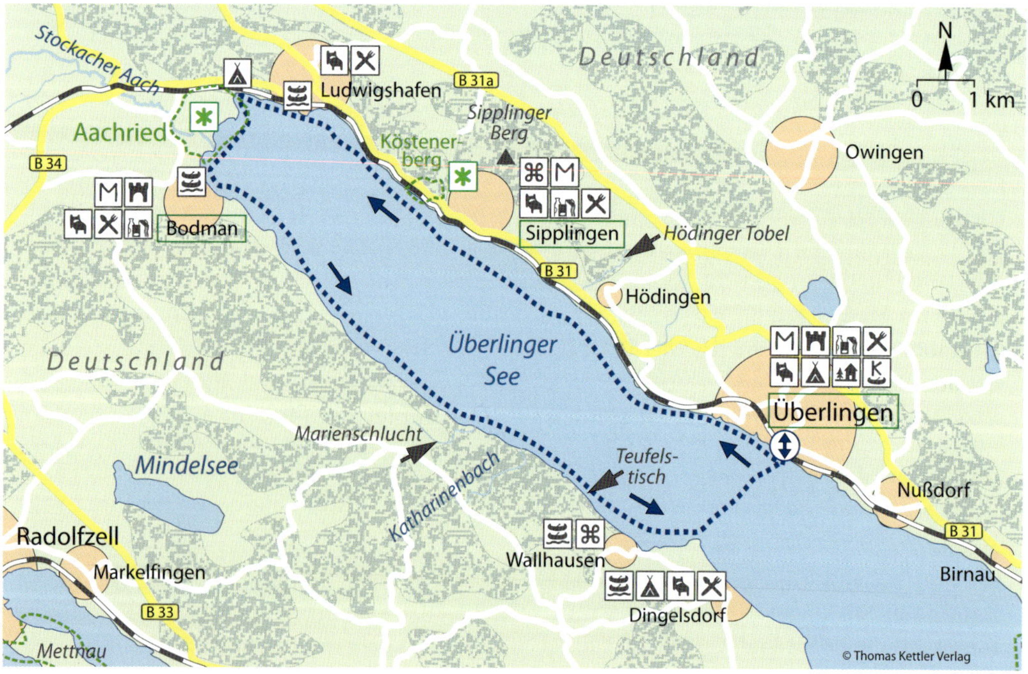

Entstehung des Bodensees

Es ist schwer, in geologischen Zeiträumen zu denken, erstrecken sie sich doch über Millionen von Jahren. Man muss aber diese Zeiträume betrachten, wenn man der Entstehung des Sees auf den Grund gehen will.

Die Geburtsstunde der Landschaft war die Kollision der Kontinente Afrika und Europa. Durch den riesigen Druck der Landmassen wurden die Alpen aufgeschoben. Auf der Nordseite der Bergkette entstand dadurch auch ein sogenannter Vorlandtrog, der von den Flüssen der Alpen mit Wasser und Schuttmassen aus Molasse aufgefüllt wurde. Durch eine Hebung des Voralpenlandes wurde dann die Molasse-Fracht der Flüsse weitgehend gestoppt. Jetzt kommen die Eiszeiten ins Spiel, die mit ihrer gewaltigen Kraft Täler ausschabten und Ablagerungen beim Abschmelzen zurückließen. Während dieser sich ständig verändernden Entstehungsgeschichte gab es Perioden, in denen der See über die Urdonau in Richtung Schwarzes Meer entwässert wurde. Es gab auch Perioden, in denen der See aufgrund der von Gletschern aufgeworfenen Stauwälle aus Schutt mehr als das Doppelte seiner heutigen Fläche aufwies. Direkt nach dem Abschmelzen der Gletscher nach der letzten Eiszeit, war der Wasserstand im See aufgrund eines solchen Moränenschuttwalles der wie ein Staudamm wirkte, noch fast 20 Meter höher als heute. Später wurde dieser Wall aufgeweicht und fortgespült, so dass sich der Pegel auf etwa 396 Meter eingependelt hat. Auch weiterhin schreiten die natürlichen Verlandungsprozesse fort. Der Mensch versucht mittels Regulierung des Rheines dagegen anzuarbeiten. In geologischen Zeiträumen betrachtet, wird sich der Mensch aber nicht gegen weitere Veränderungen stemmen können.

Quelle: www.igkb.de/html/geschichte/content_05.html

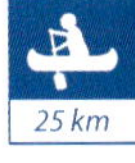

gehauenen spannenden Weg. Durch Bojen gekennzeichnet ist ein Trinkwasserschutzgebiet, das man umfahren sollte. Nachdem es im Jahre 2005 hier einen Giftanschlag auf die Trinkwasserversorgung gab, wird das Einzugsgebiet streng mit Kameras überwacht.

Nach einigen Paddelschlägen komme ich zum kleinen Dorf Sipplingen, das sich mit seinen historischen Fachwerkhäusern an einen Höhenrücken presst. Es ist wegen seines waldreichen Hinterlandes und der Steiluferlandschaft bei Aktivurlaubern besonders beliebt. Lohnend ist der gut fünf Kilometer lange geologische Lehrpfad, der im Norden Sipplingens beginnt. Auf Informationstafeln erfährt der Wanderer eine Menge über die Entstehungsgeschichte der Region und die Tiere der Urzeit, die am Bodensee zu Hause waren. Bis zu 100 Meter hohe Felswände aus Sandstein prägen die Ufer, vor denen damals Haifische und Krokodile anzutreffen waren. Die gut erhaltenen Sedimentsschichten erwiesen sich als hervorragende archäologische Fundstellen. Reste von etwa 20 steinzeitlichen Pfahlbausiedlungen wurden hier gefunden und sogar ein prähistorischer Schuh kam auf einem der Tauchgänge in den Flachwasserzonen ans Tageslicht. Die gut erhaltene Sandale, aus Lindenbast geflochten, wird auf 2900 v. Chr. datiert!

Der Gipfel des Sipplinger Berges ist nicht zugänglich, denn von den dortigen Wasseraufbereitungsanlagen und Pumpwerken aus, werden rund 7.800 Liter Wasser pro Sekunde aus dem 300 Meter tiefer gelegenen Bodensee gepumpt. Mehr als vier Millionen Menschen, sogar bis nach Stuttgart, werden von hier mit Trinkwasser versorgt. Führungen Di und Mi:

Zweckverband Bodensee-Wasserversorgung Tel. (07551) 949 93 70.

Am großen Yachthafen endet die Bebauung und ich paddle unterhalb des Naturschutzgebietes Köstenerberg an der viel befahrenen Uferstraße entlang. Bald erreiche ich den Gemeindeteil Ludwigshafen der Gesamtgemeinde Bodman-Ludwigshafen. Im Jahre 1145 noch unter seinem alten Namen Sernatingen erstmals in alten Schriften erwähnt, taufte dann im 19. Jahrhundert Großherzog Ludwig den Hafen des Ortes auf den Namen Ludwigshafen. Wenig später wurde auf Wunsch der Bewohner dieser Name auch für den ganzen Ort übernommen.

Hinter dem ersten Yachthafen öffnet sich eine kleine Bucht, die im Stadtpark liegt und sich gut zum Pausieren und Erkunden des Ortes eignet. Wenige Schritte sind es zum ehemaligen großherzoglich-badischen Hauptzollamt von 1830 das früher Lagerhalle und Umschlagplatz für Waren war. Heute befinden sich dort das Rathaus sowie das Gästezentrum. An seiner Fassade karikiert das Relief „Ludwigs Erbe“ des in Bodman ansässigen Künstlers Peter Lenk ganz aktuell Persönlichkeiten aus Politik und Wirtschaft. Ein Blick in die Pfarrkirche St. Otmar lohnt sich schon wegen des wertvollen Hochaltars aus dem 18. Jahrhundert. Wer sich hier ein wenig die Füße vertreten will, dem sein ein halbstündiger Spaziergang auf schmalen, gewundenen Waldpfaden in den

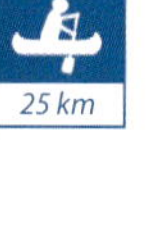

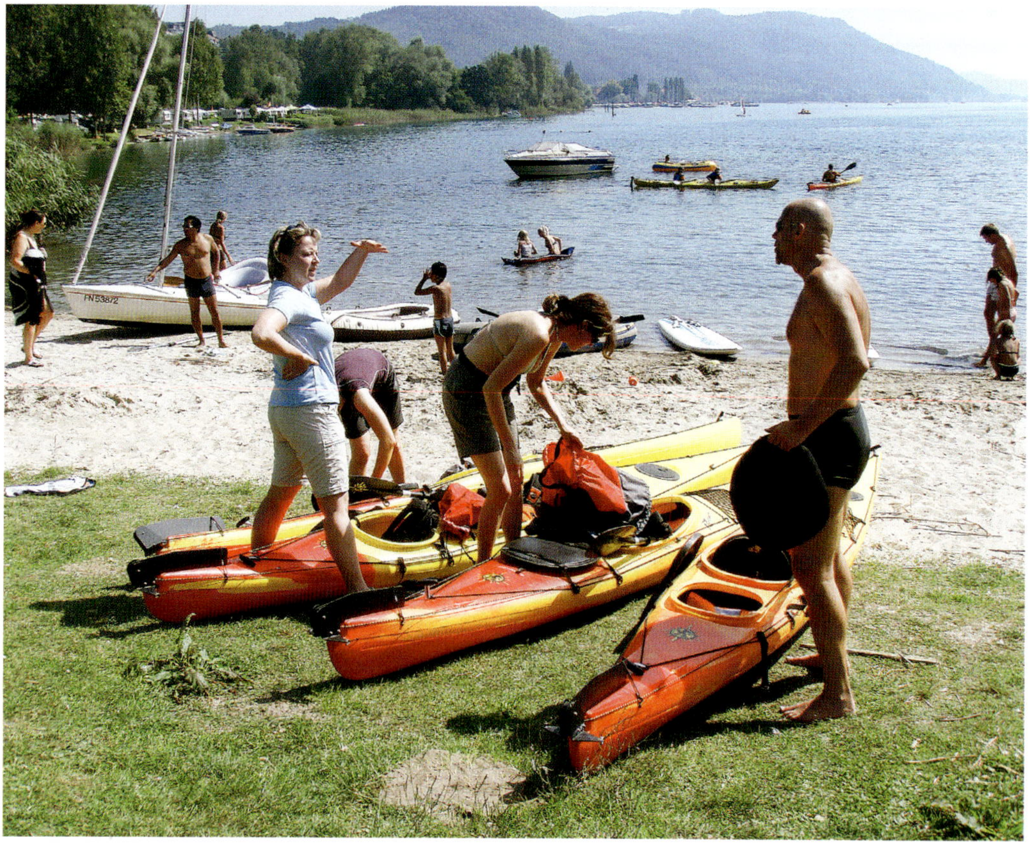

Zeltwiese mit direktem Seezugang und kinderfreundliches, flaches Ufer – das ist der Campingplatz Schachenhorn in Bodman-Ludwigshafen.

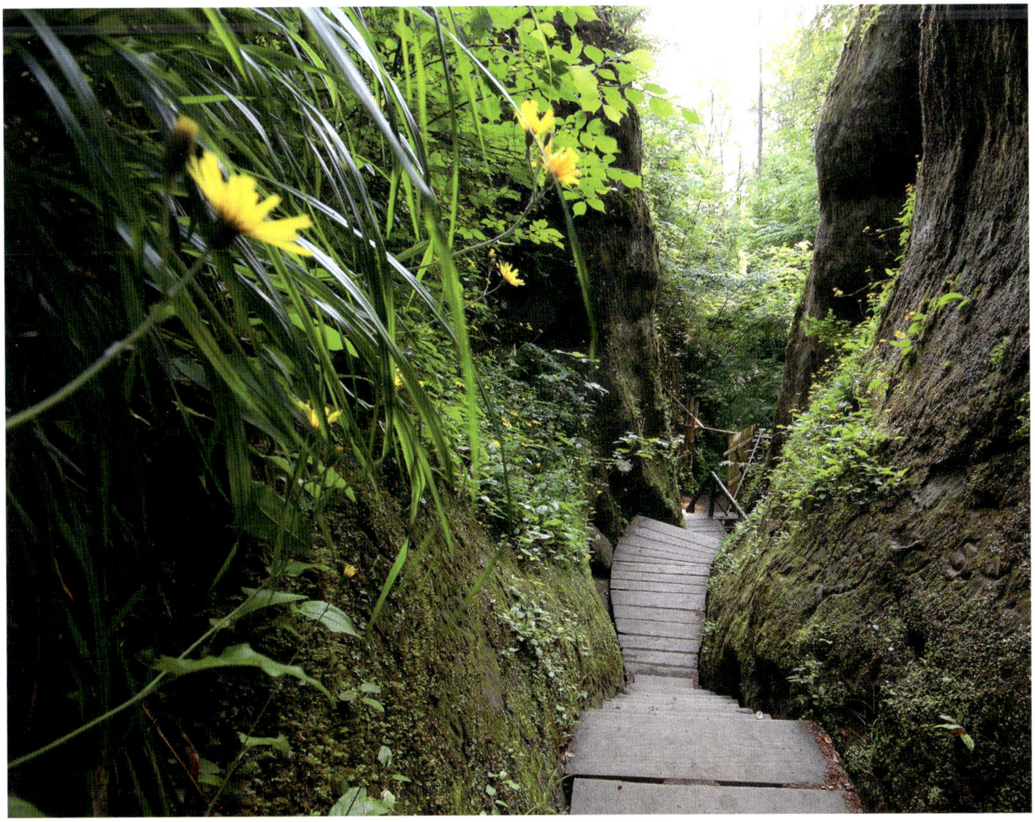

Dunkel und feucht ist die rund 100 Meter tief ins Molassegestein eingeschnittene und teils nur einen Meter breite Marienschlucht.

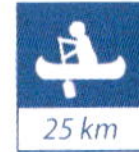

Gießbachtobel empfohlen. Den Einstieg zu der kleinen Schlucht im Wald findet man im Osten des Ortes.

In der nordwestlichsten Ecke des Sees komme ich zum schön gelegenen Campingplatz Bodman-Ludwigshafen, der einlädt, hier die Nacht zu verbringen. Der Naturcampingplatz mit dem kleinen Sandstrand liegt in unmittelbarer Nähe zum Naturschutzgebiet Aachried, das auf über 130 Hektar Schutz für brütende und rastende Vögel bietet. Zu ihnen zählen beispielsweise Eisvögel, Zwergtaucher, Nachtigall und Teichrohrsänger. Auf Streifzügen entlang der angrenzenden Streuwiesen kann man gefährdete Pflanzenarten, unter anderem die Sibirische Schwertlilie, bewundern.

Der kleine beschauliche Ortsteil Bodman mit seiner spektakulären Burgruine Altbodman, die sich auf einem Berg über der Siedlung erhebt und einen Besuch lohnt (Wanderung Tour 15), war einst Teil der karolingischen Königspfalz Bodma. Aus dem Namen leitet sich auch die Bezeichnung des gesamten Sees ab. Aus Bodma wurde „Bodemse", und in der Folge entstand im alltäglichen Sprachgebrauch später das Wort Bodensee. Wahrzeichen des Ortes ist Schloss Bodman, das vom Grafen Bodman bewohnt wird und daher nicht zugänglich ist. Lohnenswert ist auf jeden Fall der romantische Schlosspark. Auch die Pfarrkirche St. Peter und Paul, das älteste Gebäude Bodmans, ist sehenswert wegen seiner Holztafelgemälde aus dem 16. Jahrhundert und der Gruftkapelle der Ritter

von Bodman. Der Schlosstorkel, ein imposantes Fachwerkgebäude von 1772, zeugt von der einstigen Weinbautätigkeit.
Hinter dem Ort wende ich mich wieder nach Südosten. Dichter, naturbelassener Buchenmischwald prägt von nun an das Landschaftsbild von den Ufern bis hinauf in die Höhen des Bodanrücks, dessen höchster Punkt immerhin an der 700-Meter-Marke kratzt. An manchen Stellen fallen die Steilflanken fast 200 Meter tief senkrecht zum See ab. Hier haben Bäche tiefe Schluchten ins weiche Gestein gewaschen. Bekannt sind vor allen Dingen das Echotal bei Bodman (Wanderung Tour 21), die Katharinenschlucht mit ihren Wasserfällen und die berühmte Marienschlucht.

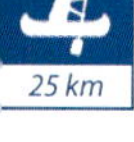

Ein ganz anderes Highlight verbirgt sich unter der Wasseroberfläche, wo eine steil abfallende Kante abrupt in den Tiefen des Bodensees verschwindet. Die Felsformation gipfelt im Teufelstisch, eine 90 Meter lange Felsnadel, auf dessen Spitze das Seezeichen mit der Nummer 22 steht. In Zeiten niedriger Wasserstände kann die Spitze der Formation aus dem Wasser ragen. Aufgrund vieler Taucherunglücke existiert seit 1979 ein Tauchverbot rund um den Teufelstisch.
Mein Blick schweift über die Waldhänge bis ich die Marienschlucht erreiche. Ein Segelkutter liegt schon vertäut am Steg. Er gehört zu einer Jugendgruppe, die auf einer Wiese im Buchenwald übernachtet hat. Gleich nebenan führt der linke schmale Pfad hinein in die Schlucht. Sprudelndes Bachwasser hat über Jahrtausende eine Klamm in den weichen Sandstein gefressen. Hohe Felswände ragen links und rechts empor. Holztreppen machen die enge Klamm für jedermann begehbar. Das zwischen bemoosten Felsen flüsternde Bächlein zwängt sich durch Rinnen und über Stufen, ehe es sich in den Bodensee ergießt. Wer dem Weg weiter folgt, kommt zur Burgruine Kargegg, die wohl im 14. Jahrhundert durch die Herren von Dettingen erbaut wurde. Von der ehemaligen Wehranlage ist heute nur ein Teil der Wehrmauer des einstigen Wohnturmes übriggeblieben, denn im 15. Jahrhundert wurde die Burg durch Aufständische zerstört. Heute strahlt die idyllisch auf einer Waldlichtung gelegene Ruine etwas Urtümliches aus.
Wieder zurück am Wasser genieße ich ein Bad im See, ehe es weiter geht in Richtung Wallhausen. Viel zu schnell für meinen Geschmack wird das natürliche Ufer wieder von Siedlungen zurückgedrängt. Wer die Etappe jetzt beenden möchte, hat die Möglichkeit zurück hinüber nach Überlingen zu queren um dort eine weitere Nacht zu verbringen. Alternativ gibt es auf den nächsten Kilometern zwei schöne Campingplätze. So bietet sich die Chance, die nahe Blumeninsel Mainau zu Fuß zu erkunden (Siehe Seite 100).

Überlingen - Konstanz

Vorbei an der Blumeninsel Mainau

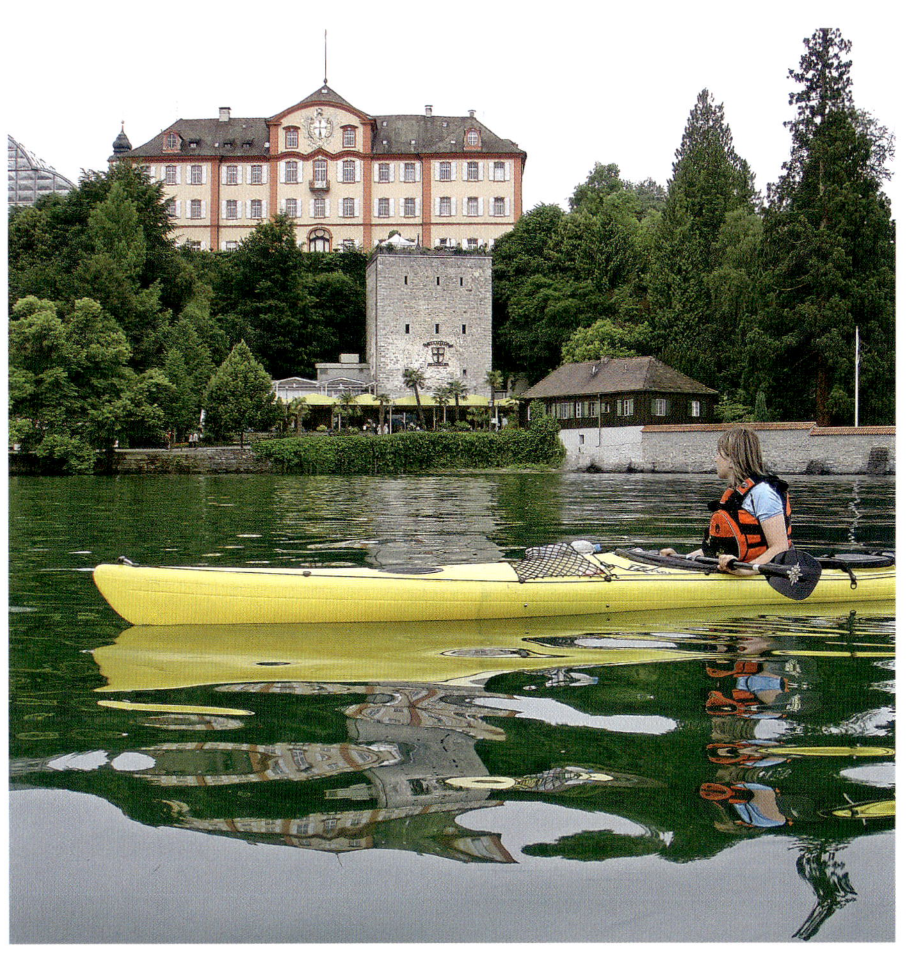

Tour 8

Infos Überlingen - Konstanz

Schwierigkeit	Natur	Kultur
★★☆☆	★★☆☆	★★★☆

Charakter der Tour

Diese relativ kurze Etappe führt von Überlingen aus dem Überlinger See hinaus zurück nach Konstanz. Höhepunkt der Tour ist ein Besuch der Insel Mainau.

Besonderheiten

Am Seerhein und vor Hafenanlagen ist punktuell mit erhöhtem Schiffsaufkommen zu rechnen. Leichte Strömung im Seerhein. Anlanden an der Insel Mainau unterhalb der Landungsstege der Schifffahrtsgesellschaften. Eine landseitige Umfahrung der Insel ist aus Naturschutzgründen untersagt.

Sehenswürdigkeiten

Überlingen: Stadtrundgang Seite 85. **Konstanz:** Stadtrundgang Seite 42. ***Museen Konstanz:** Bodensee-Naturmuseum,* Entstehung des Bodensees + Lebensräume, *Städtische Wessenberg Galerie, Hans Breinlinger Museum, Hus-Museum, Südkurier-Zeitungsmuseum.* **Mainau:** Siehe Seite 100. **Kreuzlingen:** *Schloss Ebersberg* (16. Jh.), *Schloss Brunegg* (13. Jh.), *Schloss Girsberg* (15. Jh.), *Schloss Seeburg* (16. Jh.), *Schloss Bernegg* (13. Jh.), *Schlösschen Irsee* (17. Jh.), *Felsenburg und Felsenschlössli* (18. Jh.), *Schloss Rosenegg* (17. Jh.), *See-Burgtheater, Seemuseum Kreuzlingen* (Jul, Aug, Sep, Di-So 11-17, Apr, Mai, Jun, Okt, Mi+Sa 14-17), *Museum Rosenegg* (So, Fr 14-17, Mi 17-19), *Napoleonmuseum Schloss Arenenberg* (Di-So 10-17), *Galerie am Schloss, Planetarium und Sternwarte Kreuzlingen.* **Wallhausen:** *St. Leonhardskapelle* (1714).

Sonstige Aktivitäten

Wandern: Tour 21 bis 23. *Ruine Kargegg* (14. Jh.) & *Marienschlucht* (siehe Seite 94). **Schifffahrt** auf dem Bodensee, www.bsb-online.com. **Sonstiges:** *Besuch des Aquariums „Sea Life Center Konstanz“* (tgl. 10-18), www.visitsealife.com/konstanz. *Bodensee-Therme Konstanz* (tgl. 9-22) www.bodensee-therme-konstanz.de

Anreise:

Vom Autobahnkreuz Hegau bei Singen geht es auf die A 98 in Richtung Nordosten, nach 13 Kilometern rechts bei der Ausfahrt Nr. 13 / Sipplingen / Ludwigshafen abbiegen, auf der B31 rechts weiterfahren bis Brünnensbach dort rechts auf die 195 nach Überlingen und ihr weiter durch den Ort folgen, bis rechts der Strandweg kommt. Nach 300 Metern befindet sich rechts der Paddelclub Überlingen.

Einsetzen:

Paddelclub Überlingen, Strandweg 20, 88662 Überlingen

Länge der Tour:
18 km, Paddelzeit 4,5 h

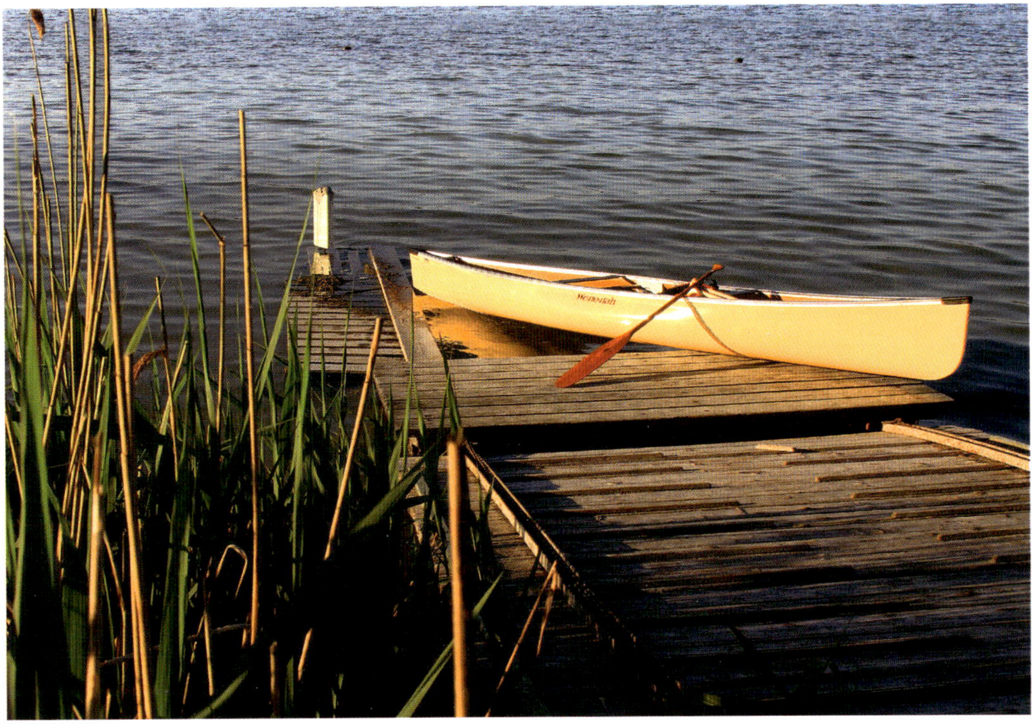

Auch Kanadier machen sich bei idealen Wetterbedingungen gut auf dem Bodensee.

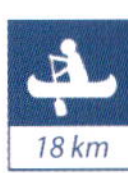

Zurück zum Pkw:

Die Bahn von Konstanz nach Überlingen fährt halbstündlich.

Kartenmaterial:

Bodensee-Navigationskarten Set: ***Karte I: Überlinger See, Untersee und Karte II: Obersee.***
Kompass Wander- und Radkarte: ***Bodensee Ost,*** **1:50.000.**

Übernachtung:

Überlingen: *Paddelclub Überlingen,* Strandweg 20, Tel. (07551) 683 34, www.paddelclub-ueberlingen.de; *Campingpark Überlingen,* Bahnhofstr. 57, Tel. (07551) 645 83, *Hotel Seegarten,* Seepromenade 7, Tel. (07551) 91 88 90, www.seegarten-ueberlingen.com; *Martin-Buber-Jugendherberge,* Alte Nussdorfer Str. 26, Tel. (07551) 42 04, www.ueberlingen.jugendherberge-bw.de
Dingelsdorf: *Pension Seeschau,* Zur Schiffslände 11, Tel. (07533) 51 90, *Camping Klausenhorn,* Hornwiesenstr. 40/42, Tel. (07533) 63 72.
Konstanz: *Kanu Club Konstanz e. V.,* Winterersteig 15-17, Tel. (0152) 54 30 30 57, www.kc-konstanz.de; *Jugendherberge Otto-Moericke-Turm,* Zur Allmannshöhe 16, Tel. (07531) 322 60, www.konstanz.jugendherberge-bw.de; *Campingplatz Bruderhofer Konstanz-"Staad",* Fohrenbühlweg 50, Tel. (07531) 313 88, www.campingplatz-konstanz.de; *DKV-Campingplatz Bodensee,* Fohrenbühlweg 45, Tel. (07531) 330 57, www.dkv-camping.de

Auskunft:

Kur und Touristik Überlingen, Landungsplatz 5, Tel. (07551) 947 15 22, www.ueberlingen.de
Tourist-Info Konstanz, Bahnhofplatz 43, Tel. (07531) 13 30 30, www.konstanz-tourismus.de

Vorbei an der Blumeninsel Mainau

Karte Überlingen - Konstanz

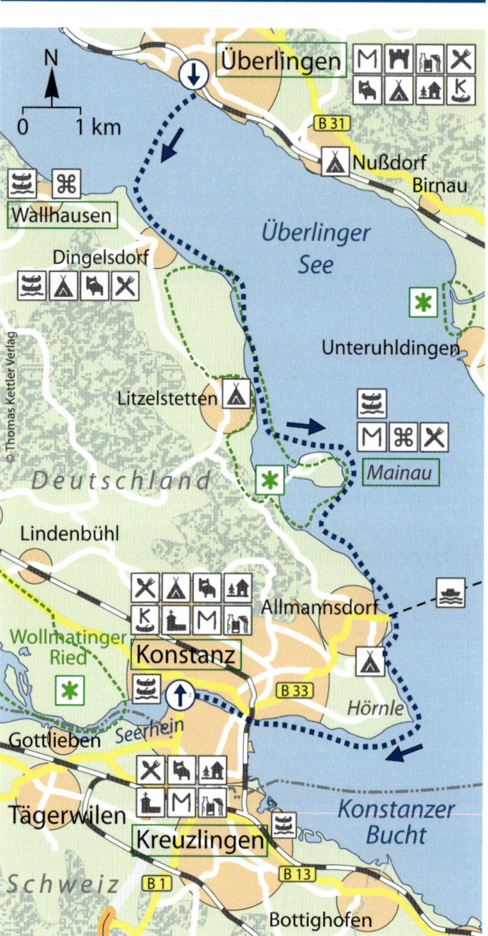

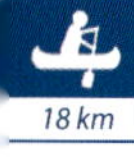

Von Überlingen aus quert man erneut hinüber auf die andere Seeseite in Richtung der Strände vor Wallhausen und Dingelsdorf. Die parkartig angelegte, 40.000 Quadratmeter große Liegewiese mit den Schatten spendenden Bäumen des Strandbads Wallhausen, lädt gleich wieder zum Pausieren ein. Der Ort findet im Jahre 1187 erstmals als „Villa Walarhusin" urkundlich Erwähnung, als Kaiser Friedrich I. Barbarossa mit der Fähre von Überlingen hinüber nach Wallhausen kam. Er stattete den Adligen von Tettingen in ihrer, über dem See gelegenen, Burg einen Besuch ab. Später entstand die im Dreißigjährigen Krieg zerstörte Neue Burg, von der jetzt nur noch Mauerreste zu finden sind. Am jetzigen Ort 1661 wieder aufgebaut, dient sie heute als Schenke und beliebter Wanderzielpunkt und ist von Wallhausen bequem zu erreichen. Sogar günstige und urgemütliche Zimmer sind, mit etwas Glück, auch für nur eine Nacht zu bekommen (Tel. (07533) 93 45 55).

Die über tausend Jahre alte Fischer- und Bauernsiedlung Dingelsdorf ist ein kleiner Ferienort. Mit den Bodanrückorten Dettingen-Wallhausen und Litzelstetten, direkt vor der Blumeninsel Mainau, finden Aktive in den nahen Mischwäldern oder in der Einsamkeit des unter Naturschutz stehenden Dingelsdorfer Rieds schöne Wandermöglichkeiten. Durch die Gegend verlaufen der europäische Fernwanderweg E 1, der Jakobsweg, der klassische Querweg Freiburg-Bodensee des Schwarzwaldvereins, sowie der Bodenseerundwanderweg.

Auf meinem Weg zur Blumeninsel Mainau gelange ich hinter dem Strandbad von Litzelstetten zum gleichnamigen Ort. Er weist mit dem Ortsgeistlichen Johann Martin Schleyer eine Berühmtheit auf. Dieser erfand 1879 die Weltsprache Volapük, die neben dem Solresol die zweite Verbreitung gefundene Plansprache überhaupt war. Schleyer versuchte aus den sechs Hauptkultursprachen Englisch, Französisch, Italienisch, Spanisch, Russisch und Deutsch eine Mischsprache zu konstruieren, die „Völkerdolmetsch" heißen sollte. Nach anfänglich großen Erfolgen, es bildeten sich nicht nur Volapük-Gesellschaften in Europa, sondern auch in Asien, Nord- und Südamerika, stellte sich die Sprache als zu schwierig heraus. Als erster trat der Nürnberger Volapük-Verein zum Esperanto über. Die Sprache kam schnell aus der Mode und heute gibt es nur noch wenige Menschen, die Volapük beherrschen.

Vom Wasser aus wirkt die Blumeninsel Mainau mit ihren Parkanlagen eher wie eine unscheinbare Waldinsel. Wer ihr einen Besuch abstatten möchte, legt mit dem Kanu unterhalb der Stegkonstruktion der Fahrgastschiffe an. Um die Bezahlung des Insel-Eintritts kommen auch Kanuten nicht herum, um späteren Ärger zu vermeiden, sollte man sich am besten gleich beim Hafenmeister melden. Eine Umfahrung der Mainau auf der Landseite ist aus Naturschutzgründen verboten. Schon vom Wasser aus bieten sich Einblicke in die Parkanlage mit ihren alten Mammutbäumen, Zedern, Eichen und Linden. Besonders beeindruckend ist der Blick auf das riesige dreiflügelige Barockschloss und seine Nebengebäude.

Am Fähranleger von Allmannsdorf, einem Stadtteil von Konstanz, herrscht geschäftiges Treiben. Mehrere Fähren fahren gleichzeitig ein und aus, hier ist wieder besondere Vorsicht geboten und ein günstiger Moment zum Passieren der Fähranlegers abzuwarten. Bojenmarkierungen kündigen später das große Strandbad an, dessen Naturstrand sich 600 Meter um das „Hörnle" herumzieht, wie die Spitze des Bodanrück auch genannt wird. Gleich hinter dem Freibad entdecke ich das Schloss Seeheim. Adolf von Scholz, damaliger Finanzminister, ließ es 1890 als Wohnsitz für sich und seine Familie erbauen. So entstand eine schlossartige Villa im Stil der Neorenaissance, deren schöne Bausubstanz sich in einem kleinen See spiegelt. Wer mag, kann feinste thailändische Speisen im Café-Restaurant „Schloss Seeheim" einnehmen. Gleich hinter dem Prunkbau stoße ich auf die Bodensee-Therme Konstanz. Sollte das Wetter einmal nicht mitspielen, besteht die Möglichkeit seiner Familie ein spritziges, den Nachmittag füllendes Programm zu bieten. Heftiger Gegenwind erwartet mich nach Umrundung des „Hörnle", und so bin ich froh, dass ich nur die relativ kurze Strecke von zwei Kilometern zurücklegen muss, um wieder unter Windschutz zu kommen.

Wie ein Trichter verengt sich nun die Bucht. Promenaden, die von Platanen-Alleen gesäumt sind, begleiten mich in die Stadt hinein. Eine leichte Strömung des den See durchfließenden Rheins zieht mich in Richtung Untersee. Kurz vor der dritten Brücke beende ich die Fahrt an dem am linken Ufer liegenden Gelände des Kanu Club Konstanz. Mit der Platzwartin vereinbare ich telefonisch einen Termin am Abend. Es bleibt also genügend Zeit für einen Bummel durch die Konstanzer Altstadt (Seite 42).

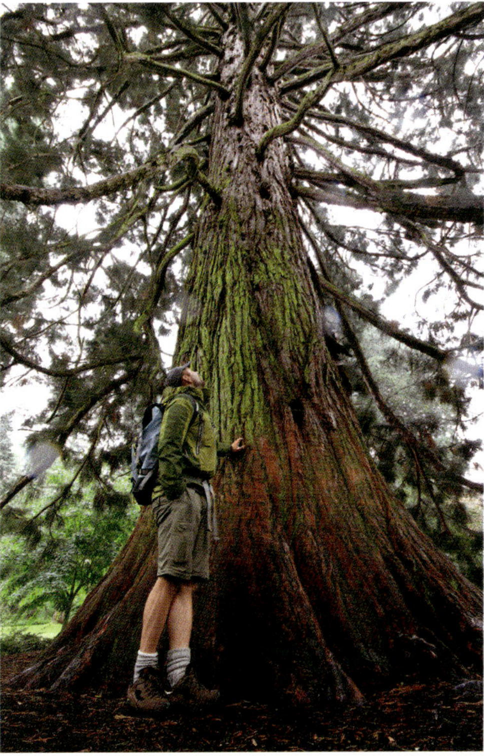

Auf gewaltige Mammutbäume trifft man auf der Insel Mainau.

Stippvisite auf der Blumeninsel Mainau

Ein Besuch der weltbekannten Blumeninsel Mainau gehört zu jedem ordentlichen Bodenseebesuch. Über den künstlichen Damm geht es, selbstverständlich ausgerüstet mit Fotoapparat, auf das 45 Hektar große Eiland, das alljährlich von mehr als einer Million Touristen aus aller Welt besucht wird. Fahrräder sind auf der Mainau tabu.

Schon in vorgeschichtlicher Zeit war die Insel besiedelt, wie archäologische Funde belegen. Später waren es verschiedene fürstliche Besitzer die die Insel in Beschlag nahmen, bevor sie dem Deutschorden vermacht wurde. Nicht zuletzt das milde Klima veranlasste Friedrich I. von Baden dazu, in der zweiten Hälfte des 19. Jahrhunderts exotische Pflanzen hierher zu importieren.
Gartenliebhaber werden auf der Insel voll auf ihre Kosten kommen. Üppig blühende Staudengärten laden zum Staunen ein, ebenso der prächtige italienische Rosengarten und die sich jährlich ändernden Themengärten. Besonders spektakulär ist der Frühling; ein wahres Meer verschiedenster Tulpensorten taucht dann die Insel in ein Farbenmeer. Der interessierte Besucher kann sicher die ein oder andere Idee für den eigenen Garten mit zu sich nach Hause nehmen.
Im Schmetterlingshaus, dem zweitgrößten Deutschlands, herrschen Temperaturen von bis zu 30°C und eine Luftfeuchtigkeit von 90 %. Eine ideale Umgebung für Vögel, Schildkröten und all die filigranen Falter, die auf den Blüten tropischer Pflanzen sitzen. Insgesamt etwa 80 verschiedene Arten von frei fliegenden tropischen Tagfaltern aus Afrika, Asien, Mittel- und Südamerika können bestaunt werden. Ein Drittel von ihnen vermehren sich direkt im Schmetterlingshaus an ihren jeweiligen Futterpflanzen und ermöglichen so einen Einblick in die Entwicklung vom Ei über Raupe und Puppe bis hin zum fertigen Falter.

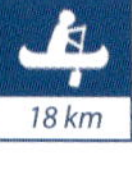

Im Arboretum stehen einige der dicksten Mammutbäume Deutschlands. Beeindruckt bin ich auch von den ausladenden Zedern aus dem Himalaya.
Im 1998 errichteten Palmenhaus sind die unterschiedlichsten Palmenarten zu bewundern. Neben Hanf-, Dattel- und Betelpalme, auch die 15 Meter hohe Kanarische Dattelpalme. Jedes Jahr im März lockt eine Orchideenausstellung zahllose Besucher in das Glashaus.
Das Schloss Mainau wurde vom Deutschorden 1746 als hufeisenförmiger Prachtbau nach den Entwürfen Johann Caspar Bagnatos vollendet. So entstand ein wunderbares Beispiel des süddeutschen Barocks. In der direkt danebenliegenden Schlosskirche von 1732 sind besonders der Hochaltar mit dem Marienbildnis und die Deckenmalereien sehenswert.

Im Kinderstreichelzoo und im Geruchsgarten lasse ich anderen den Vortritt. In den Inselshops finden sich die schrillsten Mainau-Souvenirs. Natürlich wird auch für das leibliche Wohl des Gastes in Bistros und Cafés gesorgt.

Serviceinfo:
Mainau GmbH, 78465 Insel Mainau, Tel. (07531) 303-0, www.mainau.de
Öffnungszeiten: Insel von Sonnenaufgang bis Sonnenuntergang.
Schloss und Schmetterlingshaus (10-17), Palmenhaus (9-21), Ende März - Ende Oktober.
Preise: Erwachsene 15,90 Euro, Kinder 8,50 Euro. Ab 17 Uhr halber Preis.

Konstanz - Iznang

Weltkulturerbe-Insel Reichenau

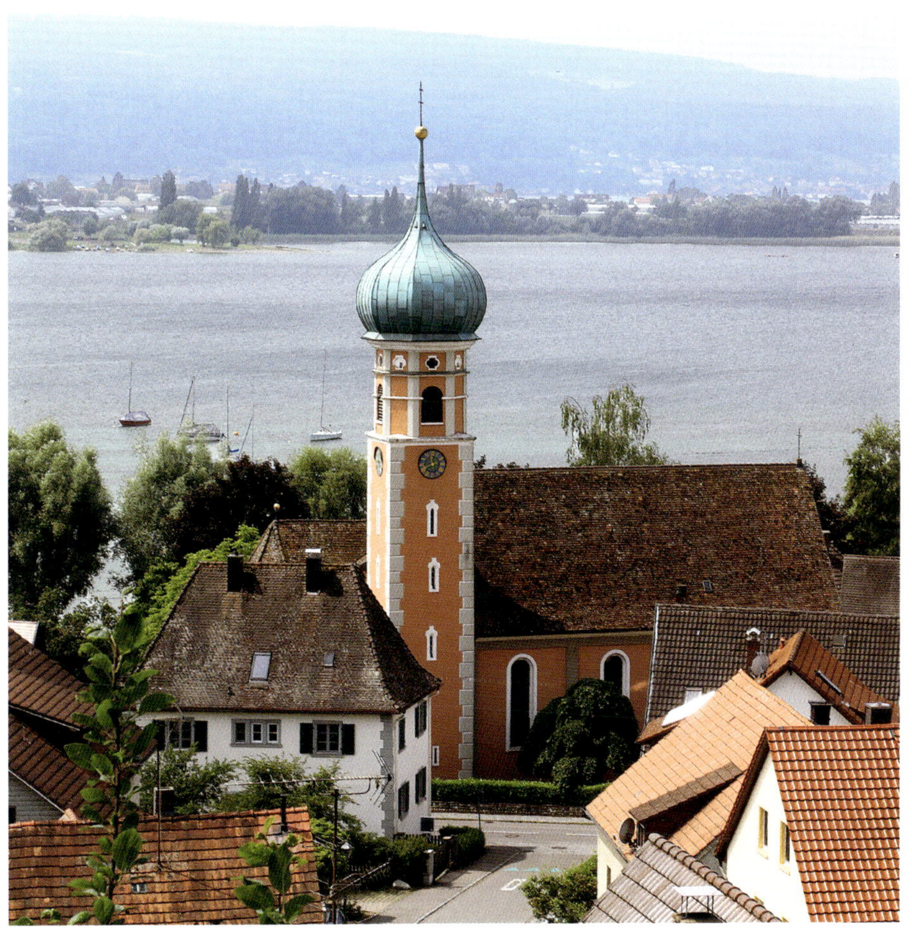

Tour 9

Infos Konstanz - Iznang

Schwierigkeit Natur Kultur

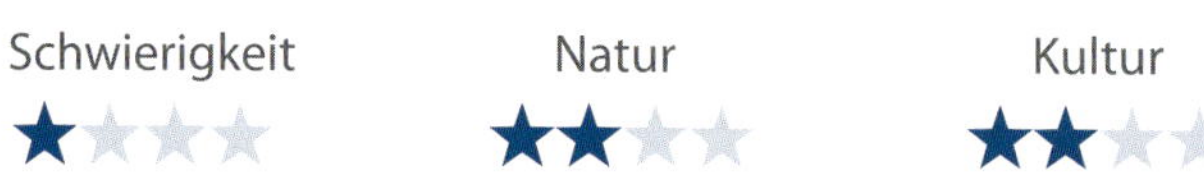

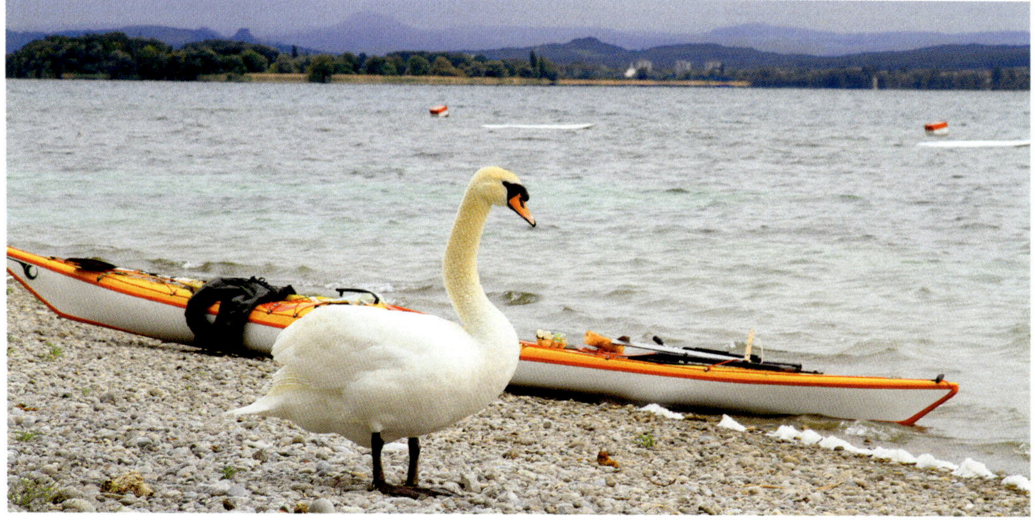

Der Bodensee ist Heimat vieler Vogelarten – auch Schwäne fühlen sich hier wohl.

Charakter der Tour

Von Konstanz aus geht es über den Seerhein hinaus auf den Untersee. Dieses Mal durchfahren wir die Engstelle vor der Insel Reichenau und erkunden deren nordöstlichen Teil. Die Naturschutzgebiete Wollmatinger Ried, Halbinsel Mettnau und Radolfzeller Aach sorgen für landschaftliche Höhepunkte.

Besonderheiten

Der Bereich vor der Westspitze der Reichenau wird von lokalen Paddlern gern als „Bermudadreieck" bezeichnet. Bei Querungen ist hier auf Fallwinde und Kabbelwellen besonders zu achten. Im Fahrwasser des Seerheins kommt es zu erhöhtem Schiffsaufkommen. Am besten sich außerhalb der Fahrwassermarkierungen halten. Eine leichte Strömung geht im Seerhein in Richtung Untersee. Wir bewegen uns über weite Strecken zwischen Deutschland und der Schweiz. Ein Ausweis gehört also ins Gepäck.

Sehenswürdigkeiten

Konstanz: Stadtrundgang Seite 42, ***Museen:*** *Bodensee-Naturmuseum,* Entstehung des Bodensees + Lebensräume; *Städtische Wessenberg-Galerie; Hans Breinlinger Museum; Hus-Museum des Reformators Jan Hus; Landesarchäoligiemuseum.* **Gottlieben:** *Schloss* (13. Jh.), *Fachwerkhaus Hotel Drachenburg, Bodman-Haus* (Apr-Okt Fr,Sa 14-17, So 11-17), Tel. +41 (0)71 667 02 80, www.bodmanhaus.ch.
Reichenau: (siehe Seite 126) *Münster St. Maria und Markus* (9. Jh.), *St. Peter und Paul* romanische Säu-

lenbasilika (11.-12. Jh.), *St. Georgskirche* (9. Jh.), *Burgruine Schopflen* (11. Jh.). **Radolfzell:** *spätgotisches Münster* (15. Jh.), *Österreichisches Schlösschen* (17. Jh.), *Stadtmuseum* (Di-So 10-12.30 & 14-17.30, Do 14-20), *Villa Bosch* (Ausstellungen zeitgenössischer Kunst Di-So 14-17).

Sonstige Aktivitäten

Wandern: Tour 15, 19 und 20. **Schifffahrt** auf dem östlichen Bodensee und auf dem Rhein, www.bsb-online.com. **Sonstiges:** *Besuch des Aquariums „Sea Life Center Konstanz"* (tgl. 10-18), www.visitsealife.com/konstanz; *Bodensee-Therme Konstanz* (tgl. 9-22) www.bodensee-therme-konstanz.de; *Wild- und Freizeitpark Allensbach* oberhalb des Mindelsees (Mai-Sep 9-19.30, Kasse bis 17, Okt-Apr ab 10), Tel. (07533) 93 16 19, www.wildundfreizeitpark.de; *Radolfzeller Aach-Quelle* (die größte Deutschlands).

Länge der Tour:
20 km, Paddelzeit 5 h

Anreise:

Vom Autobahnkreuz Hegau bei Singen geht es auf die B33 die sich in einer Linie bis nach Konstanz zieht. Hinter der Brücke gleich links in die Gartenstraße, nach 500 Metern links in die Löhrystraße. Dann am Ufer links in den Winterersteig. Das Gelände des Kanu Club Konstanz befindet sich kurz vor der Brücke.

Einsetzen:

Kanu Club Konstanz e.V., Winterersteig 15-17, 78462 Konstanz

Zurück zum Pkw:

Mit dem Höribus von Iznang nach Radolfzell, dann mit dem Zug nach Konstanz.

Kanuverleih:

Diverse Kanustationen am Untersee und somit verschiedene, alternative Startpunkte. Übersicht Kanuverleihstationen Seite 20-21.

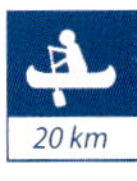

Kartenmaterial:

Bodensee-Navigationskarten Set: ***Karte I: Überlinger See, Untersee und Karte II: Obersee.***
Rad- und Wanderkarte ***Überlinger See – Untersee,*** Publicpress.

Übernachtung:

Konstanz: *Kanu Club Konstanz e. V.,* Winterersteig 15-17, Tel. 0152 / 54 30 30 57, www.kc-konstanz.de; *Jugendherberge Otto-Moericke-Turm,* Zur Allmannshöhe 16, Tel. (07531) 322 60, www.konstanz.jugendherberge-bw.de; *Campingplatz Bruderhofer Konstanz-"Staad",* Fohrenbühlweg 50, Tel. (07531) 313 88, www.campingplatz-konstanz.de; *DKV-Campingplatz Bodensee,* Fohrenbühlweg 45, Tel. (07531) 330 57, www.dkv-camping.de **Reichenau:** *Camping Sandseele* (Camping, Zimmer), Bradlengasse 24, Tel. (07534) 73 84, www.sandseele.de **Allensbach:** *Bade- & Campingplatz Himmelreich,* Strandweg 34, Tel. (07533) 936 12 85, www.campingplatz-himmelreich.de; *Camping William,* zw. Allensbach und Markelfingen, Tel. (07533) 62 11, www.campingplatz-willam.de Radolfzell: *Kanu-Club Radolfzell,* Karl-Wolf-Str.15, Tel. (07732) 28 76, www.kanu-radolfzell.de
Iznang: *Kanuclub Singen* (Camping und Zimmer), Strandbadstr. 17, Tel. 0176 / 38 48 07 22, www.kanuclub-singen.de; *Gästehaus-Café Perlmuschel,* Seestr. 14, Tel. (07732) 570 83, www.cafe-perlmuschel.de; *Campingplatz Stoffel,* Strandbadstr. 8, Tel. (07732) 823 84 80, www.campingplatz-stoffel.de

Auskunft:

Tourist-Info Konstanz, Bahnhofplatz 43, Tel. (07531) 13 30 30, www.konstanz-tourismus.de
Tourist-Info Reichenau, Pirminstr. 145, Tel. (07534) 920 7-0, www.reichenau.de

Weltkulturerbe-Insel Reichenau

Die ganze Nacht hat es geschüttet, aber mit Blick auf die abziehenden Wolken koche ich guten Mutes meinen Kaffee in der Teeküche des Konstanzer Kanuclubs. Es dauert dann eine Weile, ehe sämtlicher Kleinkram in den Luken des Bootes verschwunden ist und ich das Kajak mit dem Bootswagen zur Rampe am Seerhein schiebe. Die Bäume spiegeln sich im bleiernen Wasser des Flusses. Dieser Teil des Seerheins ist mir schon von der Hinfahrt bekannt. Doch treibe ich nun mit der Strömung abwärts, anstatt dagegen anpaddeln zu müssen. Haubentaucher schleppen Schilfhalme zu ihrem Nest ins grüne Dickicht. Sie scheinen wegen des niedrigen Wasserstandes erst spät im Jahr mit dem Brüten zu beginnen.

Ein sanfter Windzug geht jetzt durch die Kronenspitzen der Pappeln am Ufer, die schon beim leisesten Windhauch betörend rauschen. Ich entdecke die im Seerhein vorzufindenden eigenwilligen Wiffen, Seezeichen, die in diesem Falle kunstvoll aus Ried geflochten sind und an Bienenkörbe erinnern, die auf einem Pfahl stehen. Sie markieren die Fahrrinne zwischen Gottlieben und Ermatingen. Ich halte mich an die ausgewiesene Rinne, um nicht im flachen Wasser an der Grenze zum Naturschutzgebiet stecken zu bleiben. Wohl ein Meter Wasser fehlen in diesem Jahr, da der Winter relativ schneearm war. Nun ändere ich meinen Kurs und halte in einem großen Bogen auf die Halbinsel Reichenau zu. Rechter Hand sehe ich die Mauern einer alten Ruine über das Schilf hinausragen. Die mittelalterlichen Mauerreste gehören zur einst stolzen Burg Schopflen, die im 11. Jahrhundert von den Äbten des Klosters Reichenau errichtet wurde, um die Insel vor landseitigen Angriffen zu schützen. Zu jener Zeit gab es natür-

Karte Konstanz - Iznang

© Thomas Kettler Verlag

Haubentaucher

Eine Begegnung mit diesem eleganten, etwa 50 cm langen Wasservogel ist bei einem Besuch am Bodensee eigentlich unvermeidlich. Die perfekten Schwimmer haben einen eleganten, schlanken Hals. Ihr Kopf wird beidseitig von zwei Lappen bedeckt, die zusammen mit den abgespreizten schwarzen Federn am Oberkopf wie eine Haube aussehen. Die Vögel sind bekannt für ihr spektakuläres Balzverhalten, bei dem sie aufeinander zuschwimmen und sich dann so hoch wie möglich aus dem Wasser aufrichten und ihre Köpfe schütteln. Die Jungen werden auf einem etwa 70 cm großen Schwimmnest im Schilfgürtel ausgebrütet. Nach rund 25 Tagen schlüpfen die Jungvögel. Die zunächst schwarz-weiß gestreiften Kleinen können gleich vom ersten Tag an schwimmen und tauchen, werden aber in ihren ersten Lebenswochen zum Schutz vor Jägern wie Vögeln und Hechten oft als Passagier auf dem Rücken der Eltern mitgeführt, was besonders bei einem großen Gelege zu niedlichen Szenen führen kann, wenn nicht alle Jungen sofort ihren Platz auf dem Rücken finden. Als äußerst geschickte Taucher fangen sie ihre Nahrung in Form von Fischen und kleinen Insekten unter Wasser. Den Winter verbringen sie dagegen an eisfreien Meeresküsten oder eben auch am Bodensee. Besonders häufig lassen sich Haubentaucher im Wollmatinger Ried um die Insel Reichenau und im Rheindelta beobachten.

lich noch keinen durchgehenden Damm, der auf die Insel führte. Heute dienen die zehn Meter hohen Mauern dem Naturschutzbund NABU als Beobachtungsplattform.

Dort, wo die lange Pappelallee des Zufahrtsdammes endet, soll sich eine Durchfahrt befinden. Kurz bevor ich sie erreiche, muss ich an Schwänen samt ihren Jungen vorbei. Als ich ihnen zu nahe komme, fauchen die Eltern und stellen ihre Flügel auf. Zum Glück ziehen sie sich ein paar Meter zurück und ich paddele durch das enge, von Mauer eingefasste und von Kopfweiden bestandene Nadelöhr, den Bruckgraben. Auch heute noch dienen einige dieser stetig beschnittenen Weiden der Gewinnung von Weidenruten zur Korbflechterei. Hinter der Straßenbrücke finde ich rechter Hand eine gute Stelle zum Pausieren. Von hier sind es zu Fuß auf dem Damm nur 500 Meter bis zur Ruine Schopflen. Ein Abstecher, der sich lohnt.

Wieder auf dem Wasser, öffnet sich der Gnadensee genannte Teil des Untersees. Einer schönen Legende zufolge, rührt der Name aus der Zeit, als die Insel Reichenau die Gerichtsbarkeit innehatte. Ein zum Tode Verurteilter musste mit dem Boot über den See zum Festland gerudert werden, da die Insel heiliger Boden war und auf ihr das grausame Ritual nicht vollstreckt werden durfte. Wollte der Abt den Verurteilten doch noch begnadigen, ließ er die Glocken läuten bevor das Boot am Ufer ankam. Somit tat er dem Henker auf dem Festland kund, dass der Verurteilte begnadigt war. Aber wie gesagt, ist es nur eine schöne Legende und wahrscheinlich rührt der Name eher von der als „Gnadenfrau" bezeichneten Mutter Maria.

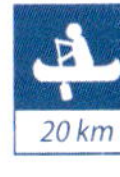

Leichter Wind bläst mir ins Gesicht. Rechter Hand zieht sich noch das langgestreckte Naturschutzgebiet Wollmatinger Ried bis in die Nähe der Ortschaft Hegne. Im Hintergrund wechseln sich die meist sanft gewellten, waldüberzogenen Hügel, die sogenannten Drumlins, mit lieblichen Weide- und Streuobstlandschaften ab. Dazwischen eingesprenkelte Moore und Seen, Relikte aus der letzten Eiszeit, machen die Gegend zu einem

Naherholungsgebiet „par excellence". Der Bade- & Campingplatz Himmelreich unweit von Allensbach, eignet sich hervorragend zur Erkundung der Gegend.
Ich halte mich aber an das Ufer der Insel Reichenau und sehe sogleich die Kirche St. Georg in Oberzell vor mir auftauchen, die Teil des Weltkulturerbes Reichenau ist (siehe Seite 126). Diese ursprüngliche Kirche sollte auf alle Fälle besichtigt werden. Anlegen kann man am besten bei der Fischhandlung Riebel, wo man auch gleich den frischen Bodenseefisch kosten kann. Nahezu unverändert seit dem Tag ihrer Erbauung im Jahre 888, gelangte die Georgskirche vor allen Dingen durch die ottonischen Wandmalereien aus dem 10. Jahrhundert zu Berühmtheit. Auch sehr sehenswert ist das im 14. Jahrhundert entstandene Fresko vom „Geschwätz der Weiber".
In der Folge verzaubert die Insel mit dick gewachsenen Pappeln und üppigen Villengrundstücken. Einzig die im Hintergrund immer wieder auftauchenden Treibhäuser stören die Idylle. Der Hafen von Mittelzell bietet eine bequeme Stelle zum Anlanden, um dem dahinterliegenden Münster St. Maria und Markus, mit der ehemaligen Klosterkirche, deren ältester Bauteil 816 eingeweiht wurde, einen Besuch abzustatten. In der dreischiffigen Basilika ist besonders der gotische Chor und der Markusaltar, welcher Reliquien des Evangelisten Markus enthalten soll, sehenswert.

Am wenige hundert Meter weiter gelegenen Strandbad genehmige ich mir einen Latte Macchiato im angeschlossenen Kiosk, bevor ich noch einen Blick auf die romanische Säulenbasilika im Ortsteil Niederzelle, an der Westspitze von Reichenau, werfe. Sie beeindruckt mit ihren rot bemützten Doppeltürmen. Am besten zieht man an der kleinen, aus Felssteinen gemauerten Mole neben den schlanken Fischerbooten sein Kanu an Land. Nun steht mir die zwei Kilometer lange Querung hinüber zur Halbinsel Mettnau bevor. Mich faszinieren die Weite der Fernblicke, die ich während dieser Querung auf den Hegau bekomme. Einige der dunklen, markanten Vulkanhügel verschwinden hinter Vorhängen aus Regenschleiern, während gleichzeitig andere wie Drachenrücken wieder aus dem Dunst emporsteigen.
Die östlichen Ufer der Halbinsel Mettnau sehen sehr verlockend aus, dürfen aus Naturschutzgründen aber nicht betreten werden. Am Rand des Naturschutzgebietes liegt die kleine Liebesinsel, ein kiesiger, von Weiden bedeckter flacher Teller, der bei Vögeln sehr beliebt ist. Eine Rostgans schwimmt an mir vorüber. Aus den Steppen- und Wüstenzonen Zentralasiens stammend, gelang durch ausgebüchste Gänse eine Ansiedlung in Westeuropa. Seit 1976 gibt es die in der Brutzeit aggressiv gegenüber ihren Artgenossen auftretende rostfarbene Gans, auch am Bodensee. So wie sie sich verhält, will sie mich wohl von ihren Jungen ablenken. Gerne tue ich ihr diesen Gefallen und schiebe mein Kajak weiter in Richtung Radolfzell, das mit seinem Münster und geschichtsträchtigen Bauwerken auch vom Wasser aus einen sehr interessanten Eindruck macht. Von hier aus können besonders im Frühjahr und Herbst, lohnende Wanderungen ins Naturschutzgebiet Mettnau unternommen werden. Dann rasten tausende von Zugvögeln auf der Halbinsel. Auch ist Radolfzell ein idealer Ausgangspunkt zur Umrundung des Bodensees mit dem Kanu. Am Seeende mündet die Radolfzeller Aach und schafft ein weites Schilfdickicht, das als Naturschutzgebiet ausgewiesen ist. Es ist ganzjährig für Wassersportler gesperrt. So quere ich früh hinüber nach Moos und komme bald zum Ausgangspunkt meiner Bodenseeumrundung, dem Kanuclub Singen in Moos-Iznang.

Iznang - Schaffhausen

Flotte Tour vom Bodensee über den Hochrhein

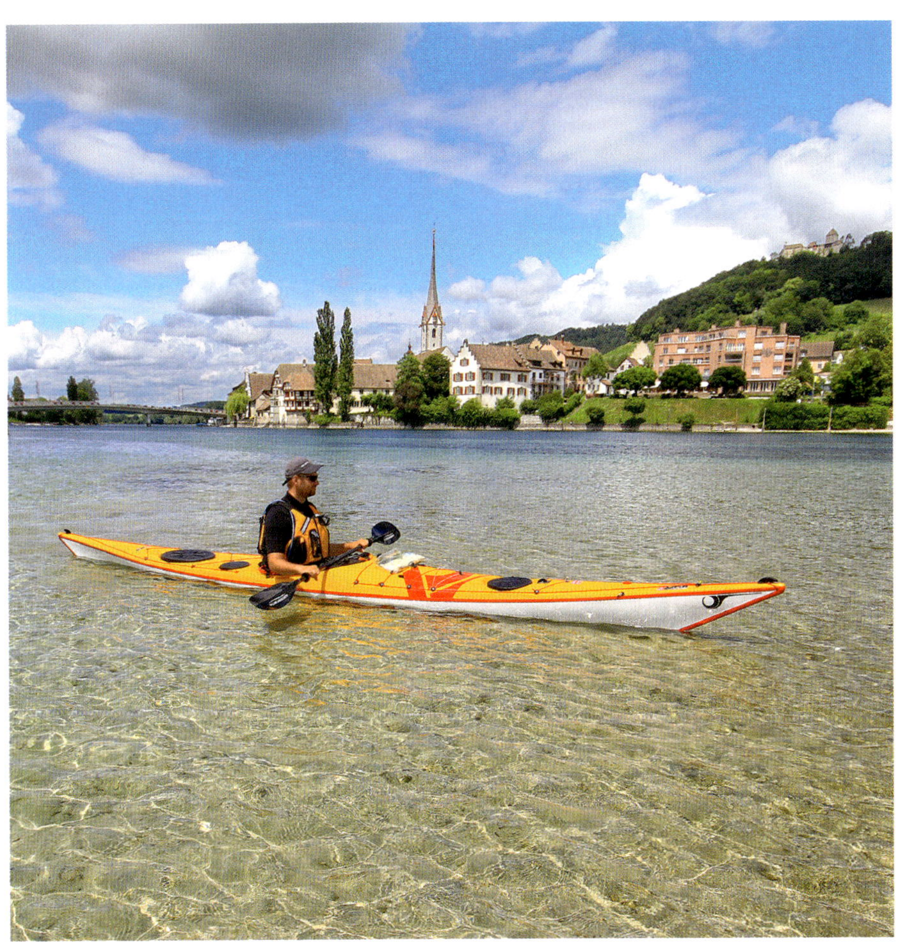

Tour 10

Infos Iznang - Schaffhausen

Schwierigkeit	Natur	Kultur
★★☆☆	★★★☆	★★★★

Charakter der Tour

Sicher eine der schönsten Kanutouren am Bodensee! Die Tour führt anfangs gemächlich von Iznang nach Stein am Rhein. Von da an durchfließt der Hochrhein mit flotter Strömung ein von Wäldern und Auen umgebenes Tal, bis nach Schaffhausen, unweit Europas größtem Wasserfall, dem Rheinfall. Man kann wegen der helfenden Strömung die Kanuwanderung als Tagestour machen, es empfiehlt sich aber in der Mitte der Tour bei Stein am Rhein eine zusätzliche Übernachtung einzuplanen um den Schweizer Orten, die allesamt echte kulturelle Highlights sind, viel Zeit zu widmen. Neben den kulturellen Höhepunkten ist der Hochrein auch landschaftlich ein Sechser, da er sich durch schöne Waldgebiete und hügelige Landschaften gräbt. Zahlreiche Gaststätten direkt am Wasser und gute Bademöglichkeiten laden immer wieder zum Verweilen ein.

Allerdings sollte die Tour nur von erfahrenen Paddlern unternommen werden, da Brückenpfeiler und Fahrwasserzeichen in der Strömung zu Verklemmungen und Kenterungen führen können. Ebenso ist mit Wendemanövern von Kursschiffen zu rechnen, die dann teils die gesamte Flussbreite benötigen. Anfänger sollten diesen Abschnitt nur im Rahmen einer geführten Tour paddeln.

Besonderheiten

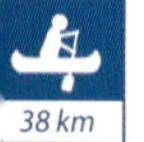

Das Befahren des Rheins von Stein am Rhein bis Rheinklingen ist vom 01.10. bis 31.03. aus Naturschutzgründen untersagt. Flache Kies- und Sandbänke, Schilfzonen sowie unter Wasser liegende Krautschichten dürfen darüber hinaus nicht bis zum 31.05. befahren / betreten werden.

Ab Stein am Rhein ist mit einer starken Strömung zu rechnen, die gemeistert werden will. Der Ausflugschifffahrt ist unbedingt frühzeitig klar und deutlich auszuweichen. Wer unsicher ist, hält sich am besten in Ufernähe und außerhalb der Schifffahrtsrinnen. Diese werden durch Pfähle („Wiffen") mit grün-weißen Rauten markiert. Die Ausflugsdampfer fahren immer auf der grünen Seite und werfen besonders bei Fahrt rheinaufwärts Wellen auf, die Anfänger im Boot verunsichern können.

Sehenswürdigkeiten

Gaienhofen: *Hermann-Hesse-Höri-Museum* (15.Mär-Okt Di-Sa 10-17, Nov-14.Mär Fr+Sa 14-17, So 10-17), www.hermann-hesse-hoeri-museum.de; *Hermann-Hesse Haus,* Führungen auf Anfrage Tel. (07735) 44 06 53, *Schloss Gaienhofen* (11. Jh.). **Hemmenhofen:** *Otto-Dix-Haus* (Wiedereröffnung Juni 2013), www.otto-dix-haus.com. **Wangen:** *Museum Fischerhaus* Fossilien und jungsteinzeitliche Funde (Apr -14. Okt Di-Sa 11-17 So 14-17), Tel. (07735) 39 22, www.museum-fischerhaus.de **Öhningen:** *Ehemaliger Augustiner-Chorherrenstift mit Pfarrkirche St. Hippolyt und Verena* (17. Jh.). **Stein am Rhein:** *Altstadt* mit bemalten Bürgerhäusern, *Hexenturm* (16. Jh.), *Untertor* (14. Jh.), *Obertor* (14. Jh.), *Burg*

Hohenklingen (12. Jh.), Tel. +41 (0)52 741 21 37, www.burghohenklingen.ch; *Kloster St. Georgen* (11. Jh.) mit Museum (Apr-Okt Di-So 10-17), Tel. +41 (0)52 741 21 42; *Spital Bürgerasyl mit Tourist-Info, Museum Lindwurm* bürgerliche Wohnkultur und Landwirtschaft (Mär-Okt tgl. 10-17), Tel. +41 (0)52 741 25 12, www.museum-lindwurm.ch; *Johannes Kirche mit Römerkastell* (3. Jh.); Stadtrundgang Seite 158. **Diessenhofen:** *mittelalterliche Altstadt, Kloster St. Katharinental* (13. Jh.), *Museum Oberes Amtshaus,* Kunst und Natur sowie Werke vom Maler Carl Roesch (Mai-Sep Sa, So 14-17 Okt-Apr So 14-17), Tel. +41 (0)52 65 71 795, www.carl-roesch.ch, *markante Holzbrücke* (18. Jh.). **Gailingen:** *jüdischer Friedhof* (ältester Grabstein von 1695), *Nikolaus Kapelle* (12. Jh.) in Obergailingen, mehrere *historische Weintrotten* (16. und 17. Jh.). **Schaffhausen:** *Rheinfall, Munotwächter,* Tel. +41 (0)52 625 42 25, www.munot.ch; *Uhrenmuseum IWC Schaffhausen* (Di-Fr 15-17, Sa 10-15), Tel. +41 (0)52 635 65 65; *Hallen für Neue Kunst* (Sa 15-17, So 11-17), Tel. +41 (0)52 625 25 15, www.modern-art.ch; *Museum zu Allerheiligen* (Di-So 11-17), Tel. +41 (0)52 633 07 77; *Munot Rosengarten,* Tel. +41 (0)52 632 40 20; *Kloster zu Allerheiligen - Münsterkirche* (12. Jh.); *Klosterkirche Rheinau,* Tel. +41 (0)52 319 31 00; *Fresken am Haus zum Goldenen Ochsen,* Tel. +41 (0)52 632 40 20; Stadtrundgang Seite 117.

Sonstige Aktivitäten

Wandern: Wanderung zur Burg Hohenklingen (Tour 27, Seite 215). Besichtigung des Rheinfalls (Tour 29, Seite 223). Wanderung Schaffhausen, Feuerthalen (Tour 28, Seite 219). Wanderung am Rhein entlang oder auf der Kunstroute auf den Spuren des Steiner Malers Hermann Knecht.
Radfahren: Die *Rhein-Route* (nationale Fahrradroute 2 Andermatt - Basel) Verlängerung bis zur Nordsee möglich. Auf dem *EuroVelo 6,* der hier vorbei kommt, und vom Atlantik ans Schwarze Meer führt.
Schifffahrt auf dem östlichen Bodensee und auf dem Rhein, www.bsb-online.com.

Anreise:
Vom Autobahnkreuz Hegau bei Singen geht es auf die B33 in Richtung Radolfzell, nach fünf Kilometern rechts auf die B 34 nach Singen. Gleich wieder links auf die L 220 Rickelshausener Straße Richtung Böhringen / Rickelshausen. Am nächsten Kreisverkehr erste Ausfahrt, im folgenden Kreisverkehr die zweite Ausfahrt (links) abbiegen Richtung Moos. Nun auf der L 192 bis Iznang, dort links in die See- und sofort wieder rechts in die Strandbadstraße zum Parkplatz am Freibad.

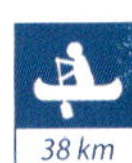

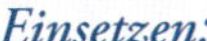
Einsetzen:
Kanuclub Singen e.V., Strandbadstr. 17, 78345 Moos-Iznang

Zurück zum Pkw:
Vom Schaffhausener Hauptbahnhof mit der Bahn nach Stein am Rhein und von dort mit dem Höribus 7368 nach Iznang.

Kanuverleih:
Die Boote der am Bodensee-Kanuweg beteiligten Verleihstationen können in Schaffhausen-Langwiesen abgegeben werden. Eine weitere Möglichkeit ist die Jugendherberge Stein am Rhein. Wer von einer der Kanustationen am Untersee startet, kann die Fahrt weiter verlängern oder verkürzen (z.B. Startplatz Mammern).

Kartenmaterial:
Wandern und Freizeit Bregenz verschiedene Maßstäbe (vor Ort erhältlich),
Kompass Wanderkarte *(1c) Bodensee Gesamtgebiet* 1:75.000.

Länge der Tour:
38 km, Paddelzeit 7 h

Übernachtung:

Iznang: *Kanuclub Singen* (Camping und Zimmer), Strandbadstr. 17, Tel. 0176 / 38 48 07 22, www.kanuclub-singen.de; *Gästehaus-Café Perlmuschel,* Seestr. 14, Tel. (07732) 570 83, www.cafe-perlmuschel.de; *Campingplatz Stoffel,* Strandbadstr. 8, Tel. (07732) 823 84 80, www.campingplatz-stoffel.de **Gaienhofen:** *Gästehaus & Jugendhotel am See,* Hornstaaderstr. 50 + 54b, Tel. (07735) 985 20, www.spassamsee.de; *Campingplatz Horn,* Strandweg 3-18, Tel. (07735) 685 75, www.gaienhofen.de/campingplatz_horn **Wangen:** *Campingplatz,* Seeweg 32, Tel. (07735) 91 96 75, www.camping-wangen.de **Mammern:** *Camping Seewiese,* Hauptstr. 6, Tel. +41 (0)52 74 14 619.
Stein am Rhein: *Bed & Breakfast Stein am Rhein,* Oberstadt 3, Tel. +41 (0)52 741 45 44, *Hotel & Backpacker Schwanen,* Charregass 5, Tel. +41 (0)52 741 50 00, www.schwanen-hotel.ch; *Jugendherberge SJH,* Hemishoferstr. 87, Tel. +41 (0)52 741 12 55 **Diessenhofen:** *Hotel-Restaurant Krone,* Rheinstr. 2, Tel. +41 (0)52 657 30 70, www.krone-diessenhofen.ch **Büsingen:** *Camping Rheinwiese* (Am Ufer), Tel. +41 (0)52 659 33 00; *Bed & Breakfast,* Schaffhauserstr. 62, Tel. +41 (0)52 503 40 57, www.bed-breakfast-buesingen.ch **Schaffhausen/Langwiesen:** *TCS-Campingplatz Rheinwiesen,* Tel. (0052) 659 33 00
Schaffhausen: *B&B Hürlimann,* Kasinogässchen 5, Tel. +41 (0)52 301 42 29, *Afra's B&B Schaffhausen,* Stokarbergstr. 76, Tel. +41 (0)52 624 30 20; *Backpacker Federnhut,* Moserstr. 10, Tel. +41 (0)52 625 22 94, *Backpacker CrossBox,* Hintersteig 1, Tel. +41 (0)52 620 10 00, www.crossbox.ch; *Jugendherberge Dachsen,* Schloss Laufen am Rheinfall, Tel. +41 (0)52 659 61 52; *Jugendherberge Schaffhausen,* Randenstr. 65, Tel. +41 (0)52 625 88 00.

Auskunft:

Tourismus Stein am Rhein, Oberstadt 3, Tel. +41 (0)52 742 20 90, www.steinamrhein.ch
Schaffhauserland Tourismus, Herrenacker 15, Tel. +41 (0)52 632 40 20, www.schaffhauserland.ch

Karte Iznang - Schaffhausen

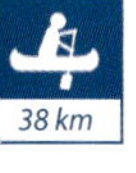

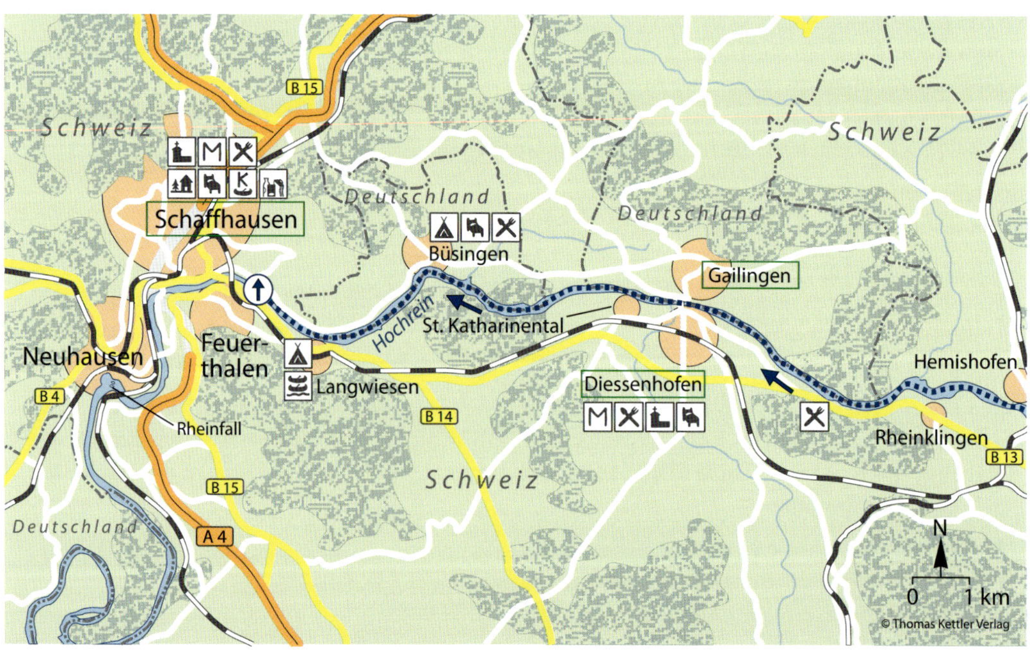

Flotte Tour vom Bodensee über den Hochrhein

„Ganz sicher die schönste Paddeltour am Bodensee“ ist die Antwort eines einheimischen Paddlers auf meine Frage nach der Etappe von Iznang nach Schaffhausen. Bei so vielen Vorschusslorbeeren paddle ich gut gelaunt hinaus auf den von der frühen Morgensonne beschienenen Untersee. Mein Zelt lasse ich aufgebaut auf dem Gelände des Kanuvereins Singen in Iznang stehen, wohlwissend, dass ich heute Abend wieder zurück sein werde, denn die flotte Strömung wird mich schnell zu meinem Tagesziel bringen. Wer sich zwei Tage Zeit lassen will, tut gut daran, denn die Strecke ist so abwechslungsreich, dass man die Tour gut auf zwei Tage ausweiten kann und damit genügend Zeit bleibt für Landgänge.

Im Naturschutzgebiet „Hornspitze auf der Höri“, dessen Röhricht- und Flachwasserzone zum europäischen Schutzgebiet „Natura 2000“ gehört, ist einiges los. Dutzende Schwäne stecken ihre Hälse ins flache Wasser und gründeln nach Nahrung. An der Landspitze ändere ich meinen Kurs Richtung Südwesten vom Zeller See in den Rheinsee. Bei einer Ausgrabung wurden hier die Reste alter Pfahlbauten mit Hilfe dendrologischer Untersuchungen (Jahresringe-Vergleich) auf die Zeit 3900 v. Chr. datiert. Mit 110 anderen Fundstellen gehören sie seit 2011 zum „UNESCO-Weltkulturerbe Prähistorische Pfahlbauten um die Alpen“. Im Pfahlbaumuseum in Unteruhldingen steht ein Nachbau der hier gefundenen Siedlungsteile.

Gaienhofen steht auf geschichtsträchtigem Boden. Das gleichnamige Schloss (heute Internat und nicht öffentlich zugänglich) wurde im 11. Jahrhundert als Jagdanwesen

Karte Iznang - Schaffhausen

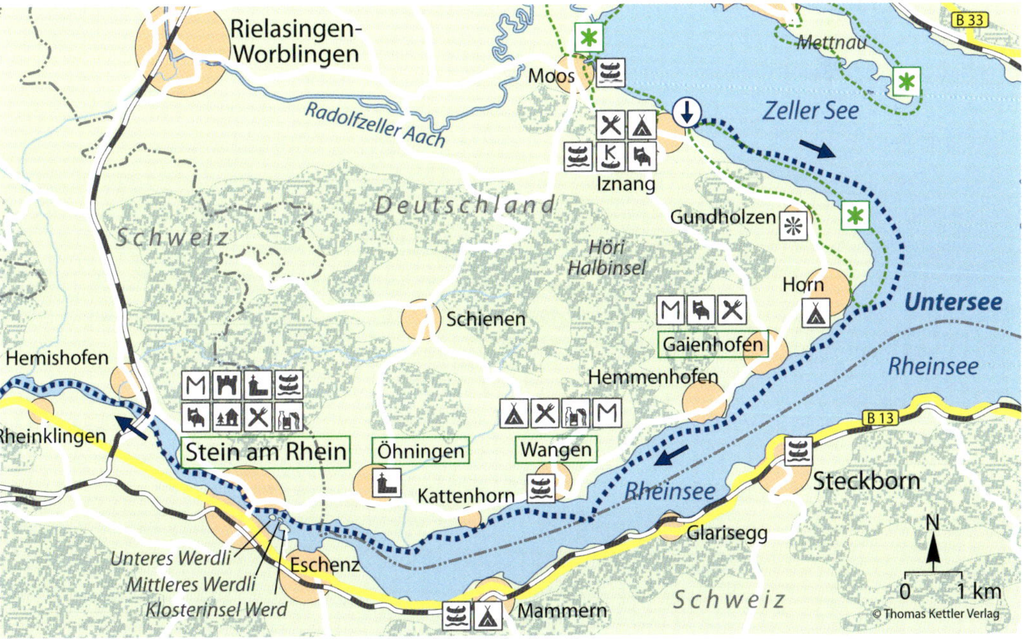

für den Konstanzer Bischof Gebhard III. von Zähringen errichtet. In der Folge war es mehrfach Schauplatz von kriegerischen Auseinandersetzungen. Nach Besetzungen während des Schweizerkrieges 1499 und des Bauernkrieges 1524 waren es im Dreißigjährigen Krieg die Schweden, die sich einnisteten und das Umland plünderten. In der Folge lieferten sich die Schweden 1632 mit den Kaiserlichen eine Seeschlacht, gerade da, wo ich mein Paddel eintauche.

Immer schmaler wird der Rheinsee jetzt. Bis zum Schweizer Ufer sind es nur noch 800 Meter. Als „Gottesgarten am See", beschrieb der Dichter Viktor von Scheffel die nun folgenden Uferabschnitte bei Öhningen mit seinen Ortsteilen Schienen und Wangen. Blumengeschmückte Fachwerkhäuser, kleine Steganlagen und Badestrände laden zum Anlanden ein. Ich bleibe aber schon vor Wangen an einer kiesigen Landnase hängen. Eine alte, regelmäßig gewachsene Kastanie steht am Ufer auf einem Mauervorsprung und verleiht dem Ort etwas Besonderes. Vom andern Ufer schlingert, getrieben von lauten Kommandos ein Zehner-Kanadier heran. Ständiges Ausbrechen aus der eigentlichen Fahrtrichtung führt zu einem Zickzackkurs und heftigen Diskussionen an Bord.

Nach einem Stück Fußmarsch in den Ort Öhningen, erstrahlt in hellem Sonnenlicht das Wahrzeichen der Gemeinde, das ehemalige Augustiner-Chorherrenstift. Seine stattlichen Konventgebäude und der Zwiebelhaubenturm der heutigen Pfarrkirche St. Hippolyt und Verena ergeben ein für das Auge wohlwollendes Ensemble. Auf Höhe des Ortes verengt der Rhein sich soweit, dass ich einen ersten Stromzug verspüre.

Nun kommt auch schon Stein am Rhein in Sicht. Aus der Ferne fasziniert mich die Burg Hohenklingen, hoch oben auf einem Berg über der Stadt thronend. Linker Hand, flankiert von den naturgeschützten Inselchen Mittleres Werdli und Unteres Werdli, liegt die eineinhalb Hektar große Klosterinsel Werd, durch einen 100 Meter langen Steg mit dem Örtchen Eschenz verbunden. Die Kapelle des Franziskanerkonvents, die auf der ehemaligen Grabstätte des Abts Otmar errichtet wurde, kann besichtigt werden. Er starb hier im Jahre 759, nachdem er als Sträfling der Franken auf die Insel verbannt worden war.

Stein am Rhein ist eine Perle von Kleinstadt und bietet mit seinen prächtigen Fachwerkhäusern, den bemalten Fassaden, den Erkern und kleinen Gassen einen lohnenden Stopp für eine Stadtbesichtigung. Ein gutes Stück vor der Straßenbrücke ziehe ich mein Boot auf das kiesige Ufer. Wer mag, kann schon hier seine Tagestour beenden oder aber auch in der Jugendherberge, die sich ein paar hundert Meter rechts hinter der Rheinbrücke nah am Wasser befindet einmieten, um der Stadt (Siehe Stadtrundgang Seite 158) und der Burg Hohenklingen mehr Zeit zu widmen.

Wieder im Boot, saugt auf der folgenden Strecke der Rhein gewaltig am Unterschiff. Ich werde mit erstaunlicher Geschwindigkeit in grüne Waldschluchten gezogen. Bis zu 16 Stundenkilometer misst mein GPS. Entgegenkommende Ausflugsschiffe erzeugen steile Wellen, die Anfänger das Fürchten lehren lassen. Für einige Sekunden formen sie so etwas ähnliches wie eine stehende Welle, die kleine Surfs ermöglichen. Erfahrene Paddler werden ihren Spaß haben. Weniger erfahrene, halten aber besser Abstand von Booten und Pfeilern (in der Schweiz Wiffen genannt), denn allzu schnell wird man quergetrieben, kentert und landet schwimmend in der Strömung des Flusses.

Jetzt, von dichtem Wald umgeben, gefällt mir der Rhein am besten. Vogelkonzerte schallen aus dem Grün, eine Bisamratte quert den Fluss, Libellen surren in der Sonne. So kann

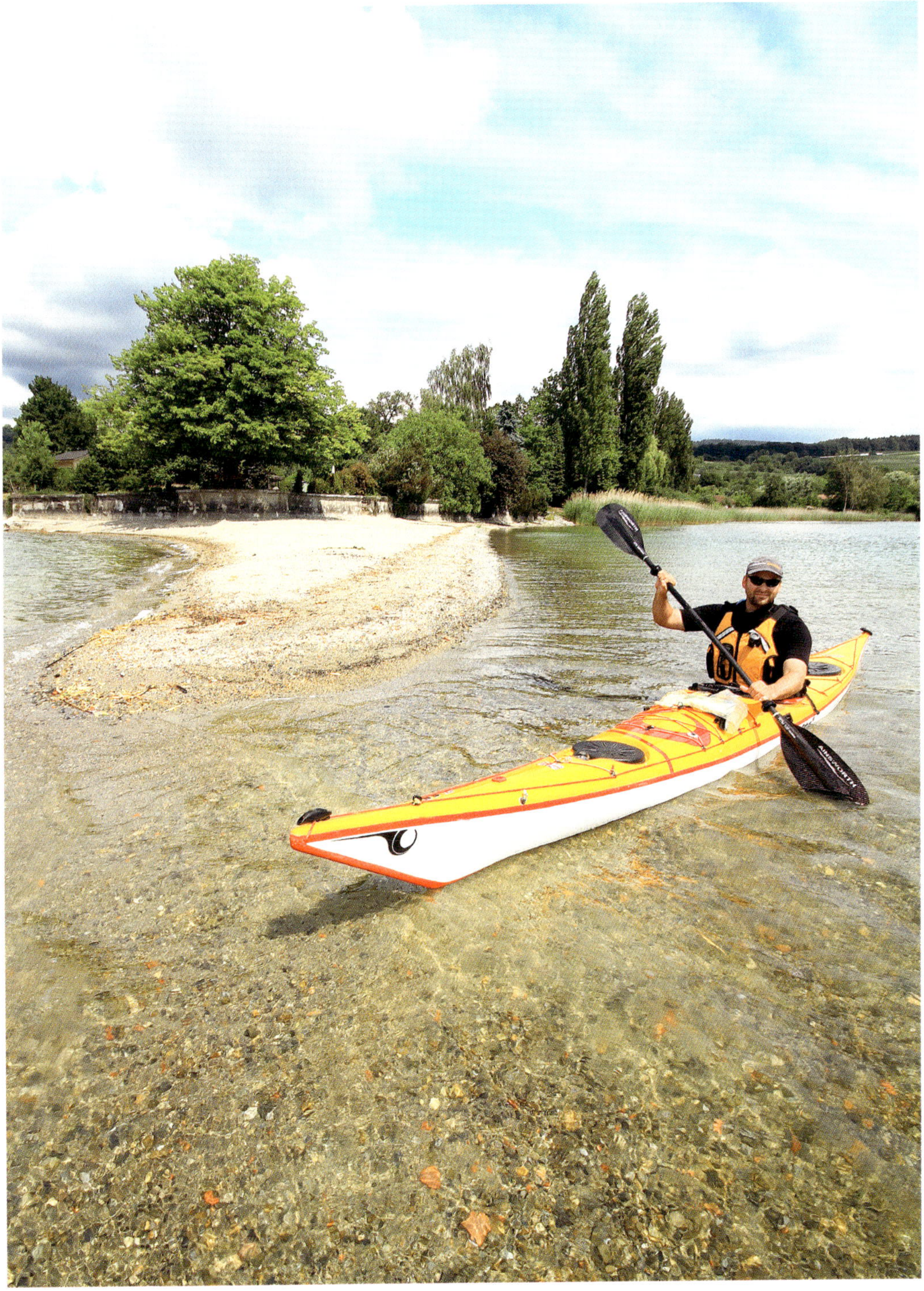

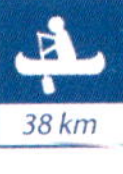

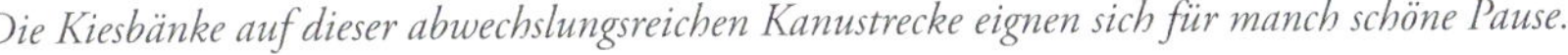

Die Kiesbänke auf dieser abwechslungsreichen Kanustrecke eignen sich für manch schöne Pause.

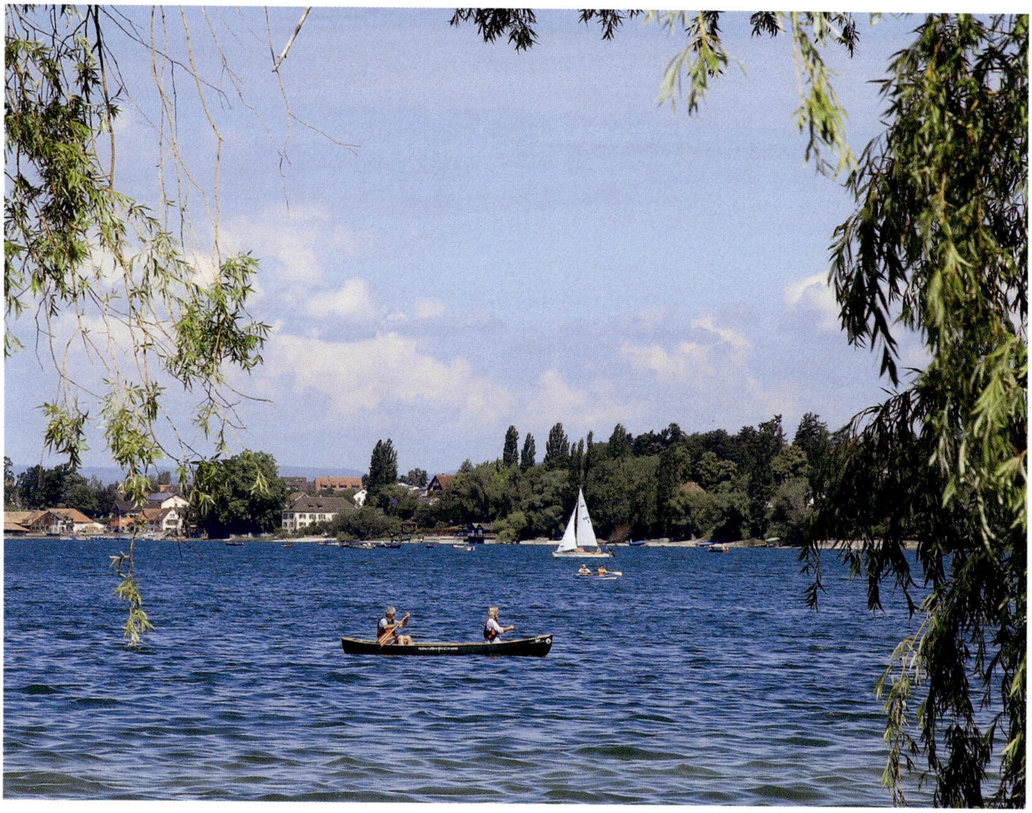

Bei Steckborn verengt sich der See langsam.

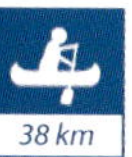

ich mir eine Flussfahrt gefallen lassen. Am linken Ufer liegt das Gourmet-Restaurant „Gasthaus Schupfen". Verantwortlich für die Küche zeichnet Sebastian Diegmann, Gewinner des „40. prix culinaire pierre taittinger" der Schweiz. In idyllischem Ambiente, direkt am Rheinufer, kredenzt er frische regionale Gerichte, für die man allerdings etwas tiefer in die Tasche greifen muss. Anerkennend stelle ich fest, dass es zu einem sehr fairen Preis täglich wechselnd einen „Schupfenteller" gibt.

Derart gestärkt sause ich bald unter der wunderschönen, 1816 errichteten Holzbrücke von Gailingen-Diessenhofen hindurch, die das Schweizer Diessenhofen mit dem deutschen Gailingen verbindet. Für ihre tragenden Balken wurde wuchtiges Eichenholz verwendet und ihr Dach ist mit Nadelholzschindeln gedeckt. Schon im 12. Jahrhundert soll es an dieser Stelle die erste Vorgängerbrücke gegeben haben. Stets war sie wirtschaftliche Lebensader der beiden Orte Diessenhofen und Gailingen. Am linken Ufer entdecke ich hinter der Brücke eine kleine Nische samt großem Kehrwasser, in der es für Kajaks möglich ist anzulanden. Gleich daneben steht eine einladende Biergartenwirtschaft. Entdecker erwartet eine mit engen, mittelalterlichen Fachwerkgassen gespickte Altstadt. Im Zentrum findet sich der Siegelturm, mit seinem Treppengiebel das Wahrzeichen der Stadt. In ihm wurden früher wichtige Siegel und Urkunden deponiert. Hervorzuheben ist die den Turm schmückende Monduhr mit dem astronomischen Ziffernblatt, dessen Stunden die zwölf Tierkreiszeichen bilden.

Wer gut zu Fuß ist, besichtigt gleich auch noch das wenige hundert Meter flussabwärts gelegene Kloster St. Katharinental, im 13. Jahrhundert erbaut. Hier entstand eines der bedeutendsten gotischen Kunstwerke der Schweiz, das Graduale. Das handgeschriebene und gezeichnete Buch von 1312 ist reich an filigranen Mustern und Zeichnungen, die mit Blattgold verziert sind. Das spätbarocke Innere der Klosterkirche gilt als eines der schönsten der Schweiz. Heute befindet sich im ehemaligen Kloster eine Rehabilitationsklinik.

Das rechtsufrige Gailingen besaß eine der größten jüdischen Gemeinden Badens. Bis zur Zeit des Nationalsozialismus galt das Gemeindeleben, das unter der Leitung berühmter Lehrer und Rabbiner stand, als mustergültig. Sehenswert ist der im Jahre 1650 angelegte jüdische Friedhof. Es finden sich dort 1.244 Grabsteine, der älteste unter ihnen stammt aus dem Jahre 1695.

Wieder im Boot, werden die Ufer hinter Diessenhofen erneut einsamer. Beim Dorf Büsingen handelt es sich um eine außergewöhnliche Exklave. Das deutsche Dorf liegt komplett auf Schweizer Hoheitsgebiet und ist politisch zwar deutsch, wirtschaftlich gilt aber das Schweizer Recht. Mit der Entführung des Schaffhauseners Eberhard im Thurn zu Büsingen, dessen Familienangehörige von 1535 an Ortsherren in Büsingen waren, begann eine folgenschwere Entwicklung, die bis heute anhält. Auf Druck Österreichs wieder freigelassen

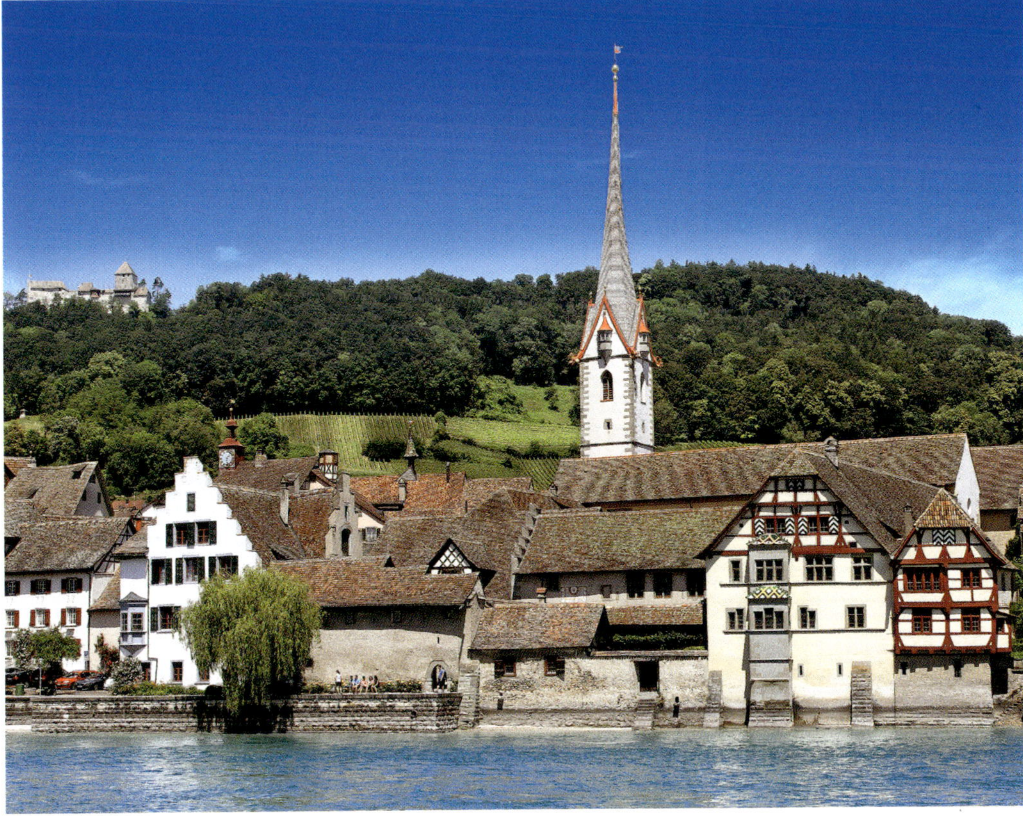

Stein am Rhein – eine Perle von Kleinstadt – ist nicht nur vom Wasser aus hübsch anzuschauen.

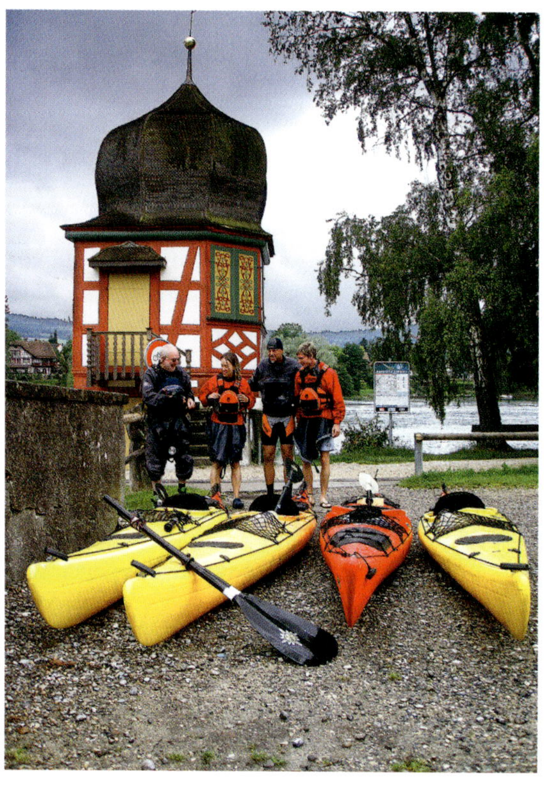

- Büsingen gehörte seit 1465 zur österreichischen Landgrafschaft Nellenburg - verloren die Schaffhausener sämtliche Ansprüche über die Dörfer in der Region Reiat, einschließlich Büsingen. Obwohl es immer wieder Versuche gab, hatten sie erst 1728 Erfolg und erlangten die einstigen Rechte über alle Reiatdörfer wieder, bis auf Büsingen. Dicht vor den Toren Schaffhausens gelegen, wurde es von der Rückführung mit den Worten es solle "zum ewigen Ärgernis Schaffhausens österreichisch bleiben" ausgenommen. 1810 kam Büsingen zum Großherzogtum Baden und nach dem Ersten Weltkrieg forderten 96 Prozent der Büsinger eine Integrierung in die Schweiz. In den Folgejahren unterstrichen sie ihre Forderung gar mit der Androhung von Gewalt. Das badische Innenministerium beschied jedoch nur „... dass an der politischen Zugehörigkeit der Gemeinde Büsingen zum Land Baden nicht gerüttelt werden kann und somit alle Bestrebungen auf Loslösung derselben vom deutschen Reich aussichtslos sind." So ist es bis heute geblieben.

Kurz hinter Büsingen beginnen die Ausläufer von Schaffhausen. Etwa zweieinhalb Kilometer vor der Stadt selber liegt links der Campingplatz Rheinwiesen im Ortsteil Langwiesen. Er ist Kanustation des Bodensee-Kanuwegs und all jene, die mit einem Leihboot unterwegs waren, können es hier abgeben.

Am Ufer vertäut, entdecke ich jetzt dutzende eckiger, langer und schmaler Kähne. Es sind sogenannte Übersetzboote oder Weidlinge, die einst dem Bau von behelfsmäßigen Brücken der Schweizer Marine dienten. Heute wird die sogenannte Pontonerie als Sport betrieben. Dabei staken die Bootsführer ihre Kähne mit langen Stäben durch den Fluss. Besonders den aus Holz gebauten Booten sieht man den Stolz der Besitzer an. Zurück gehen die Weidlinge auf die Kelten und sind mit rund 5.000 Jahren eine der ältesten Schiffstypen der Welt.

In Schaffhausen warnen Schilder am Ufer davor, allzu weit zu fahren. Das ist auch gut so, denn der Rheinfall ist zwar noch ein ganzes Stück weit entfernt – aber sicher ist sicher. Außerdem befindet sich zwischen Langwiesen und Rheinfall auch noch eine große Wehranlage. So beende ich die Tour beim Kanuverein von Schaffhausen, dessen Stege sich in Sichtweite der Eisenbahnbrücke auf der rechten Flussseite befinden. Das Bootshaus des Vereins wurde in einem alten Salzlager eingerichtet. Nun kann man sich Zeit nehmen, die wunderbare Stadt zu besichtigen oder mit Bahn und Bus zurück zum Ausgangspunkt zu gelangen.

Stadtrundgang Schaffhausen

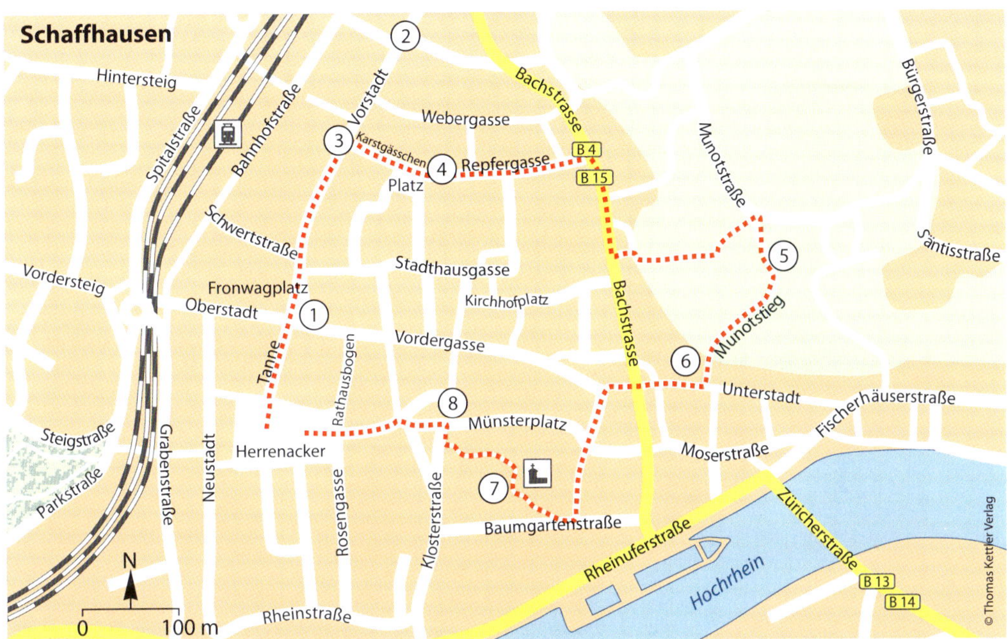

Wir beginnen unseren Stadtrundgang in der im 11. Jahrhundert gegründeten Stadt auf ihrem größten Platz, dem Herrenacker, da man in seiner Nähe gut parken kann. Der Name der Stadt entstammt wohl dem mittelhochdeutschen Wort „Scep", was soviel wie Schiff bedeutet. Dies mag wohl daran liegen, dass genau hier der Rheinfall immer schon die Schifffahrt stark behindert hat und daher viele Schiffe in den Flusshäfen lagen, die auf den Transport ihrer Waren über Land, hinter den Wasserfall warteten.

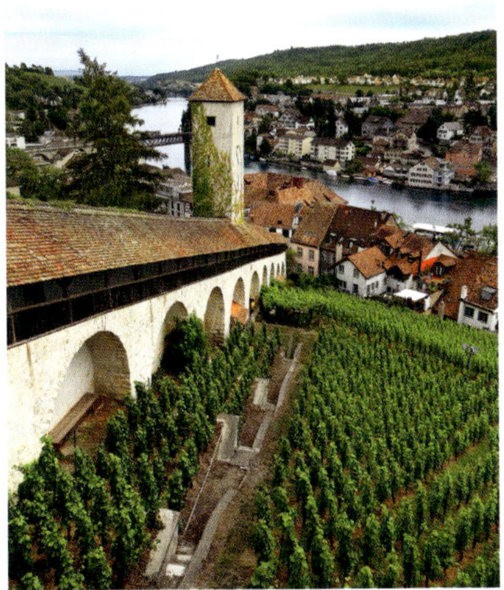

Rund um den Munot von Schaffhausen wächst der Wein.

An der Nordwestecke des Herrenackers verlassen wir den Platz und kommen am Stadttheater vorbei. Die Straße „Tanne" geleitet uns sogleich zum Herzstück der Fußgängerzone, dem ***Fronwagplatz (1)*** mit dem Fronwagturm, in dem ehemals die offizielle Marktwaage stand. Hierher mussten die Waren von den Schiffen gebracht werden um sie zu wiegen und anschließend unterhalb des Rheinfalls wieder auf die Schiffe zu verladen. In seinem Giebel sitzt eine 1564 von Johann Habrecht geschaffene astronomische Uhr. Sie ist eine der bedeutendsten Uhren der Welt und zeigt nicht nur die Zeit, sondern auch den Mond-, Sonnenstand sowie die Jahreszeiten an. Vor dem Fronwagturm steht der Landsknechtbrunnen von 1524 den die Figur eines mit einer Armbrust bewehrten Soldaten schmückt. Am Nordende des Platzes finden wir den 1535 entstandenen Mohrenbrunnen der von der biblischen Figur Kaspar, einem der heiligen drei Könige mit einem Krummschwert und einem Schild in der Hand gekrönt

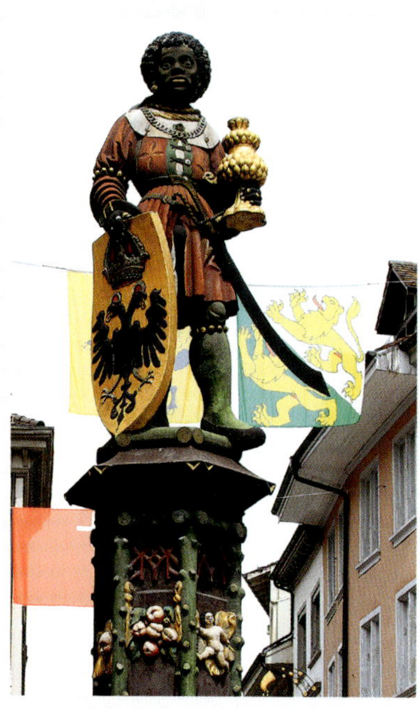

Mittelalterliche Figuren schmücken die Brunnen von Schaffhausen.

wird. In der Verlängerung vom Fronwagplatz kommen wir in die Straße Vorstadt. Am ihrem Ende liegt das 1361 erbaute ***Schwabentor (2)***, das den nördlichen Eingang der Stadt bewachte. Kurz vor dem Abzweig rechts ins Karstgässchen erblicken wir mit dem roten Haus ***„Zum Goldenen Ochsen" (3)*** eines der schönsten Bürgerhäuser von Schaffhausen. Seine spätgotische Fassade aus dem 17. Jahrhundert besticht durch seinen kunstvollen Erker und das Portal, im Zusammenspiel mit den meisterlichen Wandmalereien. Das Karstgässchen führt uns zum „Platz" genannten Platz, den ebenfalls ein historischer Brunnen schmückt. Neben dem Brunnen fasziniert das Haus ***„Zu den drei Königen" (4)*** mit einer Rokoko-Fassade und einem Trapezerker. Vom Platz zweigen wir in die Repfergasse ab, die uns zur Bachstraße bringt, der wir rechts zur Fußgängerbrücke folgen um diese zu überqueren. Nun bringt uns ein steiler Fußweg hinauf zur Festung der Stadt. Der ***Munot (5)*** wurde als Artilleriefestung im 16. Jahrhundert von den Schaffhausener Räten, die der Eidgenossenschaft zugehörig waren, beschlossen und von seinen Bürgern teils in Zwangsarbeit errichtet. Der gewaltige kreisrunde Wehrbau beeindruckt im Inneren durch seine Kasematten. Die frühen Formen der Bunker sollten mit ihren gewaltigen Wand- und vier Meter Deckenstärken feindlichem Artilleriebeschuss standhalten. Der Ausblick vom Dach der Burg in Richtung Rhein und Stadt ist atemberaubend. Am Fuße des einzigen Turmes nehmen wir den Munotstieg aus der Festung hinaus und kommen in den städtischen Weinberg in dem der schmackhafte „Munötler", ein roter Tropfen angebaut wird. Der Munotstieg endet an der Unterstadt. Hier halten wir uns rechts und passieren die 1710 im Rokokostil erbaute ***Gerberstube (6)***, ein historisches Zunfthaus. Wir überqueren die Straße hinüber zur gegenüberliegenden Vordergasse, biegen dann gleich links in die Goldsteinstraße, die uns zum ***Kloster Allerheiligen (7)***, dem größten romanischen Sakralbau der Schweiz, führt. Der romanische Turm der im 11. Jahrhundert erbauten Kirchenanlage gilt als einer der schönsten in der Schweiz. Papst Leo IX. selbst weihte den dem Grafen Eberhard von Nellenburg gehörenden Bauplatz. Im Streit um die Amtseinsetzung von Geistlichen verzichtete der papsttreue Graf, der auch das Münzrecht der Stadt innehielt, auf all seine Rechte. In der Folge wurde das Kloster nicht nur direkt dem Papst unterstellt, sondern auch ein beträchtlicher Teil des Grundbesitzes der Familie, sowie das Markt- und Münzrecht der Stadt gingen in den päpstlichen Besitz über. Somit wurden die Äbte die neuen Stadtherren von Schaffhausen. Der mittelalterliche Kräutergarten und das Museum Allerheiligen (Di-So, 11-17), das Ausstellungen zur Archäologie, Geschichte, Kunst und Naturkunde zeigt, ist einen Besuch wert. Wir verlassen das Münster an seiner nordöstlichen Seite und stoßen am Klosterbogen sogleich auf das einem Herrensitz ähnelnde Gebäude ***Zum Thiergarten (8)***. Das im 16. Jahrhundert errichtete Haus erhielt seinen Namen aufgrund seiner Funktion als Tiergarten des angrenzenden Klosters. Von hier aus gehen wir durch die Beckenstube zurück zum Herrenacker.

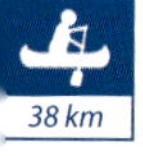

Museen: *Uhrenmuseum IWC (International Watch Co.)* (Di-Fr 15-17, Sa 10-15), Tel. +41 (0)52 635 65 65; *Hallen für Neue Kunst* (Sa 15-17, So 11-17), Tel. +41 (0)52 625 25 15; *Museum zu Allerheiligen* (Di-So 11-17), Tel. +41 (0)52 633 07 77, *Stemmler Museum* (So 11-17); *Museum im Zeughaus* (Apr-Okt jeden 1. Sa im Monat 10-16); *Sternwarte Schaffhausen* (Apr, Aug 21.30-23, Mai-Jul 22- 23.30, Sep-Mär 20.30-22)

Iznang - Ludwigshafen

Über den Bodanrück zur Stockacher Aach

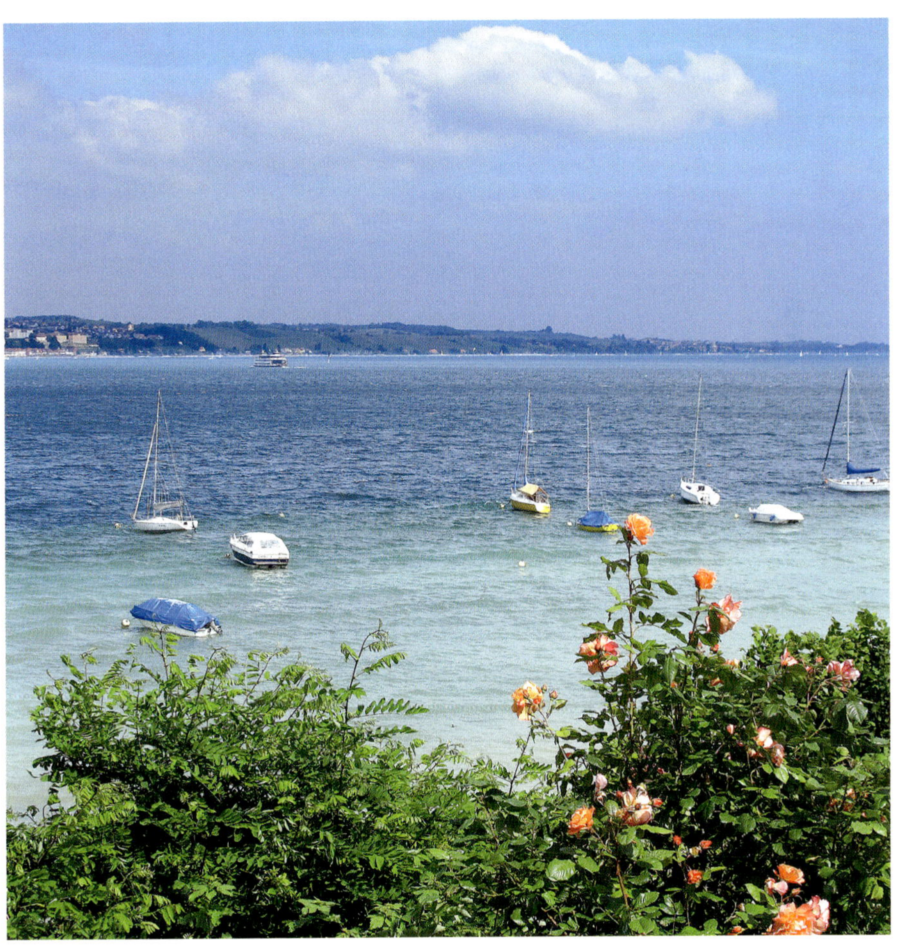

Tour 11

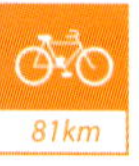

Infos Iznang - Ludwigshafen

Schwierigkeit ★★☆☆ Natur ★★★☆ Kultur ★★★★

Charakter der Tour

Diese Etappe beginnt entspannt entlang der verschilften Ufer des Untersees. Sie führt vorbei an heimeligen Dörfern, aber auch an Stätten des Weltkulturerbes Insel Reichenau. Nach einer Stippvisite in der ehrwürdigen Stadt Konstanz folgt dann die Blumeninsel Mainau und ein schweißtreibender, aber nicht allzu langer, Anstieg in die Berge des Bodanrücks. Gegen Ende saust der Radler abwärts zurück zum Überlinger See und beendet die Etappe auf einer grünen Wiese mit Blick aufs Wasser.

Besonderheiten

Ein Abstecher in Form einer Umrundung der Insel Reichenau bringt 15 lohnende Extra-Kilometer, die Kulturinteressierte nicht missen sollten. Darüber hinaus ist die gesamte Etappe jene mit den meisten Höhenmetern. Trotzdem sind die Steigungen für Jedermann zu bewältigen. Wer die Ufer des Bodanrücks auslassen will, findet zwischen Markelfingen und Langenrain eine wunderbare Abkürzung entlang des idyllischen Mindelsees. Wer zusätzlich die Blumeninsel Mainau besuchen möchte, muss sicher zwei Stunden mehr einplanen.

Sehenswürdigkeiten

Radolfzell: *spätgotisches Münster* (15. Jh.), *Österreichisches Schlösschen* (17. Jh.), *Stadtmuseum* (Di-So 10-12.30 & 14-17.30, Do 14-20), *Villa Bosch* (Ausstellungen zeitgenössischer Kunst Di-So 14-17).
Allensbach: *Nikolauskirche* (18. Jh.), *Heimatmuseum* (Mai-Okt Di 17-19, Jun-Aug Do 10-12); *Wild- und Freizeitpark Allensbach.* **Hegne:** *Kloster / Schloss* (16. Jh.). **Reichenau:** *Münster St. Maria und Markus* (9. Jh.), *St. Peter und Paul* romanische Säulenbasilika (11.-12. Jh.), *St. Georgskirche* (9. Jh.), *Burgruine Schopflen* (11. Jh.). **Konstanz:** Stadtrundgang Seite 42. **Mainau:** siehe Seite 100.
Litzelstetten: *Pfarrkirche St. Peter und Paul* (12. Jh.). **Dingelsdorf:** *St. Nikolaus Kirche* (15. Jh.).
Wallhausen-Dettingen: *St. Leonhardskapelle* (18. Jh.). **Langenrain:** *Kirche St. Josef, Barockschloss* (17. Jh.), *Bisongehege „Bodenwald“, Ruine Kargegg* (14. Jh.), *Marienschlucht.*
Liggeringen: *Kirche St. Georg* (18. Jh.). **Bodman:** *Ruine Altbodman* (13. Jh.), *Kloster Frauenberg* (14. Jh.), *Schloss* (19. Jh.), *Pfarrkirche St. Peter & Paul* (15. Jh.), *Torkel* (ehemalige Weinpresse mit Fachwerkbau aus dem 18. Jh.), *Seetor* (altes Torhaus), *Hafenanlagen, Stadtpark* mit Mammutbäumen, *Echotal.*

Sonstige Aktivitäten

Wandern: *Wanderungen* Tour 15, 19 bis 23. *Marienschlucht und Ruine Kargegg* (siehe Seite 94).
Schifffahrt auf dem östlichen Bodensee und auf dem Rhein, www.bsb-online.com.
Sonstiges: *Besuch des Aquariums „Sea Life Center Konstanz“* (tgl. 10-18), www.visitsealife.com; *Bodensee-Therme Konstanz* (tgl. 9-22) www.bodensee-therme-konstanz.de; *Besuch des Wild- und Freizeitpark Allensbach* oberhalb des Mindelsees (Mai-Sep 9-19.30, Kasse bis 17, Okt-Apr ab 10), Tel. (07533) 93 16 19, www.wildundfreizeitpark.de

Länge der Tour:
66 / 81 km, Fahrzeit 6 h

Höhenmeter:
415 m

81 km

Radanlaufstellen Reparatur & Verleih:

Radolfzell: *Rad &Tat Radsport,* Scheffelstr. 10a, Tel. (07732) 555 22, www.radundtatsport.de; *Zweirad Mees,* Höllturmpassage 1, Tel. (07732) 28 28, www.zweirad-mees.de; *Fahrrad Joos,* Schützenstr. 11+14 und Tegginger Str. 1, Tel. (07732) 823 68-0, www.zweirad-joos.de; *Spezialverleih Martin Hampel,* Friedrichstr. 8, Tel. (07732) 97 97 32, www.spezialradverleih.de
Allensbach: *Radhaus,* Von-Steinbeis-Str. 2, Tel. (07533) 12 18, www.radhausallensbach.de
Konstanz: *Radsport Müller,* Mainaustr. 34, Tel. (07531) 95 99 95 und Fritz-Arnold-Str. 5, Tel. (07531) 224 28; *Velotours,* Brücklestr. 13, Tel. (07531) 982 80, www.velotours.de; *Rad-Center,* Untere Laube 32, Tel. (07531) 160 53, www.fahrrad.de **Litzelstetten:** Martin-Schleyer-Str. 6 c, Tel. (07531) 433 39 **Reichenau:** *Fahrrad- & E-Bike-Verleih im Freizeitcenter Insel Reichenau* (beim Campingplatz), Tel. (07534) 995 87 77, www.freizeitcenter-reichenau.de

Anreise:

Vom Autobahnkreuz Hegau bei Singen geht es auf die B33 in Richtung Radolfzell, nach fünf Kilometern rechts auf die B 34 nach Singen. Gleich wieder links auf die L 220 Rickelshausener Straße Richtung Böhringen / Rickelshausen. Am nächsten Kreisverkehr erste Ausfahrt, im folgenden Kreisverkehr die zweite Ausfahrt (links) abbiegen Richtung Moos. Nun auf der L 192 bis Iznang, dort links in die See- und sofort wieder rechts in die Strandbadstraße zum Parkplatz am Freibad.

Zurück zum Pkw: Mit der Bahn von Ludwigshafen nach Radolfzell und anschließend mit dem Höribus 7368 nach Iznang.

Kartenmaterial: ***Rund um den Bodensee*** 1:50.000, RV Verlag; ***Fahrradkarte Radtourenkarte Radkarte Bodensee*** 1:60.000, Bielefelder Verlag; ***WK D 11 Bodensee Wander-, Rad- und Freizeitkarte*** Freytag & Berndt Verlag 1:50.000.

Übernachtung:

Iznang: *Kanuclub Singen* (Camping und Zimmer), Strandbadstr. 17, Tel. 0176 / 38 48 07 22, www.kanuclub-singen.de; *Gästehaus-Café Perlmuschel,* Seestr. 14, Tel. (07732) 570 83, www.cafe-perlmuschel.de; *Campingplatz Stoffel,* Strandbadstr. 8, Tel. (07732) 823 84 80, www.campingplatz-stoffel.de; *Gasthaus Seehof,* Seestr. 5, Tel. (07732) 43 02, www.seehof-iznang.de
Radolfzell – Markelfingen: *Naturfreundehaus Bodensee,* Radolfzeller Str. 1, Tel. (07732) 82 37 70, www.nfhb.de; *Jugendgästehaus Carl Duisberg,* Schiedelenweg 3-5, Tel. (07732) 92 010, www.cdc.de; *Haus Schmetterling,* Gnadeseestr. 5/1, Tel. (07732) 91 16 81, www.haus-schmetterling.de
Allensbach: *Hotel Haus Rose,* Konstanzer Str. 23, Tel. (07533) 31 00, www.haus-rose.de; *Bade- & Campingplatz Himmelreich,* Strandweg 34, Tel. (07533) 936 12 85, www.campingplatz-himmelreich.de
Reichenau: *Pension Keller,* Am Vögelisberg 13, Tel. (07534) 92 10 21, www.pension-keller-reichenau.de; *'S Hobelbänkle,* Rosendornweg 5, Tel. (07534) 13 83, www.hobelbaenkle.de; *Camping Sandseele* (Camping, Zimmer), Bradlengasse 24, Tel. (07534) 73 84, www.sandseele.de
Konstanz: *Kanu Club Konstanz e.V.,* Wintererstteig 15-17, Tel. 0152 / 54 30 30 57, www.kc-konstanz.de; *Hotel Bilger Eck,* Reichenaustr. 2, Tel. (07531) 593 30, www.bilgereck.de;
Jugendherberge Otto-Moericke-Turm, Zur Allmannshöhe 16, Tel. (07531) 322 60, www.konstanz.jugendherberge-bw.de; *Campingplatz Bruderhofer Konstanz-"Staad",* Fohrenbühlweg 50, Tel. (07531) 313 88, www.campingplatz-konstanz.de;
DKV-Campingplatz Bodensee, Fohrenbühlweg 45, Tel. (07531) 330 57, www.dkv-camping.de;
Ringhotel Schiff am See, William-Graf-Platz 2, Tel. (07531) 310 41, www.ringhotel-schiff.de
Litzelstetten: *Haus Keufer,* Am See 9, Tel. (07531) 448 37, www.haus-keufer.de

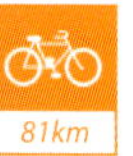

Dingelsdorf: *Pension Rose,* Wallhauser Str. 12, Tel. (07533) 970 00, www.pension-rose.de; *Camping Klausenhorn,* Hornwiesenstr. 40/42, Tel. (07533) 63 72, www.camping-klausenhorn.de
Langenrain: *Gästehaus Monika,* Oberdorfstr. 4, Tel. (07533) 52 05, www.gaestehaus-monika.com
Bodman: *Gästehaus Hasler,* Kaiserpfalzstr. 65, Tel. (07773) 930 70, www.cafe-hasler.de; *Hotel Garni Café Seerose,* Seestr. 12, Tel. (07773) 51 79, www.seerose-bodman.de; *Fischerhaus,* Am Torkel 9, Tel. (07773) 55 01, www.hotel-fischerhaus.de; **Ludwigshafen:** *Campingplatz Schachenhorn,* Radolfzeller Str. 23, Tel. (07773) 93 75 18, www.camping-schachenhorn.de

Auskunft:

Tourismus- und Stadtmarketing Radolfzell, Bahnhofplatz 2, Tel. (07732) 815 00, www.radolfzell.de
Kultur- und Verkehrsbüro Allensbach, Konstanzer Str. 12, Tel. (07533) 801 35, www.allensbach.de
Tourist-Info Konstanz, Bahnhofplatz 43, Tel. (07531) 13 30 30, www.konstanz-tourismus.de
Tourist-Info Reichenau, Pirminstr. 145, Tel. (07534) 920 70, www.reichenau.de
Tourist-Info Bodman-Ludwigshafen, Hafenstr. 5, Tel. (07773) 93 00 40, www.bodman-ludwigshafen.de

Über den Bodanrück zur Stockacher Aach

In Bezug auf Höhenmeter ist die erste Etappe die Königsetappe des Bodensee-Radwegs. Die Alpen sind zwar in Sichtweite, doch sind sie nicht für die ordentlichen Steigungen verantwortlich. Es sind die Hänge des Bodanrücks, die allerdings erst im letzten Tagesdrittel anstehen.

Am gastfreundlichen Kanuclub Singen in Iznang beginnt die Reise auf dem Bodensee-Radweg. Bepackt mit Satteltaschen und Zeltausrüstung geht es von der Strandbadstraße zunächst zum niedlich kleinen Rathaus von Iznang. Hier biege ich rechts in die Lange Gasse, die gleich darauf links wegführt. Nochmal links haltend, gelange ich in die Straße Unter Eichen, die bald in einen Radweg übergeht und aus dem Dorf hinausführt.

Die Wegweiser weisen nach Moos und Radolfzell. Auf schmalen Teerstraßen und sandigen Wegen steuere ich mein Fahrrad entlang des verschilften Ufers. Ein kleiner hölzerner Aussichtsturm bietet einen weiten Ausblick über die grünen Schilfhalme und das blaue Wasser des Untersees auf die Halbinsel Mettnau und Radolfzell, der einzigen Stadt, die den Zusatz „am Bodensee" trägt. Eine hoch aufgeschossene Pappelallee kündigt dann das Strandbad des Örtchens Moos an, dessen kanalartig ausgebautes Hafenbecken den bunten Segelbooten sicher auch bei Sturm guten Schutz bietet.

Vom Parkplatz des kleinen Hafens führt der Radweg entlang eines kleinen Grabens an den Ausläufern von Moos vorbei, hin zur Radolfzeller Straße. Wer noch etwas an Lebensmitteln nachkaufen muss, findet gleich an der Ecke einen Supermarkt. Gut, dass der stark befahrenen Radolfzeller Straße ein Radweg angegliedert ist. Gesäumt von hohen Pyramidenpappeln geht es nun durch weite Schilffelder. Das ganze Sumpfgebiet gehört zur Radolfzeller Aach, die hier im Unterlauf durch ein Naturschutzgebiet fließt. Erstaunlicherweise stammt ein Großteil des Wassers aus der Donau, obwohl ihr Einzugsbereich der Rhein ist. Das liegt daran, dass ihr Wasser, das übrigens aus der größten Quelle Deutschlands stammt, zwischen Immendingen und

Karte Iznang - Ludwigshafen

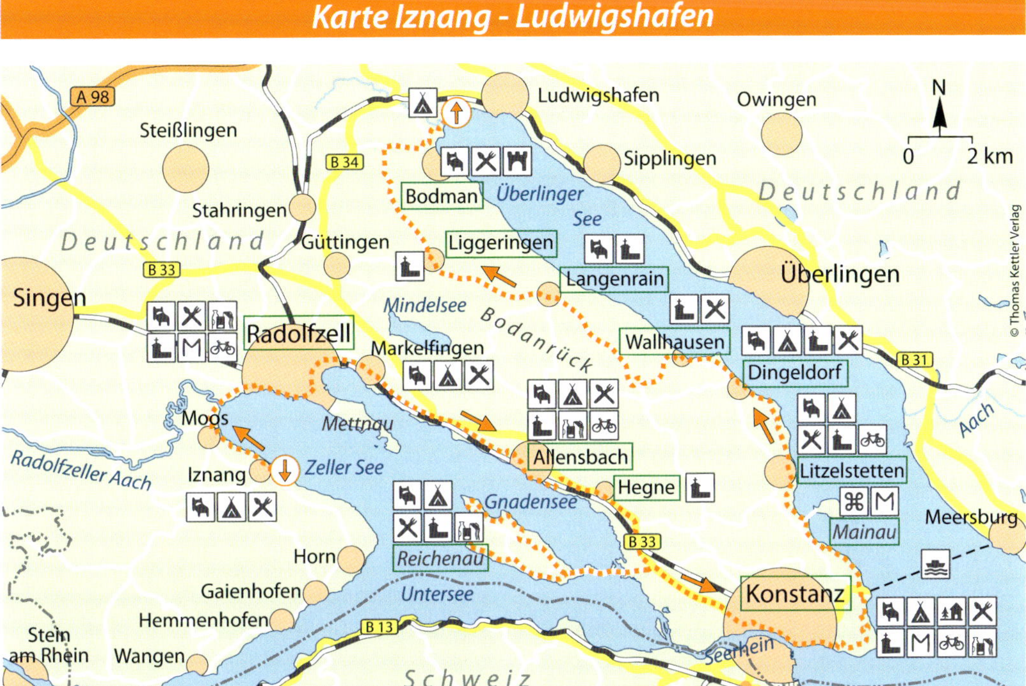

Möhringen in unterirdischen Hohlräumen versickert, über geologische Kalkformationen des Weißen Jura in den zwölf Kilometer entfernten Aachtopf geleitet wird und wieder als neucr Fluss hervortritt.

Das vor mir liegende Radolfzell wurde 826 von Bischof Radolt von Verona gegründet und bekam von ihm auch seinen zunächst lateinischen Namen: Cella Ratoldi. Über den Kreisverkehr hinweg, folge ich der Zeppelinstraße bis rechts vor einem Parkplatz der Radweg in einen kleinen Park abzweigt, um wenig später von der vielspurigen Eisenbahntrasse zum See hin abgelenkt zu werden. Zwischen See und Bahngleisen steuere ich mein Fahrrad nun an der Strandpromenade entlang. Wer die schöne Innenstadt Radolfzells sofort besuchen will, kann gegenüber des zweiten Hafens sein Rad durch einen Tunnel zum Bahnhof schieben. Genau gegenüber des Bahnhofs befindet sich die Altstadt. Direkt am Hafen steht die Bronzeskulptur des badenden „El Nino" und unter der futuristisch anmutenden Architektur des Konzertsegels, finden in der wärmeren Jahreszeit kulturelle und musikalische Veranstaltungen im Freien statt.

Nach ein paar Einkehrmöglichkeiten verabschiedet sich der Radweg vom Wasser. Ich überquere nun links hinauf auf der großzügigen Überdeckelung die Eisenbahngleise, auf der Reste einer historischen Vorgängerbrücke ausgestellt sind. Über die geschäftige Scheffelstraße geht es von der anderen Seite in Richtung Stadtkern. Das eigentliche Zentrum allerdings meidet der Weg, denn rechts über den Luisenplatz, der in die Konstanzer Straße übergeht, entferne ich mich schnell wieder von der Altstadt. Hinter einem Kreisverkehr überbrückt die Straße nochmals Bahngleise, dann führt der Radweg nach rechts durch ein Wohngebiet aufs weite Feld hinaus. Die Bahnlinie und den See zu meiner Rechten,

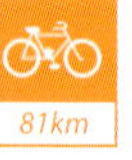

geht es nun nach Markelfingen. In den Wäldern oberhalb des Ortes könnte man einen Abstecher zum Mindelsee (Tour 20, Seite 183) machen oder östlich davon, den Natur- und Wildpark Allensbach besuchen.
Der Radweg aber führt mich über die Gnadenseestraße rechts am eigentlichen Ort vorbei. An ihrem Ende geht es erst links, dann gleich wieder rechts zur Radolfzeller Straße. Blumenwiesen und einzelne Bäumen, die sich auf den landwirtschaftlich genutzten Flächen halten konnten, säumen die Strecke. Auf meinem Weg in Richtung Allensbach passiere ich das am Ufer des Bodensees gelegene Naturfreundehaus Bodensee und den Campingplatz Willam. Allensbach, das schon Siedlungsspuren aus vorgeschichtlicher Zeit aufweist, hatte im Winter 2002/2003 von sich Reden gemacht, als ein perfekt gearbeiteter Feuersteindolch aus oberitalienischem Feuerstein mit vollständig erhaltenem Holzgriff, ähnlich dem des berühmten „Ötzi", auf dem Gelände des Allensbacher Campingplatzes gefunden wurde. Er beweist, dass die Pfahlbaubewohner vom Bodensee vor 5.000 Jahren offensichtlich Kontakte bis nach Norditalien hatten.
Gleich nach dem Ortseingang geht der Radweg links in die Nägelriedstraße, um gleich wieder rechts, parallel zur Hauptstraße, durch den Ort zu führen. Die erste schmale Straße links, mit dem feinen Namen Alpenblick, lockt zu einem Abstecher. Steil führt sie nach oben und belohnt nach einer weiten Rechtskurve mit einem grandiosen Ausblick auf den Gnadensee. Leider sind die Alpen im Dunst des Tages verschwunden. Dafür kann ich vorzüglich die Umrisse der Insel Reichenau ausmachen. Der grüne Kupferhut des Zwiebelturms der 1698 erbauten barocken Nikolauskirche, die mit ihren orange-rosa Tönen vor den bläulichen Farben des Sees heraussticht, ist schon lange bekannt als Motiv lokaler Maler, wie eine Hinweistafel erklärt.

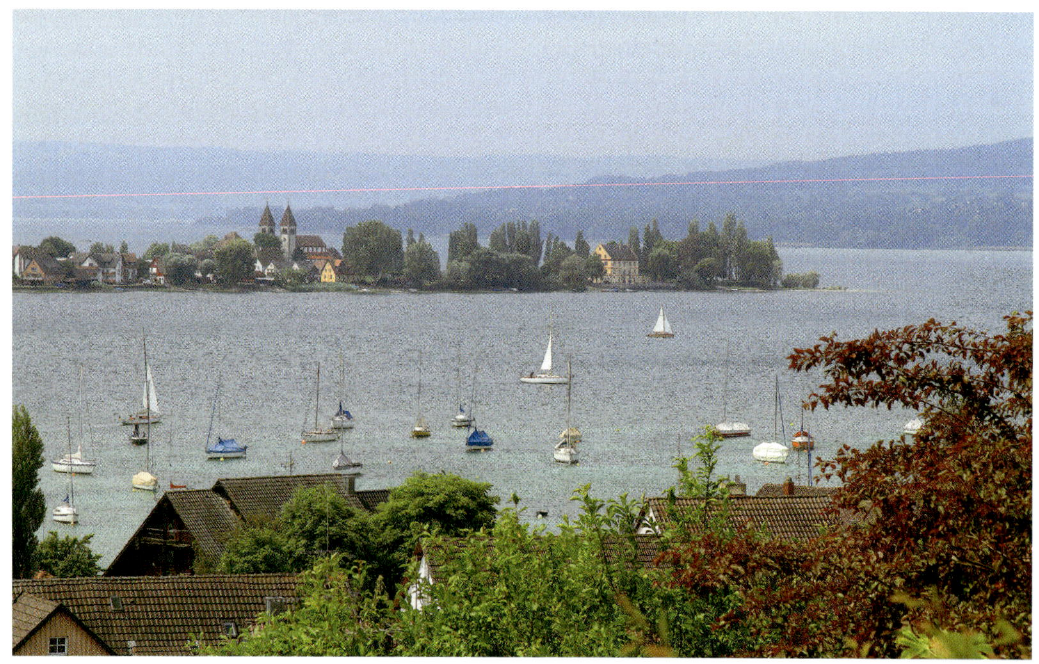

Die Insel Reichenau mit ihrem Kloster ist, laut der UNESCO, ein herausragendes religiöses und kulturelles Zeugnis eines großen Benediktinerklosters des Mittelalters.

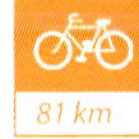

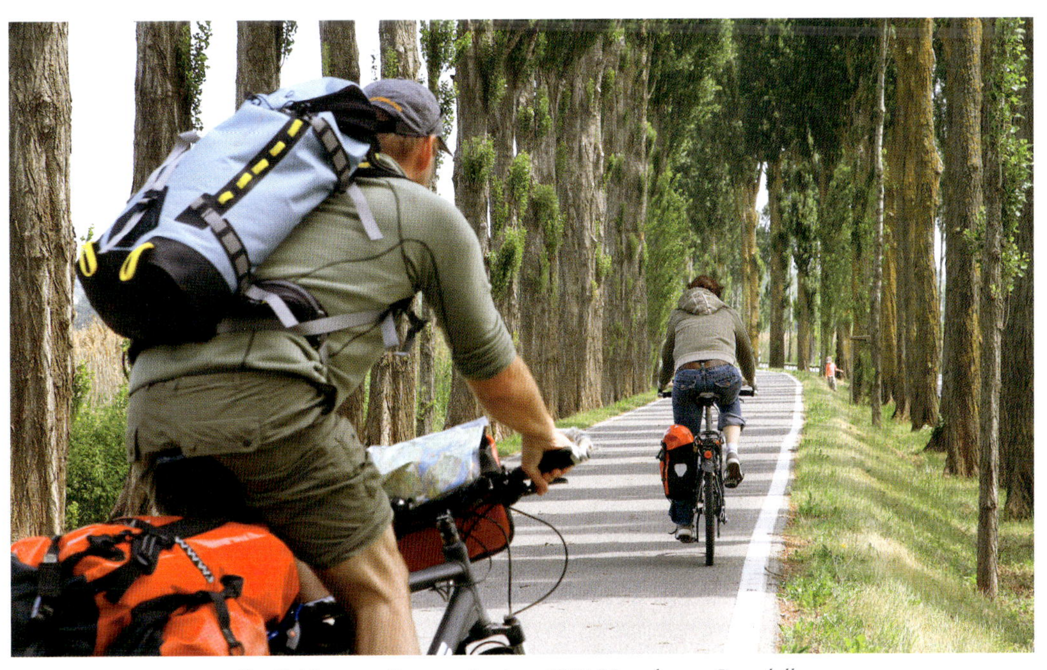

Der Reichenauer Damm mit seiner 1300 Meter langen Pappelallee, wurde 1838 auf Initiative von Napoléon III. gebaut.

Über einen holprigen Feldweg geht es dann anschließend schnell wieder seewärts zurück auf die Höhrenbergstraße. Ein paar Meter weiter führt mich rechts die Brunnengasse über die Bahnlinie zum Seeufer. Immer so nah wie möglich am Ufer entlang, geht es bis zum Campingplatz Himmelreich. Der Radweg entfernt sich über einen Tunnel und den dahinter liegenden Thurgauweg vom See. Rechts folge ich ihm, entlang der Konstanzer Straße, nach Hegne.

Unübersehbar ist das Kloster Hegne. Geführt von der Gemeinschaft der Barmherzigen Schwestern vom Heiligen Kreuz, wurde es im 16. Jahrhundert zunächst als Schloss erbaut. Heute strahlt das Gebäude mit der weißen Fassade eine gewisse Erhabenheit aus. Die vielbefahrene Bundesstraße davor passt allerdings nicht ins Landschaftsbild. Nachdem Papst Johannes Paul II. eine Ordensschwester selig gesprochen hatte, wurde das Grab der Nonne zum Pilgerort. Gegenüber des Klosters befindet sich erneut an einer Stichstraße ein Campingplatz direkt am See. Um dem Straßenlärm zu entkommen, fahre ich diesen Stichweg bis kurz vor die Bahngleise und folge ihnen auf einem Sandweg parallel zur Straße, aber mit einigem Abstand. An einem Privathaus muss ich scharf nach links wieder auf die Straße hinauf, die mich nach rechts über die Eisenbahnschienen bringt. Die Brücke bietet einen guten Ausblick über die weiten Schilfgebiete des Wollmatinger Rieds und in Richtung Reichenau. Die Insel scheint jetzt zum Greifen nah. Hinter der Brücke sind es dann auch nur noch ein paar hundert Meter bis rechter Hand der Damm auf die Insel führt. Viele Radfahrer und Inline-Skater, welche die vor dem Damm liegenden Parkplätze als Startpunkt für einen Insel-Ausflug nutzen, streben mit mir in Richtung der Welterbe-Insel Reichenau. Beiderseits des von riesigen Pyramidenpappeln gesäumten Damms blicke ich über Schilffelder, die von kleinen

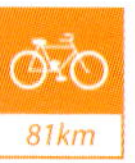

Der Milan

Wer am Bodensee unterwegs ist, wird früher oder später einen Milan erblicken. Erkennbar ist er an seinem gegabelten Schwanz. Rund um den Bodensee kann man gleich zwei Milanarten beobachten. Der Rotmilan hat einen tief gegabelten Schwanz. Diesen erkennt man schon aus weiter Ferne, auch wenn nur die Silhouette des Vogels auszumachen ist. Er trägt ein rostbraunes Federkleid und sein Kopf ist grauweiß abgesetzt. In der Wiesen- und Flusslandschaft ernährt er sich von Mäusen und kleinen Vögeln, aber auch Aas verschmäht er nicht. Trotz seiner Vorliebe für die Jagd in offener Landschaft, baut er sein Nest versteckt in dichtem Wald. Besonders viele Milane kann man an sonnigen Tagen beobachten, wenn die Vögel im Aufwind ihre Kreise ziehen, wie, mit etwas Glück, bei einem Besuch auf der Burg Hohenklingen (mit Milan im Flug, siehe Foto Seite 181). Sein Verwandter der Schwarzmilan ist deutlich dunkler gefärbt. Sein Schwanz ist nicht so tief gekerbt wie der des Rotmilans und ist deswegen nicht in jeder Flugstellung zu erkennen. Der Schwarzmilan lebt gern in Wassernähe, wo er äußerst geschickt der Jagd auf geschwächte oder unaufmerksame Fische nachgeht. Darüber hinaus ernährt er sich von Kleinsäugetieren. Er brütet gern gesellig in alten Bäumen. Während meiner Kanufahrten auf dem Bodensee konnte ich mehrfach beobachten, wie ein Schwarzmilan seine Beute aus dem Wasser zog – ein ganz besonders Erlebnis!

Lagunen durchzogen sind. Graureiher, Haubentaucher, Blesshühner und Gänse finden hier Schutz und fasziniert beobachte ich über mir kreisende Schwarzmilane.
Hinter den Lagunen komme ich zu den links der Straße liegenden Mauerresten der einst stolzen Burg Schopflen. Sie wurde im 11. Jahrhundert errichtet, um die Insel vor landseitigen Angriffen zu schützen. Das war notwendig, denn obwohl es damals noch keinen Damm gab, konnte bei niedrigem Wasserstand zur Insel gewatet werden. Der Damm wurde erst 1838 auf Initiative von Napoléon III. erbaut. Die alten Burgmauern sind nicht nur interessant, sondern bieten einen tollen erhöhten Aussichtspunkt. Informationstafeln erzählen von der Natur der Umgebung und der Geschichte der Anlage. Ein Stück weiter geht es dann über die Brücke des Bruckgraben hinüber zur Insel. Das ganze Eiland wird von einem Radwegenetz überzogen. Dem rechten Uferweg folgend, kommt man gleich zur dreischiffigen Säulenbasilika St. Georg. Sie wurde um das Jahr 900 rund um die Reliquien des Heiligen Georgs errichtet, die vom Reichenauer Abt Hatto III. aus Rom mitgebracht worden waren. Das Gebäude selbst beherbergt ottonische Wandmalereien mit Szenen aus dem Leben Jesu aus dem 10. Jahrhundert. Ebenfalls erwähnenswert ist ein seltenes Spottbild aus dem 14. Jahrhundert, welches das Geschwätz der „tumben wibum", der törichten Frauen kritisiert. Das auf eine Kuhhaut geschriebene und von vier Teufeln gehaltene Bild illustriert sehr schön die Redensart vom „Geschwätz, das auf keine Kuhhaut geht".
Anstatt am Ufer weiter zu fahren, radle ich auf der Hauptinselstraße einen Berg hinauf, um einen Überblick über das Eiland zu bekommen. Hier oben, mitten im Weinberg, bietet sich eine schöne Aussicht auf Insel und See. Anschließend geht es mit Schwung den Berg hinab in den Ortsteil Mittelzell hinein. Auf dem Dorfplatz steht eine markante Linde, deren Holzkörper schon weitgehend ausgefault zu sein scheint. Über 700 Jahre soll das Naturdenkmal alt sein, seine Krone strotzt aber noch immer vor grüner Vitalität.

Nun nehme ich den Abzweig nach rechts und komme direkt zum Münster St. Maria und Markus, der größten der drei romanischen Kirchen auf der Insel. Mit dem Bau der ehemaligen Benediktiner-Klosterkirche wurde im Jahre 816 begonnen. Heute wird sie als katholische Pfarrkirche genutzt. Neben den aus Venedig stammenden Reliquien des Evangelisten Markus, sind Grabplatten, Statuen, Wand- und Ölgemälde sehenswert. Die Schatzkammer der Abtei verwahrt den originalen Markusschrein und andere kostbare Schreine und Reliquiengefäße, sowie ein Evangelistar aus der Mitte des 9. Jahrhunderts.
Vom Münster aus folge ich der Straße abwärts in Richtung Strandbad, um dann direkt am Ufer in Richtung Niederzell zu fahren, dem westlichen Teil Reichenaus. Hier sticht natürlich die doppeltürmige, romanische Säulenbasilika St. Peter und Paul aus dem Dorfkern heraus, die im 12. Jahrhundert fertig gestellt wurde. Die Besucher bewundern im Inneren ein eindrucksvolles Apsisgemälde aus dem 11. Jahrhundert.
Gegen den Uhrzeigersinn, möglichst nah am Ufer, geht es auf der anderen Inselseite zurück. Das gute Klima und die Fruchtbarkeit der Böden machen sich anhand zahlreicher Treibhäuser bemerkbar, die die Insel überziehen. Sie wollen so gar nicht zu dem mittelalterlichen Erbe der Insel passen. Trotzdem freue ich mich über Verkaufsstände der Bauern, die frische Kirschen, Erdbeeren, Tomaten, Fenchel, Salate usw. anbieten. Ein ums andere mal wandert ein Topf Erdbeeren in meine Satteltaschen, ehe ich über den mir schon bekannten Damm die Insel verlasse und in

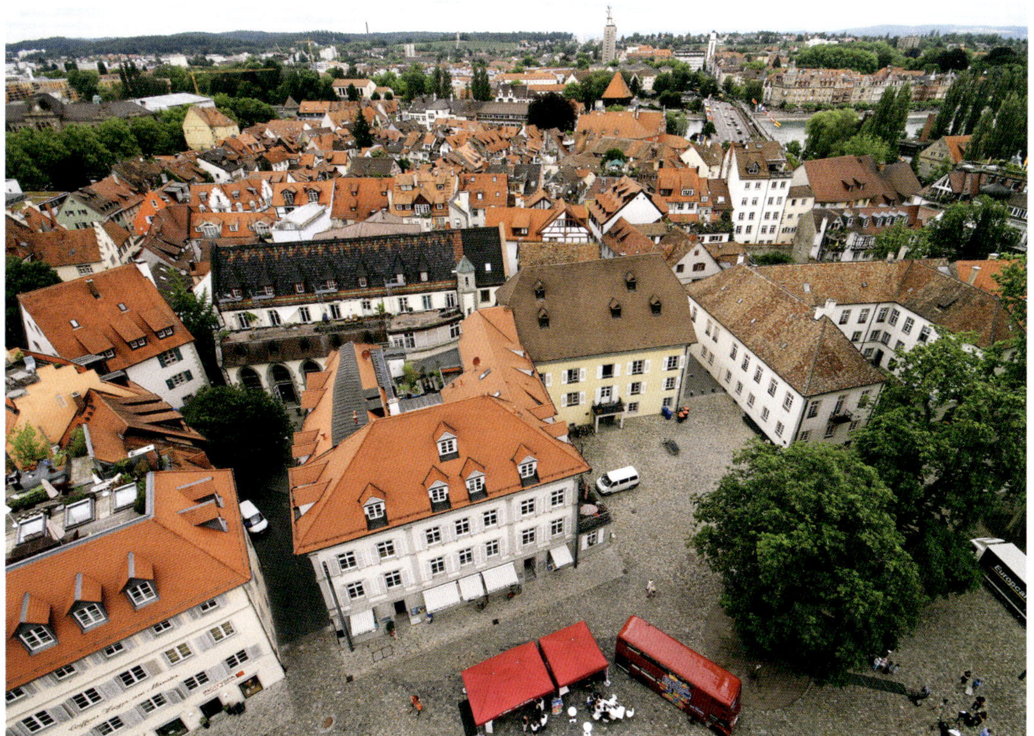

Die Konstanzer Altstadt mit ihren verwinkelten Gassen, den Bauten aus dem Mittelalter und den schönen Plätzen ist besonders gut erhalten.

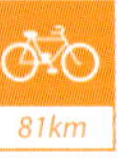

Richtung Konstanz fahre. Hinter der Reichenau geht es auf dem, die Haupteinfallstraße begleitenden Radweg, nach Konstanz hinein. Wegen des starken Verkehrs kein sonderlich attraktiver Abschnitt. Ich halte mich auch in der Stadt zunächst an die Reichenaustraße, die Durchgangsstraße, und passiere rechter Hand die drei den Seerhein überspannenden Brücken von Konstanz. Wer gern jetzt die historische Altstadt besuchen möchte, kann dies leicht über eine dieser Brücken tun.
Ich biege direkt vor der letzten Brücke rechts ab und fahre unter der Brücke hindurch zur platanenbestandenen Promenade. Sie zieht sich am Ufers des Obersees entlang. Der Verkehr ebbt merklich ab und ich genieße den Blick auf die Weite des Bodensees. Bei schönem Wetter scheint die halbe Stadt entlang der Promenade zu flanieren, Schwäne zu füttern, oder die Füßen ins Wasser zu stippen.
Anstatt der Beschilderung des Radweges zu folgen, halte ich mich zunächst weiter am See, auch wenn dies bedeutet, ab und an schieben zu müssen. (Schilder Radfahren verboten). Erst an der großen Seebrücke biege ich links in den Hermann-Hesse-Weg ab. Hinter der Bodensee Therme geht es rechts in die Straße Zur Torkel und bald nach rechts in die Eichhornstraße, die sofort nach links in die Jakobstraße übergeht. Ihr folge ich durch ein kleines Waldstück. An seinem Ende biege ich rechts und bald wieder links ab, um nach ein paar hundert Metern den Campingplatz Bruderhofer und den DKV-Campingplatz zu passieren. Im folgenden Kreuzungsbereich geht es weiter geradeaus über die Lindauer Straße, dann ein kurzes Stück rechts auf die Staader Straße um sofort wieder links über den Felchengang in die Nähe des Fähranlegers zu kommen. Wer mag, kann hier das

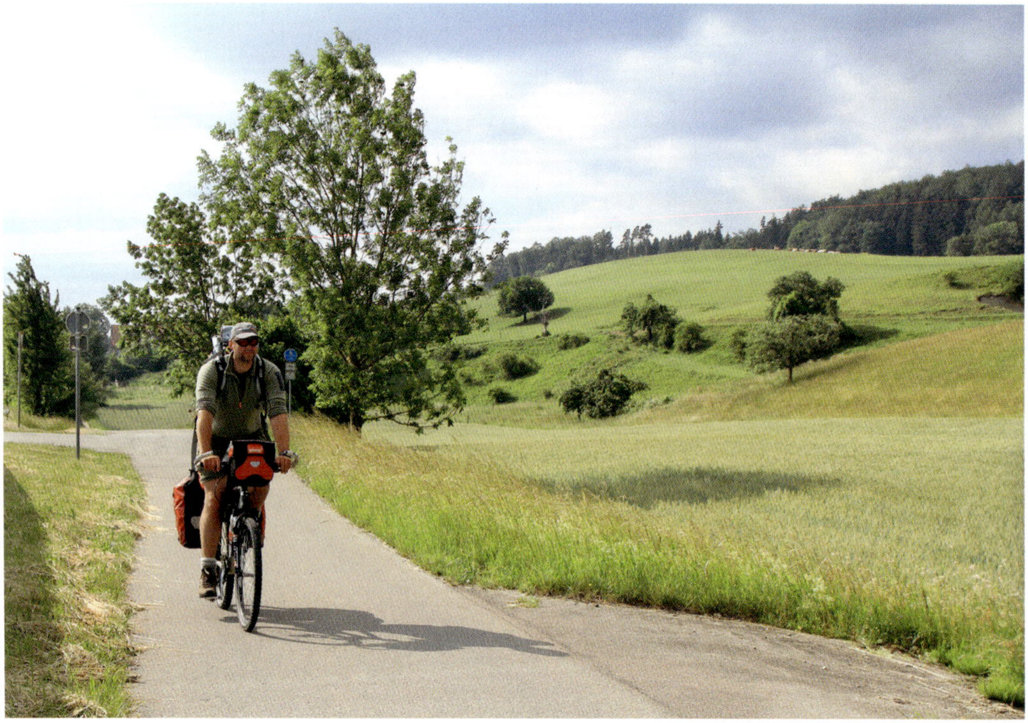

Die bis zu 700 Meter hohen Hügel des Bodanrücks bringen Radfahrer zum Schwitzen.

bunte, maritim anmutende Treiben des Be- und Entlandens der Fähren nach Meersburg und Friedrichshafen beobachten. Auf der Schiffsstraße, schräg gegenüber, geht rechts der Bodensee-Radweg ab in die Hoheneggstraße. Sie führt den Radler wieder direkt zum See und entfernt sich langsam auch von den Siedlungen des Konstanzer Stadtteils Staad. Zwischen Wald und mondänen Seegrundstücken mit den dazugehörigen villenartigen Häusern, führt der Weg schnurstracks nach Egg. An seinem Ende geht es zunächst links, dann nach wenigen Metern wieder rechts und ehe man sich versieht, ist man aus dem Dorf heraus. Dichter Wald begleitet nun das Seeufer und bringt mich, wie es der Name des Weges vermuten lässt, direkt zum Eingang der Blumeninsel Mainau. Auf einem riesigen Parkareal wimmelt es nur so von Autos und Bussen. Das herrschende Kaiserwetter hat an diesem Wochenende sämtliche Touristen der Region nach Mainau gespült. Durch die den Inselzugang bevölkernden Menschenmassen hindurch komme ich, geduldig schiebend, wieder auf den Radweg. Im sich anschließenden dichten Wald bin ich bald wieder für mich. Unter frisch austreibenden Pappeln, Eichen und Eschen, finde ich schnell wieder in meinen gewohnten Tritt. Der Wald öffnet sich und gibt herrliche Ausblicke auf einen grünlich schimmernden Überlinger See frei. Bald gelange ich zum Campingplatz Litzelstetten-Mainau. Am Dorfeingang von Litzelstetten halte ich mich rechts und komme, vorbei am Campingplatz, zum Ortsausgang. Dort lockt das örtliche Strandbad zu einer Abkühlung.

Durch eine schöne Wiesenlandschaft geht es, immer in Seenähe, nach Fließhorn, wo ebenfalls am Ufer ein schöner Campingplatz auf müde Radler wartet. In der Folge steuere ich mein Rad hinein nach Dingelsdorf. Die linker Hand am Ortseingang erbaute Kirche

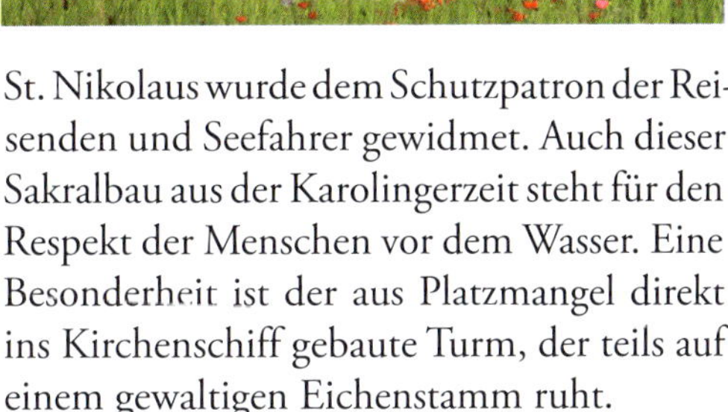

St. Nikolaus wurde dem Schutzpatron der Reisenden und Seefahrer gewidmet. Auch dieser Sakralbau aus der Karolingerzeit steht für den Respekt der Menschen vor dem Wasser. Eine Besonderheit ist der aus Platzmangel direkt ins Kirchenschiff gebaute Turm, der teils auf einem gewaltigen Eichenstamm ruht.

Vorbei am Yachthafen erreiche ich den örtlichen Campingplatz mit seiner Freibadanlage. Immer links haltend, führt mich der Weg kurz darauf nach Wallhausen. Am Ufer des Sees wurde durch Reste von Pfahlbauten schon eine steinzeitliche Besiedlung nachgewiesen. Auf der Landesstraße 219 geht es durch den Ort. Von jetzt an sind erstmals die Wadenmuskeln gefordert, weil es nun gilt, die Höhen des Bodanrücks zu erklimmen. Ich folge wegen des schweren Gepäcks in den Satteltaschen der Hauptstrecke des Bodensee-Radwegs schnurstracks bergauf nach Dettingen. An der kleinen Kapelle vor Dettingen geht es

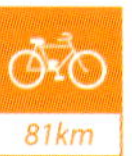

zunächst wieder rechts leicht bergab über Feldwege, um die geschäftige Hauptstraße des Ortes zu meiden. In der Folge schwenke ich rechts auf die Langenrainer Straße in Richtung Bodman ein. Die Landstraße wird zum Glück von einem guten Radweg begleitet. Auf dem Weg nach Langenrain sind nun einige Hügel zu überwinden. Kurz vor dem Örtchen kann man über einen Stichweg der Marienschlucht und der Ruine Kargegg (Siehe Seite 94) einen Besuch abstatten, muss aber das Rad oberhalb der Schlucht angeschlossen zurücklassen.

Der Ort Langenrain ist zwar nur ein paar Häuser groß, besitzt aber immerhin die kleine Kirche St. Josef und ein 1648 erbautes Barockschloss, in dem sich einst badische Revolutionäre der 1848'er Revolution unter Führung von Friedrich Hecker trafen. Ein kleiner Feldweg nahe der Hauptstraße führt darüber hinaus zum ehemaligen Wachturm „Sophienruhe", der früher zur Beaufsichtigung der Weinberge diente. Heute ist der Turm bekannt für seine schöne Aussicht auf die Hegauberge.

Hinter Langenrain wird die Landschaft bald wieder offener. Einzelne Baumveteranen und Obstbaumhaine schauen aus den grünen Wiesen hervor. Flott geht es hinunter nach Liggeringen. Im Ort fällt sofort der Turm der St. Georg Kirche ins Auge, die erst im Jahre 1905 neu erbaut wurde. Direkt neben der Kirche steht ein schöner Brunnen, dessen Wasser man zwar nicht trinken sollte, aber für ein erfrischendes Kopfstippen ist es hervorragend geeignet. Die urige Wirtschaft zum Kranz in der Bergstraße ist ein echter Geheimtipp. Das „Dünnele" oder auch von Norddeutschen gerne „Dünnerle" genannt, ist eine bäuerliche Spezialität, die es im gesamten alemannischen Sprachraum gibt. Den Flammkuchen, wie er jedermann ein Begriff ist, gibt es hier gleich in sieben Variationen. Am besten passt dazu ein Glas Most.

Anstatt nun über Güttingen und Stahringen in einem großen Bogen nach Bodman zu fahren, entschließe ich mich, den einsameren Weg durch Wald und Wiesen zu nehmen. Dafür biege ich rechts hinter dem Brunnen in die Dettelbachstraße, die mich aus dem Ort hinaus Richtung Bodman führt. Eine Strecke, auf der die Bremsen gut funktionieren sollten, denn es geht rasant bergab. Am Eingang zum Wald bietet sich rechter Hand ein Abstecher zur „Bisonstube Bodenwald" (Mo-Fr ab 15, Sa,S o ab 12, Di Ruhetag, Ferien BW kein Ruhetag) im Hofgut Bodenwald mit Bisongehege an. Die Wirtschaft, für deren Besuch man allerdings besser die Räder am Parkplatz stehen lässt, befindet sich direkt oberhalb der Ruine Altbodman und dem Kloster Frauenberg (siehe auch Wanderung Altbodman und Echotal Tour 21, Seite 187).

Den Wald hinter mir lassend, biege ich rechts auf die Kreisstraße nach Bodman ab. Wer den netten, kleinen Ort am Ufer des Bodensees besuchen will, muss allerdings den Radweg verlassen. Die Neugier wird mit wunderbaren Einkehrmöglichkeiten und einem grünen, von riesigen Mammutbäumen bestandenen Stadtpark, belohnt. Nach einer kleinen Erfrischung mit Blick auf den See, mache ich mich bereit für das letzte kleine Stück der heutigen Etappe. Ich folge wieder der Kreisstraße und biege im Kreisverkehr rechts ab, um dann gleich wieder links an den Tennisplätzen vorbei, rechts auf einen idyllischen Sandweg einzubiegen. Er führt durch das sumpfige Gebiet der Stockacher Aach am Seeufer entlang. Sitzbänke und alte überhängende Weiden laden zum Verweilen ein. In dem Naturschutzgebiet konnten über 200 Vogelarten nachgewiesen werden. Zu Fuß ist es am besten zu erkunden. Doch mittlerweile bin ich schon etwas müde und radle daher fix die letzten paar Meter zum Campingplatz Schachenhorn

Ludwigshafen - Lindau

Kulturelle Höhepunkte am Nordufer

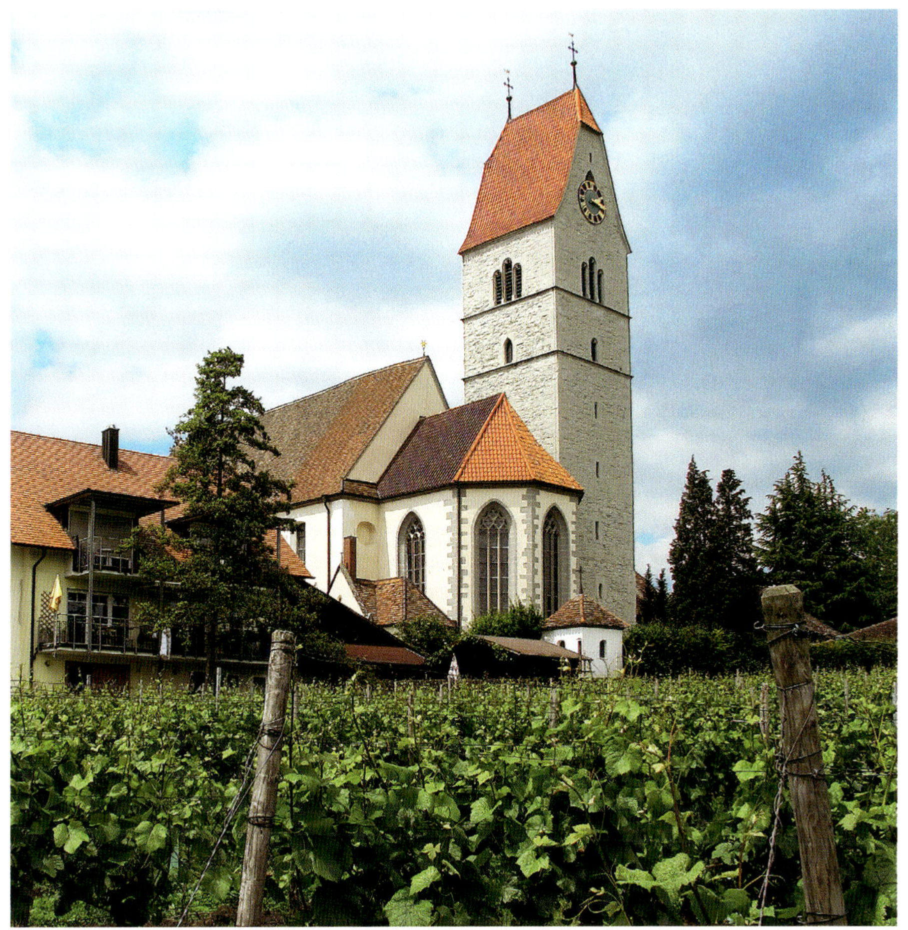

Tour 12

Infos Ludwigshafen nach Lindau

Schwierigkeit	Natur	Kultur
★	★	★★★★

Charakter der Tour

Vom Ende des Überlinger See geht es beinahe entlang des gesamten Nordufers des Bodensees bis nach Lindau. Zahllose kulturelle Highlights laden auf der Strecke zum Verweilen ein. Da einige der großen Straßen relativ dicht am Bodenseeufer entlangführen, ist auf weiten Strecken mit Straßenlärm zu rechnen. Trotzdem gibt es immer wieder kleine Oasen der Stille und natürlich immer den Blick auf das blaue Wasser des Schwäbischen Meeres.

Besonderheiten

Einige Fähren verbinden das Nord- und Südufer des Sees. Routen mit Fahrradmitnahme sind: Wallhausen – Überlingen, Allmansdorf – Meersburg und Konstanz – Meersburg.

Sehenswürdigkeiten

Ludwigshafen: *Großherzoglich-badisches Hauptzollamt / Rathaus* (19. Jh.), *St. Anna-Kapelle* in Ludwigshafen (18. Jh.), *Pfarrkirche St. Otmar* (20. Jh.). **Sipplingen:** *Ruine Burg Hohenfels* (12. Jh.), *Pfarrkirche St. Martin, 1.000-jährige Linde, Fachwerkbau Bruderschaftshaus Sipplingen* (16. Jh.), *Kunstgalerie* im ehemaligen Bahnhof. **Überlingen:** Stadtrundgang Seite 85. **Uhldingen:** *Pfahlbaumuseum* (Apr-Sep tgl. 9-19, Okt 9-17), www.pfahlbauten.de, *Wallfahrtskirche Birnau* (18. Jh.), *Schloss Maurach* (12. Jh.), *Pfarrkirche St. Martin* (12. Jh.), *Ortskapelle* (16. Jh.). **Meersburg:** Stadtrundgang Seite 138.
Hagnau: *Rathaus und ehemaliger Klosterhof* (18. Jh.), *Klosterhöfe, Hagnauer Museum, Baumtorkel* (300 Jahre alte Weinpresse). **Immenstaad:** *Schloss Kirchberg, Pfarrkirche St. Jodokus* (15. Jh.), *Schloss Hersberg* (13. Jh.), *Schloss Helmsdorf* (19. Jh.), *Romanische Kirche St. Oswald und St. Otmar* (12. Jh.).
Friedrichshafen: *Zeppelin Museum,* (Mai-Okt tgl. 9-17, Nov-Apr Di-So 10-17), Tel. (07541) 380 10, www.zeppelin-museum.de, *Dornier-Museum* (Mai-Okt 10-18, Nov-Apr Di-So 10-17) www.dorniermuseum.de, *Feuerwehrmuseum, Schlosskirche* (17./18. Jh.), *Buchhornbrunnen* am Adenauerplatz (20 Jh.), *Konstruktion Klangschiff* von Künstler Helmut Lutz, *Kapelle St. Benedikt* (21. Jh.), *Aussichtsturm* im Hafen.
Langenargen: *Schloss Montfort* (19. Jh.), *Kavalierhaus* (19. Jh.), *Kabelhängebrücke* an der Argen (19. Jh.), *Barockkirche St. Martin* (18. Jh.). **Nonnenhorn:** *St. Jakobus-Kapelle* (13. Jh.), *Narrenbrunnen.*
Wasserburg: *Schloss* (16. Jh.), *Malhaus* (16. Jh.), *St. Georg Kirche* (8. Jh.), *Sankt Jakobus Kapelle* in Reutenen (17. Jh.), *Antoniuskapelle* (15. Jh.). **Lindau:** Stadtrundgang Seite 67.

Sonstige Aktivitäten

Wandern: Wanderungen Tour 21 bis 25.
Schifffahrt auf dem Bodensee, www.bsb-online.com.

Länge der Tour:
73 km, Fahrzeit 5,5 h

Höhenmeter:
286 Meter

Radanlaufstellen Reparatur & Verleih::

Überlingen: *Radsportstudio,* Hägerstr. 7, Tel. (07551) 32 10, www.radsport-studio-gmbh.de; *Rad-sport-Wehrle,* Zum Hecht 4, Tel. (07551) 57 37, www.rad-sport-wehrle.de;

Meersburg: *Zweirad Zolg,* Torenstr. 21, Tel. (07532) 49 48 16; *Fahrradverleih Meersburger Hofladen,* Stettenerstr. 41, Tel. (07532) 41 42 27;

Immenstaad: *'s sporträdle,* Meersburgerstr. 27, Tel. (07545) 14 44, www.sportraedle.de;

Friedrichshafen: *Zweirad Schmid,* Ernst-Lehmannstr. 12, Tel. (07541) 21 870, www.zweirad-schmid.de; *radl-ecke,* Rheinstr. 21, Tel. (07541) 38 17 606, www.radl-ecke.de; *Fahrradprofis,* Allmandstr. 9, Tel. (07541) 22 331, www.fahrradprofis.de; *Radsport Moosbacher,* Meersburger Str. 1, Tel. (07541) 43 110.

Langenargen: *Zweirad Filo,* Kirchstr. 3, Tel. (07543) 91 29 10, www.zweirad-filo.de

Kressbronn: *Zweirad Deusch,* Bodanstr. 34, Tel. (07543) 67 85, www.zweirad-deusch.de; *Radsport Senger,* Kirchstr. 19/1, Tel. (07543) 80 25, www.radsport-senger.de

Lindau: *Radstation,* Heuriedweg 31 A, Tel. (08382) 21 261, www.fahrradstation-lindau.de; *Radsport Ingo Jausovec,* Schulstr. 28, Tel. (08382) 79 870, www.radsport-jausovec.de

Anreise:

Vom Autobahnkreuz Hegau bei Singen auf die A 98 in Richtung Nordosten. Nach 13 Kilometern Ausfahrt 13/ Sipplingen / Ludwigshafen abfahren. In Ludwigshafen Richtung Radolfzell B34 rechts, dann links zum Campingplatz Seeende.

Zurück zum Pkw:

Mit der Bahn von Lindau nach Ludwigshafen.

Kartenmaterial:

Rund um den Bodensee 1:50.000, RV Verlag
Fahrradkarte Radtourenkarte Radkarte Bodensee 1:60.000, Bielefelder Verlag
WK D 11 Bodensee Wander-, Rad- und Freizeitkarte 1:50.000, Freytag & Berndt Verlag

Übernachtung:

Ludwigshafen: *Gasthaus Traube,* Radolfzellerstr. 2, Tel. (07773) 93 83 03, www.traube-bodensee.de *Campingplatz Schachenhorn,* Radolfzeller Str. 23, Tel. (07773) 93 75 18, www.camping-schachenhorn.de

Sipplingen: *Gästehaus Bettina,* Im Eckteil 22a, Tel. (07551) 642 14, www.bodenseepension.de; *Hotel Krone am See,* Seestr. 54, Tel. (07551) 632 11, www.krone-am-see.de

Überlingen: *Martin-Buber-Jugendherberge,* Alte Nussdorfer Str. 26, Tel. (07551) 42 04, www.ueberlingen.jugendherberge-bw.de; *Campingpark,* Bahnhofstr. 57, Tel. (07551) 645 83, www.campingpark-ueberlingen.de; *Pension Klosterhof,* Christophstr. 17, Tel. (07551) 35 82, www.pension-klosterhof.de

Uhldingen: *Pension Zimmermann,* Poststr. 18, Tel. (07556) 67 41, www.pension-zimmermann.de *Camping Birnau-Maurach,* Tel. (07556) 66 99, www.birnau-maurach.de

Meersburg: *Pension Säntisblick,* Von-Laßberg-Str. 1, Tel. (07532) 92 77, www.pension-saentisblick-meersburg.de; *Gästehaus Heuchert,* Mesmerstr. 13, Tel. (07532) 57 27.

Hagnau: *Gästehaus Stengele,* Dr.-Fritz-Zimmermann-Str. 11, Tel. (07532) 62 38; *Bodenseehotel Dreikönig,* Hauptstr. 18, Tel. (07532) 80 79 60, www.bodenseehotel-dreikoenig.de

Immenstaad: *Freizeitzentrum Schloss Helmsdorf* (Camping, FeWo), Friedrichshafener Str. 41, Tel. (07545) 62 52, www.schloss-helmsdorf.org; *Campingplatz Schloss-Kirchberg,* Tel. (07545) 64 13, www.camping-kirchberg.de; *Gästehaus Berger am See,* Seestr. Ost 39, Tel. (07545) 942 58, www.gaestehaus-berger.de

Friedrichshafen: *Villa von Soden Hotel Garni,* Zeppelinstr. 32, Tel. (07541) 953 90, www.villavonsoden.de *CAP Campingplatz* (Camping + Zimmer), Lindauer Str. 2, Tel. (07541) 734 21, www.cap-fn.de

Jugendherberge am Bodensee, Lindauer Str. 3, Tel. (07541) 72404, www.jugendherberge-friedrichshafen.de
Gasthof Rebstock, mit Fahrradverleih, Werastr. 35, Tel. (07541) 950 16 40, www.gasthof-rebstock-fn.de
Langenargen: *Hotel Engel Wittmann,* Marktplatz 3, Tel. (07543) 934 40, www.bodensee-engel.de
Kressbronn: *Café Bar Pension Fugunt,* Betznauer Str. 23, Tel. (07543) 961 20, www.fugunt.de; *Camping Park Gohren,* Zum Seglerhafen, Tel. (07543) 605 90, www.campingplatz-gohren.de
Nonnenhorn: *Gasthof Zur Kapelle,* Kapellenplatz 3, Tel. (08382) 82 74, www.witzigmann-kapelle.de
Landhaus Hornstein am See, Conrad-Forster-Str. 50, Tel. (08382) 987 80, www.hornstein-am-see.de
Campingplatz Schnell, Seestr. 32, Tel. (08382) 85 97.
Wasserburg: *Haus Beck,* Hengnauerstr. 2, Tel. (08382) 893 25; *Gästehaus Seemann,* Uferstr. 6+8, Tel. (08382) 897 55, www.dampfjacht.de
Camping-Eschbach, Höhenstr. 16, Tel. (08382) 88 77 15, www.camping-eschbach.de
Lindau: *Jugendherberge Lindau,* Herbergsweg 11, Tel. (08382) 967 10, www.lindau.jugendherberge.de
Hotel Seerose, Auf der Mauer 3, Tel. (08382) 241 20, www.seerose-lindau.de
Zimmer im See, An der Kalkhütte 1, Tel. (08382) 715 98 18;
Park-Camping am See, Fraunhoferstr. 20, Tel. (08382) 722 36, www.park-camping.de

Auskunft:
Tourist-Info Bodman-Ludwigshafen, Hafenstr. 5, Tel. (07773) 93 00 40, www.die-ersten-am-see.de
Tourist-Info Sipplingen, Seestr. 3, Tel. (07551) 949 93 70, www.sipplingen.de
Kur & Touristik Überlingen GmbH, Landungsplatz 5, Tel. (07551) 947 15 22, www.ueberlingen.de
Tourist-Info Uhldingen-Mühlhofen, Schulstr. 12, Tel. (07556) 921 60, www.seeferien.com
Tourist-Info Meersburg, Kirchstr. 4, Tel. (07532) 44 04 00, www.meersburg.de
Tourist-Info Immenstaad, Dr.-Zimmermann-Str. 1, Tel. (07545) 20 11 10, www.immenstaad-tourismus.de
Tourist-Info Friedrichshafen, Bahnhofplatz 2, Tel. (07541) 300 10, www.friedrichshafen.info
Lindau Tourismus, Alfred-Nobel-Platz 1, Tel. (08382) 26 00 30, www.lindau-tourismus.de

Kulturelle Höhepunkte am Nordufer

Vom Campingplatz aus geht es zwischen Bahnschienen und Ufer das kurze Stück nach Ludwigshafen. In den wunderbaren Parkanlagen müssen jene, die nah am Ufer bleiben wollen, ihr geliebtes Rad schieben. Segelboote liegen an Bojen vertäut im Wasser. Zentraler Mittelpunkt des Hafens ist das ehemalige Großherzoglich Badische Hauptzollamt, das im 19. Jahrhundert errichtet wurde und heute als Rathaus und Touristeninformation genutzt wird. Hier steht auch ein vom Künstler Peter Lenk geschaffenes dreiteiliges, riesiges Relief. Der Künstler hat eine für ihn typisch gesellschaftskritische Arbeit abgeliefert, die zum Nachdenken anregt.

Unterhalb des Naturschutzgebietes Köstenerberg führt der Radweg auf das beschauliche Sipplingen zu. Direkt hinter der großen Fußgängerbrücke geht es nach links in den Ort. So entgehe ich der vielbefahrenen Hauptstraße und schlendere, mein Rad schiebend, entlang der herrlichen Fachwerkhäuser, die das Dorf bei Touristen so beliebt macht. Über Schulstraße und Lenzensteig komme ich zum zentralen Dorfplatz. Nach einem Blick in die alte katholische Pfarrkiche St. Martin, gelange ich über Rathausstraße und Morgengasse aus Sipplingen heraus.
Sanft bergab, vorbei an Bäumen, deren Äste sich unter der Masse reifer, schwarzer Knor-

pelkirschen durchbiegen, radel ich langsam wieder zurück zur Hauptstraße. Auf dem Radweg entlang des Bodenseeufers begegnen mir Gruppen von Rennradfahrern.
Hinter Süßenmühle ragen die Formationen der Naturschutzgebiete Hödinger Tobel und Katharinenfelsen aus der Landschaft heraus. Falken kreisen in den Aufwinden über der Kante das Katharinenfelsens. Der Namen geht zurück auf die kleine Felskapelle St. Katharinen, die früher am Fuße der Felswand stand. Zusammen mit den legendären Heidenhöhlen wurde sie Mitte des 19. Jahrhunderts dem Straßenbau geopfert. Die Heidenhöhlen waren künstlich in den weit in den See ragenden Sandsteinfelsen gehauene Löcher und Gänge, die im Mittelalter die Verbindung zwischen Sipplingen und Goldbach darstellten. Im 18. Jahrhundert wurden sie teils von Armen und Obdachlosen bewohnt und erst 1960 wegen Einsturzgefahr zum größten Teil gesprengt.
Bei der Einfahrt nach Überlingen folge ich dem Bodensee-Radweg-Zeichen. Am Landungsplatz der Ausflugsschiffe trifft man erneut auf Spuren des Künstlers Peter Lenk. Mit dem Bodenseereiter-Brunnen, auf dem der ortsansässige „Dichterfürst" Martin Walser unvorteilhaft auf einem alten Gaul sitzt, hat Lenk einen Eklat provoziert. Schlittschuhe an den Füßen statt Sporen, mit denen dieser über das „dünne Eis der deutschen Geschichte" schlittert, so will der Künstler sein Werk verstanden wissen. Noch in den 1980er Jahren durch unorthodoxe wie nicht genehmigte Aktionen auf sich aufmerksam

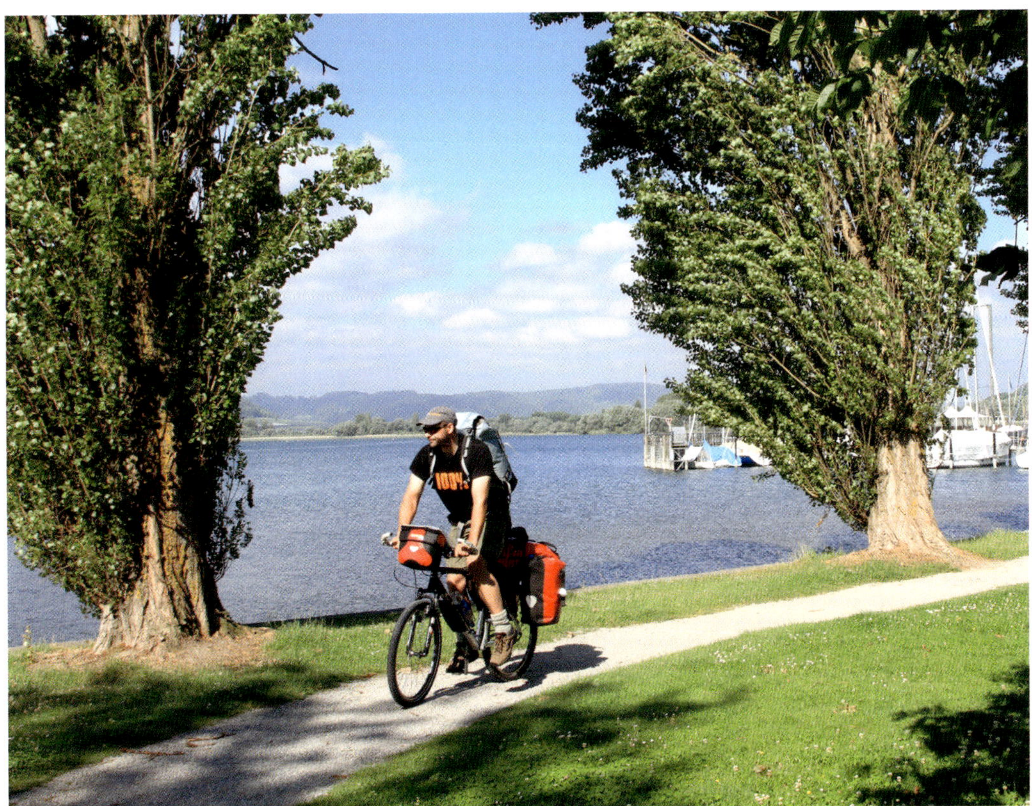

Manchmal führt der Radweg direkt am Ufer des Sees entlang.

Karte Ludwigshafen - Lindau

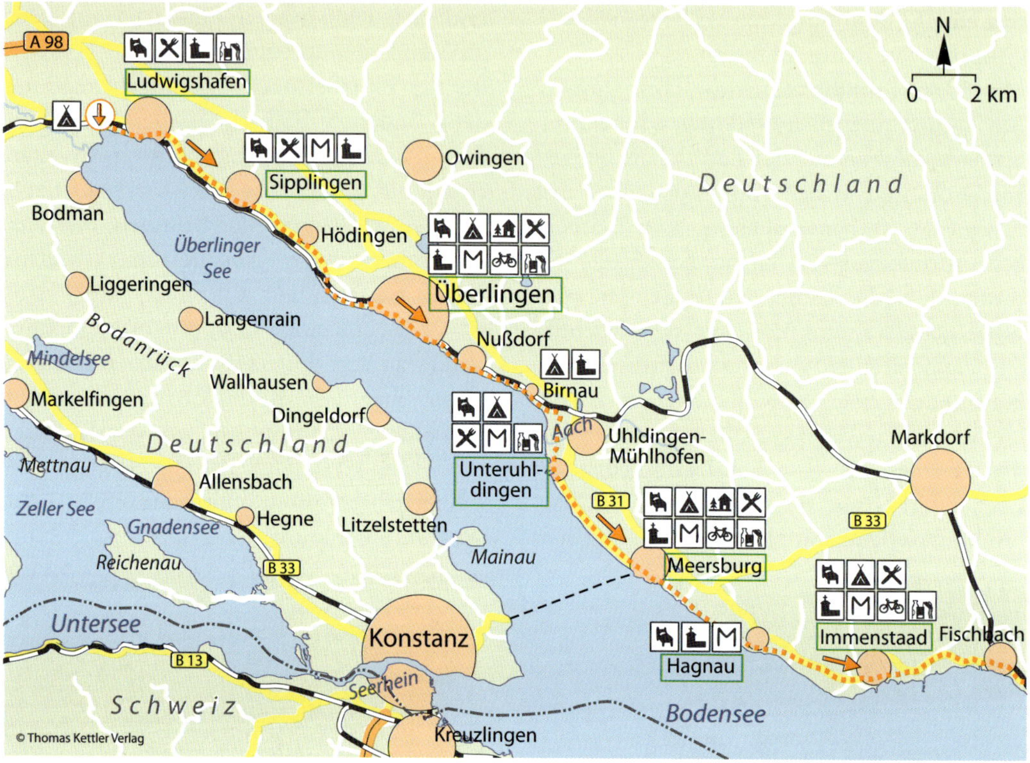

machend, stehen heute zahlreiche seiner Werke rund um den Bodensee verteilt.

Nun schiebe ich mein Rad an der mit Palmen bestandenen Uferpromenade entlang und genieße die sommerliche Atmosphäre, ehe ich hinter der Hafenanlage „Mantelhafen" weiter der Seestraße folge.

Auf der Strecke nach Nußdorf bleibt der direkte Seezugang von privaten Seegrundstücken meist versperrt. Erst hinter dem Ort komme ich wieder direkt ans Wasser und habe bald die Möglichkeit zu einem Abstecher zum Kloster Birnau, das mitten in einem Weinberg, nur wenige Meter abseits des Radweges liegt. Die im 18. Jahrhundert erbaute Basilika ist Wallfahrtsort und gilt als schönste barocke Kirche am Bodensee. Innen wartet sie mit zahlreichen Deckenfresken und kunstvollen Schnitzarbeiten auf. Als Nachfolger mehrerer kleiner Kirchen wurde sie errichtet, um der anwachsenden Menge von Pilgern an diesem Ort gerecht zu werden.

Auf gleicher Höhe liegt direkt am Radweg das Schloss Maurach. Der Prachtbau wurde ebenfalls 18. Jahrhundert erbaut und diente zur Bewirtschaftung der umliegenden Weinberge und als Sommerresidenz für die Äbte des Klosters Salem. Heute ist in dem Gebäudekomplex eine Tagungsstätte untergebracht.

Der Radweg führt in der Folge durch ruhiges, landwirtschaftlich geprägtes, offenes Land und schwenkt dann nach Unteruhldingen ein. Der kleine Ort ist weit bekannt für sein Pfahlbaumuseum. Hier kann man die Geschichte der Stein- und Bronzezeit in den Nachbauten hautnah erleben.

Hinter Unteruhldingen geht es wieder auf dem Fahrradweg entlang der stark befahrenen Landstraße in Richtung Meersburg. An einigen Stellen lohnt es sich anzuhalten, um auf den kiesigen Strandflächen die schöne Aussicht über den See zu genießen. Dabei bietet der dichte Pflanzenbewuchs ein wenig Schutz vor dem Straßenverkehr. Von Meersburg bemerkt man zunächst den geschäftigen Fähranleger, an dem sich die Autos der Touristen stauen. Erst hinter dem Stadttor ebbt der Verkehr deutlich ab. Wegen seiner idyllischen Lage, der nicht minder idyllischen Altstadt und den teils überregional bekannten Restaurants und Weinstuben, zieht Meersburg in einer Urlaubssaison rund eine Million Tagesausflügler an.

Hinter der Altstadt, vorbei an einem Hafen mit alten Speichergebäuden, geht es weiter direkt am See entlang. Links von mir thront, von Weinbergen flankiert, das Staatsweingut Meersburg hoch über mir. Hinter dem Freibad beschränkt sich der Verkehr wieder auf Fahrräder und Wanderer.

Bald schon kommt das idyllische Winzerdorf Hagnau in Sicht. Das milde Klima und die fruchtbaren Böden ließen den Weinbau florieren. Mehr als vierzig Winzerfamilien leben hier. Ab dem 11. Jahrhundert kam es zur Entstehung verschiedener Klosterhöfe, die auch heute noch ins Ortsbild gehören. Hinter Hagnau bekomme ich einen guten Blick auf die katholische Kirche St. Johann Baptist mit ihrem 48 Meter hohen Turm. Der

Karte Ludwigshafen - Lindau

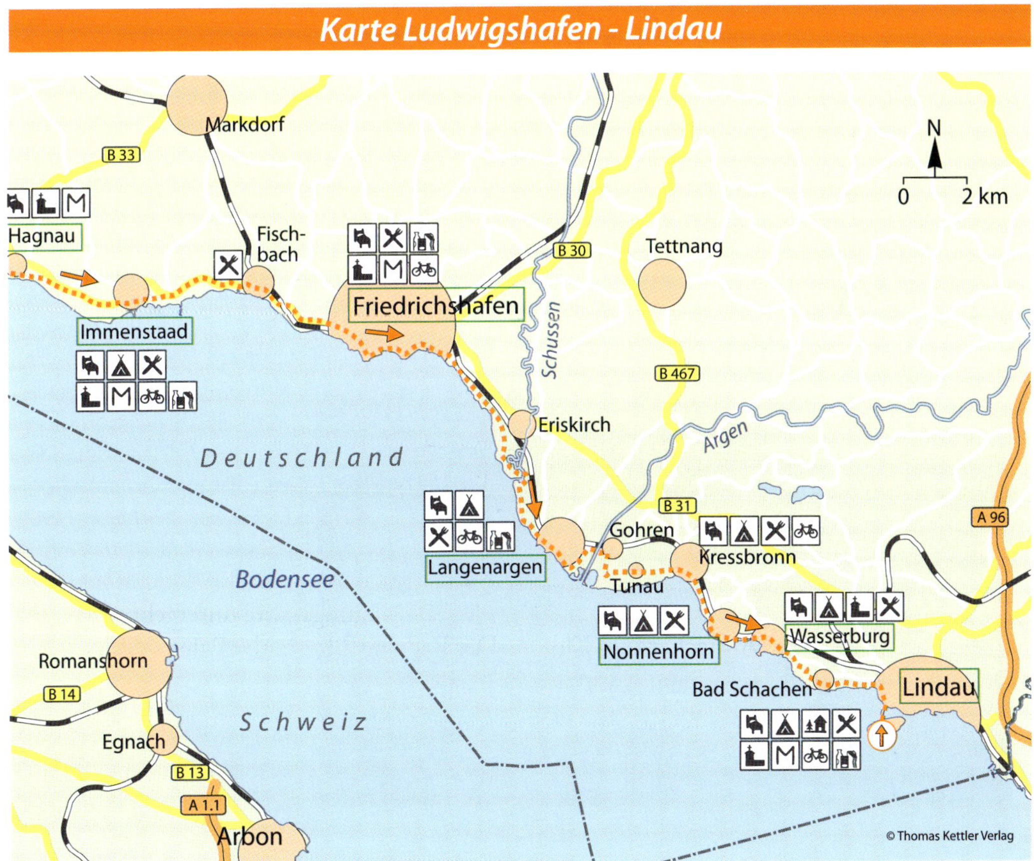

Stadtrundgang Meersburg

73 km

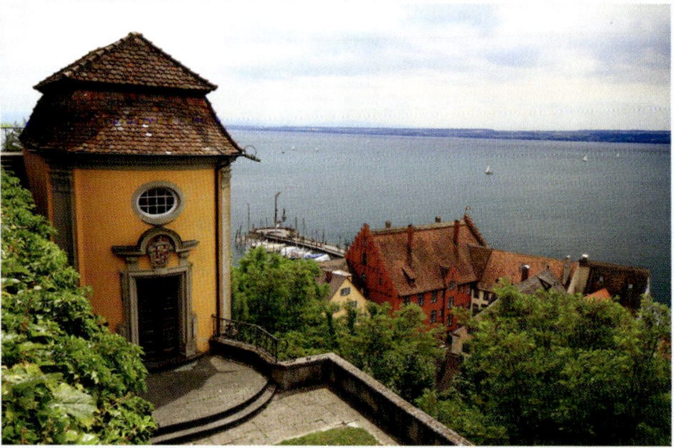
Blick von der Burg, dem Wahrzeichen der Stadt.

Im Jahre 988 taucht Meersburg erstmals in einer Urkunde auf, die Wurzeln des Ortes sollen allerdings auf das 7. Jahrhundert und den Merowinger König Dagobert I. zurückgehen. Der heutige Name Meersburg stammt wohl vom Edelmann Liopoldus de Merdespurch, dessen Name sich über die Jahrhunderte zu Meersburg abgeschliffen haben soll. Die mit repräsentativen Fachwerkbauten gespickte Kleinstadt hat sich ihren Charme erhalten und gilt als eine der schönsten Städte am Bodensee.

Wir starten unseren Rundgang am Hafen, wo wir sogleich vor dem roten ***Gredhaus (1)*** mit dem auffälligen Staffelgiebel stehen, einem Kornspeicher, der Anfang des 16. Jahrhunderts errichtet wurde. Am Ende der Hafenmole steht die „Magische Säule", ein Kunstwerk von Peter Lenk, der mit diesem filigranen Werk die Reihe seiner Kunstwerke an den Schiffsanlegestellen des Bodensees fortsetzt. Von hier aus flanieren wir entlang der Seepromenade mit ihren schönen Cafés und Restaurants. Am Ende der Promenade entfernen wir uns ein paar Meter vom Wasser und stehen vor dem ***Unterstadttor (2)***. Das im 13. Jahrhundert errichtete Stadttor war Teil der mittelalterlichen Stadtbefestigung. Wir schreiten durch das Tor hindurch zur Unterstadtstraße. Hinter dem Haus des Winzervereins auf der linken Straßenseite erklimmen wir eine lange Treppe, die unter alten Bäumen beginnt und zu den Toren der auch Altes Schloss genannten ***Burg Meersburg (3)*** führt. Im 7. Jahrhundert erbaut, ist sie die älteste bewohnte Burg Deutschlands und ein Wahrzeichen der Region. Der beeindruckende Wohntrakt, die Waffenhalle, das Burgverlies und das Sterbezimmer der großen deutschen Dichterin Annette von Droste-Hülshoff, die sich mehrere Jahre in der Burg aufhielt, sind einen Besuch wert. Rechts davon liegt das im 18. Jahrhundert von Baumeister Christoph Gessinger errichtete ***Neue Schloss (4)***. Bis zur Aufhebung des Bistums im Jahre 1803 war das barocke Juwel die Residenz der Fürstbischöfe von Konstanz. Zwischen dem Alten und Neuen Schloss befindet sich ein Stück zurückversetzt, das 1989 gegründete Zeppelin Museum.

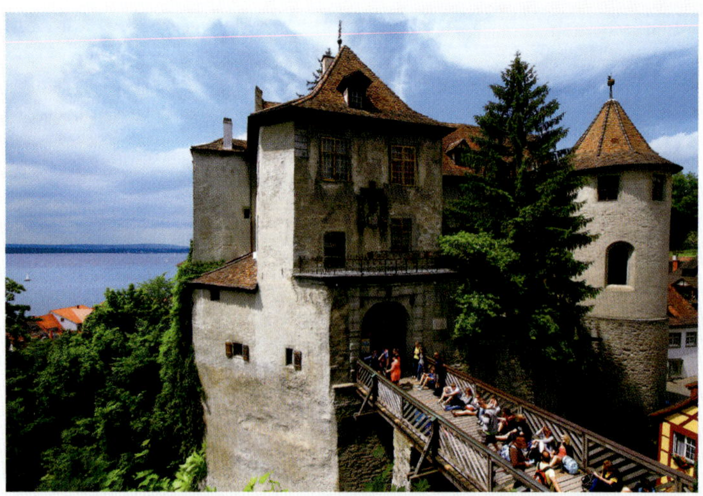
Eine Brücke verbindet Burg Meersburg mit dem Neuen Schloss.

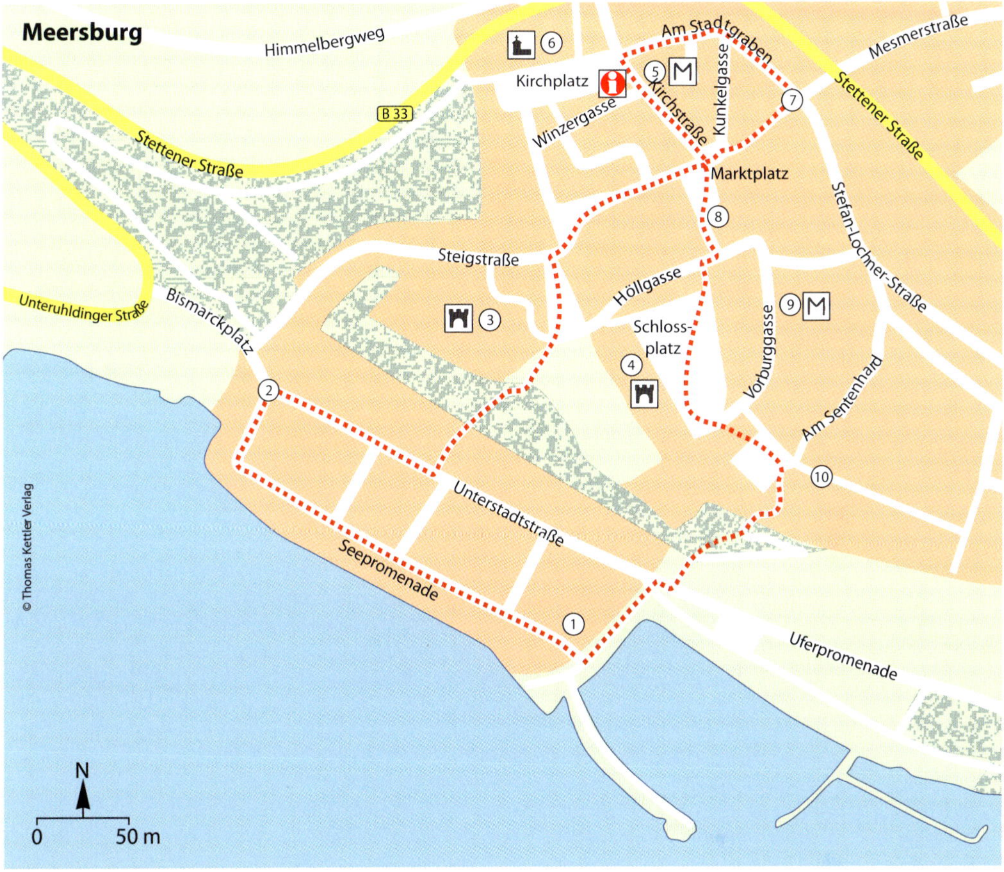

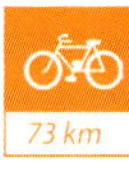

Dahinter gelangen wir rechts über die Steigstraße zum Marktplatz. Nun biegen wir links in die Kirchstraße, die Tourist-Info des Städtchens passierend und stehen auf dem ***Kirchplatz (5)***. Die katholische Pfarrkirche Mariä Heimsuchung, im 19. Jahrhundert anstelle eines älteren Sakralbaus errichtet, hat einen eher schlichten, im klassizistischen „Weinbrennerstil" erbauten Kirchenraum. Gegenüber der Stirnseite der Kirche kommen wir in die Straße „Am Stadtgraben" und zum orangerot gestrichenen ***Obertor (6)***, aus dem 13. Jahrhundert und das den Ausgang aus der Stadt in Richtung Ravensburg weist. Durch das Tor hindurch gelangen wir erneut zum ***Marktplatz (7)***. Hier steht das 1551 erbaute Rathaus mit den markanten Treppengiebeln. Durch die schmale Gasse am Ende des Platzes gelangen wir auf den Schlossplatz und sehen das Neue Schloss nun von der anderen Seite. In der Vorburggasse stoßen wir auf das Weinbaumuseum der Stadt, in dem neben dem Heilig-Geist-Torkel von 1607 gar ein Fass mit 50.000 Liter Fassungsvermögen ausgestellt ist. Erneut steigen wir links durch eine schattige Gasse und stehen vor dem Gebäude des ***Staatsweingutes Meersburg (8)***, dessen Gebäudeensemble aus dem frühen 18. Jahrhundert stammt. Von hier steigen wir, vorbei an der Gutsschänke Meersburg, über viele Treppenstufen wieder hinunter zur Unterstadt.

Museen: *Zeppelin Museum* (Mär-Mitte Nov tgl. 10-18), Tel. (07532) 79 09, www.zeppelinmuseum.eu *Weinbaumuseum* (Apr-Okt Di, Fr, So 14-18), Tel. (07532) 440 400; *Fürstenhäusle Meersburg* (Palmsonntag-Okt Di-Sa 10-12.30 & 14-18, So 14-18, nur im Rahmen einer Führung) www.fuerstenhaeusle.de; *Stadtmuseum* (Apr-Okt Mi, Do, Sa 14-18), Tel. (07532) 440 48 01.

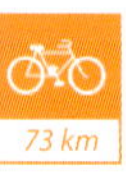

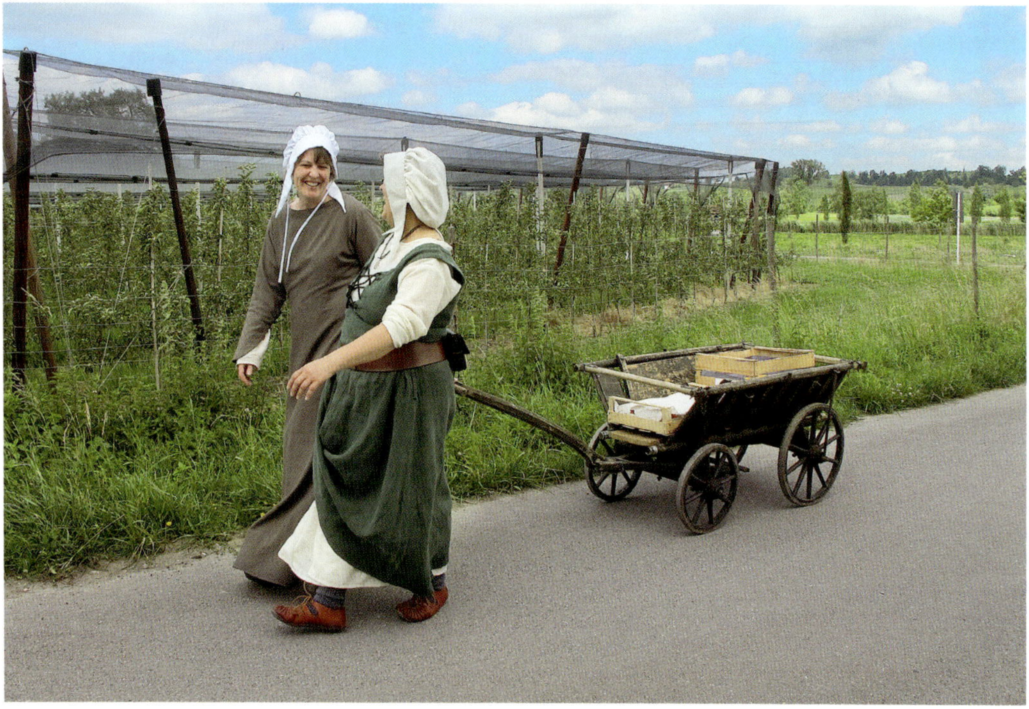

Zahlreiche Mittelaltermärkte finden rund um den Bodensee statt. Diese üben auf viele Menschen eine ganz besondere Faszination aus.

Bodensee-Radweg führt wieder hinauf zur Bundestraße B 31 und begleitet diese hinein nach Immenstaad. Auf dem Weg kommt man gleich an zwei Schlössern vorbei. Am Schloss Kirchberg (siehe auch Seite 80) und kurz vor der Abzweigung in die Innenstadt am Schloss Hersberg. Schon im 13. Jahrhundert soll an dieser Stelle ein erstes Gebäude gestanden haben. Das heutige Bild des Renaissanceschlosses mit dem Staffelgiebelbau, das heute der Erwachsenenbildung dient, aber sowohl Gruppen als auch Einzelwanderern offen steht, stammt aus dem 17. Jahrhundert.

Rechter Hand führt jetzt die Meersburger Straße hinein nach Immenstaad. Im Stadtkern steht die im 15. Jahrhundert erbaute spätgotische Pfarrkirche St. Jodokus. Gleich daneben finden sich mit der St.-Michael-Kapelle aus der Barockzeit und dem filigranen Fachwerkmeisterstück Schwörerhaus aus dem 16. Jahrhundert, weitere Wahrzeichen der Stadt. Hinter dem Ort, zurück auf der B31, passiere ich nun die Anlagen des Hochtechnologieunternehmen EADS und folge dem Verkehr hinein nach Fischbach und Manzell, zweier Vororte von Friedrichshafen. Die verkehrsreiche Einfallstraße in die Zeppelinstadt möchte man so schnell wie möglich hinter sich lassen,

Am Schwanenweg überquere ich nach rechts die Gleise und pedalliere nun, parallel von diesen, mit deutlich weniger Verkehr in Richtung Innenstadt. Die nach rechts abgehende Schlossstraße, führt einen direkt zum Wahrzeichen der Stadt, zu der inmitten einer bezaubernden Parkanlage liegenden Schlosskirche. Die ehemalige Klosterkirche am Übergang vom 17. zum 18. Jahrhundert errichtet, zählt zu den bekanntesten schwäbischen Bauwerken des Barock. Gleich zwei Kuppeltürme aus

Rorschacher Sandstein machen den Charakter des im 19. Jahrhundert zum Schloss umgebauten Gebäudekomplexes aus. Eine zeitlang diente es als Sommersitz für das Württembergische Königshaus. Heute wird sie wieder von der Evangelischen Gemeinde als Kirche genutzt.

Weiter geht es auf geradem Wege hinein in das Zentrum der zweitgrößten Stadt am Bodensee. In der erst im 19. Jahrhundert durch Zusammenschluss zweier Gemeinden entstandenen Stadt, siedelte sich erste Industrie in Form von Eisenbahnunternehmen an. Richtig in Gang kam die wirtschaftliche Entwicklung dann im Zusammenhang mit dem Zeppelinbau und den Flugzeugen der Dornier-Werke. Wegen der Herstellung von Rüstungsgütern in großem Ausmaß wurde die Stadt während des Zweiten Weltkriegs zu zwei Dritteln zerstört. Aber auch heute wird die Stadt wegen umstrittener Rüstungslieferungen, teils in Spannungsgebiete, scharf kritisiert.

Der Lärm der Stadt bleibt hinter mir und ich freue mich über die grünen Wiesen und Uferröhrichte des Eriskircher Rieds, des größten und wertvollsten Naturschutzgebietes am Nordufer des Bodensees. Der Radweg beschreibt bald einen Bogen und überquert die träge dahinfließende Schussen. Nun biege ich zweimal rechts ab und gelange so seenah nach Langenargen.

Schon im 15. Jahrhundert erhielt der Ort sein Stadtrecht. Heutzutage lebt die Stadt vor allem vom Tourismus, wie man an den schönen Promenaden und vielen Einkehrmöglichkeiten sehen kann. Neben Schloss Montfort aus dem 18. Jahrhundert, dessen Turm bestiegen werden kann und eine wunderbare Aussicht bietet, sind vor allem die mit prächtigen Deckenfresken ausgestattete Barockkirche St. Martin aus dem 18. Jahrhundert, die dazugehörige Marienkapelle und das ehemalige Spital Zum Heiligen Geist sehenswert.

Mich immer am Wasser haltend, gelange ich zum Yachthafen. Direkt daneben, lädt ein ausgedehnter, wiesengesäumter Kiesstrand zum Verweilen ein. Eines der besten Fischrestaurants Deutschlands verbirgt sich hinter dem „Schuppen 13“. Zusammen mit dem rechts der Argen liegenden Yachthafen Kressbronn-Gohren, findet sich hier sicherlich die größte Yachtansammlung am Bodensee.

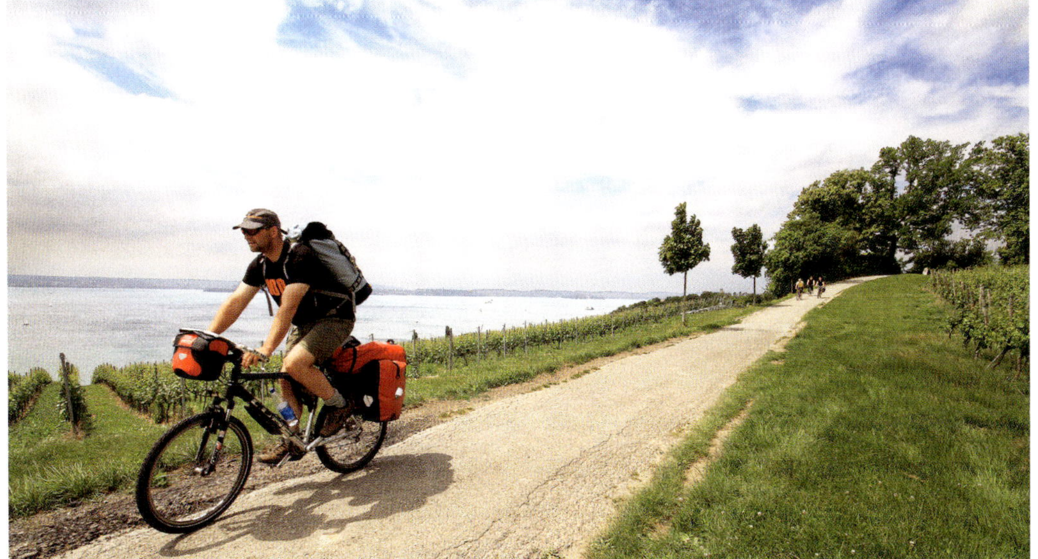

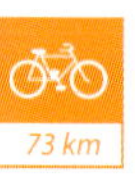

Der Bodensee-Radweg führt mich wieder hinauf zur Lindauer Straße, der ich rechts folge, um sofort den Fluss Argen zu überqueren. Deutschlands zweitälteste Kabelhängebrücke wurde schon 1897 fertig gestellt und überspannt seitdem mit immerhin 72 Metern Länge den Fluss. Nur Radfahrer und Fußgänger dürfen das Kulturdenkmal benutzen.

In Gohren nehme ich die zweite Straße und gelange über das winzige Örtchen Tunau, mit der St. Josefs-Kapelle, zur Bodanstraße, die nach Kressbronn hineinführt. Linker Hand im Ort befindet sich der idyllische Schlösslepark mit seinem alten Baumbestand und dem im 19. Jahrhundert errichteten Schloss, in dem sich ein Museum für schwimmende Kunstwerke befindet. Der einheimische Künstler Ivan Trtanj hat original- und detailgetreue Prunkschiffe des 18. Jahrhunderts geschaffen.

Im nahen Ort Nonnenhorn beeindrucken mich die seeseitigen Villengrundstücke. Am Ende der Uferstraße stoße ich auf den Kapellenplatz. Hier steht im Schutz eines gewaltigen Mammutbaumes die kleine, im 13. Jahrhundert erbaute St. Jakobus-Kapelle. In ihrem Inneren befinden sich wertvolle Holzschnitzereien aus der Spätgotik. An Strandbad, Hafen und Uferpromenade vorbei, gelange ich bald an die Wasserburger Bucht, die einen schönen Pausenplatz mit Blick auf das auf einer in den See hineinragenden Halbinsel gelegene Schloss Hotel Wasserburg und die Seekirche St. Georg bereithält. Über Enzisweiler und Bad Schachen geht es, an der Uferkante entlang, direkt zur Altstadtinsel von Lindau.

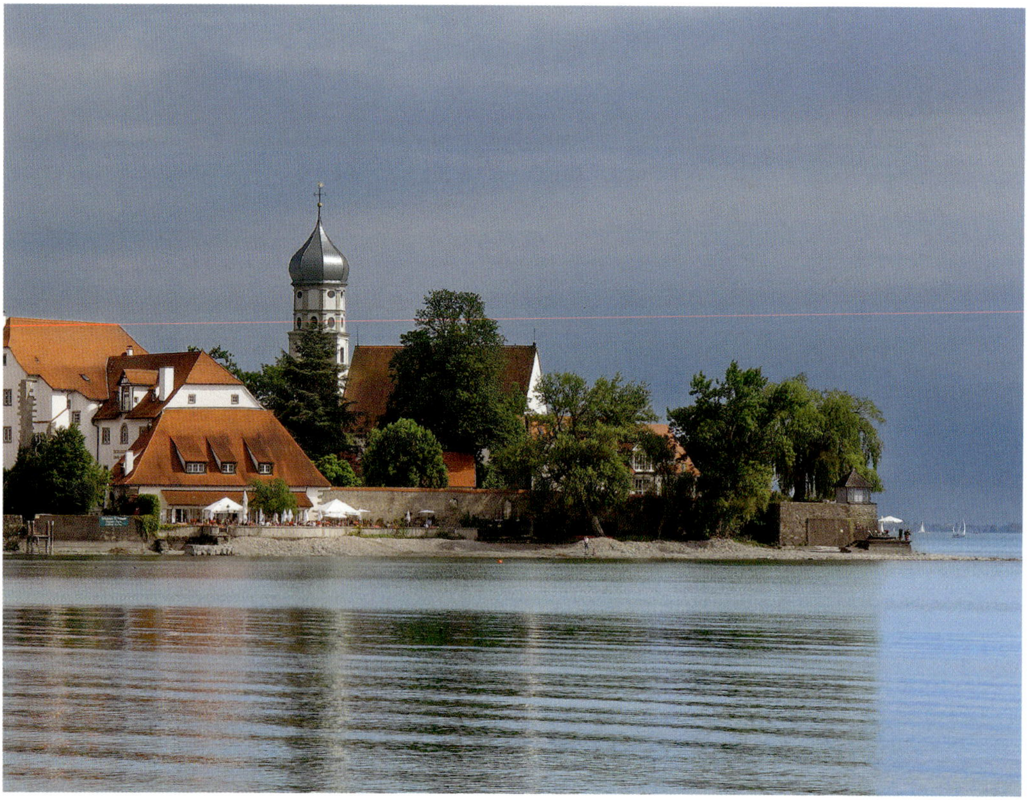

Der barocke Turm der Pfarrkirche St. Georg ist das Wahrzeichen der überaus sehenswerten Stadt Wasserburg.

Lindau - Altnau

Nordseeflair am Alpenrand

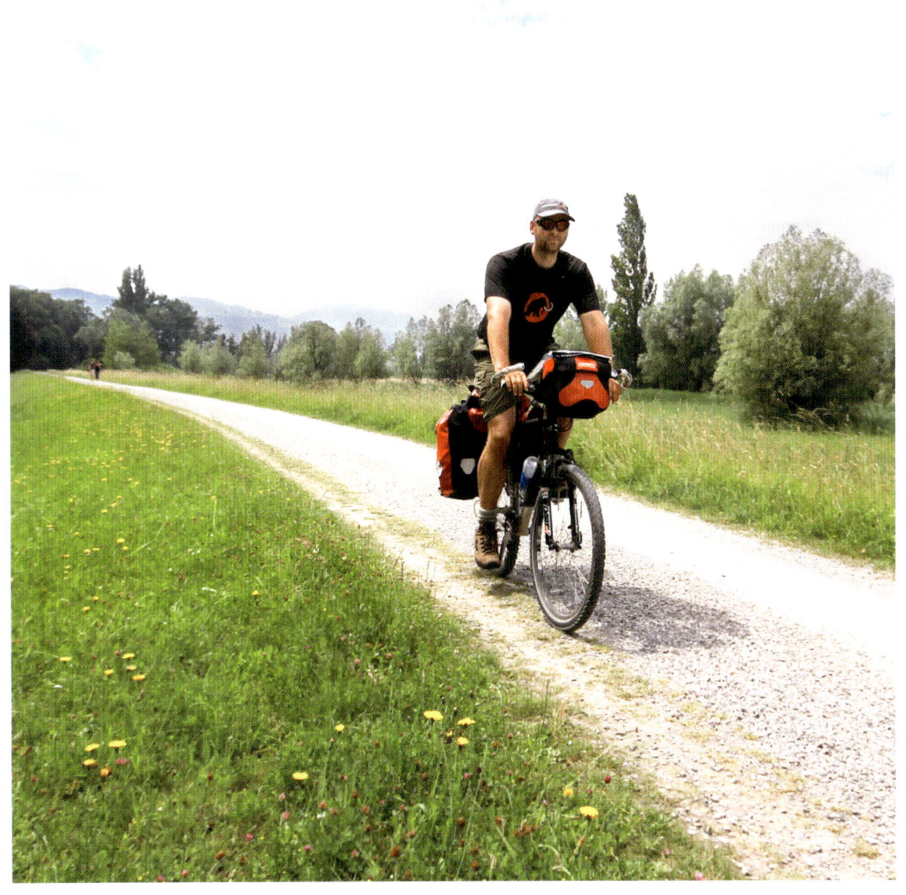

Tour 13

Infos Lindau - Altnau

Schwierigkeit ★

Natur 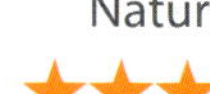

Kultur 

Charakter der Tour

Bei der Dreiländeretappe durch Deutschland, Österreich und die Schweiz bekommt der Radfahrer viel geboten. Kulturelle Höhepunkte findet man in Bregenz und Arbon. Die Natur gibt sich im Rheindelta verschwenderisch mit Schilfgebieten, ausgedehnten Wiesenflächen und seltenen Vogelarten. Zum Abschluss führt die Tour durch beschauliche Schweizer Dörfer.

Besonderheiten

Ausweis gehört ins Gepäck. Fährverbindungen und Seerundfahrten auf den Strecken Lindau – Rorschach, Arbon - Langenargen, Romanshorn - Friedrichshafen.

Sehenswürdigkeiten

Lindau: Stadtrundgang Seite 67. **Bregenz:** *Kloster Mehrerau* (16. Jh.), Stadtrundgang Seite 63.
Hard: *Textildruckmuseum Mittelweiherburg* (Apr-Okt Mi+Sa 17-19 So 10-12), Tel. +43 (0)55746 97 20.
St. Margrethen: *Festungsmuseum Heldsberg,* (Apr-Okt Sa 13-18), Tel. +41 (0)71 744 82 08, *Kirche St. Margaretha* (10. Jh.). **Altenrhein:** *„Markthalle Altenrhein"* von Hundertwasser. **Rorschach:** *„Badhütte"* (Badeanstalt von 1924), *Kornhaus* aus dem 18. Jh. mit Museum (Apr-Okt tgl. 10-17), *ehemaliges Kloster Mariaberg* (15. Jh.), *Schloss Wartegg* in Rorschacherberg (16. Jh.), *Pfarrkirche St. Kolumban* (15. Jh.), *Seelenkapelle* (17. Jh.). **Arbon:** *Kastell Arbor Felix /Schloss Arbon* (3./16. Jh.), *historische Altstadt* mit Fischmarktplatz (Brunnen und viel Schweizer Fachwerk), *Galluskapelle* (12./13. Jh.), *Kirche St. Martin* (18. Jh.), *Turmhaus* (14. Jh.), *Schädlerfabrik* (20. Jh.), *Rathaus, Wachturm* (13. Jh.), *Historisches Museum* im Schloss Arbon (Mai-Sep 14-17) www.museum-arbon.ch **Egnach:** *Schloss Luxburg* (14. Jh.).
Romanshorn: *Ev. Kirche* (8. Jh.), *Kath. Kirche St. Johannes der Täufer* (20. Jh.), *Eisenbahnmuseum Locorama* (5.Mai 27.Okt Sa+So 13-17), *Hafenanlagen, Strandbad.*

Sonstige Aktivitäten

Wandern: *Wanderung Hochberg* und *Gebhardsberg, Pfänder,* Tour 25 und 26.
Schifffahrt auf dem Bodensee und auf dem Rhein, www.bsb-online.com.
Sonstiges: Mit der *Pfänderbahn* zum Gipfel, *Besuch der Bregenzer Festspiele,* Tel. +43 (0)5574 407 www.bregenzerfestspiele.com/de; *Junges Theater Kosmos,* Tel. +43 (0)5574 44 034, www.theaterkosmos.at

Radanlaufstellen Reparatur & Verleih:
Lindau: *Radstation Körfgen & Bilger,* Heuriedweg 31 A, Tel. (08382) 212 61, www.fahrradstation-lindau.de; *Radsport Ingo Jausovec,* Schulstr. 28, Tel. (08382) 798 70, www.radsport-jausovec.de
Bregenz: *Radsport Drissner,* Rheinstr. 64, Tel. +43 (0)5574 660 22, www.radsportdrissner.at

Länge der Tour:
73 km, Fahrzeit 5,5 h
Höhenmeter:
230 Meter

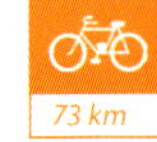

Radcult, Jahnstr. 11, Tel. +43 (0)5574 423 19, www.radcult.eu **St. Margethen:** *Radlgwölb Artner,* Hauptstr. 34, Tel. +43 (0)2680 223 80 **Rorschach:** *Werner Tschiemer Motos,* Kamorstr. 8, Tel. +41 (0)71 841 75 10 **Arbon:** *Bike Action,* Sankt Gallerstr. 34 A, Tel. +41 (0)71 446 02 20, www.bikeaction.ch; *Velos Herzog,* Salwiesenstr. 6, Tel. +41 (0)71 446 12 33, www.velos-herzog.ch **Romanshorn:** *Alois Lang,* Bahnhofstr. 65, Tel. +41 (0)71 463 22 70; *Velo Neuhaus,* Alleestr. 54, Tel. +41 (0)71 463 17 44, www.veloneuhaus.ch

Zurück zum Pkw:
Mit der Bahn von Güttingen nach Lindau.

Kartenmaterial:
Rund um den Bodensee 1:50.000, RV Verlag
Fahrradkarte Radtourenkarte Radkarte Bodensee 1:60.000, Bielefelder Verlag
WK D 11 Bodensee Wander-, Rad- und Freizeitkarte 1:50.000, Freytag & Berndt Verlag

Übernachtung:
Lindau: *Jugendherberge Lindau,* Herbergsweg 11, Tel. (08382) 967 10, www.lindau.jugendherberge.de; *Hotel Seerose,* Auf der Mauer 3, Tel. (08382) 241 20, www.seerose-lindau.de; *Zimmer im See,* An der Kalkhütte 1, Tel. (08382) 715 98 18; *Park-Camping am See,* Fraunhoferstr. 20, Tel. (08382) 722 36, www.park-camping.de **Bregenz:** *JUFA Bregenz,* Mehrerauerstr. 5, Tel. +43 (0)5708 35 40, www.jufa.eu; *Felizeter Brigitte,* Stockachgasse 6a, Tel. +43 (0)5574 798 87; *Pension Paar Jeanne Walser,* Am Steinenbach 10, Tel. +43 (0)5574 423 05; *Gasthof Pension Matt,* Wuhrbaumweg 36, Tel. +43 (0)5574 717 77, www.gasthofmatt.at **Hard:** *Junges Hotel Hard* (Jugendherberge), Allmendstr. 87, Tel. +43 (0)5574 734 35, www.jugendherberge-hard.at **Rohrspitz:** *Rohrspitz Camping,* Rohr 1, Tel. +43 (0)5578 757 08, www.salzmann.at **Rheineck:** *B&B Gasthaus Gerzner & Schmidt,* Rorschacherstr. 14, Tel. +41 (0)71 888 72 68; *Altenrhein Camping Marina Rheinhof,* Rheinhofstr. 44, Tel. +41 (0)71 855 55 55, www.ffmr.ch **Rorschach:** *Sport- und Freizeitunterkunft Herberge Rorschach-See,* Churerstr. 4, Tel. +41 (0)71 844 97 12, www.herberge-rorschach.ch; *Fides und Alois Ambauen,* Signalstr. 46, Tel. +41 (0)71 841 86 77 **Arbon:** *B&B Zur Korinthe,* Freiheitsgasse 12, Tel. +41 (0)71 446 01 95 **Romanshorn:** *Jugendherberge,* Gottfried-Keller-Str. 6, Tel. +41 (0)71 463 17 17, www.youthhostel.ch; *B&B Mirasol,* Hafenstr. 28, Tel. +41 (0)71 460 24 34, www.romanshorn-mirasol.ch; *Uttwil B&B,* Im Müsli 12, Tel. +41 (0)71 463 21 36 **Altnau:** *Berger Seealp,* Tel. +41 (0)71 695 18 03, www.hofseealp.ch

Auskunft:
Lindau Tourismus & Kongress GmbH, Alfred-Nobel-Platz 1, Tel. (08382) 26 00 30, www.lindau-tourismus.de
Bregenz Tourismus & Stadtmarketing GmbH, Rathausstr. 35a, Tel. +43 (0)5574 495 90, www.bregenz.at **Tourist-Info Rorschach,** Hauptstr. 56, Tel. +41 (0)71 841 70 34, www.tourist-rorschach.ch
Infocenter Arbon, Schmiedgasse 5, Tel. +41 (0)71 440 13 80, www.arbon.ch
Tourist-Info Romanshorn, Im Bahnhof, Tel. +41 (0)71 463 32 32, www.romanshorn.ch/tourismus/

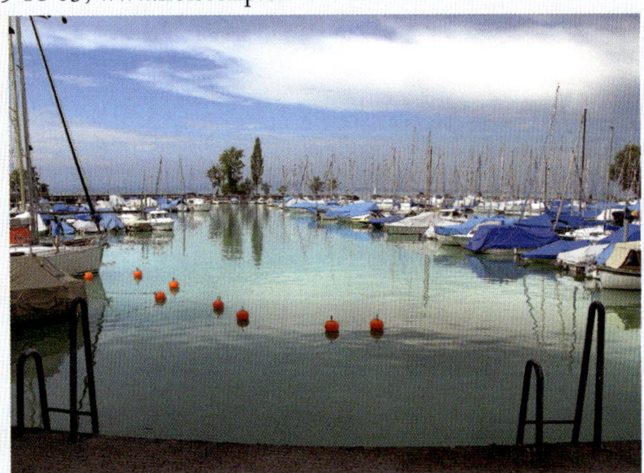
Yachthäfen finden sich überall entlang der Ufer.

Nordseeflair am Alpenrand

Über die Seebrücke verlasse ich die Altstadtinsel von Lindau und gelange durch die Bregenzer Straße und die unmittelbar vor der Bahnlinie abzweigende Ladestraße zum Naturschutzgebiet Reutiner Bucht. Am seinem nördlichen Rand verläuft ein Teil des Bodenseepfades, wo Hinweistafeln dem Besucher Informationen zur Tier- und Pflanzenwelt geben. Links des Weges, dehnen sich weitläufige Logistikanlagen der Bahn aus. An der Mündung zur Eichwaldstraße biege ich rechts ab und passiere dabei das Strandbad Eichwald, das sich bei dem heutigen Bilderbuchwetter mit den ersten Gästen zu füllen beginnt. Ein Stückchen weiter lenke ich mein Rad abermals vor der Bahnlinie nach rechts und komme hinter dem „Park-Camping Lindau" an die österreichische Grenze. Der kleine Grenzfluss Leiblach den ich überquere, kommt aus den schwäbischen Voralpen und bildet als Flussbiotop gefährdeten Fischarten wie Strömer, Bachforelle und Äsche einen geschützten Lebensraum.

Von nun an geht es auf breiten Radwegen ufernah Richtung Bregenz. Die Alpen scheinen zum Greifen nah, aber leider beginnt der sich die Berghänge hinaufziehende Nebel den Gipfel des Pfänders (Wanderung Tour 26, Seite 209) zu verhüllen. Mit immerhin 1.064 Metern Höhe ist er der höchste Berg, der direkt am Ufer des Bodensees liegt.

Im Hafen von Bregenz sticht zwischen all den am Kai vertäut liegenden Ausflugsschiffen das Eventschiff „Sonnenkönigin" mit seinen futuristischen Glasaufbauten hervor. Wer der Innenstadt einen Besuch abstatten möchte, sollte jetzt die Bahngleise überqueren.

Wer weiter radeln möchte, hält sich einfach weiter ans Seeufer und gelangt über die parkartige Promenade auf das Gelände der Bregenzer Festspiele mit der imposanten Seebühne. Den großen Parkplatz links liegen lassend, biege ich rechts auf den Strandweg ein. Jetzt reihen sich hübsche Badestellen und kleine Hafenbuchten in einer Kette aneinan-

Karte Lindau - Altnau

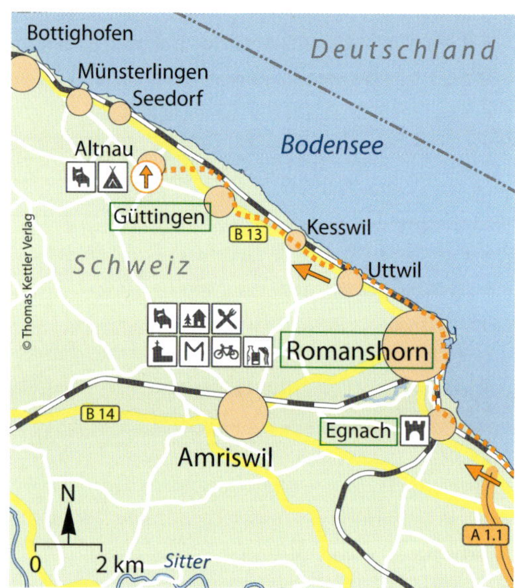

der. Links steht das 1097 von Graf Ulrich von Bregenz gegründete imposante Kloster Mehrerau, das er mit Benediktinermönchen besiedeln ließ. Anfang des 19. Jahrhunderts wurden diese vertrieben und 50 Jahre später erwarben Zisterzienser das Kloster und führten die Klostertradition weiter. Heute finden sich neben dem Kloster auch eine Klosterwirtschaft und ein Privatgymnasium hinter den Mauern.

Am Ende des Strandweges bin ich schon ein gutes Stück von der Stadt entfernt und mache einen kleinen Abstecher nach rechts. Hier erwarten aufgespülte Kiesstrände, die die Bregenzer Ach in ihrer Mündung geschaffen hat, den Radfahrer zu einer Erfrischung. Die Achsiedlungsstraße und eine nach 250 Metern rechts durch den Wald führende Straße bringen mich zu einer modernen Holzbrückenkonstruktion die hier den Fluss überspannt. Das klare Wasser unter mir sprudelt über Steine und schafft so Kolke, in denen sich Schatten von Fischen ausmachen lassen. Ein mitten in der Aach stehender Fliegenfischer versucht mit rhythmischen Bewegungen seinen künstlichen Köder den Forellen im Kehrwasser anzubieten.

Während der Oberlauf der Bregenzer Ach mit starkem Wildwasser den versierten Sportler lockt, kann der Unterlauf das ganze Jahr über auch von Wildwasseranfängern befahren werden.

Am anderen Ufer folge ich dem Radweg zurück in Richtung See. Entlang des Hafenbeckens gelange ich rechts über die Uferstraße in die Seestraße, die ich in Höhe zweier ineinandergehender Binnenbecken nach rechts verlasse und zwischen diesen hindurch über ein Brückchen fahre. Dahinter halte ich mich links, um abermals eine Brücke zu überqueren. Wenig später stehe ich in der Neulandstraße vor einer, einen Rheinarm überspannenden, überdachten hölzernen Fußgängerbrücke. Hinter ihr ist es nur ein Katzensprung zum Restaurant „Fischerheim am Schleienloch", einem lohnenden Pausenziel. Hervorragende fangfrische Fischspezialitäten, aber auch Fleisch, werden in der einfachen Hütte oder auf der Terrasse davor serviert. Hinter der Gaststätte führt links die Straße Rechter Rheindamm hin zur Schweizer Straße, auf der es dann über den Rhein geht.

Erneut fahre ich nun rheinabwärts an den Deichanlagen des Flusses entlang. Wer diesen Weg bis zum Ende fährt, gelangt an die Spitze der wie Stacheln in den Bodensee ragenden

73 km

Karte Lindau - Altnau

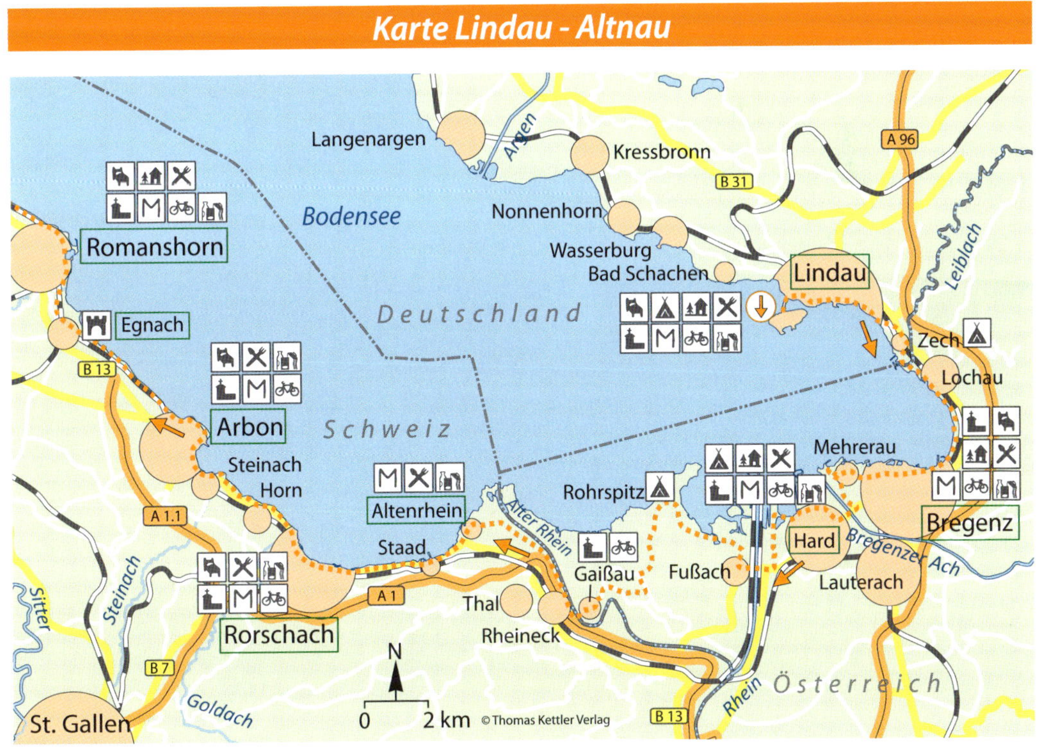

Molenköpfe. Ich fahre jedoch zuvor links über Kanalstraße, Fischerstraße und Rohrstraße und gelange mitten hinein ins Herz des Naturschutzgebietes Rheindelta. Das Land ist platt wie „bi uns to Hus" im westlichen Schleswig Holstein, wären da nicht die Silhouetten der Berge in der Ferne. Das Rheindelta ist eine beeindruckende Landschaft. Flachwasser, Schilfröhrichte, Feuchtwiesen und Auwälder sind geschützt und bieten über 330 Vogelarten Brut- und Rastgebiet.
Der Weg zieht sich jetzt Richtung Rohrspitz. Teils auf der Deichkrone, teils auf Kieswegen, radle ich vorbei an kleinsten Birkenwäldchen und dazwischen Bauern, die mit ihren Maschinen auf den Feldern Heu machen. Am kleinen Hafen von Rohrspitz bietet ein Café eine Kaffee-Stärkung ehe die fortschreitende Zeit zum Aufbruch mahnt. Über die sich durch landwirtschaftliche Flächen windende Rohrstraße und die nach rechts abgehende Stillestraße, gelange ich ins idyllisch gelegene Gaißau. Es liegt zwischen dem in Mäandern dahinfließenden Alten Rhein und dem Bodensee, direkt an der Grenze zur Schweiz. In einem Bogen geht es durch das Dorf zum Fußgänger- und Fahrradgrenzübergang.
Hier überquere ich den Altrhein und fahre zwischen seinem Ufer und der Autobahn auf Schweizer Boden flussabwärts Richtung der Ortschaft Altenrhein. Bald entfernt sich das Teerband vom Fluss und ich genieße die Ruhe und die wunderbaren Blicke in die Altauen des Rheins. Über die Dorfstraße geht es links in das gemütliche Dörfchen Altenrhein hinein.

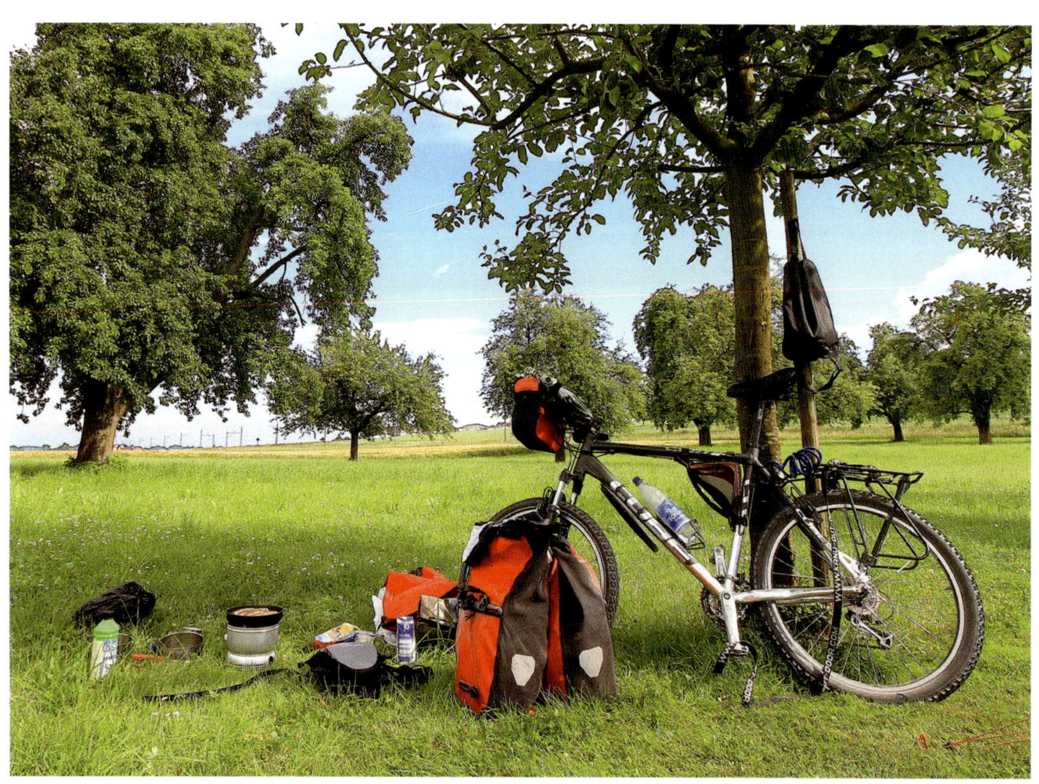

Auch abseits großer Campingplätze gibt es Gelegenheit zu naturnaher Übernachtung.

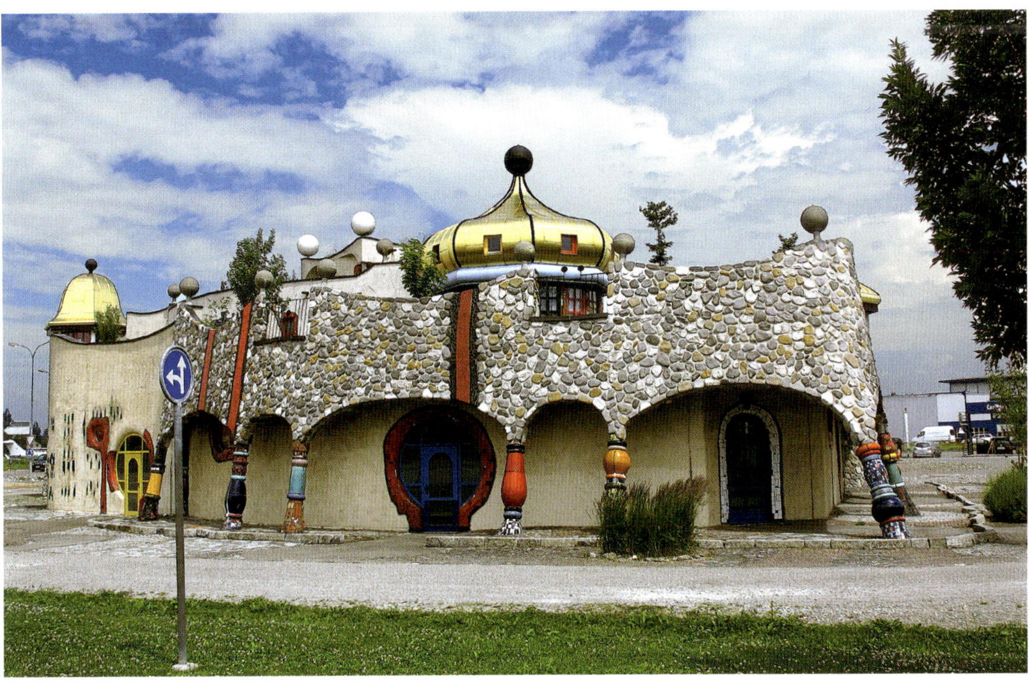

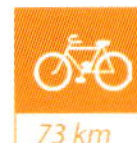

Typisch Hundertwasser sind seine verspielten Formen wie hier in der Markthalle Altenrhein.

Unvermittelt taucht der Flugplatz zwischen Einfamilienhäusern auf, der die Idylle deutlich stört. Ihn links liegen lassend gelange ich zur Markthalle Altenrhein. Vergoldete Zwiebeltürmchen, leuchtende Farben, geschwungene Linien, ungleiche Fenster, unebene Böden und bunte Keramiksäulen – kein Zweifel, hier handelt es sich um eine Architektur des Künstlers Friedensreich Hundertwassers. Im Inneren gibt es eine Galerie vom Künstler, sowie ein Restaurant.

Ein Stück zurück geht es nach links entlang eines Wiesenstücks zum See. Dort entlang folge ich dem Radweg ins Örtchen Staad. Hier stößt der Radweg auf die Hauptstraße, die ich überquere und nun durch die Städeliwies pedalliere, die entlang der Bahnlinie auf den Blattenweg stößt, wo ich die Schienen überquere. Parallel zur Bahntrasse folge ich der Poststraße nach rechts und komme bald zum 1557 erbauten Schloss Wartegg. Im 19. Jahrhundert wurde der Prunkbau erweitert und um einen Englischen Garten ergänzt, der heute als nationales Gartendenkmal der Schweiz ausgewiesen wird. Wer nobel speisen oder übernachten möchte, hat hier die Möglichkeit dazu. Ich folge weiter der Bahn, bis zur Seebleichestraße. Diese stößt links nach 300 Metern auf die Bahnhofstraße, wo eine Brücke nach rechts zurück zum See führt. Links ist es nur ein kurzes Stück ins benachbarte Rorschach. Alemannen besiedelten diesen Flecken und nannten ihr Dorf „Rorscahun“. Im 10. Jahrhundert wurde es zur Stadt mit allen dazugehörigen wirtschaftlichen Rechten erhoben. Lokalpatrioten sehen das im Jahre 1597 monatlich erscheinende Blatt „Annus Christi“ als erste deutschsprachige Zeitung, während offizielle Geschichtsschreiber die Geburtsstunde der modernen Zeitung ins Jahr 1605 ins elsässische Straßburg legen, wo die „Relation“ aufgelegt wurde.

73 km

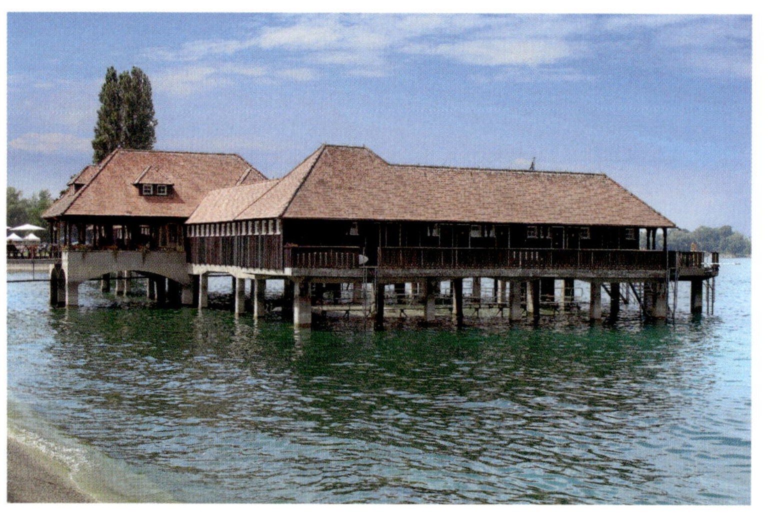

Die Badhütte Rorschach, das historisches Kastenbad auf Stelzen.

In der Folge verläuft der Radweg auf dem schmalen Band zwischen Straße und Ufer. Bald überquere ich die Steinach, einen kleinen Bach, der dem nun folgenden Ort seinen Namen gab. Einer Legende nach, soll am Oberlauf der Steinach der missionarisch reisende Priester Gallus aus dem walisischen Kloster Bangor kommend, hier ein Kloster gegründet haben. Seine Ortswahl an der Steinach fußte auf dem Umstand, dass er hier zu Boden stürzte und dies als ein Zeichen Gottes sah. In der Folge entstand aus dieser Einsiedelei der Ort St. Gallen. In Steinach finden wir die Pfarrkirche St. Jakobus, die im 18. Jahrhundert errichtet wurde. Ihrem schlichten Äußeren steht ein prunkvolles Deckengemälde des Bodenseemalers Franz Ludwig Hörmann gegenüber.

Schnell nähere ich mich am grüner werdenen Ufer dem Städtchen Arbon. Die gut erhaltene Altstadt und ihr Schloss machen einen Abstecher in eines der schönsten Bodensee-Städte zu einem „Muss“. Rechter Hand erblicke ich den ansehnlichen Hafen des Ortes. Ich fahre auf eine der langen Molen hinaus und schau zurück auf die imposante Silhouette der Stadt. Die im 18. Jahrhundert erbaute St. Martinskirche und die angrenzende Galluskapelle stechen neben dem Schloss aus dem Stadtbild heraus. Der Bodensee-Radweg zieht sich in einem Bogen seenah um die Stadt herum und führt hinaus in eine flache, offene Landschaft. Immer parallel zur Bahnlinie bin ich schnell in Egnach. Hinter dem Bahnhof des Ortes geht es links in die Wilenstraße und gleich wieder rechts in die Kehlhofstraße, die nach Romanshorn führt. Zwischen der großen Halle des Eissportzentrums Oberthurgau und den riesigen Gleisanlagen hindurch, führt der Weg ins Zentrum und zum Hafen der Stadt. In dem dahinterliegenden Seepark steht die Alte Kirche aus dem 8. Jahrhundert und daneben die Anfang des 20. Jahrhunderts erbaute Pfarrkirche St. Johannes, die im Inneren Wandmalereien aus dem Leben Jesu zeigt.

Hinter dem Park bringt mich die Badstraße, vorbei an dem großen Strandbad und dem Holzensteiner Badi, einem herrlichen Natur-Strandbad mit großer Liegewiese, wieder aus dem Ort hinaus. Durch eine flache Landschaft mit Wiesen und Getreidefeldern geht es entlang zwischen See und Bahnlinie. Hinter Güttingen entdecke ich neben einem Bauernhof eine grüne Wiese auf der schon zwei Zelte stehen. Eine tolle Gelegenheit, abseits der großen Campingplätze, naturnah den Tourentag ausklingen zu lassen. Für einen fairen Preis bekomme ich einen ruhigen Zeltplatz. Wer mag, kann hier auch ein Zimmer samt Frühstück buchen. Nachdem das Zelt aufgebaut ist, schlendere ich den Weg hinunter zum See und nehme ein langes, abendliches Bad.

Altnau - Iznang

Vom Schweizer Südufer zum Untersee

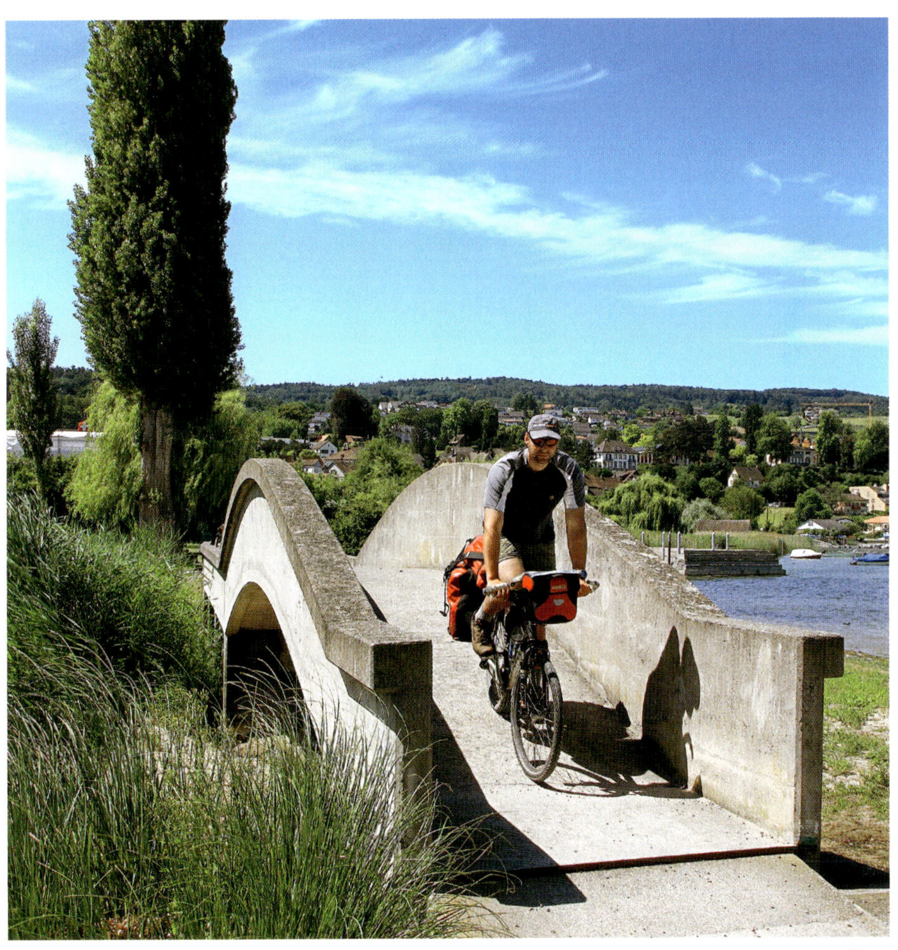

Tour 14

Infos Altnau - Iznang

Schwierigkeit ★☆☆☆ Natur ★★☆☆ Kultur ★★★☆

57 km

Charakter der Tour

Entlang des flachen Südufers des Obersees geht es vorbei an Konstanz und weiter zum schweizerischen Teil der Untersees. In Stein am Rhein mit seiner sehenswerten Altstadt queren wir den Seerhein und radeln zwischen saftig grünen Wiesen und über bewaldete Hügel zurück nach Iznang.

Besonderheiten

Einige Abschnitte verlaufen zwar auf Radwegen, aber entlang vielbefahrener Straßen. Im letzten Drittel der Tagesetappe warten einige kurze, aber knackige Steigungen auf den Radler. Ausweis mitführen!

Sehenswürdigkeiten

Münsterlingen: *Kloster* (10. Jh.). **Kreuzlingen:** *Schloss Ebersberg* (16. Jh.), *Schloss Brunegg* (13. Jh.), *Schloss Girsberg* (15. Jh.), *Schloss Seeburg* (16. Jh.), *Schloss Bernegg* (13. Jh.), *Schlösschen Irsee* (17. Jh.), *Felsenburg und Felsenschlössli* (18. Jh.), *Schloss Rosenegg* (17. Jh.), *Seemuseum Kreuzlingen* (Jul, Aug, Sep, Di-So 11-17, Apr, Mai, Jun, Okt, Mi+Sa 14-17), *Museum Rosenegg* (So, Fr 14-17, Mi 17-19), *Planetarium und Sternwarte Kreuzlingen.* **Konstanz:** Stadtrundgang Seite 42.
Gottlieben: *Schloss* (13. Jh.), *Fachwerkhaus Hotel Drachenburg, Bodman-Haus* (Apr-Okt Fr,Sa 14-17, So 11-17), Tel. +41 (0)71 667 02 80, www.bodmanhaus.ch
Ermatingen: *Evangelische Kirche* (19. Jh.), *Fischereimuseum* (So 14-17).
Mannenbach: *Napoleon Museum* (Di-So 10-17), Tel. +41 (0)71 664 18 66; *Schloss Salenstein* (11. Jh.), *Schloss Arenenberg* (16. Jh.), *Schloss Eugensbärg* (19. Jh.), *Schloss Wolfsberg* (16. Jh.).
Steckborn: *Museum Turmhof* (Mi, Do, Sa, So, 15-17), Tel. +41 (0)52 761 29 03, *Nähmaschinenmuseum* (Mo-Fr 7-17), Tel. +41 (0)52 762 11 11. **Stein am Rhein:** Stadtrundgang Seite 158.
Öhningen: *Augustiner-Chorherrenstift mit Pfarrkirche St. Hippolyt & Verena* (17. Jh.), *Museum Fischerhaus Wangen* (Pfahlbauten, Archäologie) (Apr-Okt Di-Sa 11-17, So 14-17), Tel. (07735) 39 22.
Gaienhofen: *Hermann-Hesse-Höri-Museum* (15.Mär-Okt Di-Sa 10-17, Nov-14.Mär Fr+Sa 14-17, So 10-17), www.hermann-hesse-hoeri-museum.de; *Hermann-Hesse Haus,* Führungen auf Anfrage Tel. (07735) 44 06 53, *Schloss Gaienhofen* (11. Jh.).
Hemmenhofen: *Otto-Dix-Haus* (Wiedereröffnung Juni 2013), www.otto-dix-haus.com.

Sonstige Aktivitäten

Wandern: *Wanderung Hohenklingen* Tour 27 und *Wanderung Höri Halbinsel* Tour 15.
Schifffahrt auf dem östlichen Bodensee und auf dem Rhein, www.bsb-online.com.
Sonstiges: *Besuch des Aquariums „Sea Life Center Konstanz“* (tgl. 10-18), www.visitsealife.com/konstanz; *Bodensee-Therme Konstanz,* (tgl. 9-22), www.bodensee-therme-konstanz.de

Länge der Tour:
57 km, Fahrzeit 4 h

Höhenmeter:
325 Meter

Radanlaufstellen Reparatur & Verleih:
Bottighofen: *Velo Rämsi,* Hauptstr. 15, Tel. +41 (0)71 688 36 87, www.velo-raemsi.ch **Kreuzlingen:** *Velodrom Bodensee,* Bachstr. 5, Tel. +41 (0)71 67 23 01, www.velodrom.ch **Konstanz:** *Radsport Müller,* Mainauerstr. 34, Tel. (07531) 95 99 95 und Fritz-Arnold-Str. 5, Tel. (07531) 22 428; *Velotours,* Bücklestr. 13, Tel. (07531) 982 80, www.velotours.de; *Radcenter Paradies,* Untere Laube 32, Tel. (07531) 160 53
Steckborn: *Hans Strässler,* Obertorstr. 1, Tel. +41 (0)52 761 16 02
Stein am Rhein: *River Bike,* Rathausplatz 15, Tel +41 (0)52 741 55 41, www.riverbike.ch; *Walter Zollinger Velos,* Charregass 14, Tel. +41 (0)52 741 28 22 **Öhningen:** *Herbert Schmidt,* Oberdorfstr. 8, Tel. (07735) 85 47; *Martin Velo,* Hauptstr. 120, Tel. (07735) 38 42.

Anreise: Vom Autobahnkreuz Hegau bei Singen geht es auf die B33 die sich in einer Linie bis nach Konstanz zieht. Dort auf der Europastraße über die Brücke in die Schweiz. Dann am ersten Kreisverkehr die dritte Ausfahrt Richtung Romanshorn. Auf der „13“ nach Ruederbaum und dort hinter der Bahn nach rechts zum Hof „Seealp“ in Altnau.

Zurück zum Auto:
Mit dem Höribus von Iznang nach Stein am Rhein. Dann von Wagenhausen (über die Brücke laufen) mit der Bahn nach Ruederbaum / Altnau.

Kartenmaterial:
Rund um den Bodensee 1:50.000, RV Verlag
Fahrradkarte Radtourenkarte Radkarte Bodensee 1:60.000, Bielefelder Verlag
WK D 11 Bodensee Wander-, Rad- und Freizeitkarte 1:50.000, Freytag & Berndt Verlag

Übernachtung:
Altnau: *„Seealp“* (Camping + Zimmer), Tel. +41 (0)71 695 18 03, www.hofseealp.ch
Kreuzlingen: *Camping Fischerhaus,* Promenadenstr. 52, Tel. +41 (0)71 688 49 03, camping-fischerhaus.ch *Jugendherberge,* Promenadenstr. 7, Tel. +41 (0)71 688 26 63, www.youthhostel.ch/de/hostels/kreuzlingen- *Bed & Breakfast Gisela Duve,* Weiherstr. 23 a, Tel. +41 (0)71 671 20 00 **Konstanz:** *Jugendherberge Otto-Moericke-Turm,* Zur Allmannshöhe 16, Tel. (07531) 322 60, www.konstanz.jugendherberge-bw.de
Gottlieben: *Hotel Drachenburg* (hochpreisig), Tel. +41 (0)71 666 74 74, www.drachenburg.ch
Ermatingen: *Hotel Hecht,* Schiffländestr. 25, Tel. +41 (0)71 664 16 15, www.hotelhecht-ermatingen.ch
Berlingen: *Bed & Breakfast Seegärtli,* Seestr. 232, Tel. +41 (0)52 770 25 57, www.bnb-seegaertli.ch
Stein am Rhein: *Hotel & Backpacker Schwanen,* Charregass 5, Tel. +41 (0)52 741 50 00, www.schwanen-hotel.ch; *Bed & Breakfast Roman und Nelly Keller,* Bollstieg 22, Tel. +41 (0)52 741 45 44; *Jugendherberge SJH,* Hemishoferstr. 87, Tel. +41 (0)52 741 12 55, www.youthhostel.ch
Wangen: *Carmen Müller,* Pfarrwiesen 7, Tel. (07735) 35 85, www.oehningen.de/privatzimmer/Mueller/
Iznang: *Kanuclub Singen* (Camping + Zimmer), Strandbadstr. 17, Tel. 0176 / 38 48 07 22, www.kanu-club-singen.de; *Gästehaus-Café Perlmuschel,* Seestr. 14, Tel. (07732) 570 83, www.cafe-perlmuschel.de *Gasthaus Seehof,* Seestr. 5, Tel. (07732) 43 02, www.seehof-iznang.de; *Campingplatz Stoffel,* Strandbadstr. 8, Tel. (07732) 823 84 80, www.campingplatz-stoffel.de

Auskunft:
Kreuzlingen Tourismus Haus zum Hammer, Sonnenstr. 4, Tel. +41 (0)71 672 38 40, www.kreuzlingen-tourismus.ch **Tourist-Info Konstanz,** Bahnhofplatz 43, Tel. (07531) 13 30 30, www.konstanz-tourismus.de **Tourist-Info Marktpassage,** August-Ruf-Str. 13, Tel. (07731) 852 62, www.in-singen.de
Tourismus Stein am Rhein, Oberstadt 3, Tel. +41 (0)52 742 20 90, www.steinamrhein.ch
Tourist-Info Öhningen, Klosterplatz 1, Tel. (07735) 819 20, www.oehningen.de

Vom Schweizer Südufer zurück zum Untersee

Entlang der schnurgerade verlaufenden Bahnlinie geht es zum Örtchen Münsterlingen. Er entwickelte sich aus dem im 10. Jahrhundert gegründen Kloster, das sich ganz der Pflege von Kranken und Schwachen widmete. Im 19. Jahrhundert wurde dieses aufgegeben und dort ein Kantonsspital eingerichtet. Mittlerweile kann das Klostergebäude auf eine 1.000-jährige Tradition medizinischer Behandlung zurückblicken. Zum Kloster gehört eine im 18. Jahrhundert erbaute Kirche, die innen prachtvoll ausgestattet wurde. Unter anderem befindet sich dort die Johannes-Büste aus Hagnau, die, einem jahrhundertealten Brauch folgend, 1963 in einer feierlichen Eisprozession anlässlich der „Seegfrörne", hierher gelangte. Wenn der See wieder zufriert, wird sie wieder zurück nach Hagnau getragen. Hinter Bottighofen entfernt sich der Bodensee-Radweg zunächst von der Bahnlinie und führt hinein in den Stadtpark von Kreuzlingen. Neben alten Bäumen und akkurat angelegten Kräutergärten, ist auch das Ende des 16. Jahrhunderts errichtete Schloss Seeburg zu bewundern. Bis in die sechziger Jahre hinein, stand die Seeburg direkt am Ufer des Bodensees, dann wurden weitere Teile des Parks aufgeschüttet. Zwar gilt das Kreuzlinger Gebiet schon seit der Bronzezeit als besiedelt, doch seine Stadtrechte bekam der Ort erst im Jahre 1947, als die Einwohnerzahl die 10.000er-Marke überschritt. Heute finden sich in der größten Schweizer Stadt am Bodensee neben der Seeburg noch zahlreiche weitere kleine

Karte Altnau - Iznang

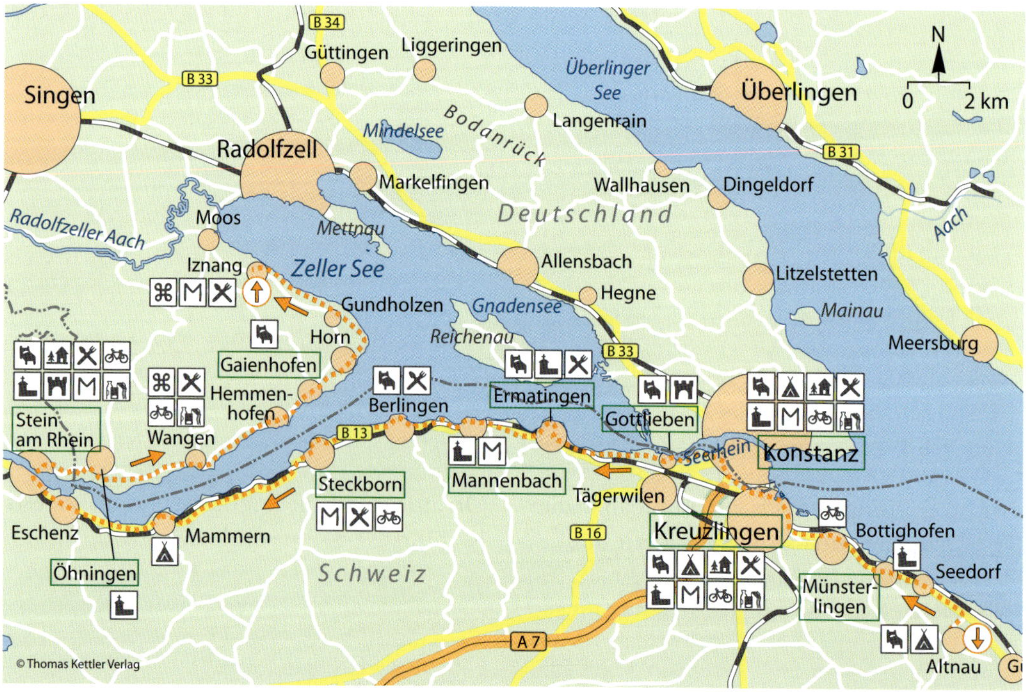

© Thomas Kettler Verlag

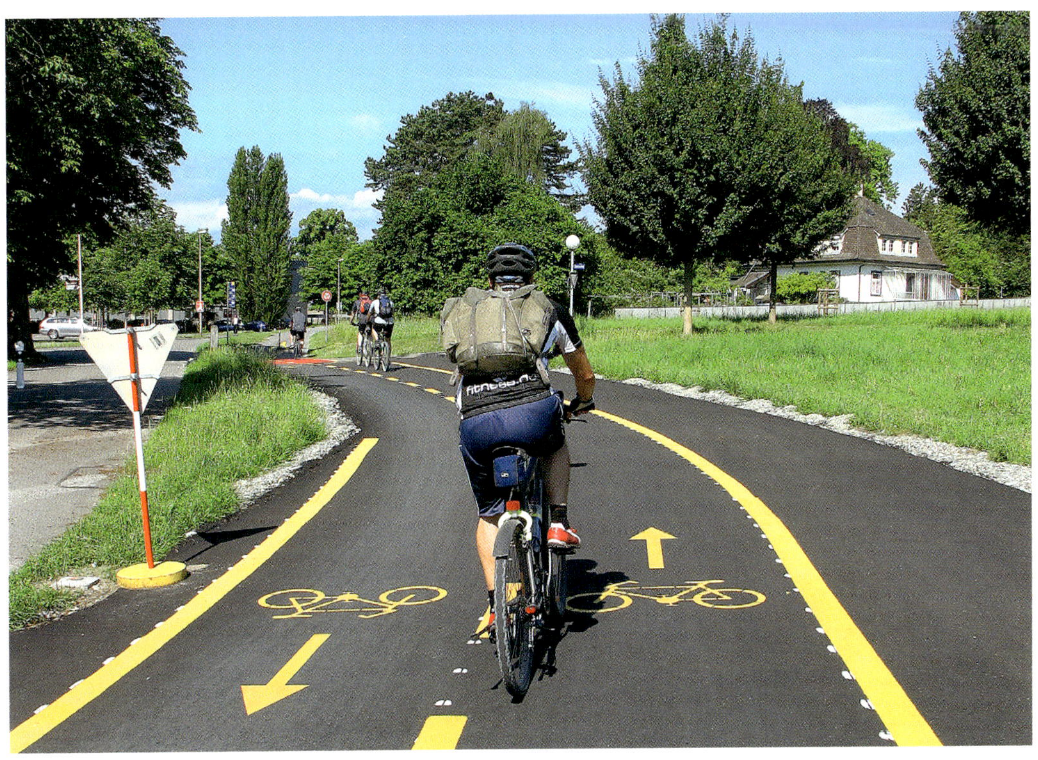

Veloland Schweiz: Hier haben Radfahrer Platz und die Radwege sind deutlich markiert.

Schlösser. Kreuzlingen ist mit Konstanz auf deutscher Seite zusammengewachsen.
Direkt hinter dem Stadtpark wartet erneut ein Grenzübergang. Wer nach Konstanz will, muss diesen passieren. Ich bleibe jedoch auf Schweizer Boden und folge den Radwegzeichen grenznah am Rande von Konstanz entlang. Dafür fahre ich hinter dem Park über die Seestraße nach links in die Freiestraße, gleich rechts in die Wiesenstraße und wieder links in die Zollstraße, die hinter der nächsten Kreuzung in die Grenzstraße übergeht. Die Grenzbachstraße und die links abgehende Feldstraße bringen mich zur Autobahn, die ich unterquere, um dann rechts in die Straße „An der Ersten Straße" einzuschwenken. Nach einem kurzen Stück auf der nach links abgehenden Konstanzerstraße, weiche ich vom ausgeschilderten Radweg ab und folge nun rechter Hand dem Rheinweg. Er bringt mich weg von der Bebauung, hin zum waldgesäumten Seerhein. Von Vogelgezwitscher begleitet, erreiche ich das malerische Dörfchen Gottlieben, das auch Haltestelle der Schiffe der Weißen Flotte ist. Sein Wahrzeichen ist die ehemalige Wasserburg, heute auch Schloss Gottlieben genannt. Leider ist der imposante doppeltürmige Bau nicht öffentlich zugänglich und von der Straße nicht gut einzusehen. Einen schönen Blick auf die Burg haben all jene, die sich dem Gebäudekomplex von der Wasserseite her nähern. Bekannt wurde der Ort auch durch die Ende des 19. Jahrhunderts gegründete Künstlerkolonie, der über die Jahre solche Persönlichkeiten wie Emanuel von Bodman, Rainer Maria Rilke, Hermann Hesse und Thomas Mann angehörten.
Hinter dem Ort öffnet sich eine weite

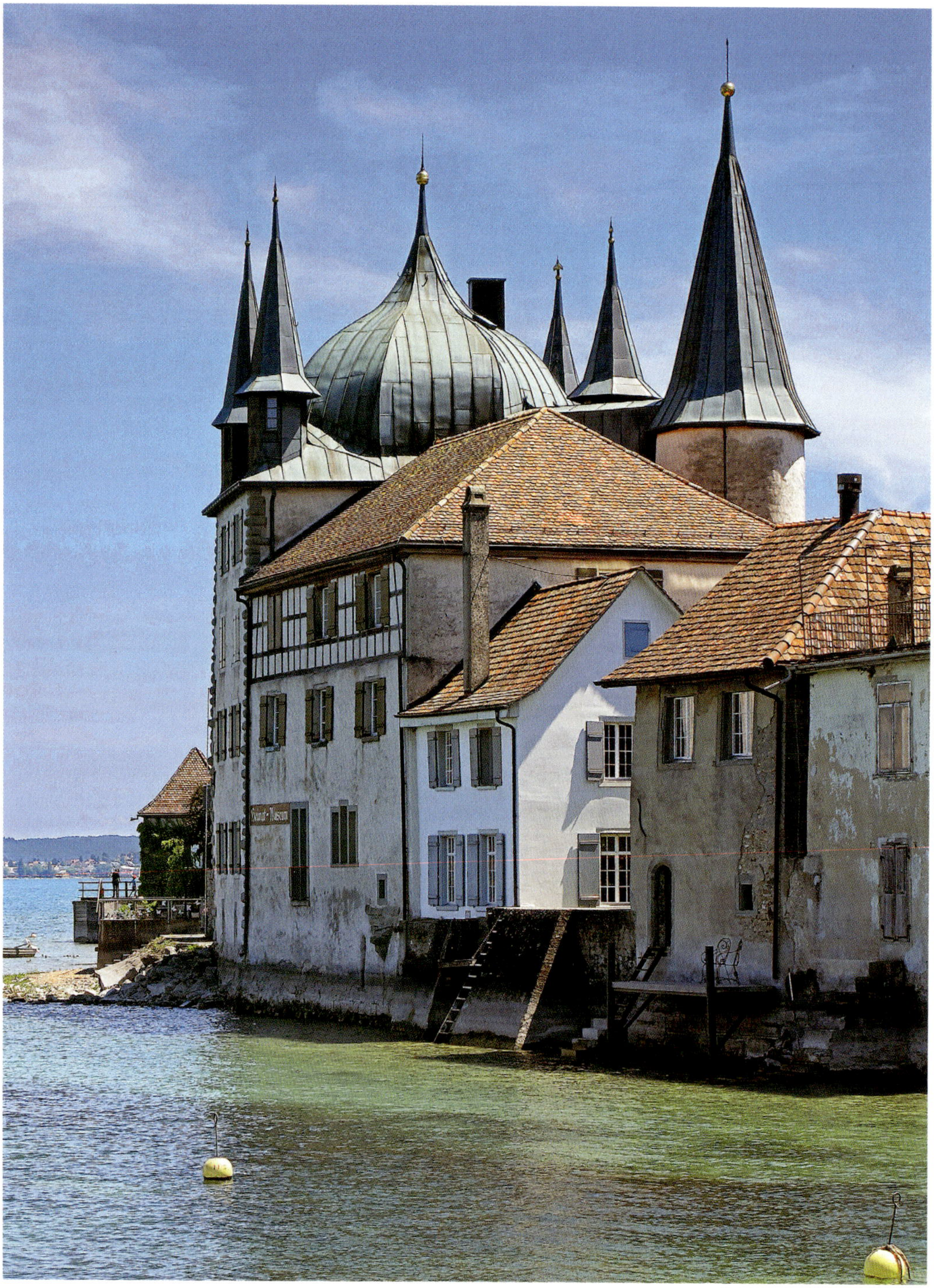

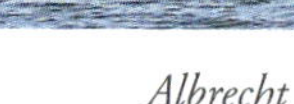

Albrecht von Ramstein, Abt der Reichenau, ließ den Turmhof 1282 als Stützpunkt errichten. Seit 1937 birgt das barocke Gebäude ein Regionalmuseum und ist Wahrzeichen von Steckborn.

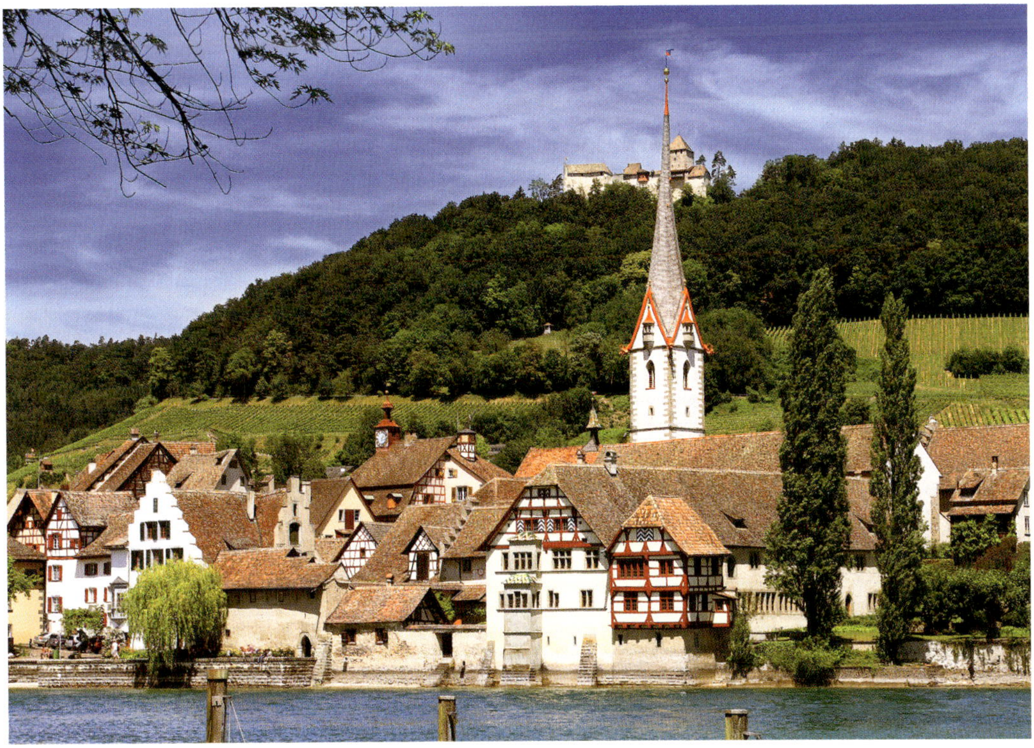

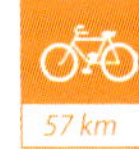

Fachwerk, Kirchen, Burgen, das ist Stein am Rhein.
Ein Besuch der intakten Altstadt mit den Fassadenmalereien und den Riegelhäusern ist ein touristisches Muss.

Wiesenlandschaft. Der offizielle Radweg zeigt sich als schnurgerader, weiß gekalkter Schotterweg, der bald hinein nach Ermatingen führt. Ein Dorf, das auf einem Schuttflächenschwemmgebiet zweier hier in den Untersee mündender Bäche erbaut wurde. Hoch über dem Dorf ließ Wolf Walter von Gryffenberg ein quaderförmiges Schloss errichten. Heute steht Schloss Wolfsberg am Waldrand und ist umgeben von einer wunderbaren Parkanlage mit überdachten Laubengängen. Von der Promenade Ermatingens hat man einen hübschen Blick auf die gegenüberliegende Insel Reichenau.

Schöne Fachwerkhäuser prägen auch das Bild von Mannenbach, den nächsten Ort, den ich ansteuere und der lange zum Kloster Reichenau gehörte. In seiner Umgebung stehen Schlösser gleich im halben Dutzend herum, die allerdings klein sind und eher Sommervillen gleichen. Im 15. Jahrhundert gelang es den Anwohnern aufgrund von Geldmangel des Klosters das Gelände zu kaufen und eigenständig zu verwalten.

Entlang der vielbefahrenen Straße geht es kurz darauf durch Berlingen, dessen evangelische Kirche 1842 als eine der ersten neugotischen Kirchen der Schweiz errichtet wurde. Im Inneren findet sich eine Kanzel aus Marmor. Gleich hinter Berlingen folgt Steckborn. Auch dessen Siedlungsgeschichte begann als Pfahlbausiedlung. Funde die das belegen, findet man in Form von Keramikgefäßen und Feuersteinspitzen im örtlichen Museum (Turmhof). Erst im 14. Jahrhundert bekam der Flecken seine Stadtrechte zuerkannt. Um 1300 entstand mit dem Turmhof das Wahrzeichen der Stadt. Der gedrungene Bau mit

Stadtrundgang Stein am Rhein

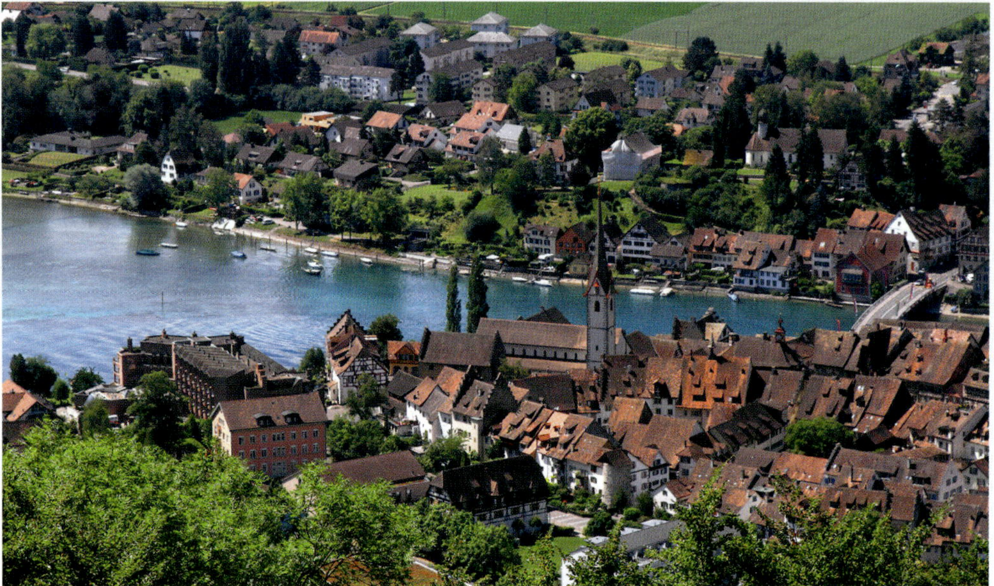

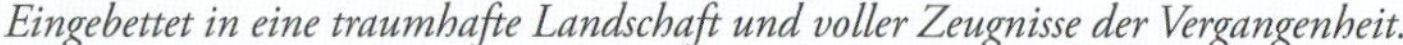
Eingebettet in eine traumhafte Landschaft und voller Zeugnisse der Vergangenheit.

Dort, wo der Rhein aus dem Bodensee tritt, liegt das mittelalterliche Kleinod Stein am Rhein. Schon die Römer errichteten hier im 3. Jahrhundert ein Kastell. Wir beginnen unseren Rundgang am Zeughaus, einem spätgotischen Treppengiebelbau auf dem Chirchhofplatz, dem wir ein paar Meter in die Stadt hinein folgen.

Bald sehen wir rechts das ***Kloster St. Georgen (1)***, eines der besterhaltenen Klöster der Schweiz. Es gilt als eigentliche Keimzelle der Stadt. Zu Beginn des 11. Jahrhunderts wurde es auf Bitte der Mönche vom Kloster Hohentwiel und mit Hilfe einer königlichen Anweisung von Heinrich II. an diesen Platz verlegt. Ausgestattet mit Markt- und Münzrecht prosperierte die verkehrsgünstig gelegene Stadt nun rasch. In der ehemaligen Benediktinerabtei können wir heute die gut erhaltene Klosterarchitektur mit kunstvoll ausgestatteten Abtwohnungen, alten Weinpressen, einem spätgotischen Kreuzgang und einem Freskenzyklus aus dem 16. Jahrhundert im Klostermuseum bewundern.

Zurück auf dem Chirchhofplatz gehen wir weiter in Richtung Zentrum und kommen auf den ***Rathausplatz (2)***. An seiner Stirnseite steht das 1542 zunächst als Handelshaus erbaute Rathaus mit seinem prachtvollen Fachwerk. Ende des 19. Jahrhunderts wurde es umgebaut und seine Fassade mit Historienbildern und Wappen ausgeschmückt. Im Inneren finden wir eine Sammlung historischer Wappenscheiben. Auf dem verkehrsberuhigten Platz fallen uns sofort die kunstvoll bemalten Häuser auf, die heute Cafés, Restaurants und kleinen Läden Platz bieten. Die kunstvoll integrierten Erker und die bemalten Fassaden demonstrieren den Reichtum der Stadt.

Wir folgen dem sich verengenden Rathausplatz und passieren den ***Stadtbrunnen*** auch ***Marktbrunnen (3)*** genannt, der an dieser Stelle seit dem 16. Jh. steht und mit dem Standbild eines „Eidgenoss" geschmückt wurde. Die sich anschließende und ebenfalls von kunstvoll bemalten Häusern umstandene Straße Understadt endet vor dem ***Untertor (4)***. Das schon 1367 erwähnte Tor war der Stadtausgang zum Hegau und wurde, nach einem Bombenangriff 1945 zerstört, originalgetreu wieder aufgebaut. Knapp 100 Meter müssen wir wieder zurück, um uns nach links in die Straße Fronhof zu wenden. Das *Haus (5)* das der Straße ihren Namen gab, finden wir, erkennbar an seinem vorkragenden Erker, auf der linken Straßenseite. Wegen einer im Bett Pfeife rauchenden Frau, brach hier 1668 ein verheerender Stadtbrand aus. Am Ende der Gasse steht ein weiteres Stadttor. Das *Obertor (6)* aus dem 14. Jahrhundert wurde bei jenem Stadtbrand komplett zerstört und 1723 wieder aufgebaut. Jetzt gehen wir abwärts in der Brodlaubegass und biegen gleich links in die Obergass, die auf die Straße Bim Chretzeturm führt. Ein Stückchen links die Straße hinein, sehen wir an der nächsten Straßeneinmündung den rundlichen *Chretzeturm (7)*, bei dem es sich um einen Wehrturm aus dem 12. Jahrhundert handelt. Heute dient er als Atelier und Treffpunkt für renommierte Künstler aus aller Welt. Zurück auf der Obergass folgen wir dieser, bis wir rechts in die Oberstadt abbiegen. Kurz bevor wir wieder auf dem Rathausplatz ankommen, passieren wir die *Touristinformation*, die sich im *Bürgerasyl (8)* befindet. In dem im 14. Jahrhundert als Klosterspital erwähnten Gebäude kümmerte man sich anfangs um die Kranken und Schwachen der Stadt, später diente es als Armen- und Waisenhaus. Vom Rathausplatz kommen wir auf bekannten Wegen zurück zum Ausgangspunkt unseres Rundgangs. Wer jetzt noch Kraft hat, macht sich zu Fuß auf zur Burg Hohenklingen.

57 km

Museen: *Museum Lindwurm* bürgerliche Wohnkultur und Landwirtschaft im 19. Jh. (Mär-Okt tgl. 10-17), Understadt 18, Tel. +41 (0)52 741 25 12, www.museum-lindwurm.ch;
Klostermuseum St. Georgen, (Apr-Okt tgl. 10-17), Tel. +41 (0)52 741 21 42;
Krippenwelt (Di-So 10-18), Oberstadt 5, Tel. +41 (0)52 721 00 05.

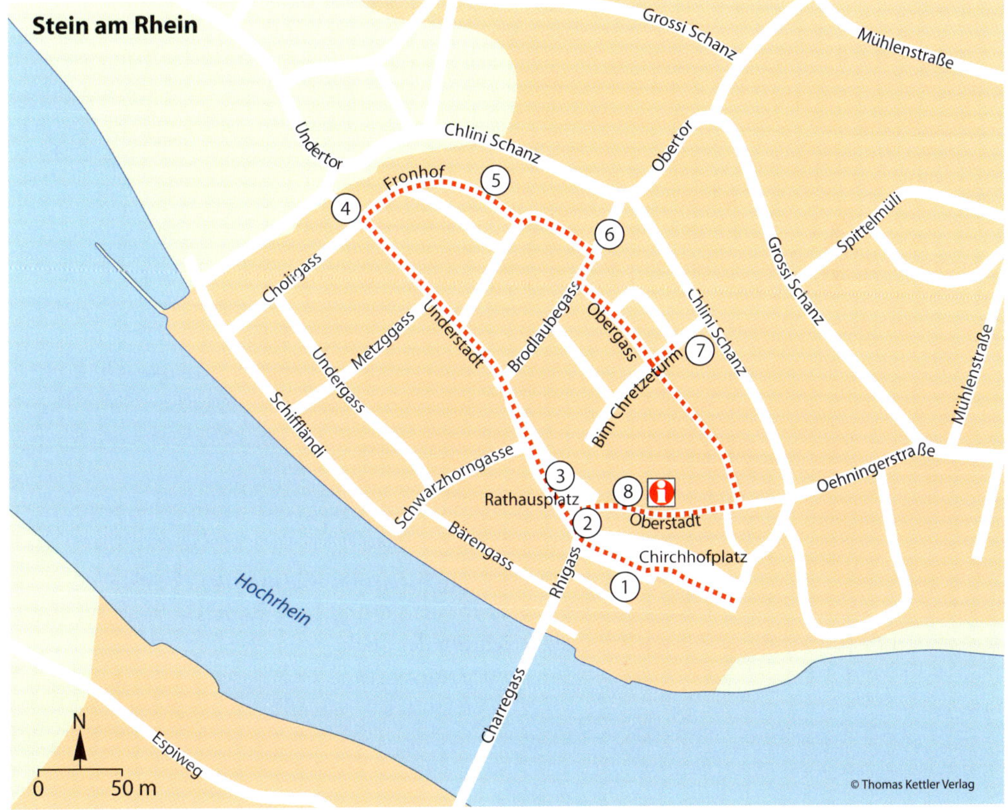

seinen sechs Türmchen, der dem damaligen Abt des Klosters Reichenau als Amtssitz diente, ist auch heute noch der bestimmende Bau, wenn man den Ort von der Spitze des Schiffsanlegers betrachtet. In der entgegengesetzten Richtung blickt man auf die grünen Hügel des sich langsam verengenden Untersees, der bald zum Hochrhein werden wird.

57 km

Mit dem sich nun langsam verengenden Untersee verändert sich der Charakter der Landschaft. Das flache Seeufer macht einer hügeligen Landschaft Platz, die zwar ab und an schöne Ausblicke von oben aufs Wasser erlaubt, aber auch dazu führt, dass ich wieder intensiver in die Pedale treten muss. Linker Hand versteckt sich die Ruine Neuburg im Wald, die im 13. Jahrhundert der Freiherr von Altenklingen erbauen ließ. Im 18. Jahrhundert aufgegeben, dienten Steine der Burg dem nahen Fischerdorf als Baumaterial für seine Häuser. Die katholische St. Blasius Kirche steht kurz nach der Einfahrt in den Ort Mammern auf der rechten Seite, ihr evangelisches Pendant nur ein paar Meter entfernt. Hier muss ich links in die Störenbergstraße einbiegen, um über die Bahnlinie zu kommen. Ihr folgt der Bodensee-Radweg oberhalb, befreit vom Autoverkehr.

Mit schönem Blick auf die Umgebung steuere ich mein Mountainbike durch hügelige Weinberge. Nach einer kräftezehrenden Steigung entscheide ich mich vom ausgewiesenen Bodensee-Radweg abzuzweigen und Eschenz nicht im Ortzentrum zu durchfahren, sondern an der Wasserseite vorbei zu schleichen. Dafür folge ich der Haldestraße über die Bahnbrücke und sause mit den gewonnenen Höhenmetern in Richtung Wasser hinab.

Bald kommt Stein am Rhein in Sicht. Der Anblick von der Uferseite aus offenbart die ganze Schönheit des Ortes. Altstadt, Burg und die Kiesinseln auf dem Rhein sind von hier aus alle gleichzeitig zu bewundern. Der Rhein beginnt ab jetzt flott zu fließen. An den langsam stromauf fahrenden Motorbooten bemerkt man die starke Strömung. Geschäftiges Treiben herrscht auf der großen Brücke über den Rhein, die mich in den Ort bringt. Nach der Stippvisite in Stein am Rhein führt der Bodensee-Radweg am Nordufer des Untersees Richtung Öhningen. Praktisch auf grüner Wiese quere ich vom Schweizer Kanton Schaffhausen hinüber ins Bundesland Baden-Württemberg. Eine knackige Steigung sorgt für steigenden Blutdruck. Nach der Steigung führt der Weg entlang einer viel befahrenen Straße direkt durch den Ort Wangen mit seinen schönen Fachwerkhäusern. Einen Kilometer weiter sehe ich unterhalb der Straße das Schloss Marbach, das im 13. Jahrhundert als Burg erbaut wurde und heute als Veranstaltungsort für Tagungen genutzt wird.

Nun folgen die Dörfer Hemmenhofen und Gaienhofen, wo ich kurz vor Ende der Siedlung rechts in die Straße „Im Bänkle“ abbiege. In der Feldmark geht es, den Straßenverkehr hinter mir lassend, weiter in Richtung Horn. Vor dem Campingplatz biege ich hinunter zum See und komme über den Strandweg in die Hornstaaderstraße. Dieser folge ich bergan, bis rechts der Hörnliweg nach Gundholzen abzweigt. Die weiten Felder der Höri führen mich seeseitig vorbei an Grundholzen direkt hinein in meinem Ausgangsort Iznang, wo meine wunderbare Radreise ihr Ende findet.

Höri Halbinsel

Die stille, romantische Ecke des Untersees

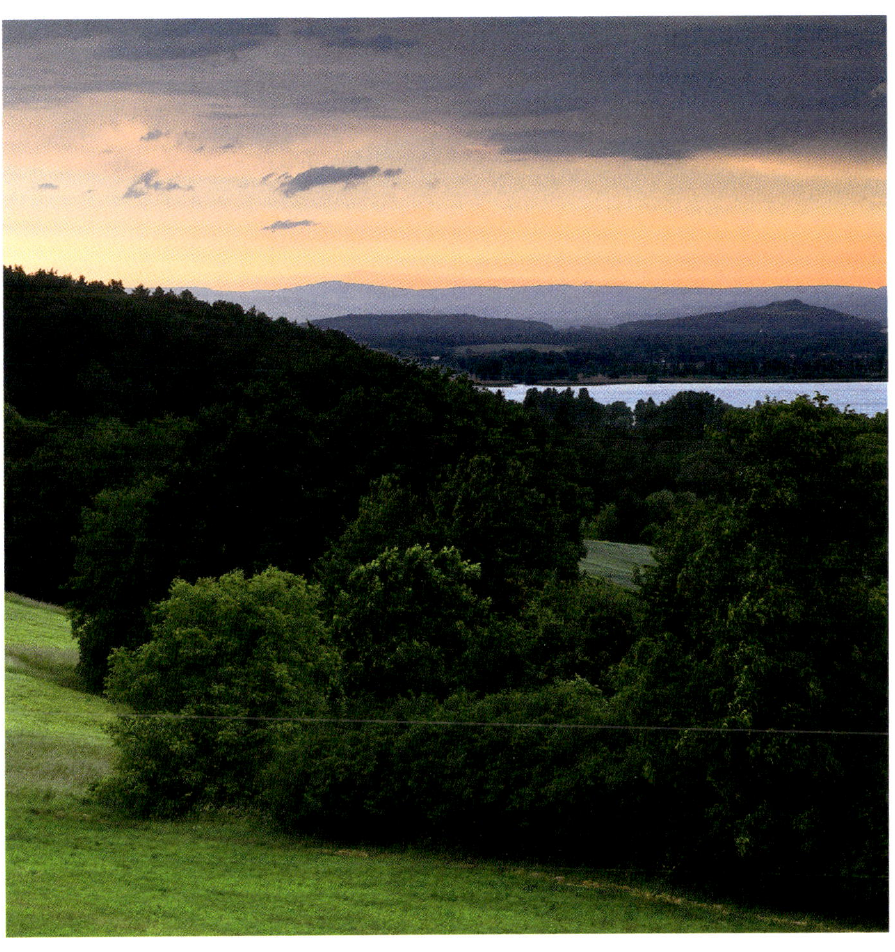

Tour 15

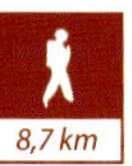

Infos Wanderung Höri Halbinsel

Schwierigkeit ★☆☆☆ Natur ★★☆☆ Kultur ★☆☆☆

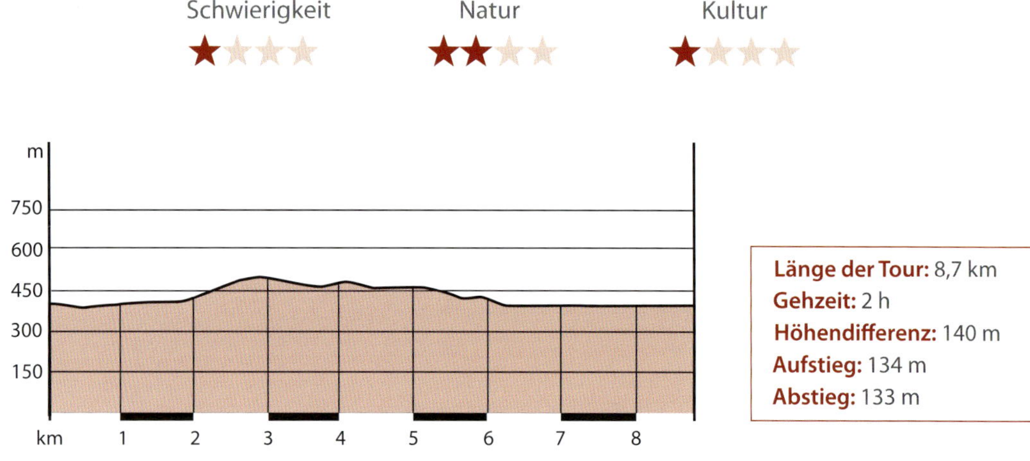

Länge der Tour: 8,7 km
Gehzeit: 2 h
Höhendifferenz: 140 m
Aufstieg: 134 m
Abstieg: 133 m

Charakter der Tour

Gemütliche Wanderung auf Straßen und Wiesenwegen über die sanftgeschwungenen Hügel des Vorderen Höri. Der Besuch des Gundholzener Wasserturms bietet eine weite Sicht über den Untersee.

Sehenswürdigkeiten

Iznang: *Rathaus Iznang.* **Weiler:** *Pfarrkirche* mit Kruzifix von 1350. **Gundholzen:** *Wasserturm, idyllische Brunnenanlage* mit Figurengruppe aus der Sage des Ritters Berchthold von Diessenhofen.

Sonstige Aktivitäten

Wandern: *Marienschlucht* und *Ruine Kargegg* (siehe Seite 94) bei Langenrain.
Wanderung Altbodman & Echotal, Tour 21.

Anreise:
Vom Autobahnkreuz Hegau bei Singen geht es auf die B33 in Richtung Radolfzell, nach fünf Kilometern rechts auf die B34 Richtung Singen. Gleich wieder links auf die L220 Rickelshausener Straße Richtung Böhringen / Rickelshausen. Am nächsten Kreisverkehr erste Ausfahrt (rechts), im folgenden Kreisverkehr die zweite Ausfahrt (links) abbiegen Richtung Moos. Nun auf der L192 bis Iznang, dort links in die See- und sofort wieder rechts in die Strandbadstraße zum Parkplatz.

Kartenmaterial:
Kompass Wanderkarte: ***Hegau, Westlicher Bodensee,*** **1:50.000. Topografische Freizeitkarten Baden-Württemberg:** ***511 Westlicher Bodensee, Konstanz, Stockach,*** 1:50.000.

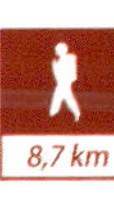

Übernachtung:
Iznang: *Kanuclub Singen* (Camping und Zimmer), Strandbadstr. 17, Tel. 0176 / 38 48 07 22, www.kanuclub-singen.de; *Gästehaus-Café Perlmuschel,* Seestr. 14, Tel. (07732) 570 83, www.cafe-perlmuschel.de; *Campingplatz Stoffel,* Strandbadstr. 8, Tel. (07732) 823 84 80, www.campingplatz-stoffel.de

Auskunft:
Tourist-Info Moos - Iznang a. Bodensee, Rathaus, 78345 Moos, Tel. (07732) 99 96 17, www.moos.de

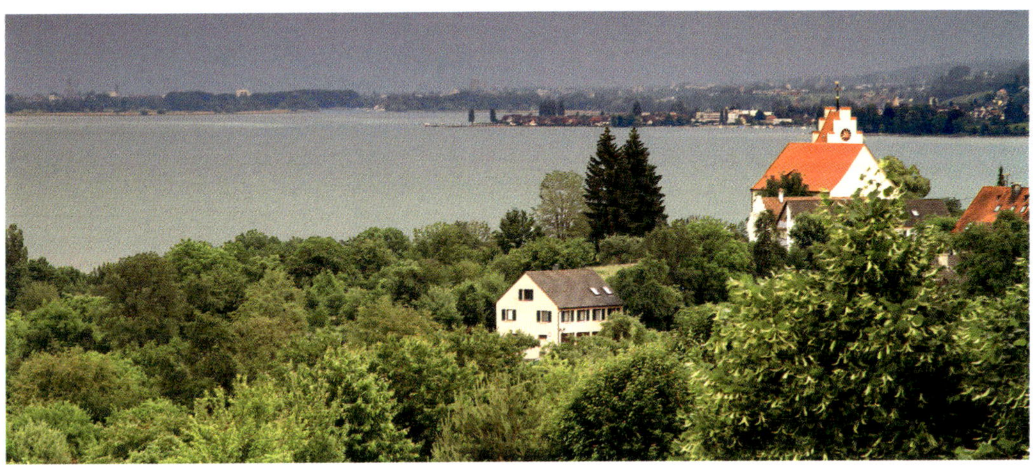

Die stille, romantische Ecke des Untersees

Karte Wanderung Höri Halbinsel

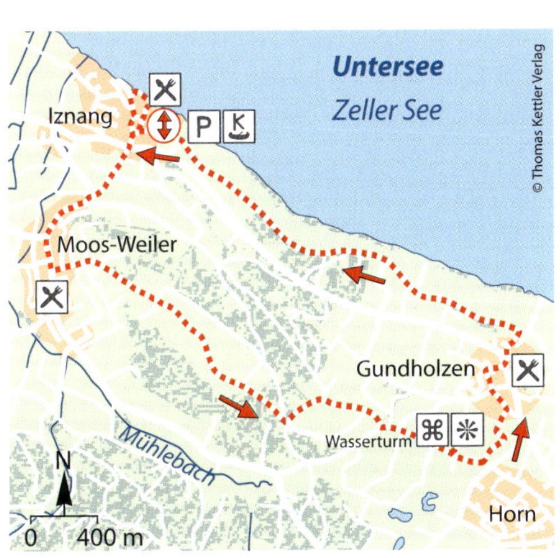

Der Parkplatz am Kanuclub Singen in Iznang, der sich direkt neben dem Schwimmbad befindet, ist der ideale Ausgangspunkt für eine Rundwanderung über das Örtchen Gundholzen. Ich folge der Strandbadstraße ins beschauliche Iznang hinein und komme an der nächsten Kreuzung zur Seestraße. Dieser folge ich für einen kleinen Abstecher rechts bis zum Hafen. Auf der langen Landungsbrücke bekomme ich einen guten Blick über den See bis hin zu den Vulkanbergen des Hegau. Der Wind, der als leises Lüftchen über den Zeller See streicht, wiegt an Bojen vertäute Segelboote sanft hin und her. Das kleine Gästehaus Café Perlmuschel direkt vor der Brücke, bietet auf seiner Seeterrasse die

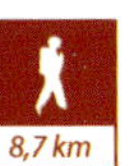

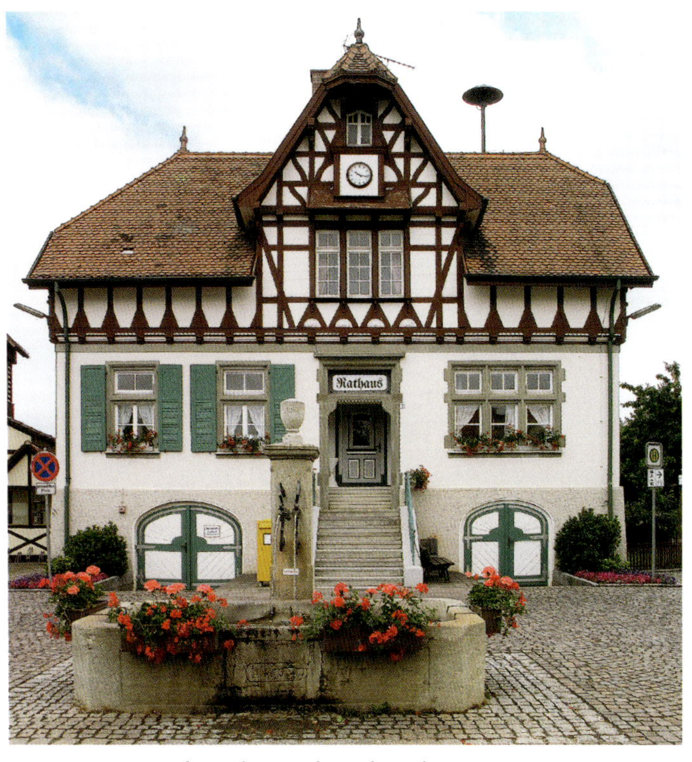

Das alte Rathaus ist das Wahrzeichen von Iznang.

Möglichkeit zur Stärkung bei hausgemachtem Kuchen. Nun geht es zurück über die Seestraße, die Strandbadstraße links liegen lassend, bis zur Höristraße. Dabei passiere ich das hübsche alte Rathaus von Iznang, in dem sich auch die Touristinformation befindet. Nach Überquerung der vielbefahrenen Höristraße folge ich geradewegs der Weilerstraße, die zwischen Erdbeer- und Spargelfeldern sanft in Richtung des Ortes Moos-Weiler ansteigt. Sie geht fließend in die Hauptstraße über und führt in das beschauliche Dorf hinein. Nach etwa 400 Metern biege ich links in die Kirchgasse, die zunächst steil ansteigt und mich schnell aus dem Dorf herausbringt.

Entlang grüner Wiesenflächen spaziere ich in Richtung Wald und bin erstaunt über den grandiosen Blick auf den Hegau und den Vorderen Höri, wie dieser Teil der Landschaft auch genannt wird. Langsam umschließt der Wald meinen Weg, der bald in den Forst hineinmündet. Ein paar hundert Meter geht es durch feinsten Mischwald, ehe ich links am Waldrand abbiege und mich kurz darauf rechts halte. Der Feldweg führt nun durch malerische Streuobstwiesen und mündet in eine Teerstraße, der ich links nach Gundholzen folge. Auf den nächsten 500 Metern stehen zahlreiche Kirschbäume verschiedenster Sorten, ehe ich links zum Wasserturm abbiege.

Der wie ein Burgturm erscheinende, gedrungene Wasserturm bietet von seiner Aussichtsplattform einen endlos scheinenden Blick über den Bodensee. Radolfzell auf der gegenüberliegenden Seeseite, die aus der Ortschaft Gundholzen herausragende Kirche und die Pappelallee der Insel Reichenau ziehen mich in ihren Bann.

Zurück auf der Straße folge ich dem Teerweg nochmals für 200 Meter und biege links in einen Feldweg, der mich im Zickzack abwärts nach Gundholzen bringt. Im Dorf folge ich links der Hofstraße, biege anschließend rechts in die Lanzengasse, die nach der Querung der Hauptstraße nun Wiesenstraße heißt und mich schnellen Schrittes wieder aus dem Dorf herausführt. Am See angekommen, halte ich mich links. Hohe Pappeln säumen das Seeufer und geleiten mich, entlang der Acker- und Wiesenflächen, zurück nach Iznang. Am Ende der Tour steht ein erfrischendes Bad im Strandbad des Ortes.

Hohentwiel

Monument kriegerischer Zeiten

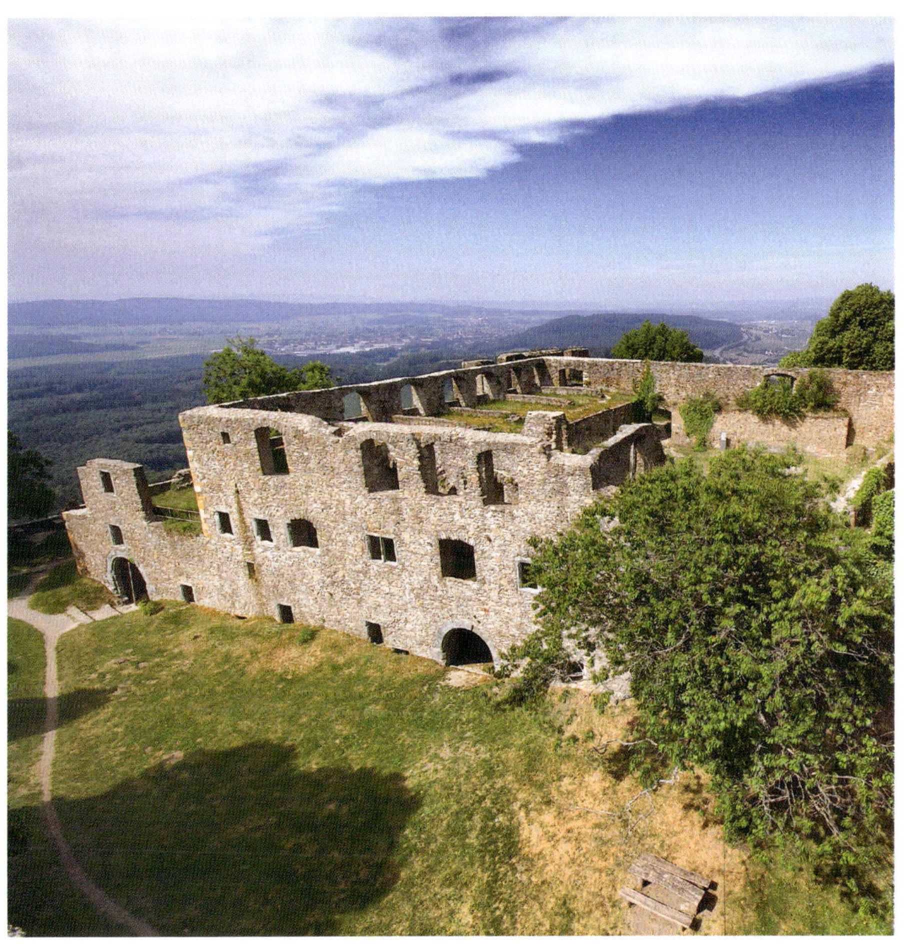

Tour 16

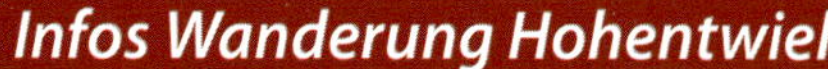

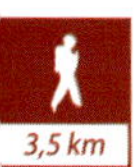

Schwierigkeit ★☆☆☆ | Natur ★★☆☆ | Kultur ★★★★

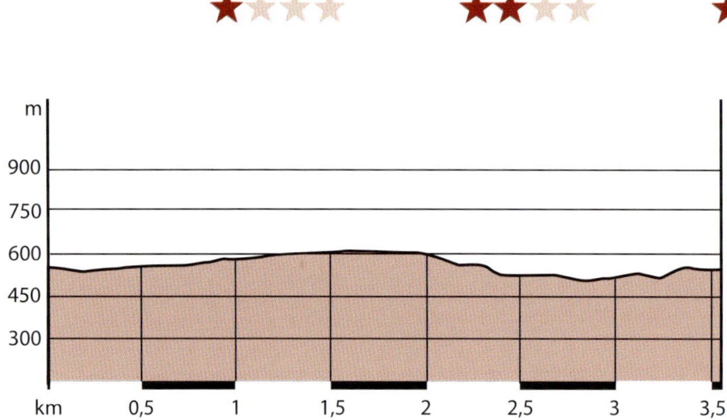

Länge der Tour: 3,5 km
Gehzeit: 1,5 h
Höhendifferenz: 210 m
Aufstieg: 163 m
Abstieg: 170 m

Charakter der Tour

Die grandiose Festung Hohentwiel bildet den Mittelpunkt dieser kurzen und einfachen Wanderung um den 686 Meter hohen gleichnamigen Berg. Als touristisches Highlight der Region ist hier mit deutlich mehr Besuchern als auf den anderen Vulkanbergen zu rechnen.

Besonderheiten

Etwas steilerer Aufstieg am südlichen Hang des Hohentwiel.

Sehenswürdigkeiten

Singen: *Ruine Hohentwiel* (10. Jh.), *Burg Hohenkrähen* (12. Jh.), *Ruine Mägdeberg* (13. Jh.), *Archäologisches Hegau-Museum Singen* (Di-Sa 14-18, So 14-17) Tel. (07731) 852 67, *Städtisches Kunstmuseum Singen* (Di-Fr 14-18, Sa, So 11-17) Tel. (07731) 852 71, *Burg Hohenfriedingen / Friedinger Schloss,* Tel. 0151 / 11 21 50 76, *Kirche St. Josef* (20. Jh.), *Kirche St. Peter und Paul* (18. Jh.).

Sonstige Aktivitäten

Wandern: Vom *Hohentwiel* zum *Hohenkrähen* und *Mägdeberg* in ca. 4 Stunden. Besteigungen der anderen *Hegau-Vulkane* (Siehe Tour 17 und 18).
Klettern: *Kletterroute am Mägdeberg.*
Radfahren: *Flusserlebnispfad Hegauer Aach* (3-stündige Radtour von Mühlhausen nach Radolfzell).
Sonstiges: *Hohentwiel-Weinprobe* im Infozentrum am Hohentwiel (www.staatsweingut-meersburg.de oder Tel. (07532) 4467-33).
Hohentwielfestival Singen - Jazz, Pop, Rock und Klassik (www.hohentwielfestival.de).

Anreise: Vom Autobahnkreuz Hegau bei Singen geht es auf der A81 kurz Richtung Singen. Ausfahrt 41 nehmen und die L191 in Richtung Süden fahren. Im Kreisverkehr auf der Hohenkrähenstraße bleiben nach 250 Metern rechts auf die Duchtlinger Straße abbiegen, dann gleich wieder links und abermals links zur Festung Hohentwiel.

Kartenmaterial:
Kompass Wanderkarte: ***Hegau, Westlicher Bodensee,*** 1:50.000; **Topographische Freizeitkarten Baden-Württemberg:** ***511 Westlicher Bodensee, Konstanz, Stockach,*** 1:50.000.

Übernachtung:
Singen: *Jugendherberge,* Friedinger Str. 28, Tel. (07731) 425 90, www.singen.jugendherberge-bw.de; *Fremdenzimmer Neumann,* Mühlhauser Str. 20, Tel. (07731) 94 93 06; *Landgasthaus Bohl,* Auf dem Bohl 5d, Tel. (07731) 492 25, **Engen:** *Camping Sonnental,* Im Doggenhardt 1, Tel. 0171/ 522 90 90.

Auskunft:
Touristinfo Singen Marktpassage, August-Ruf-Str. 13, Tel. (07731) 852 62, www.in-singen.de

Monument kriegerischer Zeiten

Karte Wanderung Hohentwiel

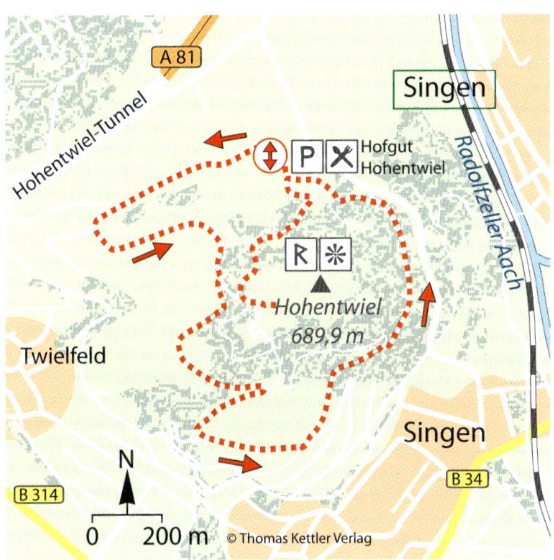

Hoch oben über der Stadt Singen thront die größte Festungsruine Deutschlands auf einem Vulkanschlot. Rund um jene steile, magmatische Quellkuppe und ihre Festung führt ein eingerichteter Vulkanlehrpfad. Die Besichtigung der Burg lässt sich vorzüglich mit jenem kurzen Rundweg verbinden.

Startpunkt ist der Parkplatz der Domäne Hohentwiel im Norden der Festungsanlage. Die Domäne ist ein staatliches Hofgut, das im 10. Jahrhundert Bestandteil einer Klosteranlage war und später der Versorgung der Burg diente. Heute wird vom Hofgut unter anderem das 100 Hektar große Naturschutzgebiet Hohentwiel mit Schafen und Ziegen traditionell bewirtschaftet. Im hofeigenen Laden können Wurst, Säfte, Edelbrände und Wolle erstanden werden.

Am Informationszentrum beginnt der Vulkanlehrpfad, der an zwölf Stationen mit Infotafeln durch die Erdgeschichte, menschliche Historie und die Natur des Gebietes führt. Zwischen den Gebäuden des Hofguts geht es links hindurch, dann über einer Schotterstraße sanft abwärts, hinaus in die offene Hegaulandschaft. Obstbäume säumen den Weg und auf den Wiesen grasen Schafe. An der nächsten Wegeinmündung halte ich mich links und folge in einer weitausholenden 180 Grad Kurve dem Weg in Richtung Burg. Aus dem Talgrund steigt warme Luft als Thermik

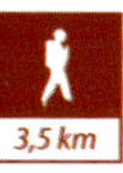

über die beweideten Magerrasen zu mir herauf, die ein Rotmilan für seine Segelmanöver nutzt. Neben den ausgesprochen nährstoffreichen Böden aus Vulkantuff ist das günstige Klima wohl auch ein Grund dafür, dass sich hier das höchstgelegene Weinbaugebiet Deutschlands halten kann, dessen vorzügliche Spätburgunder und Rieslinge ein wahres Geschmackserlebnis bieten. Der Weinberg ist dem Staatsweingut Meersburg zugehörig. Weine können in der Verkaufsstelle des Weinguts im Infozentrum am Hohentwiel erstanden werden.

Meine Aufmerksamkeit gehört nun aber dem „Hontes", wie der Hohentwiel bei den Einheimischen genannt wird. Ich halte mich rechts, immer am Waldrand entlangwandernd, bis ich wieder hinaus in die stechende Sonne muss. Fast höhenparallel wird der Kreis um die Festung weiter vervollständigt, ehe es rechter Hand mit merklicher Steigung abwärts geht. Nach einer Stippvisite in einem kleinen Wäldchen, biege ich links ab und spaziere für etwa 600 Meter entlang eines Weinberges. Bald spenden mir die dichten Blätter des Bannwaldes, der erst 1890 angelegt wurde, wohltuenden Schatten. Der Wald, 1923 unter Naturschutz gestellt und das zweitälteste Waldschutzgebiet Baden-Württembergs, darf abseits der Wege nicht betreten werden. Seine weitestgehend ungestörte Entwicklung hat zu einem wahren Paradies für seltene Arten geführt. Durch Eschen, Eichen, Ahorn, Linden und Buchen steige ich über einen wurzeligen Weg langsam aufwärts, ehe der Stieg deutlich steiler zurück zum Informationszentrum führt.

Dort gibt es neben zahlreicher interessanter Schautafeln und Videovorführungen auch die Eintrittskarten für die eigentliche Festung, die man über eine steile und enge Teerstraße erreicht.

Als ich aus dem Wald trete, bin ich beeindruckt von den immensen Ausmaßen der Anlage, die mich an den Königstein im Elbsandsteingebirge erinnert.

Die weitläufige Feste taucht im Jahre 915 erstmals in historischen Erzählungen auf. Als Sitz der schwäbischen Herzöge erlangte die Bastion später große Bedeutung. Im Verlauf des Dreißigjährigen Krieges hielt das als uneinnehmbar geltende Bollwerk fünf schweren Belagerungen stand. Darauf folgte eine Zeit als Gefängnis für hochrangige Staatsgefangene und 1800 die kampflose Übergabe an die französische Armee. Auf Geheiß Napoleons wurde der Festungsanlage ihr militärisches Ende bereitet – das Schleifen der Burg soll ein halbes Jahr gedauert haben. Nähere geschichtliche Details erhält man im Informationszentrums am Parkplatz. Bevor ich die Anlage verlasse, genieße ich von der Aussichtsplattform des ehemaligen Kirchturms das unglaubliche 360-Grad-Panorama, welches bis zu den silbrig schimmernden Wasserflächen des Bodensees, über die Stadt Singen und die umliegenden Hegauberge reicht. Im Sommer finden vor der attraktiven Kulisse gut besuchte Freiluftveranstaltungen statt.

Hohenkrähen

Unterwegs auf des Herrgotts Kegelspiel

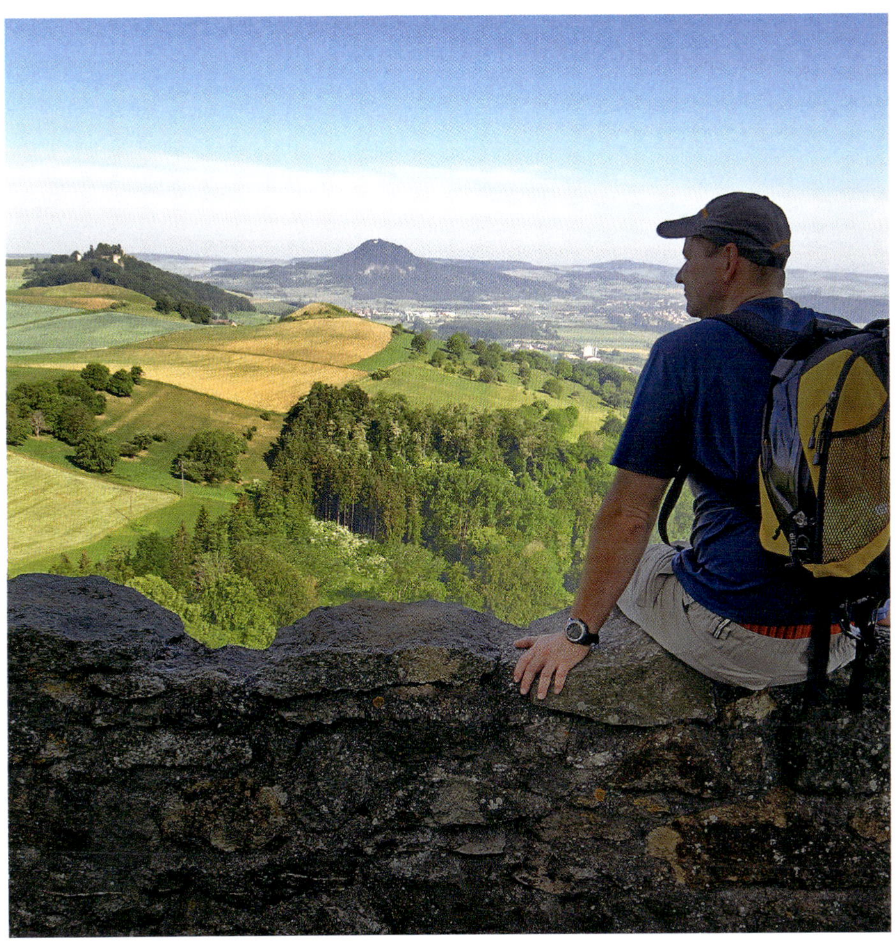

Tour 17

Infos Wanderung Hohenkrähen

Schwierigkeit ★★☆☆ | Natur ★★★☆ | Kultur ★★★★

8,9 km

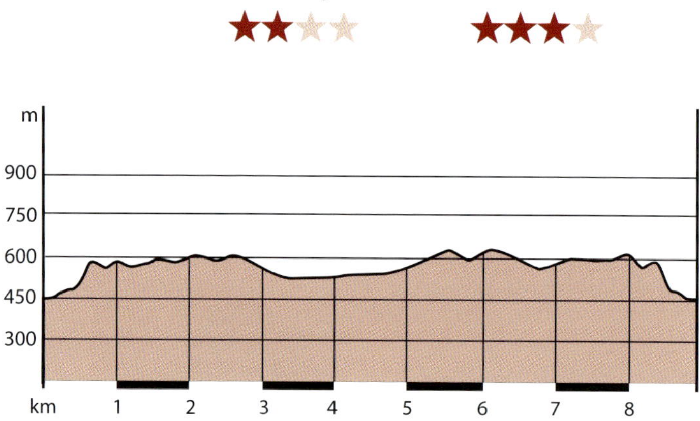

Länge der Tour: 8,9 km
Gehzeit: 3 h
Höhendifferenz: 431 m
Aufstieg: 428 m
Abstieg: 428 m

Charakter der Tour

Erhabene Wanderung durch Wald und über Wiesengipfel. Natürlich gehören der Anblick und die Besteigung der Vulkane und Burgen zu den Highlights der Wanderung. Der größte Teil der Tour geht über wunderbar einsame Schotterwege durch eine liebliche Landschaft.

Besonderheiten

Steiler Auf- und Abstieg am Hohenkrähen.

Sehenswürdigkeiten

Ruine Hohenkrähen (12. Jh.), *Ruine Mägdeberg* (13. Jh.), *Hegaukreuz, St. Gallus Kirche Duchtlingen* (13. Jh.).

Sonstige Aktivitäten

Wandern: Vom *Hohentwiel* zum *Hohenkrähen* und *Mägdeberg* in ca. 4 Stunden. Besteigungen der anderen *Hegau-Vulkane* (Siehe Tour 16 und 18).
Klettern: *Kletterroute am Mägdeberg*
Seerundfahrt: Schifffahrt auf dem Untersee.

Anreise:
Vom Autobahnkreuz Hegau bei Singen geht es auf der A 81 kurz in Richtung Singen. Die Ausfahrt 41 abfahren und die L191 Richtung Norden fahren. Nach 600 Metern abbiegen Richtung Schlatt (Schlatt unter Krähen) und sofort rechts auf den Wanderparkplatz.

Links: www.burg-hohenkraehen.de, www.singen.de, www.engen.de, www.klettern-maegdeberg.de

Kartenmaterial:
Kompass Wanderkarte: ***Hegau, Westlicher Bodensee,*** 1:50.000; **Topographische Freizeitkarten Baden-Württemberg:** ***511 Westlicher Bodensee, Konstanz, Stockach,*** 1:50.000.

Übernachtung:
Singen: *Jugendherberge,* Friedinger Str. 28, Tel. (07731) 425 90, www.singen.jugendherberge-bw.de, *Fremdenzimmer Neumann,* Mühlhauser Str. 20, Tel. (07731) 94 93 06; *Landgasthaus Bohl,* Auf dem Bohl 5d, Tel. (07731) 492 25 **Engen:** *Camping Sonnental,* Im Doggenhardt 1, Tel. 0171/ 522 90 90.

Auskunft:
Tourist-Info Singen, August-Ruf-Str. 13, Tel. (07731) 85 262, www.in-singen.de

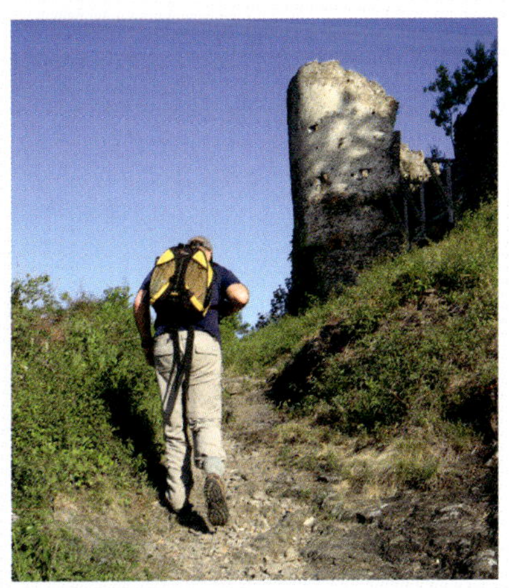

Die einsame Ruine am Mägdeberg hat man oft für sich allein.

Unterwegs auf des Herrgotts Kegelspiel

Karte Wanderung Hohenkrähen

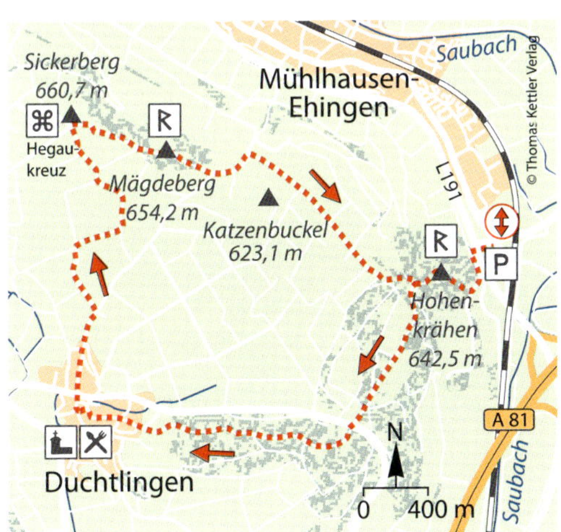

Schon während der Anfahrt werfe ich flüchtige Blicke aus dem Autofenster hinüber zum monolithischen Fels am Straßenrand. Durch einen Tunnel am Wanderparkplatz komme ich wenig später zum Ausgangspunkt der Wanderung auf der anderen Seite der Straße. Schnell verschwindet der steile Weg im Wald. Am Aufstieg zur Ruine warnt ein Schild vor dem „gefährlichen" teils mit Seilen gesicherten Anstieg von etwa 140 Höhenmetern, der sich für geübte Wanderer als anstrengend, aber weitgehend harmlos erweist. Bei nassem Wetter kann es allerdings rutschig werden. Bald trete ich pustend aus dem Wald und stehe vor der sogenannten Vorburg. In den alten Torhäusern hat sich heute eine Pfadfindergemeinschaft eingerichtet, die für die Verwaltung der Festung zuständig ist. Bis hinauf zur eigentlichen Burg sind es aber noch ein paar Höhenmeter. Mauerwerk und Gestein wurden auf dem nun folgenden engen Pfad von den Baumeistern zu einer Struktur verwoben. Schneller als erwartet, stehe ich unvermittelt auf dem Gipfel und bemerke unterhalb jene Schnellstraße, auf der ich mit dem Auto gekommen bin. Sie macht sich durch

8,9 km

ein deutliches Verkehrsrauschen bemerkbar. Die Fernsicht aus dem „Krähennest" ist in Richtung Bodensee, auf die Nachbarburg Hohentwiel sowie in Richtung meines nächsten Zieles, den Mägdeberg, als grandios zu bezeichnen.

Der etwa 200 Meter aus der Landschaft ragende Vulkankegel des Hohenkrähen besteht aus Phonolith Gestein, das einen hellen Klang hat, wenn man daran schlägt. Der Berg ist schon seit der Bronzezeit durchgehend besiedelt, wie archäologische Funde beweisen. Erst im 12. Jahrhundert erbauten die Gebrüder Heinrich und Hermann Craien in dieser extrem exponierten und taktisch günstigen Lage eine Burg. Natürlich weckte eine derart monumentale

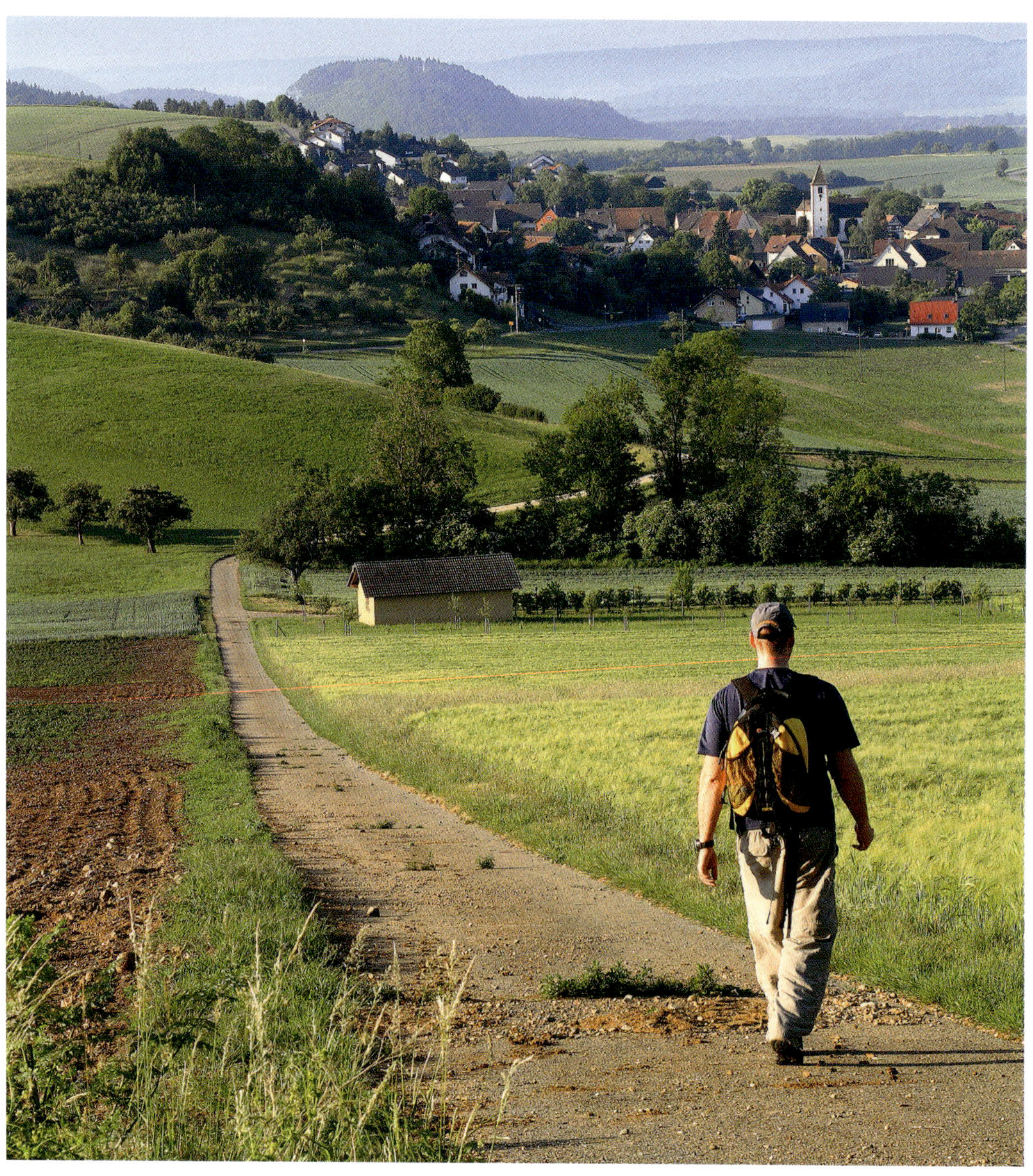

Sanft geschwungene Hügel und idyllische Dörfer prägen den Westteil des Bodensees.

Lage bald Begehrlichkeiten größerer Mächte wie die der Württemberger und Österreicher. Die Burg wurde mehrfach zerstört und wieder errichtet. Eine Zeitlang galten die Burgherren gar als Geißel der Gegend, da sie reisende Kaufleute auszurauben pflegten.

Nach dem Abstieg von der Festung folge ich den rot-weiß, rot-grün markierten Zeichen ebenso wie den gelben Schildern des Burgenwegs. Der ganze „Schilderwald" zeigt in die gleiche Richtung und stiftet im Verlauf der Wanderung an so mancher Kreuzung eher Verwirrung denn Aufklärung. Nichts desto trotz bleibe ich auf dem Schotterweg, der mich durch eine Waldung mit offenen Ackerflächen zur Straße bringt, die ich quere, um auf der anderen Seite in dichtem Wald zu verschwinden. Ich folge dem sich schlängelnden Forstweg etwa einen Kilometer und erreiche das Dorf Duchtlingen. Hier bringt mich die Singener Straße in die Ortschaft hinein. Bald stehe ich vor der kleinen St. Gallus Kirche, deren von roten Rändern gesäumter, weißer Turm aus dem 13. Jahrhundert stammt. Gegenüber der Kirche kann der durstige Wanderer sich in der Gastwirtschaft „Linde" erfrischen. Anschließend spaziere ich auf der Hegaustraße nach Norden wieder aus dem Dorf hinaus. Zweihundert Meter nach dem letzten Haus des Dorfverbandes zweige ich links auf den schnurgerade aber sanft nach oben führenden Schotterweg ab, dem ich folge bis er endet. Unter einem alten Baum mit Fernsicht über die liebliche Landschaft, lädt eine Holzbank zur Rast ein. Ein Platz wie geschaffen für eine Pause, unter der mittlerweile vom blauen Himmel brennenden Sonne. Anschließend folge ich nach rechts dem leicht verwachsenen Wiesenweg ein kurzes Stück parallel zum Berg, ehe ich wieder nach links abbiege und einer weiteren Schotterstraße aufwärts folge. Diese endet schnell an einem Erdwall, durch den ein kleiner, bunt beschilderter Pfad sticht. Steil geht es die letzten paar Meter hinauf zum Hegaukreuz, ein Steinkreuz, das den 661 Meter hohen Wiesenbuckel schmückt. Eine Feuerstelle und eine Bank laden auch hier zum Pausieren ein. Mein Blick streift über weite Mahdwiesen und auf den nahen Mägdeberg, der seit 1984 inklusive der alten Festungsanlage als Naturschutzgebiet ausgewiesen ist.

8,9 km

Um dorthin zu gelangen, folge ich einem schmalen Pfad hinunter in einen Wald hinein. Unter den Schatten spendenden grünen Bäumen zweigt nach links sogleich der Burgweg ab. Einer Sage nach bekam die Erhebung ihren Namen, als eine englische Königstochter während einer Wallfahrt hier mit tausenden Mägden lagerte. Ein halber Turm streckt mir auf dem steinigen Weg nach oben seine Silhouette entgegen. Auf Geheiß des Abtes des Klosters von Reichenau wurde an der Stelle im 13. Jahrhundert eine Festungsanlage samt Kapelle erbaut. Im 14. Jahrhundert verkaufte dann ein gerissener Nachfolger die Burganlage. Zu erwähnen ist dabei, dass sie gleichzeitig an zwei Interessenten verkauft wurde. Zunächst ging der Besitz an eine Partei aus Österreich und kurz darauf auch an die Württemberger Grafen. Nach einer zwischenzeitlichen Zerstörung durch den Oberschwäbischen Städtebund und einem Wiederaufbau 100 Jahre später, sollte sich der mittelalterliche Immobilienbetrug doch noch rächen. Sigmund von Österreich erhob nun Anspruch auf den Mägdeberg und ließ die Festung durch eine mehr als 3.000 Mann starke Truppe belagern. Nach nur wenigen Tagen gaben sich die Burgherren kampflos geschlagen. Mit der Tatsache, dass später im Dreißigjährigen Krieg auch schwedische Soldaten einmal die Festung eroberten, wird die Burg zu einem international begehrten Objekt. Heute sind nur noch Reste der einstmals stolzen, steinernen Feste zu entdecken.

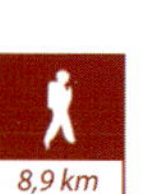

Während einer ausgiebigen Pause betrachte ich die Hegaulandschaft, eine Komposition aus Wiesenbuckeln und Vulkanschloten, die der Dichter Ludwig Finckh (1876-1964) in seinen heimatlichen Erzählungen einmal treffend als „Des Herrgotts Kegelspiel“ bezeichnete.

Bald mache ich mich wieder auf den Weg und gehe den Burgweg hinab in den Wald, wo ich der Forststraße zum Wanderparkplatz folge. Hier halte ich mich links, gute 300 Meter entlang einer kaum befahrenen Teerstraße abwärts, um dann rechter Hand den Schotterweg steil hinauf zum kegelförmigen Berg Katzenbuckel zu erklimmen. Oben angekommen, geht der Feldweg langsam abwärts in Richtung auf Hohenkrähen zu, das jetzt links neben einem Waldgebiet wie ein Blumentopf in der Landschaft steht. Nach etwa 600 Metern geht es links auf der Wiese weiter in Richtung des Krähennestes. Dort angekommen, bin ich auf bekanntem Terrain und stapfe den steilen Weg hinab zum Wanderparkplatz.

„Des Herrgotts Kegelspiel“ - Die Hegau-Vulkane

Vor 14 Millionen Jahren setzte im Schnittpunkt zweier Störungssysteme auf dem Gebiet des heutigen Hegaus starker Vulkanismus ein, in dessen Folge rund ein Dutzend Vulkane entstanden. Durch Fragmentierung von Gestein und Magma bildeten sich gewaltige, 100 Meter starke Tuffschichten. Fünf Millionen Jahre später führten erneute Ausbrüche dazu, dass Phonolith und Basalt von unten in die Schlote eindrang, aber noch innerhalb der Tuffschicht erstarrte. In der Riß-Kaltzeit vor etwa 150.000 Jahren, hobelten die Gletscher das weiche Phonolith und Tuffgestein ab – übrig blieb der harte Basalt. Das heutige Landschaftsbild des Hegaus war entstanden. Die Schlote vom Hohenhewen und Hohenstoffeln, die wir heute in der Landschaft ausmachen können, bestehen aus Basalt, während der Hohentwiel, Hohenkrähen und der Mägdeberg aus Phonolith aufgebaut sind. Die Hegau-Landschaft entstand also im Zusammenspiel von Vulkanismus und Eiszeit.

Wegen der guten Zugänglichkeit und der stets strategisch günstigen Höhenlage, entstanden auf all diesen Vulkankegeln nach und nach Ansiedlungen und später immer auch befestigte Burgen. Im Umkreis von 20 Kilometern sind es rund 380 an der Zahl, die alle auf ausgeschilderten Burgenwegen erwandert werden können. Sie machen den Hegau zu einem der burgenreichsten Regionen Deutschlands. Neben dem Hohentwiel, mit der größten Festungsruine Deutschlands, sind vor allen Dingen auch die Ruinen auf dem Hohenkrähen und dem Mägdeberg zu nennen. Die berühmtesten Ausflugsziele in der toskanisch anmutenden Landschaft sind aber die zwischen 643 und 867 Meter hohen Hegau-Berge selbst, die vom Heimatdichter Ludwig Finckh die Bezeichnung „Des Herrgotts Kegelspiel“ erhielten.

Hohenhewen

Vulkanschlote und Burgen im Hegau

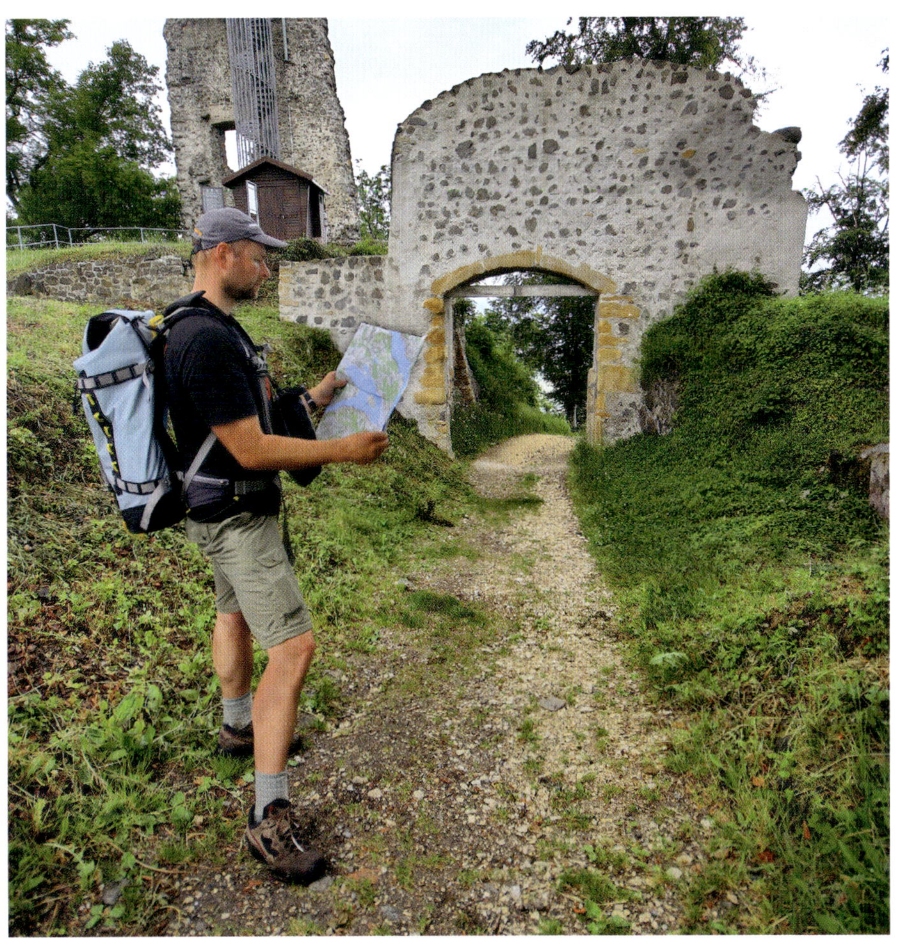

Tour 18

Infos Wanderung Hohenhewen

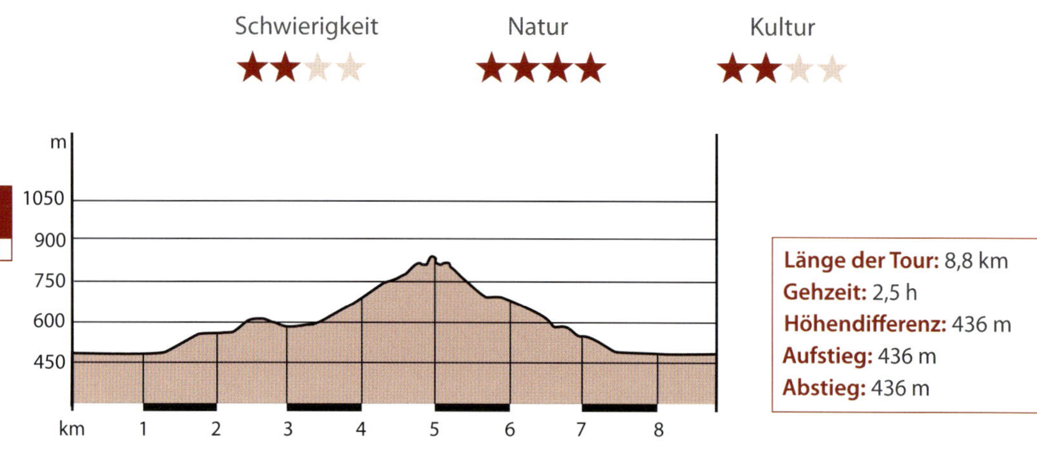

Charakter der Tour

Weitgehend einsame Wald- und Wiesenwanderung mit Ersteigung des Hegauvulkans und der Festung Hohenhewen. Technisch einfaches Vorankommen, meist auf Forstwegen.

Besonderheiten

Ruinengelände - Betreten auf eigene Gefahr wegen Steinschlag. Lehmiger und daher bei Nässe rutschiger Abstieg. Bei ungünstiger Witterung ist festes Schuhwerk empfehlenswert.

Sehenswürdigkeiten

Ruine Hohenhewen (12. Jh.), **Weiterdingen:** *Schloss* (17. Jh.), *Pfarrkirche St. Mauritius* (13. Jh). **Engen:** *historische Altstadt.*

Sonstige Aktivitäten

Wandern: Auf dem *Hegau-Panorama-Weg (10-13 Tagesetappen)* quer durch den Hegau. Auf *15 Burgenpfaden des Hegaus* (www.hegau.de). Besuch des *Aachtopfes* (Deutschlands wasserreichster Karstquelle). Vom *Hohentwiel* zum *Hohenkrähen* und *Mägdeberg* in ca. 4 Stunden. Besteigungen der anderen *Hegau-Vulkane* (Siehe Tour 16 und 17).

Anreise:

Vom Autobahnkreuz Hegau bei Singen geht es auf der A 81 kurz in Richtung Singen. Ausfahrt 41 abfahren und rechts auf die L 191 abbiegen. Über Mühlhausen-Ehingen nach Welschingen. Nach Durchfahren des Ortes kommt man zum Bahnhof Welschingen-Neuhausen. Bei der Staßenunterführung der Gleise liegt der Parkplatz auf der linken Straßenseite.

Kartenmaterial:
Kompass Wanderkarte: ***Hegau, Westlicher Bodensee,*** 1:50.000
Topografische Freizeitkarten Baden-Württemberg: ***510 Singen*, 1:50.000**

Übernachtung:
Welschingen: *Pension Adler,* Dorfstr. 39, Tel. (07733) 81 61 **Singen:** *Jugendherberge,* Friedinger Str. 28, Tel. (07731) 425 90, www.singen.jugendherberge-bw.de/; *Fremdenzimmer Neumann,* Mühlhauser Str. 20 Tel. (07731) 94 93 06; *Landgasthaus Bohl,* Auf dem Bohl 5d, Tel. (07731) 492 25
Engen: *Camping Sonnental,* Im Doggenhardt 1, Tel. 0171 / 522 90 90.

Auskunft:
Touristinfo Singen Marktpassage, August-Ruf-Str. 13, Tel. (07731) 85 262, www.in-singen.de

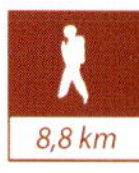

Vulkanschlote und Burgen im Hegau

Karte Wanderung Hohenhewen

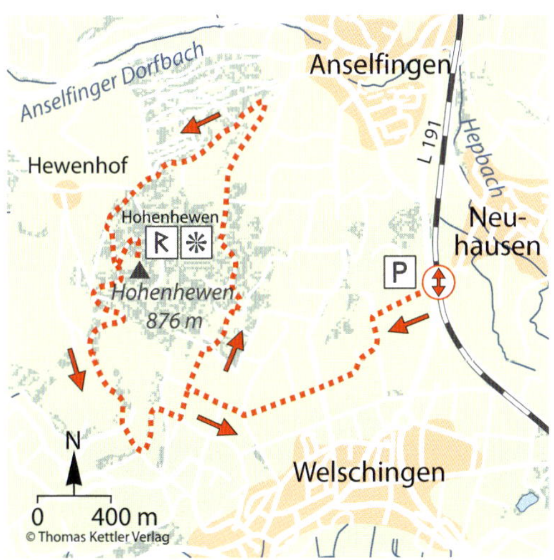

Ich parke mein Auto am Bahnhof von Welschingen / Neuhausen, der sich als einsames Gleis am Feldrand darstellt. Es passt mir ganz gut, dass der Weg sich zunächst als flacher Schotterweg entpuppt, der allmählich zum Berg Hohenhewen heranführt und ich somit ausreichend Gelegenheit habe, diesen zu bewundern. Durch seine ausgeprägte, kegelförmige Kuppe und die 876 Höhenmeter ist er ein echter Charakterkopf der Landschaft im Hegau, der die ihn umgebende Landschaft um knapp 300 Meter überragt. Sogar Namensgeber für den Hegau soll der Berg gewesen sein.

Ich biege bald nach links und folge nach ein paar Schritten rechts dem Hauptweg durch üppige, aber leider gänzlich verblühte Rapsfelder. Ihre Ränder werden von den Blüten rot leuchtender Mohnblumen umkränzt, was als Kontrast zu dem grauen Wetter des Tages fast einem Farbenrausch gleichkommt. Nach einem knappen Kilometer stoße ich auf ein Gehöft an dem sich die Wege gabeln. Ich lasse das Gehöft links liegen und gehe schnurstracks über einen Wiesenweg den Berg hinauf. Ein blaues Schild weist darauf hin, dass ich mich in einem Wasserschutzgebiet befinde. Hier zweige ich rechts in Richtung Wald ab. Erste Fernblicke in die offene Landschaft ergeben sich jetzt und ich schlendere gemütlich in Richtung einer einladenden Sitzbank, die sich unter die aufgefächerte Krone einer Eiche duckt. Sie bietet mir willkommenen Schutz vor einem kleinen Regenschauer. Eine Informationstafel neben dem ausladenden Baum berichtet von einer Schlacht im Jahre 1800 zwischen Österreichern und Franzosen

während des Zweiten Koalitionskrieges, die mit dem Rückzug der Österreicher endete.
Nun geht es mal durch Kiefernwald, dann wieder über Waldlichtungen, auf denen Obstbäume stehen. Der Unterschied zwischen der Urform unserer Kirschbäume, der Vogelkirsche, und den gezüchteten Kulturkirschen wird auf diesem Abschnitt des Weges besonders deutlich. Häufig trifft man auf die Bäume der Vogelkirschenurform, mit den kleinen, aber zahlreichen Früchten. Wenig später stößt man auf gedrungenere Bäume, an denen dicke, schwarze Knorpelkirschen hängen, die ungleich süßer schmecken.

8,8 km

Sporadisch tauchen im Wald gelbe Wanderwegweiser auf. Ihr verblichener Zustand zeigt, dass der Weg zu den eher weniger begangenen gehört – auf dieser Wanderung bleibe ich allein. Als der Pfad sich wieder etwas abwärts neigt, stoße ich auf die Weggabelung nach Anselfingen, das einen alternativen Startpunkt für diese Wanderung darstellt. Ich folge aber dem scharfen Linksknick hinauf zum Hohenhewen, stetig aber moderat bergan. Von nun an tauchen immer wieder die auch schon von anderen Wanderungen in der Gegend bekannten, gelben Zeichen des Burgenweges an den Bäumen auf. Der Hegau gehört zu den burgenreichsten Landschaften Europas, da liegt die Einrichtung eines „Burgenlehrpfades" nahe.

Nun geht es links einen steilen Stichweg hinauf, der mich direkt vor die Tore der Burgruine Hohenhewen bringt.

Unter den aufziehenden dunklen Wolken wirken die alten Wälle und Mauern der Befestigungsanlage viel eindrücklicher, als sie bei Sonne je sein könnten. Im Jahre 1170 erbauten hier die Herren von Engen ihre Festung auf dem Basaltkegel in taktisch hervorgehobener Position. Ihr Geschlecht beherrschte die umgebende Mark immerhin 400 Jahre lang. Erst während des Dreißigjährigen Krieges wurde die bis dahin unbezwingbare Festung von den Bayern erobert und zerstört. Heute gehört das Gelände dem Land Baden-Württemberg. Ein metallener Aussichtsturm bietet einen Ausblick in Richtung Bodensee und auf die anderen Festungen der Gegend wie den Hohentwiel und Hohenkrähen. Ganz plötzlich werden durch Wolkenlöcher hindurch Teile der Landschaft wie mit einem Spotlicht erhellt, während der Rest im Dunkeln bleibt. Mal leuchtet der See, ein anders Mal die Burgen oder eine grellgrüne Obstbaumwiese.

Der Berg ist vulkanischen Ursprungs und sein Untergrund besteht aus Basalt. Rund 39 Hektar des Hohenhewen sind seit 1982 als Naturschutzgebiet ausgewiesen. Besonders die steile Ostflanke ist von botanischem Interesse.

Abwärts folge ich zunächst dem bekannten Stichweg, steige dann aber bald links den Wegweisern nach Welschingen folgend, auf einem engen Pfad in Serpentinen steil bergab. Da der Boden sehr lehmig ist, muss man aufpassen, um bei feuchtem Wetter nicht ins Rutschen zu geraten. Nochmals biege ich links ab und schreite dann über Mahdwiesen schnurstracks in Richtung Welschingen bergab, das ich unten am Talboden gut erkennen kann. Vor dem Dorf, geht es wieder links, den Wanderzeichen folgend, zum Wasserschutzgebiet. Ab hier muss ich nun den schon bekannten Weg durch die Felder zurück zum Auto nehmen.

Halbinsel Mettnau

Abendspaziergang vom Kur- ins Naturschutzgebiet

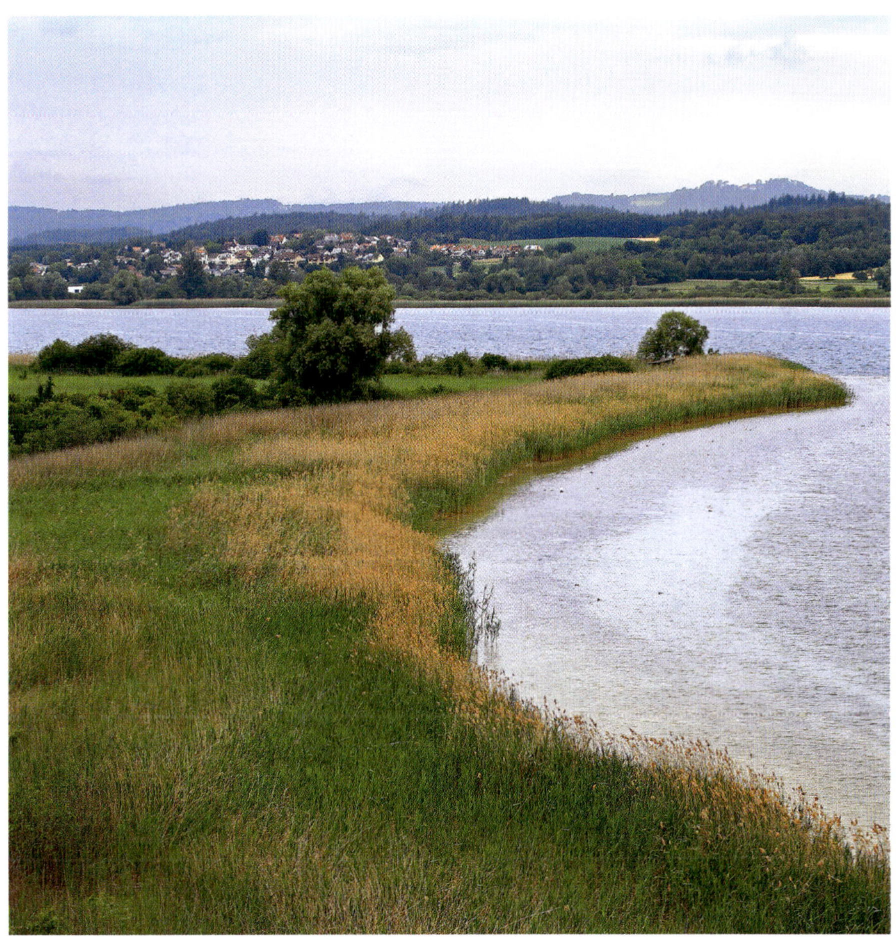

Tour 19

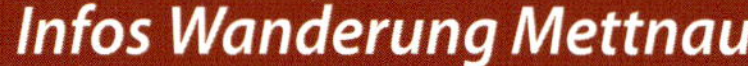

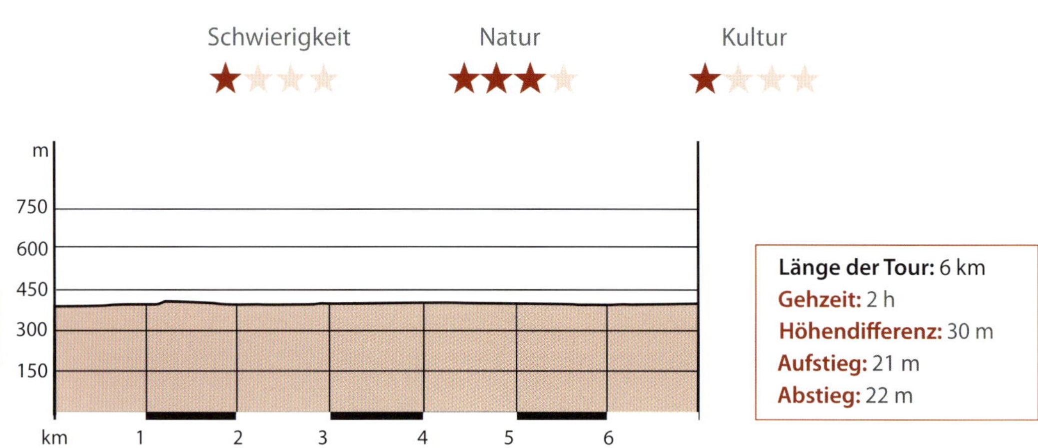

6 km

Charakter der Tour

Promenaden-Spaziergang entlang des Kurzentrums ins Naturschutzgebiet, wo man in eine Oase der Stille eintaucht. Leichte Wege, keine Steigung.

Sehenswürdigkeiten

Radolfzell: *spätgotisches Münster* (15. Jh.), *Österreichisches Schlösschen* (17. Jh.), *Stadtmuseum* (Di-So 10-12.30 & 14-17.30, Do 14-20), *Villa Bosch* (Ausstellungen zeitgenössischer Kunst Di-So 14-17).

Sonstige Aktivitäten

Wandern: *Marienschlucht* und *Ruine Kargegg* (siehe Seite 94) bei Langenrain. Wanderung *Altodman & Echotal* (Tour 21), *Hegau Vulkane* (Tour 16-18), *Höri Halbinsel* (Tour 15), *Um den Mindelsee* (Tour 20).
Sonstiges: *Besuch des Wild- und Freizeitpark Allensbach* oberhalb des Mindelsees (Mai-Sep 9-19.30, Kasse bis 17, Okt-Apr ab 10), Tel. (07533) 93 16 19, www.wildundfreizeitpark.de;
Kletterwerk Radolfzell (auf 1.700 qm Indoorklettern, Tel. (07732) 95 98 48, Güttinger Str. 17).

Anreise:

Vom Autobahnkreuz Hegau bei Singen geht es auf die B33 in Richtung Konstanz, Ausfahrt Radolfzell / Stockach. Rechts auf die L 220 (Schützenstraße), diese über zwei Kreisverkehre bis zum Ende durchfahren, dann rechts in die Bismarckstraße, links in die Jospef-Bosch-Straße, links in die Böhringer Straße, dann gleich wieder rechts in die Lohmühlenstraße und abermals links in die Friedrich-Werber-Straße. Am Bahnhof befinden sich diverse Parkplätze.

Kartenmaterial:

Kompass Wanderkarte: ***Hegau, Westlicher Bodensee,*** **1:50.000, Topografische Freizeitkarten Baden-Württemberg:** ***511 Westlicher Bodensee, Konstanz, Stockach,*** 1:50.000.

Übernachtung:
Radolfzell: *Kanu-Club Radolfzell,* Karl-Wolf-Str. 15, Tel. (07732) 28 76, www.kanu-radolfzell.de; *Carl Duisberg Gästehaus „Schiedelenweg",* Schiedelenweg 3-5, Tel. (07732) 9201 0, www.cdc.de; **Markelfingen:** *Campingplatz Markelfingen,* Unterdorfstr. 25, Tel. (07732) 106 11, www.campingplatz-markelfingen.de; *Naturfreundehaus Bodensee Radolfzell-Markelfingen,* Radolfzeller Str. 1, Tel. (07732) 82 37 70, www.nfhb.de; *Gasthof Kutscherstuben,* Radolfzeller Str. 5, Tel. (07732) 94 56 34, www.gasthof-kutscherstuben.de

Auskunft:
Tourismus- & Stadtmarketing Radolfzell, Bahnhofplatz 2, Tel. (07732) 81-500, www.radolfzell.de

6 km

Abendspaziergang vom Kur- ins Naturschutzgebiet

Karte Wanderung Mettnau

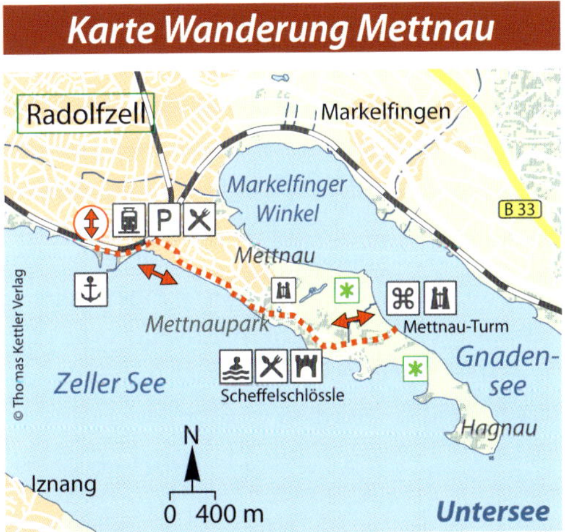

Ein Teil der Halbinsel Mettnau ist vor allem bekannt durch sein Kurzentrum, in dem sich neben normalen Gästen auch viele Prominente „entschleunigen". Andererseits zieht das 140 Hektar große Naturschutzgebiet auf der Halbinsel auch viele „Birdwatcher" an. „Eine ambivalente Wanderdestination also, aber sicher reizvoll", denke ich mir, als ich das Auto am Bahnhof Radolfzell, am Rande der Altstadt abstelle. Das gibt mir die Möglichkeit, die Wanderung mit einem Besuch der schönen Altstadt abzuschließen. Um an das Seeufer zu gelangen, muss man die Unterführung am Bahnhof nutzen. Nach wenigen Schritten stehe ich an der Uferpromenade und mache mich auf in Richtung der Halbinsel. Der Weg verläuft getrennt von den Radfahren, die den Bodensee-Radweg befahren, am Ufer entlang. Mit Parkbänken bestandene Platanenalleen säumen den Weg der schöne Blicke auf den Zeller See bietet. Schnell komme ich zum großen Yachthafen von Radolfzell. Rechts vor der Mole steht die bronzene Skulptur „El Niño" des Bildhauers Ubbo Enninga mitten im See. Je nach Wasserstand sitzt sie entweder auf dem Trockenen oder scheint zu baden. Auf der andern Seite des Hafens steht ein Musikpavillon, der ein Segel symbolisieren soll und als Überdachung von Freiluftkonzerten dient. Ein paar hundert Meter nach dem Hafen entfernt sich der Weg vom See. Jetzt biege ich in die Scheffelstraße nach rechts ab, um mich gleich danach wieder rechts in die Mettnaustraße zu begeben, wo ein Seebad auf Schwimmer wartet. Bald komme ich zum Mettnaupark. Hier halte ich mich wieder ans Ufer und spaziere unter alten Bäumen entlang. Es ergibt sich nun ein besonders schöner Blick auf die sich am Horizont abzeichnenden Hegau-Vulkane.

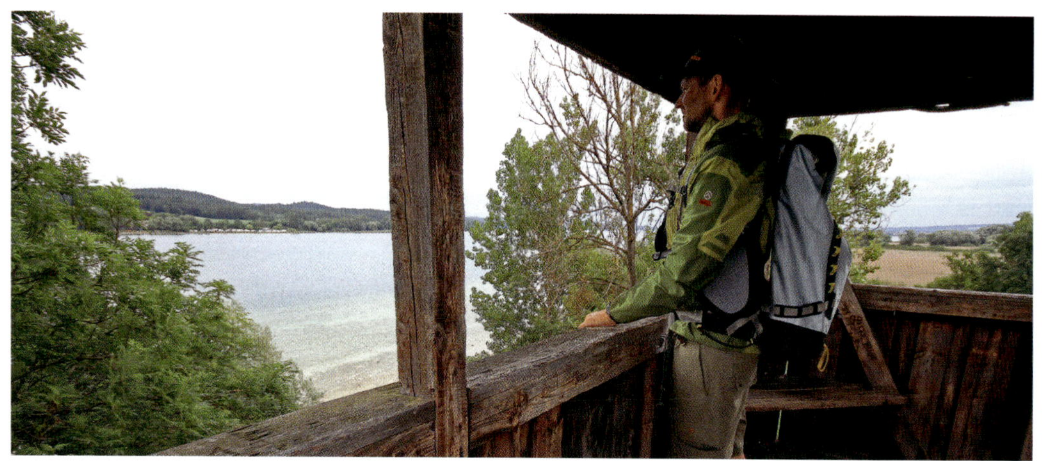

6 km

Die Beobachtungsplattform bietet weite Ausblicke ins Naturschutzgebiet.

Der Weg stößt an die Strandbadstraße. Genau gegenüber dem Park befindet sich eine Beobachtungsplattform, die weite Blicke in das Naturschutzgebiet Mettnau erlaubt, welches schon 1926 unter Schutz gestellt wurde. So konnte sich hier eine vielfältige Flora und Fauna entwickeln. Auf großflächigen Streuwiesen gibt es Bestände von Mehlprimel, Lungenenzian sowie zahlreiche Orchideenarten. Das breite Band der Uferschilf-Röhrichte bietet zusammen mit den urwaldartigen Flächen eine so große Spannbreite an Lebensräumen, dass 90 Brutvogelarten hier Platz finden. Dazu gehören z.B.: Schwarzhalstaucher, Zwergtaucher, Drosselrohrsänger und Rohrweihen. Darüber hinaus ist das Gebiet wichtig als Mauser- und Durchzugsgebiet und bietet auch Lebensraum für seltene Fledermausarten.

Rechter Hand geht es jetzt vorbei am Strandbad und dem Scheffelschlössle, in dem einst der Dichter Joseph Viktor von Scheffel residierte, der durch seinen „Trompeter von Säckingen" bekannt wurde. Er war einer der vielen Poeten und Künstler, die sich ähnlich wie auch Hermann Hesse und Otto Dix, vom Zauber der Landschaft am Untersee inspirieren ließen. Heute dient das Gebäude als Klinik für medizinische Rehabilitation und Prävention. Schnell gehe ich weiter zum NABU-Naturparkzentrum, das durch seine Schauwand der verschiedenen Nisthilfen leicht zu erkennen ist. Als betreuende Organisation des Naturschutzgebietes werden Exkursionen zu verschiedensten Themen angeboten.

Hinter der Naturschutzeinrichtung verschwindet der Weg, der jetzt Floerickeweg genannt wird, im dichten Auwald und gibt den Blick erst wieder frei, als ich auf der anderen Seite der Mettnau-Halbinsel ankomme. Die 180 Hektar große Halbinsel ist etwas mehr als drei Kilometer lang und maximal 800 Meter breit. Sie teilt den Untersee in Gnadensee mit dem Markelfinger Winkel und den Zeller See. Sie entstand durch Ablagerungen feiner Tonpartikel nach dem Zurückweichen der Gletscher der letzten Eiszeit. Hier steht eine weitere, schöne Aussichtsmöglichkeit, der Mettnau-Turm. Gleich neben dem Turm lädt ein kleiner Strand zur Rast. Der äußerste Zipfel der Halbinsel ist in der Zeit vom 15.04. bis 31.08. für Wanderer ab dem Mettnau-Turm gesperrt, um die störungsfreie Brut und Jungenaufzucht der dort lebenden seltenen Vögel zu gewährleisten. Auf dem gleichen Weg geht es zurück zum Ortskern.

Rund um den Mindelsee

Versteckte Perle neben dem „Schwäbischen Meer"

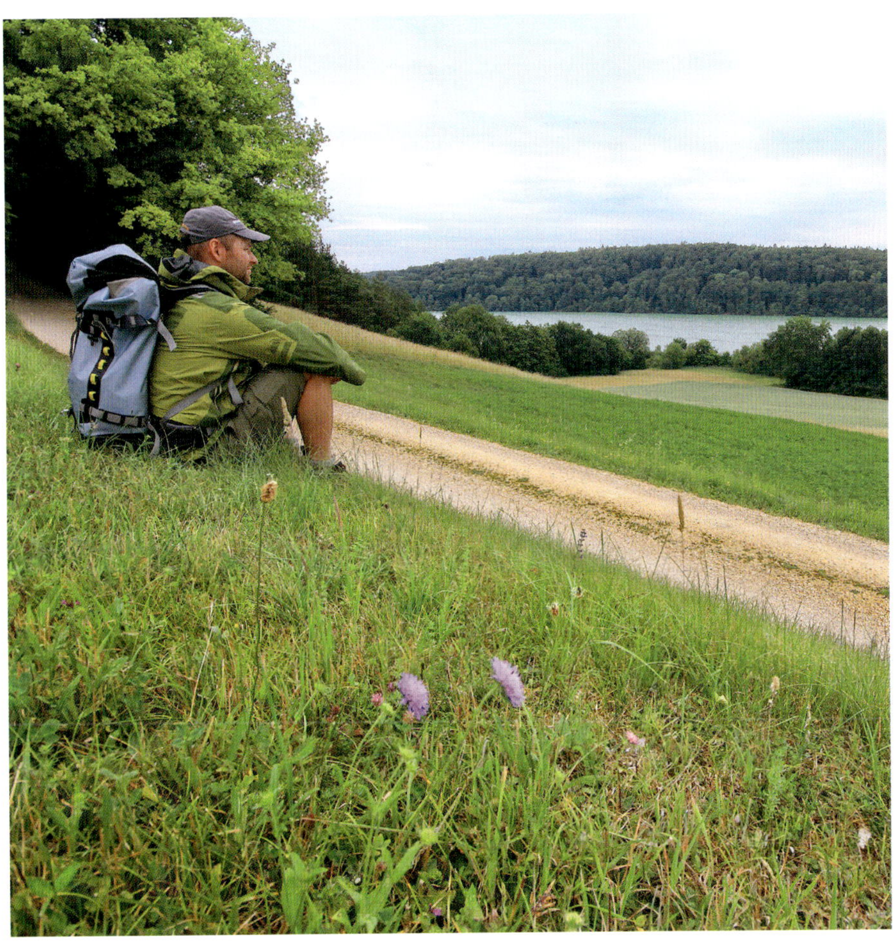

Tour 20

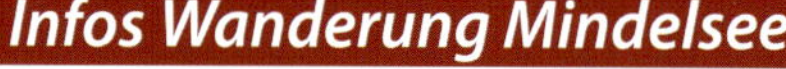

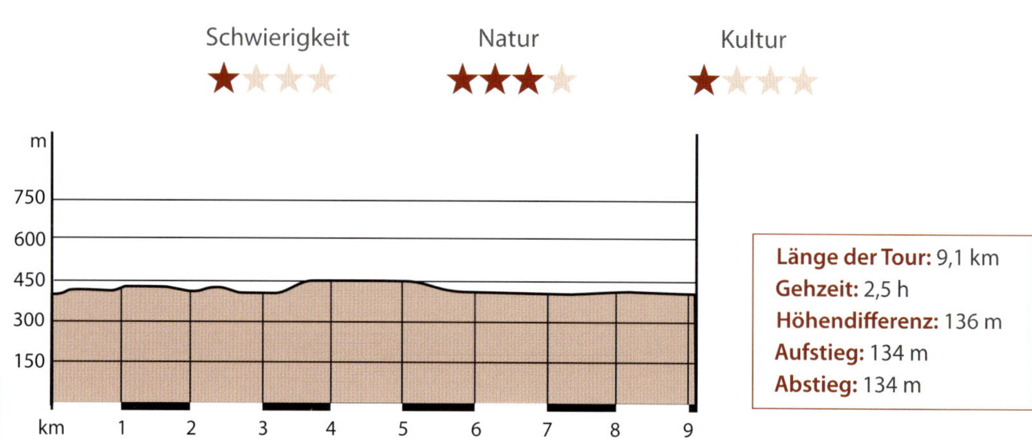

9,1 km

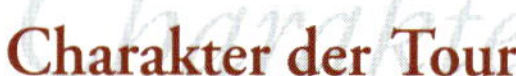

Charakter der Tour

Entspannte Wanderung durch tiefen Wald rund um einen verwunschenen See. Wenige Höhenmeter und eine erfrischende Bademöglichkeit sind gute Gründe für diese Runde, wenn man es einmal ruhig angehen lassen will.

Sehenswürdigkeiten

Markelfingen: *St. Laurentius Kirche* (1612).

Radolfzell: *spätgotisches Münster* (15. Jh.), *Österreichisches Schlösschen* (17. Jh.), *Stadtmuseum* (Di-So 10-12.30 & 14-17.30, Do 14-20), *Villa Bosch* (Ausstellungen zeitgenössischer Kunst Di-So 14-17).

Sonstige Aktivitäten

Wandern: Von *Stahringen* zur *Ruine Homburg*. *Marienschlucht* und *Ruine Kargegg* (siehe Seite 94) bei Langenrain. Wanderung *Altbodman & Echotal* (Tour 21). Wanderungen *Hegau* (Tour 16-18), *Höri Halbinsel* (Tour 15), *Halbinsel Mettnau* (Tour 19).

Sonstiges: *Wild- und Freizeitpark Allensbach* (Mai-Sep 9-19.30, Kasse bis 17, Okt-Apr ab 10), Tel. (07533) 93 16 19, www.wildundfreizeitpark.de

Anreise:

Vom Autobahnkreuz Hegau bei Singen geht es auf die B33 in Richtung Konstanz. Ausfahrt Radolfzell / Stockach und auf die L220 Schützenstraße Richtung Süden/Radolfzell. Im nächsten Kreisverkehr dritte Ausfahrt und auf der Radolfzeller Straße bis nach Markelfingen, dort links in die Oberdorfstraße, in der abknickenden Rechtskurve gegenüber geradeaus in den Schwanenweg fahren und bis zum Parkplatz hinter der Autobahnunterführung durchfahren.

Kartenmaterial:
Kompass Wanderkarte: ***Hegau, Westlicher Bodensee,*** **1:50.000; Topografische Freizeitkarten Baden-Württemberg:** ***511 Westlicher Bodensee, Konstanz, Stockach,*** **1:50.000.**

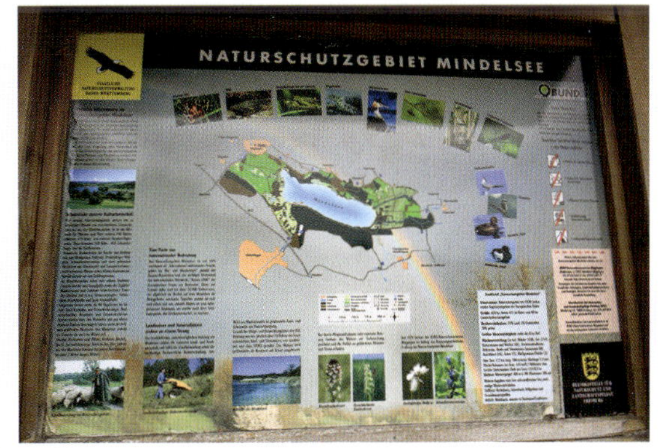

Übernachtung:
Markelfingen: *Campingplatz Markelfingen,* Unterdorfstr. 25, Tel. (07732) 106 11 www.campingplatz-markelfingen.de; *Naturfreundehaus Bodensee,* Radolfzeller Str. 1, Tel. (07732) 82 37 70, www.nfhb.de *Gasthof Kutscherstuben,* Radolfzeller Str. 5, Tel. (07732) 94 56 34, www.gasthof-kutscherstuben.de

Auskunft:
Tourismus- und Stadtmarketing Radolfzell, Bahnhofplatz 2, Tel. (07732) 815 00, www.radolfzell.de

Versteckte Perle neben dem „Schwäbischen Meer"

Karte Wanderung Mindelsee

Der Mindelsee liegt nordöstlich von Markelfingen. Nach Unterquerung der Autobahn, liegt links der Parkplatz, Ausgangspunkt meiner Wanderung. Hier finde ich auch eine Infotafel über das Naturschutzgebiet. Der Weg ist als Wanderweg ausgeschildert.

Den Zeichen folgend, geht es in einen schönen Buchenwald hinein. Der See ist zwar noch nicht zu sehen, aber am Waldrand lassen sumpfige Flächen und Schilfbestände die Seenähe erahnen. Eine Viertelstunde später lädt am Seeufer eine Sitzbank zur Rast ein. Der 115 Hektar große und rund zwei Kilometer lange See, ein international bedeutendes Vogelschutzgebiet, wurde in der Würmeiszeit von einer Gletscherzunge des Rheingletschers ausgeschürft. Anfangs maß er gar eine Länge von acht Kilometern, aber schon im Mittelalter begann man ihn trockenzulegen. Diese Trockenlegungsmaßnahmen sind paradoxerweise verantwortlich für die Vielfalt der Lebensräume und die damit zusammenhängende Artenvielfalt. Besonders der Norden und Osten des Sees ist reich an seltenen Insekten und Pflanzen. Mehrere hundert verschiedene Blütenpflanzen, darunter rund 20, teils europaweit geschützte Orchideenarten, wurden gezählt.

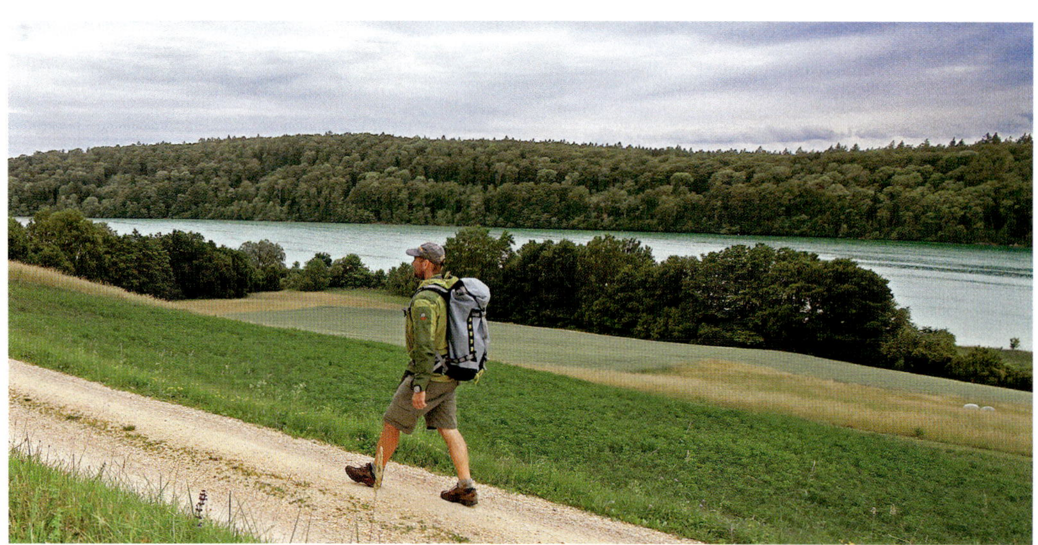

Der anschließende Weg folgt den Konturen des Seeufers, hält aber immer einen gewissen Abstand, so dass man im Sommer den See zwischen den dichten Blättern nur erahnen kann. Dicke Buchen, die der Sturm umgerissen hat, bieten jetzt seltenen Insektenarten einen Lebensraum und noch stehende, aber schon abgestorbene Stämme, werden von Spechten, Waldbaumläufern und Kleibern heimgesucht. Unter dem schattenspendenden Laubdach geht es weiter bis zum Ende des Sees, wo ich links abzweige und in eine etwas offenere Landschaft gelange.

Wollgraswiesen und Schildbestände wechseln sich mit Birkenwäldchen ab. Immer weiter links haltend, teilt sich der Weg in einen Pfad direkt am Ufer und eine Abzweigung, die auf gutem Schotterweg aufwärts führt. Der Pfad direkt am Ufer mag besonders für eine Wanderung mit Kindern lohnender sein, ich aber wähle die zweite Alternative und sehe mich gleich mit einer ordentlichen Steigung konfrontiert. Kurz vor dem Hirtenhof zweigt der Weg nach einer Schautafel links ab und verschwindet für ein paar hundert Meter im Wald, ehe sich dieser wieder öffnet und eine herrliche Aussicht auf den Mindelsee freigibt. Genussvoll lasse ich meinen Blick über violett und gelb blühende Blumenwiesen und über türkisfarbenes Wasser streifen. Am schön gelegenen Dürrenhof ist es dann vorbei mit der Aussicht und der Weg geht rasch bergab, ehe ich nach 500 Metern am Wegweiser „Mindelseeweg" scharf links abbiege.

Dort, wo der Weg am Waldrand eine scharfe Biegung macht, gäbe es die Möglichkeit durch den Wald zum See zu gelangen. Ich dagegen schreite weiter über herrliche Mahdwiesen, bis links ein unscheinbarer schmaler Pfad abzweigt. Ihm folge ich zum Seeufer und nach 300 Metern gelange ich an eine Badestelle am Waldrand. Die Einheimischen werden wohl wissen, weshalb sie diese herrliche Badestelle nicht ausgeschildert haben. An einem Holzsteg lädt die Leiter dazu ein, ein paar Schwimmzüge im erfrischenden Wasser zu machen. Still gleite ich durch den Waldsee und genieße das deutlich wärmere Wasser im Vergleich zum Bodensee - eine echte Wohltat und ein perfekter Abschluss dieser Wanderung. Es sind ja nur noch knapp zwei Kilometer auf einem Kiesweg, der sich in einem Bogen und ohne Steigung zurück zum Ausgangpunkt der Wanderung schwingt.

Altbodman & Echotal

Von der Burgruine hinab zur Echoschlucht

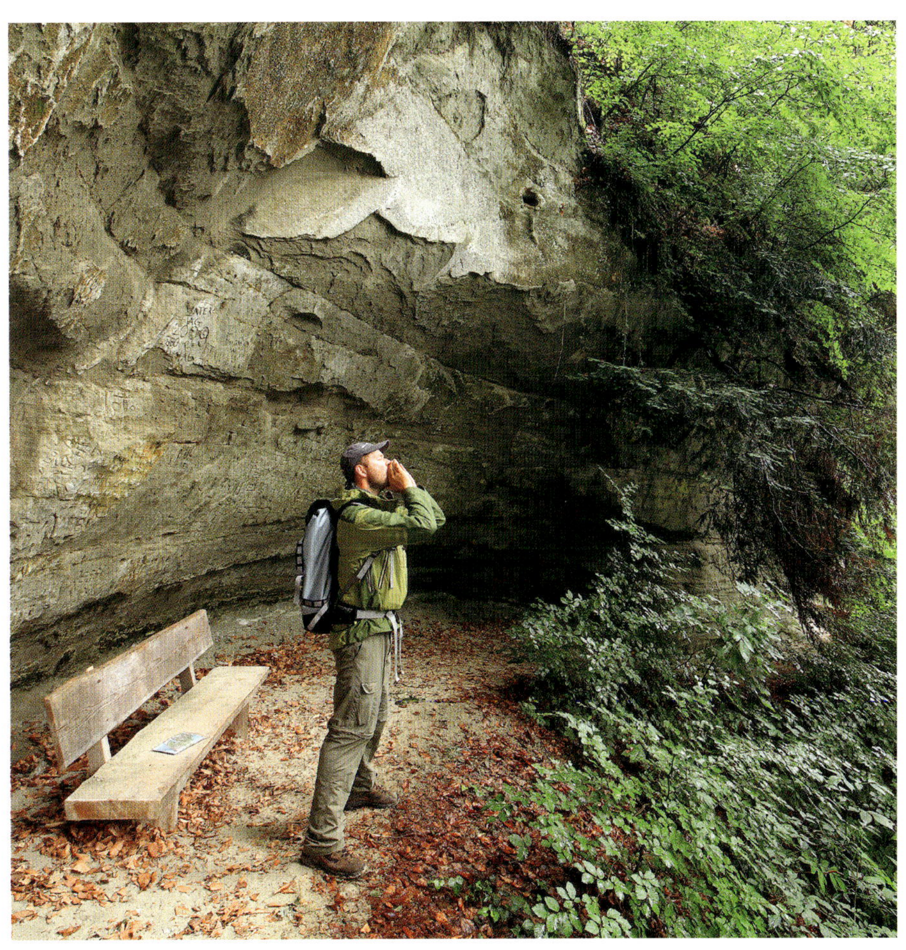

Tour 21

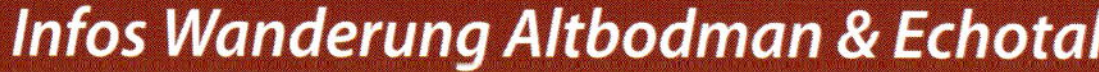

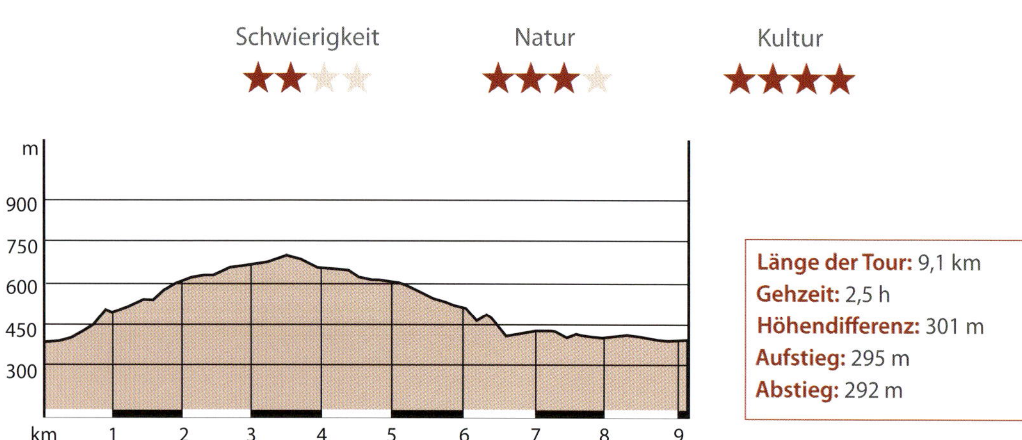

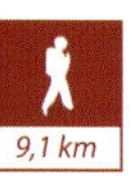

Charakter der Tour

Eine der schönsten Mittelgebirgswanderungen am Überlinger See, die zwar hauptsächlich den Forstwegen der Umgebung folgt, aber auch den ein oder anderen interessanten schmalen Pfad bietet. Eine Ruine aus dem Mittelalter befindet sich ebenso am Wegesrand wie ein enges Felstal. Mit schönen Fernblicken ist die Wanderung die perfekte Nachmittagsrunde.

Besonderheiten

Im Echotal existiert nur ein schmaler Pfad, der teils mit Stahlseilen gesichert ist.

Sehenswürdigkeiten

Bodman: *Ruine Altbodman* (13. Jh.), *Kloster Frauenberg* (14. Jh.), *Schloss* (19. Jh.), *Pfarrkirche St. Peter & Paul* (15. Jh.), *Torkel* (ehemalige Weinpresse mit Fachwerkbau aus dem 18. Jh.), *Seetor* (altes Torhaus), *Hafenanlagen*, *Stadtpark* mit Mammutbäumen, *Echotal.*
Langenrain: *Kirche St. Josef, Barockschloss* (17. Jh.), *Bisongehege „Bodenwald", Ruine Kargegg* (14. Jh.), *Marienschlucht.*

Sonstige Aktivitäten

Wandern: *Stichwanderung ins Ried* zwischen Bodman und Ludwigshafen ca. 3 km am Seeufer hin und zurück; *Marienschlucht* und *Ruine Kargegg* (siehe Seite 94) bei Langenrain; Wanderung *Rund um den Mindelsee* (Tour 20); *Churfirsten* (Tour 23).
Seerundfahrt: Schifffahrt auf dem Überlinger See: **Baden:** Natur-Strandbad Bodman.

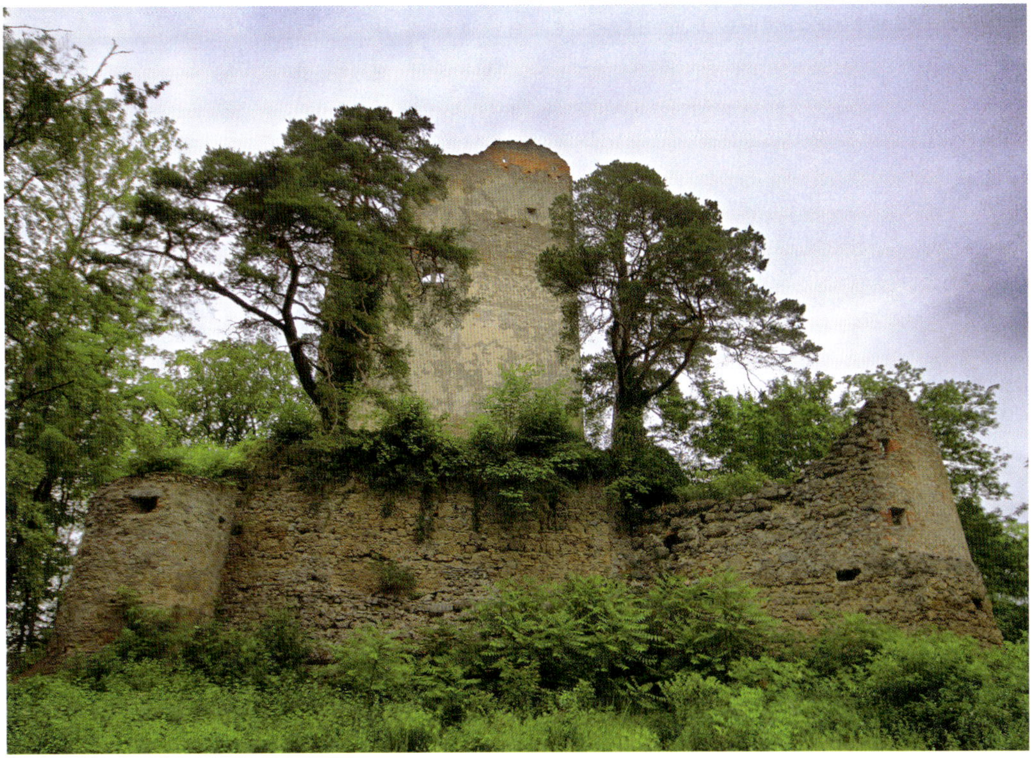

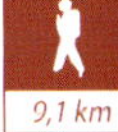

Immer noch wehrhaft – die gut erhaltene hochmittelalterliche Burgruine von Altbodman.

Tourenstart & -ende:
Bodman, Am Königsweingarten.

Anreise:
Vom Autobahnkreuz Hegau bei Singen fahren wir auf die B 33 Richtung Konstanz, Ausfahren Richtung Radolfzell, nach der Ausfahrt links auf die B 34 abbiegen, nach fünf Kilometern rechts auf die 6101 Richtung Bodman abbiegen. In Bodman auf der Kaiserpfalzstraße in den Ort hinein, dann rechts an einem Weinberg in die Straße Am Königsweingarten einbiegen. Am Ende der Straße befindet sich ein Wanderparkplatz.

Kartenmaterial:
Kompass Wanderkarte: ***Hegau, Westlicher Bodensee,*** 1:50.000: **Topographische Freizeitkarten Baden-Württemberg:** ***511 Westlicher Bodensee Konstanz, Stockach,*** 1:50.000.

Übernachtung:
Bodman: *Café Hasler,* Kaiserpfalzstr. 65, Tel. (07773) 930 70, www.cafe-hasler.de; *Hotel Garni Café Seerose,* Seestr. 12, Tel. (07773) 51 79, www.seerose-bodman.d; *Hotel Fischerhaus,* Am Torkel 9, Tel. (07773) 93 00 40, www.hotel-fischerhaus.de **Ludwigshafen:** *Campingplatz Schachenhorn,* Radolfzeller Str. 23, Tel. (07773) 93 75 18, www.camping-schachenhorn.de

Auskunft:
Tourist-Info Bodman-Ludwigshafen, Hafenstr. 5, Tel. (07773) 93 00 40, www.die-ersten-am-see.de

Von der Burgruine hinab zur Echoschlucht

Karte Altbodman & Echotal

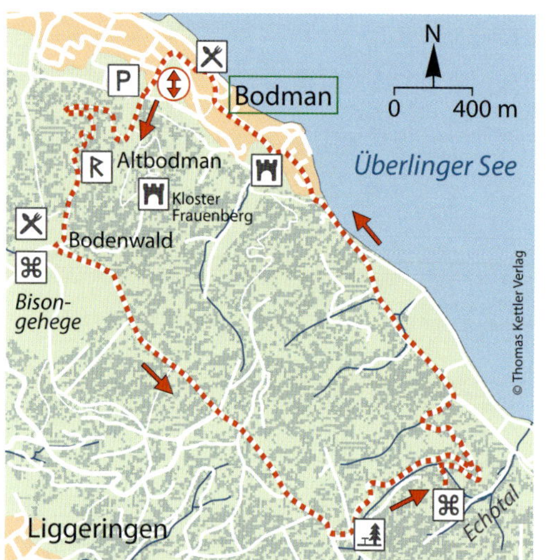

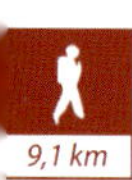

Schon vom Kajak aus haben mich die zwischen den dicht bewaldeten Hängen herausragenden Felsen über dem Überlinger See fasziniert, ebenso wie die herrliche Stippvisite zum Kleinod Marienschlucht (Seite 94). Was sich noch alles unter dem grünen Mantel der Waldberge verbirgt, das möchte ich jetzt herausfinden.

Mein Auto lasse ich am Wanderparkplatz von Bodman zurück. Die Stiefel fest geschnürt, gehe ich vom Parkplatz ein Stück entlang der mich auf beiden Seiten begleitenden Waldlichtung, ehe der nach rechts abknickende Pfad den Berg hinaufführt. Ich folge der Beschilderung zur Burgruine Altbodman. Gleich zu Beginn erwartet mich der anstrengendere Teil der Wanderung, denn die hoch-

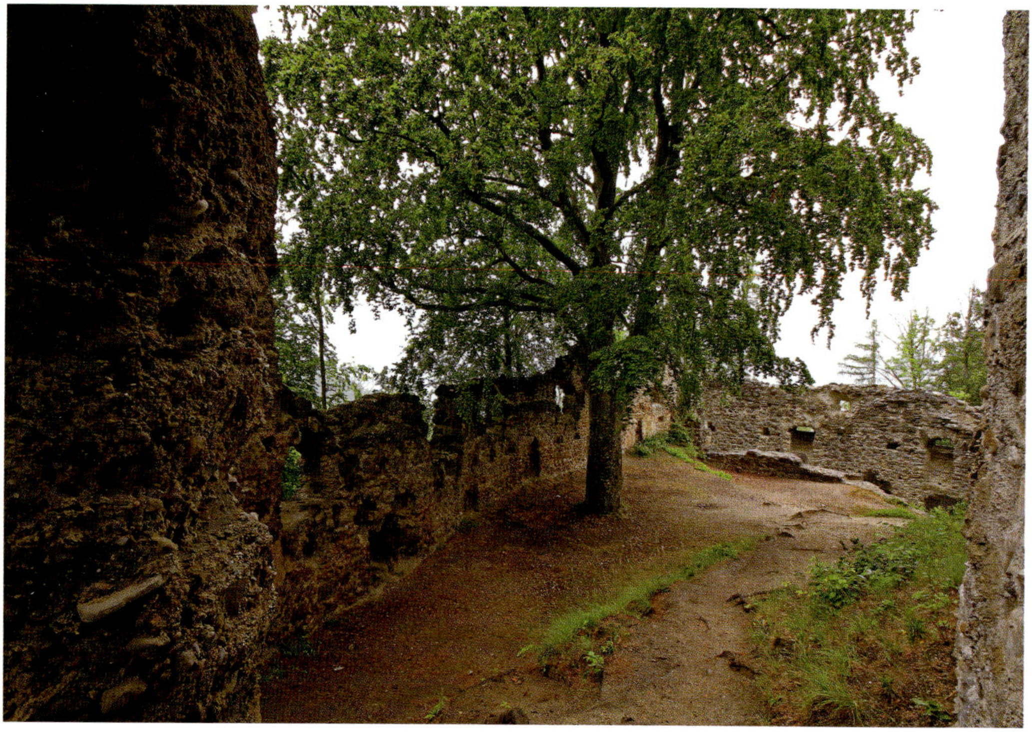

Die Geschichte der alten Festungsanlage ist umrankt von Sagen.

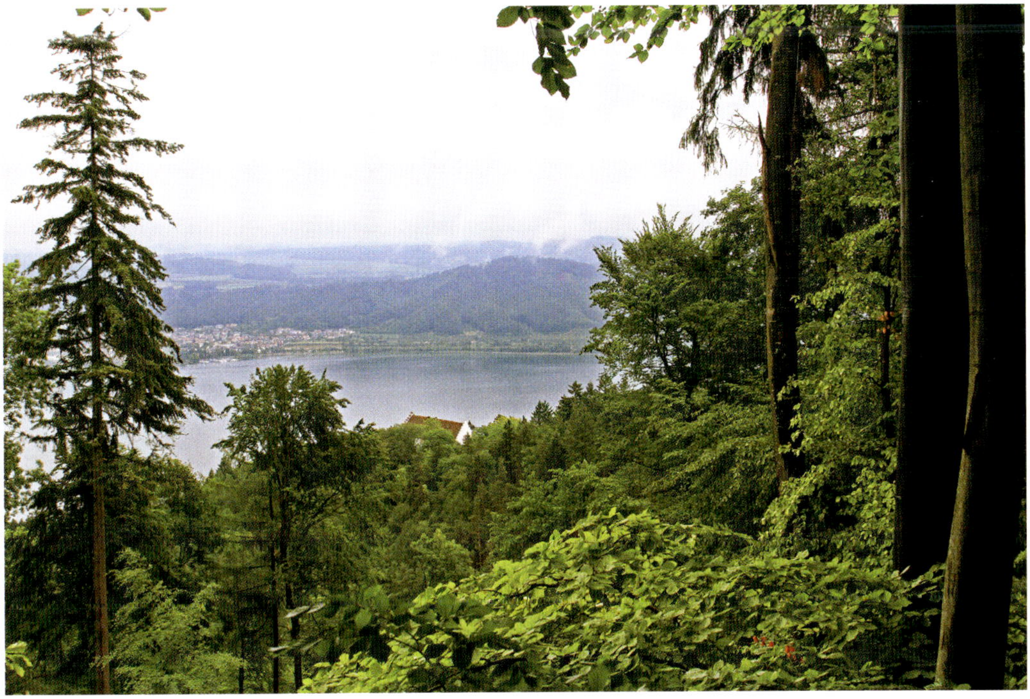

Von hoch oben bietet sich ein herrlicher Blick auf den Überlinger See.

mittelalterliche Ruine liegt mehr als 200 Meter über dem Wasserspiegel der Überlinger Bucht. Schon beim ersten Anblick der mächtigen Ruine wird klar, dass sich der Aufstieg gelohnt hat. Die Mauerreste der Festungsanlage Altbodman haben gewaltige Ausmaße. Ihre Geschichte ist umrankt von Sagen. Schon ab dem 11. Jahrhundert soll es eine Vorgängerburg gegeben haben, die noch auf dem Nachbarhügel stand. Als diese, einer alten Sage nach, während eines Familienfestes durch Blitzschlag niederbrannte, überlebte nur der einjährige Johannes von Bodman. Er wurde angeblich von seiner Amme während des Brandes in einen Kessel gesteckt und aus dem Fenster geworfen, wodurch sein Fall durch Sträucher abgebremst worden sein soll. Jener Johannes erbaute dann im 13. Jahrhundert die Burg, durch deren Ruinen ich gerade streife. Zwei alte Kiefern haben sich über die Jahrhunderte in der zweiten Etage der Burg breit gemacht. Die Reste eines Turmes ragen über Wohnbauten in den Himmel. In den unteren Teilen der Wände sind deutliche Aussparungen zu erkennen, in denen wohl einst die schweren Eichenböden verkeilt waren. Wie viele Burgen, wurde auch Altbodman in seinen Befestigungsanlagen den jeweiligen Erfordernissen der Zeit angepasst und musste diverse Kriege und Belagerungen über sich ergehen lassen.

Die Ruine bietet aber auch einen grandiosen Blick auf die weite Fläche des Überlinger Sees und die Waldhügel zwischen Ludwigshafen und Sipplingen sowie das Kloster Frauenberg, das auf einem Sporn des Nachbarberges errichtet wurde und heute durch die religiöse Gemeinschaft Agnus Dei genutzt wird.

Bald geht es auf dem Waldweg weiter in Richtung des Hofguts Bodenwald. Eine Lichtung öffnet sich, auf der friedlich eine Bisonherde grast. Es handelt sich tatsächlich um die bis zu 900 Kilogramm schweren nordamerikanischen Wildrinder. Das Hofgut Bodenwald betreibt auf dem von Wald umgebenen Plateau eine Bisonzucht sowie die Gastwirtschaft „Bisonstube". In der rustikalen Schänke werden regelmäßig Musikevents veranstaltet. Einmal im Jahr wird während der „Bisonwoche" (Ende Oktober/Anfang November) das cholesterinarme Fleisch der Tiere angeboten – begehrt unter Gourmets und oft schon lange im Voraus ausgebucht. Doch auch außerhalb der „Bisonwoche" kann man hier einkehren (Mo-Fr ab 15, Sa, So ab 12, Di Ruhetag, Ferien BW kein Ruhetag, Tel. (07773) 50 90).

Der Weg führt nun links am Tiergehege vorbei und eine Zeitlang direkt am Waldrand entlang. Weiter geht es mit sanfter Neigung stetig bergab. Überall wo sich im Kronendach der großen, alten Bäume Lücken gebildet haben, siedeln sich auf lichtbeschienenem Untergrund kleine Bäume an, die nun ebenfalls die Chance haben groß zu werden. Nach einiger Zeit ist eine Wiesenfläche erreicht, an deren linkem Rand ich links abbiege. Hier findet der Wanderer einen vorzüglichen Pausenplatz mit Bänken, einem Grill und sogar einer kleinen Quelle.

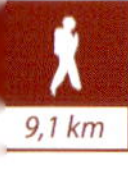

Flott geht es den Forstweg hinab, bis sich der Wald ein wenig öffnet und eine Bank mit Ausblick auf den Untersee zum Pausieren lockt. An dieser Stelle liegt der Eingang ins Echotal. Der schmale Pfad dorthin ist eine Sackgasse und man muss ihn wieder zurückgehen. Wer sich davon abschrecken lässt, verpasst einen der schönsten Plätze am Bodensee. Schon gleich zu Beginn des Weges versuche ich mich mit einem Echo, das aufgrund des riesigen Talkessels aber nur kläglich zurückkommt. Je weiter man dem Pfad folgt, desto interessanter wird er. Sein Höhepunkt ist dort, wo sich der Weg eng an der Kante einer weißen Felswand aus Kalkgestein entlang schlängelt. Für weniger trittsichere Wanderer sind hier sogar Stahlseile angebracht, um ein Abstürzen zu verhindern. Den eigentlichen Ort des Echos erreicht man ganz am Ende des Weges, der aus Naturschutzgründen nicht weiter begangen werden darf. Hier hat sich in einer Kalkwand eine höhlenartige Nische gebildet. Meine Worte schallen unvermittelt direkt und laut zurück.

Wieder auf dem Hauptweg sinkt der Weg schnell hinunter zum Bodenseeufer. Es ist eine Freude, ohne Anstrengung die letzten paar Kilometer bis hinein in den Ort zurückzulegen.

„Im Gries" heißt die Straße, der ich im Ort folge. Gleich nachdem sie in die Kaiserpfalzstraße übergeht, gehe ich rechts in den Stadtpark am Hafen. Wer mag, kann sich am Hafenkiosk unter riesigen Mammutbäumen mit einem Imbiss belohnen. Für den großen Hunger bieten sich mehrere Wirtschaften mit gutem Ausblick auf den See. Besonders beliebt ist das Lokal Torkel, das im Fachwerkbau einer ehemaligen Weinpresse aus dem 18. Jahrhundert residiert. Die letzten paar Meter geht es dann am Königsweingarten zum Auto zurück.

Sipplinger Steiluferlandschaft

Bezaubernde Ausblicke auf den Bodensee

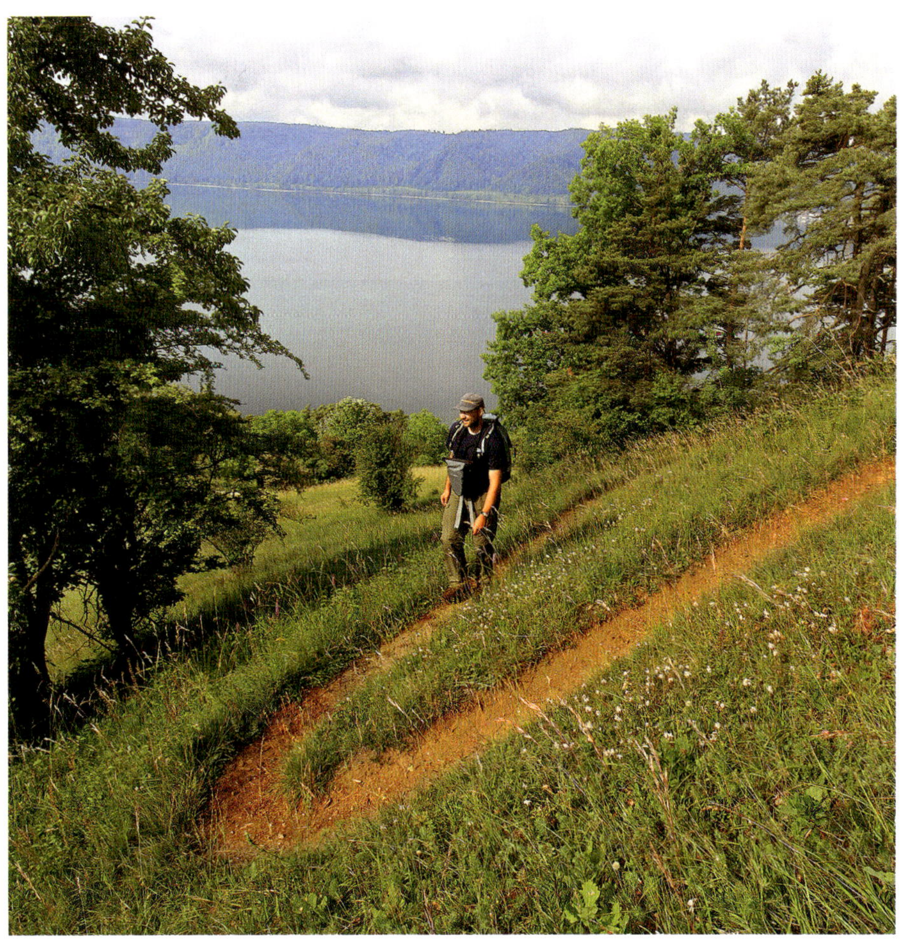

Tour 22

Infos Wanderung Sipplingen

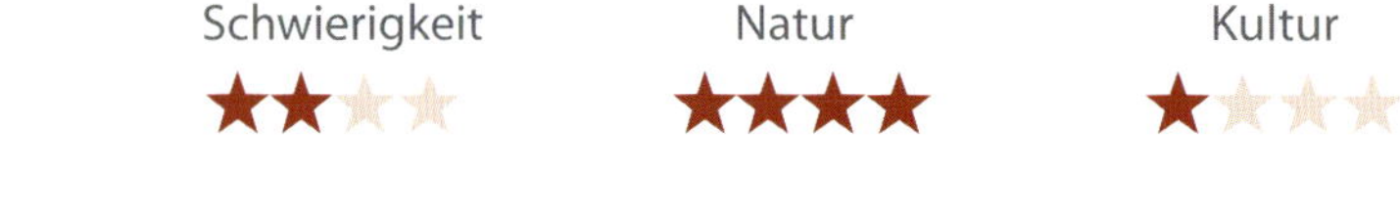

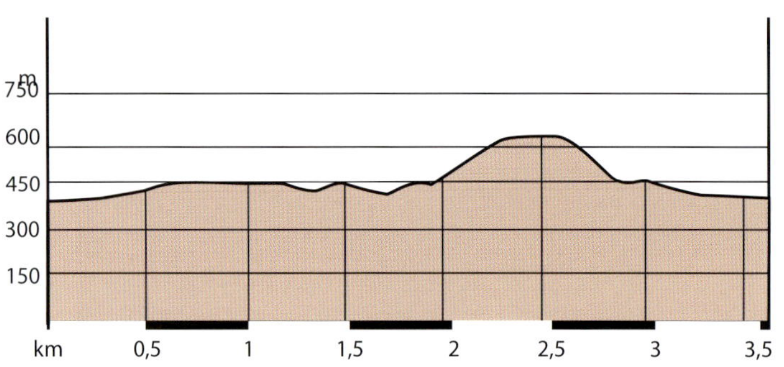

Länge der Tour: 3,5 km
Gehzeit: 1 h
Höhendifferenz: 232 m
Aufstieg: 295 m
Abstieg: 292 m

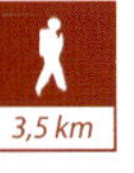

Charakter der Tour

Kurze, aber teils anspruchsvolle Wanderung mit wunderschönen Aussichtspunkten über den Überlinger See.

Besonderheiten

Teils steiler Aufstieg auf Wiesenpfad.

Sehenswürdigkeiten

Sipplingen: *Ruine Burg Hohenfels* (12. Jh.), *St. Martin Pfarrkapelle, Fachwerkbau Bruderschaftshaus* (16. Jh.), *1.000-jährige Linde, Kunstgalerie* im ehemaligen Bahnhof, *Sandsteinsäulen der Churfirsten.*

Sonstige Aktivitäten

Wandern: Wanderung *Churfirsten* Tour 23; *Wandermöglichkeiten* bis *Ludwigshafen* und *Meersburg.*
Baden: *Seebad Sipplingen.*
Schifffahrt auf dem Überlinger See;

Anreise:
Vom Autobahnkreuz Hegau bei Singen geht es auf die A 98 in Richtung Nordosten. Ausfahrt Nr.13 / Sipplingen / Ludwigshafen abfahren. Auf der B31 rechts weiterfahren bis zum Ortseingang von Sipplingen. Links neben der Brücke parken (Straße: In der Breite).

Kartenmaterial:
Kompass Wanderkarte: *Hegau, Westlicher Bodensee,* 1:50.000. **Topografische Freizeitkarten Baden-Württemberg: *511 Westlicher Bodensee, Konstanz, Stockach,*** 1:50.000.

Übernachtung:
Sipplingen: *Höhengasthaus Haldenhof,* Haldenhofweg 51, Tel. (07773) 56 13, www.gasthaus-haldenhof.de; *Gästehaus St. Martin,* St. Martinstr. 25, Tel. (07551) 696 96, www.gaestehaus-st-martin.de; *Hotel Krone am See,* Seestr. 54, Tel. (07551) 632 11, www.krone-am-see.de
Ludwigshafen: *Hotel Zum Hafen,* Parkstr. 1, Tel. (07773) 52 07, www.zum-hafen.de
Campingplatz Schachenhorn, Radolfzeller Str. 23, Tel. (07773) 93 75 18
www.camping-schachenhorn.de

Auskunft:
Tourist-Info Sipplingen, Seestr. 3, Tel. (07551) 949 93 70, www.sipplingen.de

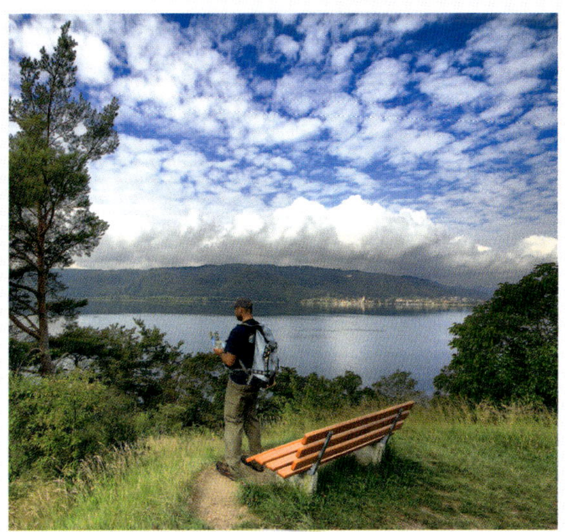

Bezaubernde Ausblicke auf den Bodensee

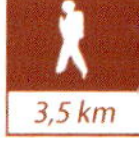

Karte Wanderung Sipplingen

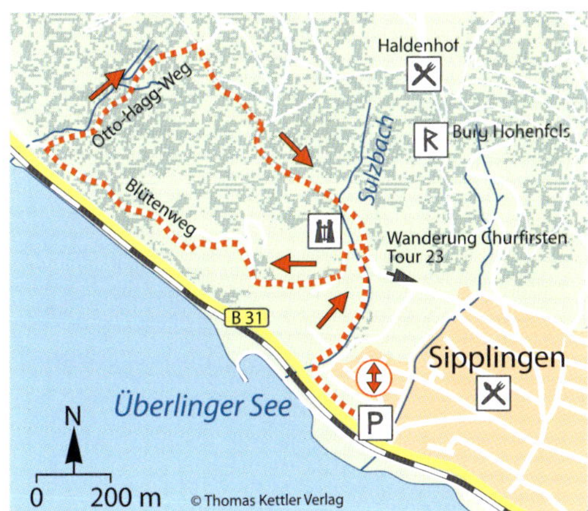

In Blickweite des Seeufers lasse ich am westlichen Ortseingang von Sipplingen meinen Wagen am ausgeschilderten Parkplatz an der Fußgängerbrücke stehen. Der Wanderweg beginnt in der Verlängerung des Parkplatzes. Ein für Autos gesperrter Teerweg führt mit leichter Steigung durch die Ausläufer des Dorfes, hindurch zwischen hübschen Häuschen, Kleingärten und Obstwiesen.

Nach etwa 600 Metern macht der Teerweg einen scharfen Knick nach rechts. Hier zweige ich links auf einen Schotterweg ab, dessen Wegweiser nach Ludwigshafen zeigt.

Der im Wanderplan des Ortes „Blütenweg" genannte Weg, wird seinem Namen voll gerecht. Überall färben das Rot des Mohns, das Blau der Teufelskrallenblüte und das Gelb von Platterbsen und Löwenzahn die saftig grünen Wiesen. Während der Weg weiter sanft ansteigt, öffnet sich der Blick auf das nordwestliche Ende des Überlinger Sees. Am gegenüberliegenden Ufer leuchtet die Ortschaft Bodman in der Morgensonne. Die beiden Burgen, die oberhalb der Ortschaft über den Spitzen der Waldgipfel thronen, ragen zaghaft aus den Nebelschwaden heraus.

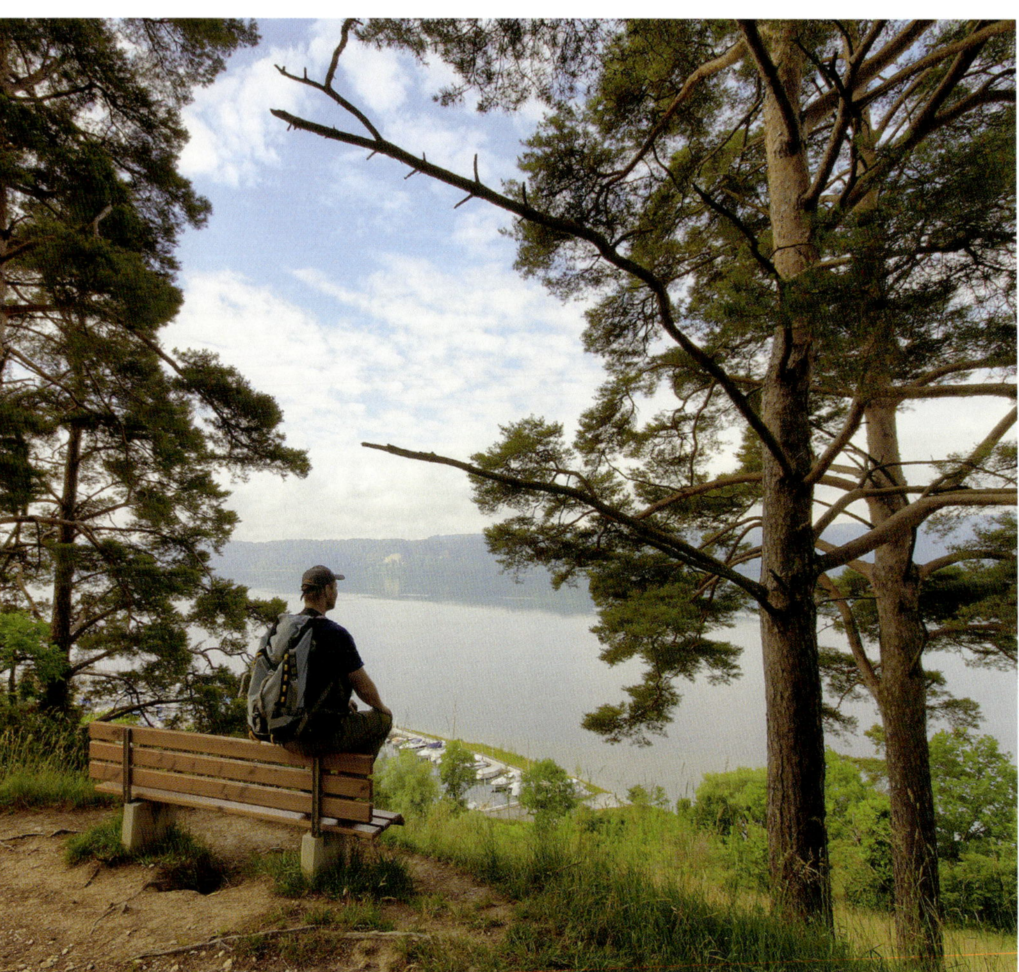

3,5 km

Sitzbänke laden immer wieder dazu ein, die herrliche Aussicht auf den Bodensee zu genießen.

Bald führt rechts ein steiler Pfad nach oben. Nun bewege ich mich auf dem Otto-Hagg-Weg. Ein Schild warnt vor dem steilen Anstieg, was hier in der Bodenseeregion aber meist nur bedeutet, dass anstatt eines Weges ein steiler Wanderpfad zu erwarten ist. In schönen, von Sitzbänken flankierten Serpentinen schwingt sich der Pfad die blumigen Grashänge hinauf. Herrliche Aussichten eröffnen sich über die Weiten des Bodensees.

Dann verschwindet der Otto-Hagg-Weg im dichten Wald. Hölzerne Treppenstufen entschärfen die durch Sickerwasser entstandenen, nassen Passagen im steilen Gelände. Ein Fuchs hat ein Stück weiter seinen Bau direkt am Pfad gebaut und einen Sandhaufen auf den Weg geschaufelt. Nach einigen Höhenmetern wechselt der Buchenwald in einen lichteren Kiefernwald. Hier beginnt schon der Abstieg zurück ins Dorf. Nach nur 15 Minuten befinde ich mich wieder auf der mir bekannten Straße. Wer mehr von dieser schönen Gegend sehen möchte, kann von hier aus die nächste Wanderung (Tour 23) gleich anschließen.

Churfirsten

Sandsteinsäulen und weite Seeblicke

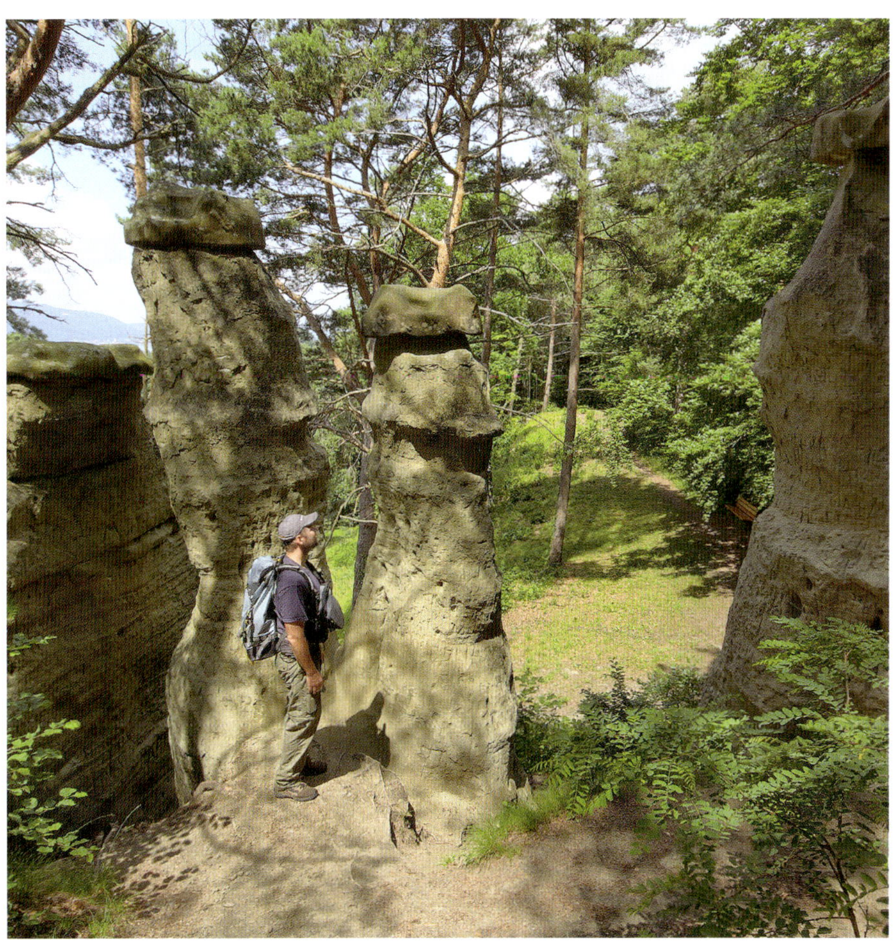

Tour 23

Infos Wanderung Churfirsten

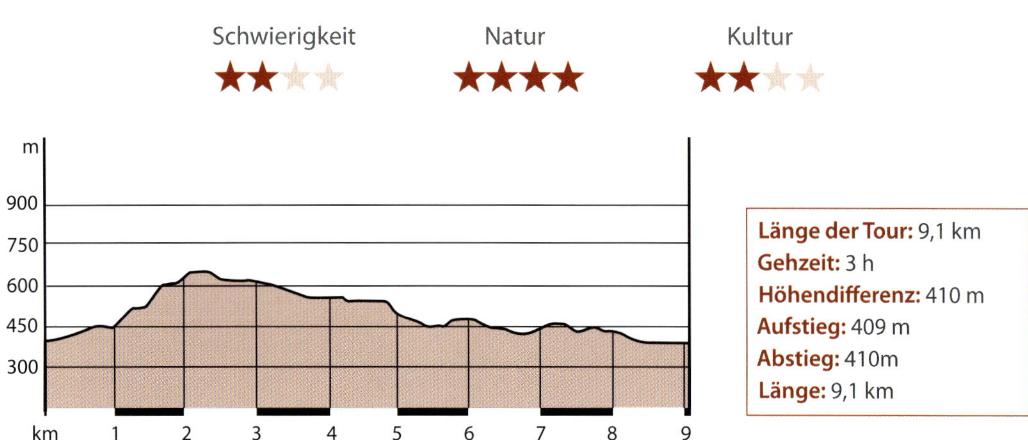

Charakter der Tour

Einfache Wanderung die weitgehend auf Forstwegen in die umgebenden Hügel des nördlichen Überlinger Sees führt. Der Wanderer entdeckt schöne Ausblicke, eine Ruine und, als Highlight, die Sandsteinsäulen der Churfirsten.

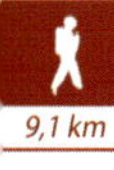

Sehenswürdigkeiten

Sipplingen: *Ruine Burg Hohenfels* (12. Jh.), *Sandsteinsäulen der Churfirsten, Pfarrkirche St. Martin und St. Georg, Fachwerkbau Bruderschaftshaus* (16. Jh.), *Kunstgalerie* im ehemaligen Bahnhof.

Sonstige Aktivitäten

Wandern: *Sipplinger Steilufer* Tour 22. Wandermöglichkeiten bis Ludwigshafen und Meersburg. **Seerundfahrt:** *Schifffahrt* auf dem Überlinger See. **Baden:** *Seebad Sipplingen.*

Tourenstart & -ende:
Sipplingen, In der Breite (Parkplatz).

Anreise:
Vom Autobahnkreuz Hegau bei Singen geht es auf die A 98 in Richtung Nordosten, nach 13 Kilometern rechts bei der Ausfahrt Nr.13/ Sipplingen / Ludwigshafen abbiegen, auf der B31 rechts weiterfahren bis zum Ortseingang von Sipplingen. Links neben der Brücke parken (In der Breite).

Kartenmaterial:
Kompass Wanderkarte: ***Hegau, Westlicher Bod**ensee*, 1:50.000. **Topografische Freizeitkarten Baden-Württemberg:** ***511 Westlicher Bodensee, Konstanz, Stockach***, 1:50.000

Übernachtung:
Sipplingen: *Gästehaus St. Martin,* St. Martinstr. 25, Tel. (07551) 696 96, www.gaestehaus-st-martin.de
Pension Regenscheit, Morgengasse 4A, Tel. (07551) 920 20, www.pension-regenscheit.de
Ludwigshafen: *Campingplatz Schachenhorn,* Radolfzeller Str. 23, Tel. (07773) 93 75 18 www.camping-schachenhorn.de.
Überlingen-Bonndorf: *Höhengasthaus Haldenhof,* Haldenhofweg 51, Tel. (07773) 56 13 www.gasthaus-haldenhof.de

Auskunft:
Tourist-Info Sipplingen, Seestr. 3, Tel. (07551) 94 99 370, www.sipplingen.de

Versteckte Sandsteinsäulen und weite Seeblicke

Karte Wanderung Churfirsten

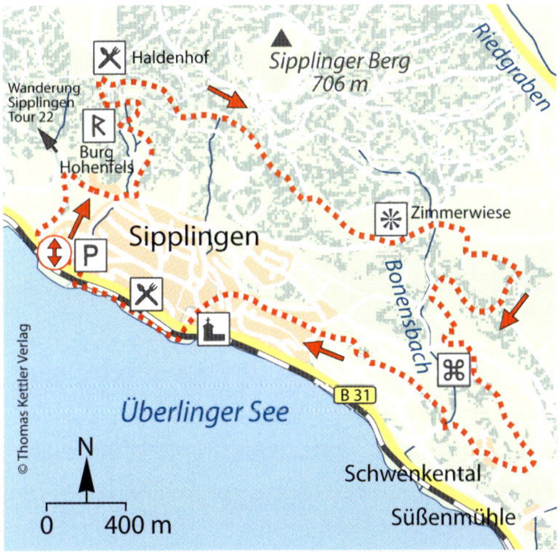

9,1 km

Diese Wanderung startet vom Parkplatz am nordwestlichen Ortseingang von Sipplingen. Die Teerstraße, die vom Ende des Parkplatzes abzweigt, arbeitet sich gemächlich die ersten Höhenmeter hinauf. Nach 400 Metern biege ich scharf nach rechts und bleibe auf der Straße, ehe ich nach 200 Metern auf der linken Seite einen Wanderwegweiser in Richtung Haldenhof entdecke, dem ich folge. Kurz darauf halte ich mich wieder links. Mit leichtem Anstieg geht es immer am Waldrand entlang, ehe der Weg, der auch Teil des geologischen Lehrpfades von Sipplingen ist, im dichten Mischwald verschwindet. Nach ein paar hundert Metern entdecke ich linker Hand die Mauerreste der Burg Hohenfels. Die Mitte des 12. Jahrhunderts errichtete Feste ist nach ihrer Zerstörung im Jahre 1641 verfallen. Immerhin kann man anhand der Mauerreste die eher geringen Ausmaße der Burg erahnen. Trotzdem versprühen die Überbleibsel aus dem Mittelalter jenen geheimnisvollen Charme, der nur alten Ruinen zu eigen ist.
Nun ist es nicht mehr weit bis zum Gasthaus Haldenhof, das an guten Tagen wegen seiner Aussicht auf den See und die dahinter liegende Alpenkette weithin bekannt ist. Die traditionelle Küche macht das Hotel-Restaurant zu einem idealen Pausenstop.
Vom Hof aus folge ich dem hintersten Pfad links hinein in den Wald. Die Wegweiser zeigen in Richtung Zimmerwiese und Hödinger Tobel. Der nächste Kilometer Waldweg bietet immer wieder atemberaubende Weitblicke auf die blaue Fläche des Bodensees, bis hin zur Koblenzer Halbinsel und sogar in die Weiten des Obersees hinein. Plötzlich öffnet sich der Wald und ich schreite entlang von Mahdweiden, die eine Terrasse formen.

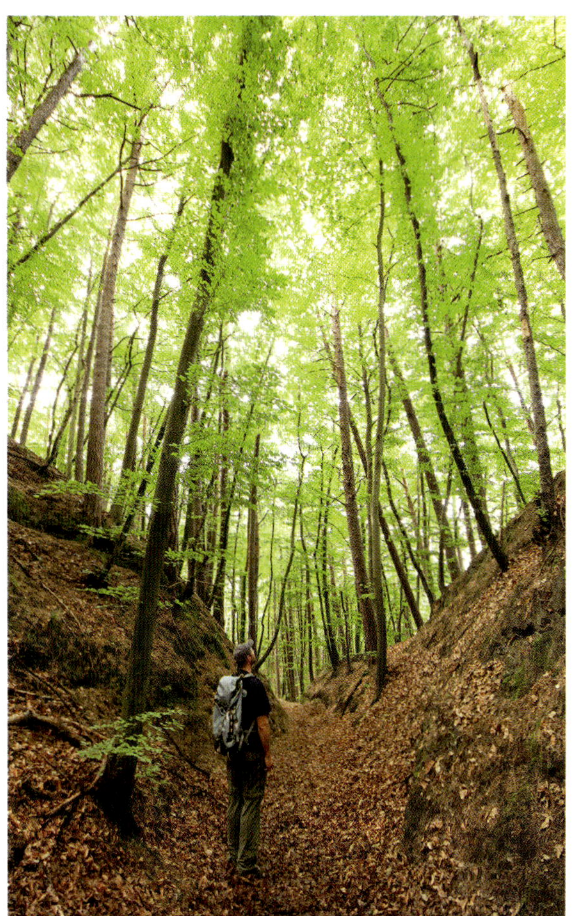

9,1 km

Überall stehen Obstbäume am Weg, der sich bald mit einem breiten Forstweg vereint. Tausende von Kirschbäumen verschiedenster Sorten säumen den Weg.

Der Aussichtspunkt Zimmerwiese rechter Hand ist nicht zu verfehlen. Auch hier bietet sich wieder ein grandioser Blick über den Überlinger See, den man von einer Bank aus in Ruhe genießen kann. Weiter geht es auf dem Schotterweg. Nach 150 Metern lädt ein Grillplatz mit hölzernen Sitzbänken und einer Wasserquelle zum Verweilen ein. Der Weg führt anschließend durch ein Wasserschutzgebiet weiter bis zum Naturschutzgebiet Hödinger Tobel. Ich aber möchte den direkten Weg zu den Churfirsten nehmen, zweige daher rechts zum Spetzgart ab und folge dann den Wanderwegzeichen, ehe ich rechts in ein Wald- und Wiesental in Richtung Süßenmühle abbiege. Nach einem Abstecher über eine Wiese trifft der Wanderweg eine Teerstraße, der ich nur 100 Meter nach links folge. Dann geht es rechts dem Wegweiser „Churfirsten“ folgend, gleich wieder in den Wald hinein. Unvermittelt steht man vor Sandsteinsäulen, die hoch zwischen Kiefern aufragen. In der Nacheiszeit wurden sie durch die Kraft von Wind und Regen geformt. Ihr Name entstand wohl aus der Ähnlichkeit mit den Ordonatshüten der Kürfürsten, jene mächtige Kaste, die im Mittelalter die Geschicke der Menschen lenkte. Eine zeitlang sitze ich staunend zwischen den Steinen und gehe dann den ursprünglichen Weg, bis dieser auf eine kleine Straße stößt. Nur wenige Meter weiter folge ich rechts den Schildern zur Süßenmühle. Kurz vor dem Bonensbach geht es rechts wieder in den Wald. Der Pfad schlängelt sich geradewegs hinein nach Sipplingen, wo ich in einem großen Bogen, vorbei an prachtvollen Fachwerkhäusern und zwei sehenswerten Brunnen, zum Bodenseeufer geführt werde. Hier steht auch die katholische Pfarrkirche St. Marti und St. Georg, die neben ihrem gotisch geprägten Erscheinungsbild im Inneren mit barocken Elementen aufwarten kann. Über die Hauptstraße wechsle ich hinüber zum Promenadenweg am See. Hier fand man im Wasser des Bodensees die Reste einer etwa 150 Häusern zählenden Pfahlbausiedung, die zu den bekanntesten am Bodensee zählt. Datiert wird sie auf das Jahr 3500 v. Chr. Bald erreiche ich das Strandbad des Ortes, das nur einen Steinwurf vom Parkplatz entfernt liegt. So lasse ich die Wanderung mit einem erfrischenden Sprung in den See ausklingen.

Meersburg

Weinkunde mit Blick auf den Bodensee

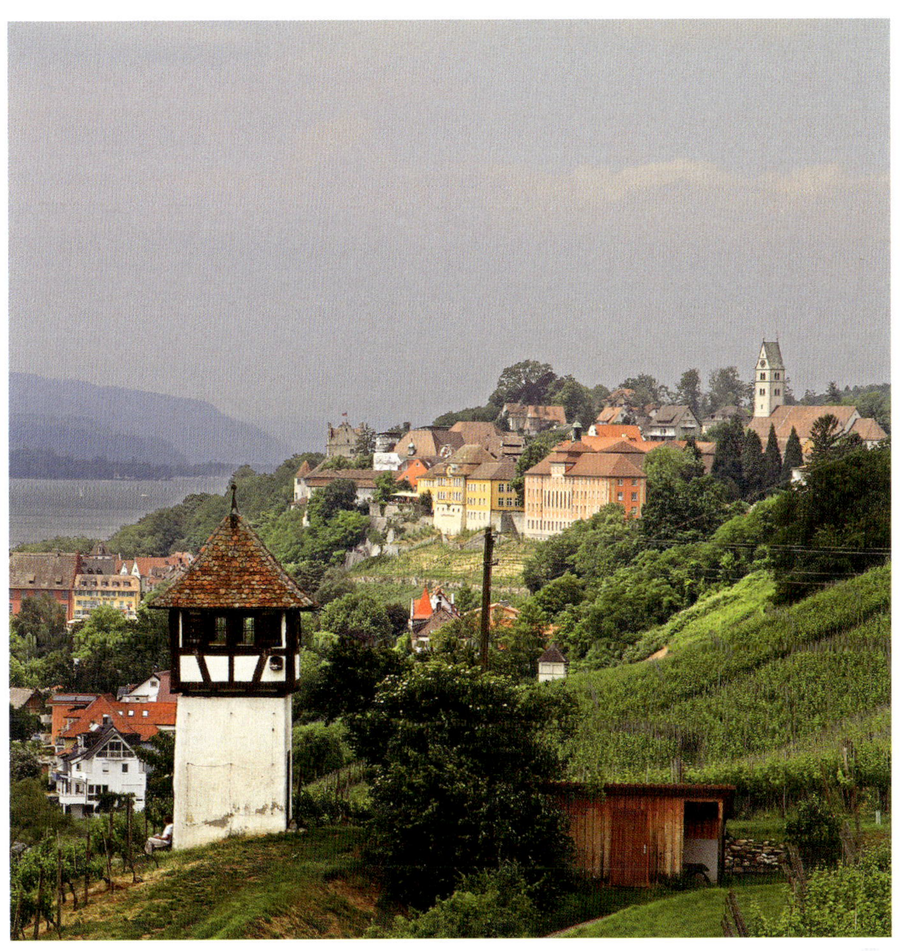

Tour 24

Infos Wanderung Meersburg

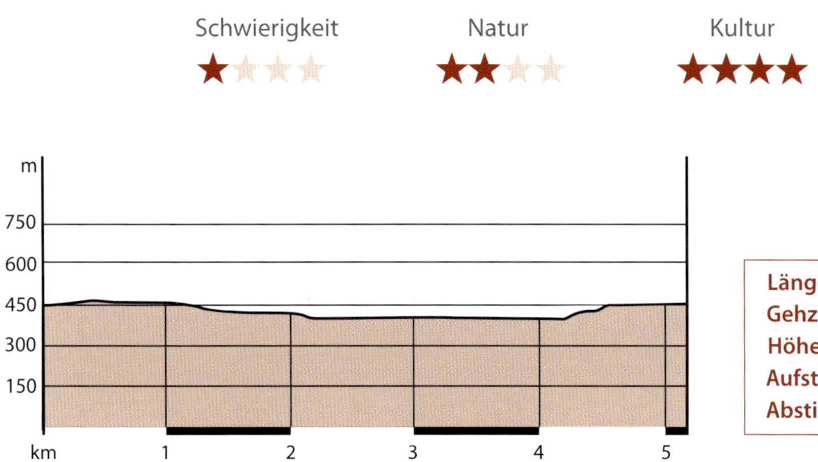

Länge der Tour: 5,1 km
Gehzeit: 1,5 h
Höhendifferenz: 108 m
Aufstieg: 107 m
Abstieg: 107 m

Charakter der Tour

Kurze Aussichtswanderung entlang eines Weinlehrpfades auf einfachen Wegen hoch über dem Bodensee oder direkt an seinem Ufer mit der Möglichkeit einer anschließenden Stadtbesichtigung eines der schönsten deutschen Bodensee-Städte.

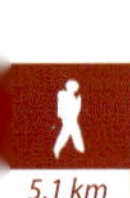

Sehenswürdigkeiten

Meersburg: Stadtrundgang Seite 138.

Sonstige Aktivitäten

Wandern: Pfahlbauten Unteruhldingen – Seefelden – Kloster Maurach – Wallfahrtskirche Birnau (7,5 km); *Uferweg* nach Immenstaad (8 km); *Wandermöglichkeiten* bis *Ludwigshafen* und *Immenstaad*
Sonstiges: *Meersburg Therme* (10-22, Fr,Sa bis 23), Tel. (07532) 44 02 85, www.meersburg-therme.de *Pfahlbauten Unteruhldingen* (Apr-Sep tgl. 9-19, Okt 9-17), Tel. (07556) 92 89 00, www.pfahlbauten.de

Anreise:
Vom Autobahnkreuz Hegau auf der A98 in Richtung Lindau, die fließend in die B31N / B31 übergeht und weiter nach Meersburg führt. Dort rechts auf die B33 (Stettener Str.) abbiegen, dann sofort links in die Töbelestraße, nochmals links zum Parkplatz abbiegen.

Kartenmaterial:

Kompass Wanderkarte: ***Hegau, Westlicher Bodensee,*** 1:50.000; **Topografische Freizeitkarten Baden-Württemberg:** ***511 Westlicher Bodensee, Konstanz, Stockach,*** 1:50.000.

Übernachtung:

Meersburg: *JUFA Jugend & Familiengästehaus,* Vorburggasse 1-3, Tel. (07532) 445 80 92, www.jufa.eu/jufa-meersburg-am-bodensee/; *Hotel Fischerhaus Garni,* Unteruhldinger Str. 10, Tel. (07532) 65 70, www.fischerhaus-meersburg.de; *Fewotel „Seegarten",* Uferpromenade 47, Tel. (07532) 800 30, www.seegarten-meersburg.de

Auskunft:

Tourist-Info Meersburg, Kirchstr. 4, Tel. (07532) 44 04 00, www.meersburg.de

Weinkunde mit Blick auf den Bodensee

Karte Wanderung Meersburg

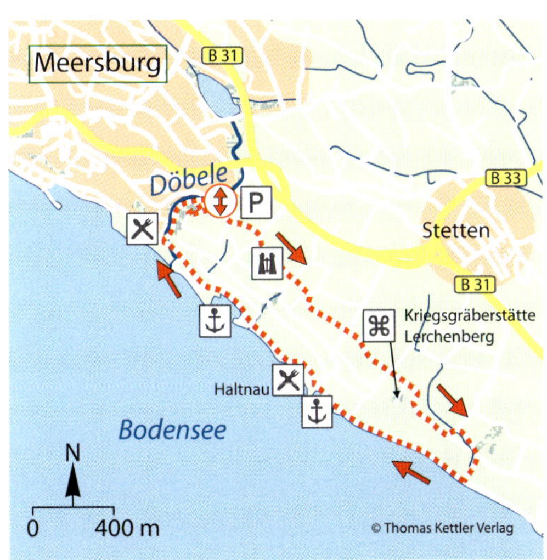

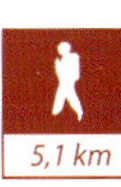

Der Parkplatz P4 an der Töbelestraße im Ostteil des Ortes ist ein guter Ausgangspunkt für die Wanderung. Offiziell ist der Weg, eine gemütliche Nachmittagsrunde, als Weinkundeweg (Kennzeichnung: blaue Markierung, Nummer 4) ausgezeichnet und informiert auf insgesamt 18 Tafeln über den Weinbau.

Vom Parkplatz aus geht es in Richtung See und sofort stehe ich mitten in den Reben. Auf den Weinhängen des Staatsweinguts Meersburg gedeihen die Trauben des „Meersburger Bengel", einer der bekanntesten Weine der Gegend.

Ich folge dem Panoramaweg nach links in Richtung Südosten und werde gleich zu Beginn mit einem schönen Ausblick auf die blaue Fläche des Bodensees belohnt. Nicht umsonst heißt der Weg nun Höhenweg, denn er führt erstmal auf luftigem Niveau in Richtung Hagnau. Die langen Rebstock-Reihen begleiten mich zu beiden Seiten, ehe rechter Hand ein kleines Wäldchen auftaucht und ein Schild auf die Kriegsgräberstätte Lerchenberg hinweist. Soldaten die im ersten Weltkrieg starben und zunächst in der Schweiz begraben wurden, bettete man später an diese Stelle um. Von den Mauern des Ehrenmals, die wie eine Kanzel gebaut sind, hat man einen tollen Blick auf den See, nach Meersburg und bei klarem Wetter sogar bis in die Schweiz.

Dann nähert sich der Feldweg langsam wieder Bodensee-Niveau an. Vorher passiere ich die Gebäude des Weinguts Aufricht, bekannt für seine Weiß-, Grau- und Spätburgunder. Hinter dem Hof geht es erst links und dann gleich wieder nach rechts auf eine Waldhecke zu. Hinter ihr gehe ich nach rechts die 100

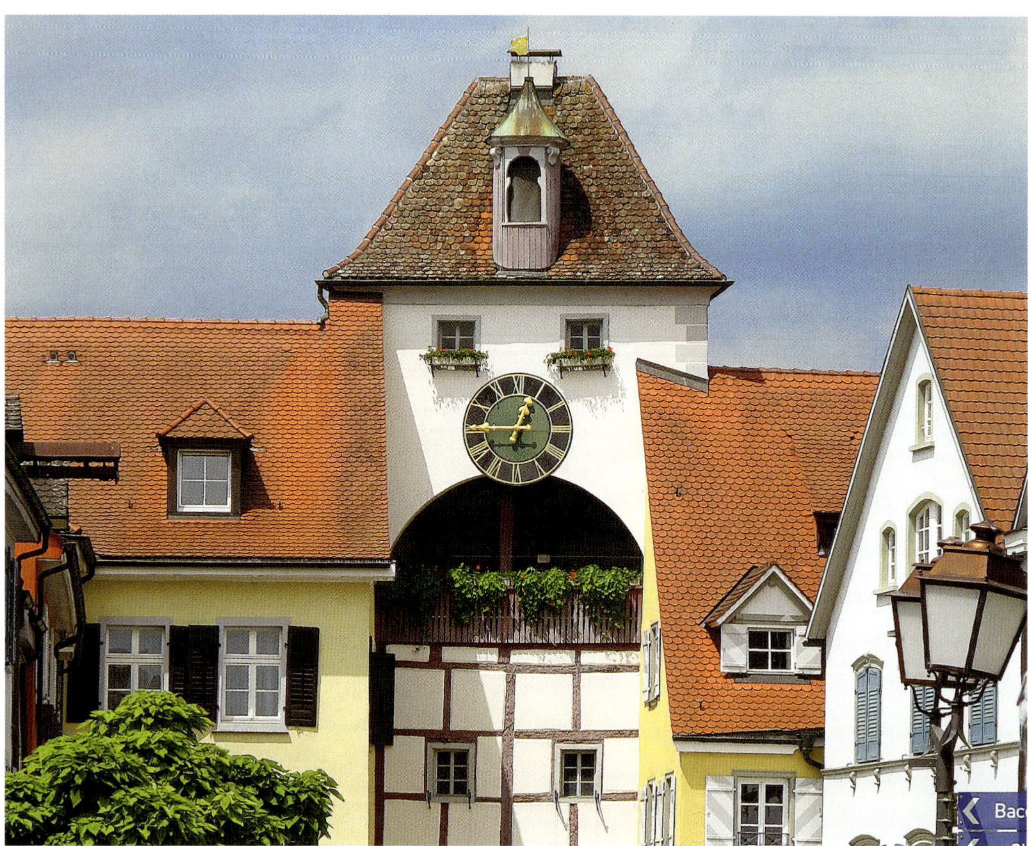

5,1 km

Das 1325 erstmals erwähnte Unterstadttor ist das älteste Stadttor Meersburgs.

Meter zum Bodensee hinab. Wer will, kann auch noch etwa 250 Meter geradeaus gehen, um zum Gästehaus Auhof zu gelangen. Hofeigene Produkte, wie Obst, in der hofeigenen Destillerie gebrannte Schnäpse und selbst angebaute Weine können hier erstanden werden.

Die blauen Wellen schlagen an das weidengesäumte Ufer des Bodensees. Nun folge ich dem Uferweg zurück in Richtung Meersburg. Von unten bieten die Weinberge eine ganz neue Perspektive. Neben dem stark befestigten Hafen von Haltnau komme ich zum Ausflugslokal Haltnau. Der Fachwerkbau bietet auf seiner Seeterrasse eine erstklassige Auswahl an Weinen der Umgebung und eine gute Küche für den müden Wanderer.

Ich mache nur ein paar Schritte und stoße erneut auf einen Yachthafen, der sich am Eingang zur Ortschaft befindet. Moderne Yachten, aber auch klassische Holzboote liegen hier vertäut. Hinter dem Hafen führt ein kleiner Schlenker links in einen kleinen Park, ehe ich wegen der Meersburg Therme wieder zurück zur Straße muss. Besonders bei schlechtem Wetter lockt die Therme mit ihrer Bade- und Saunawelt. Oberhalb von ihr liegt nun schon der Ausgangspunkt meiner Wanderung. Wer nicht gleich zum Auto zurückkehren möchte, kann noch einen Stadtrundgang Meersburg anschließen (siehe Seite 138).

Hochberg

Eintausender-Bergwanderung mit viel Genuss

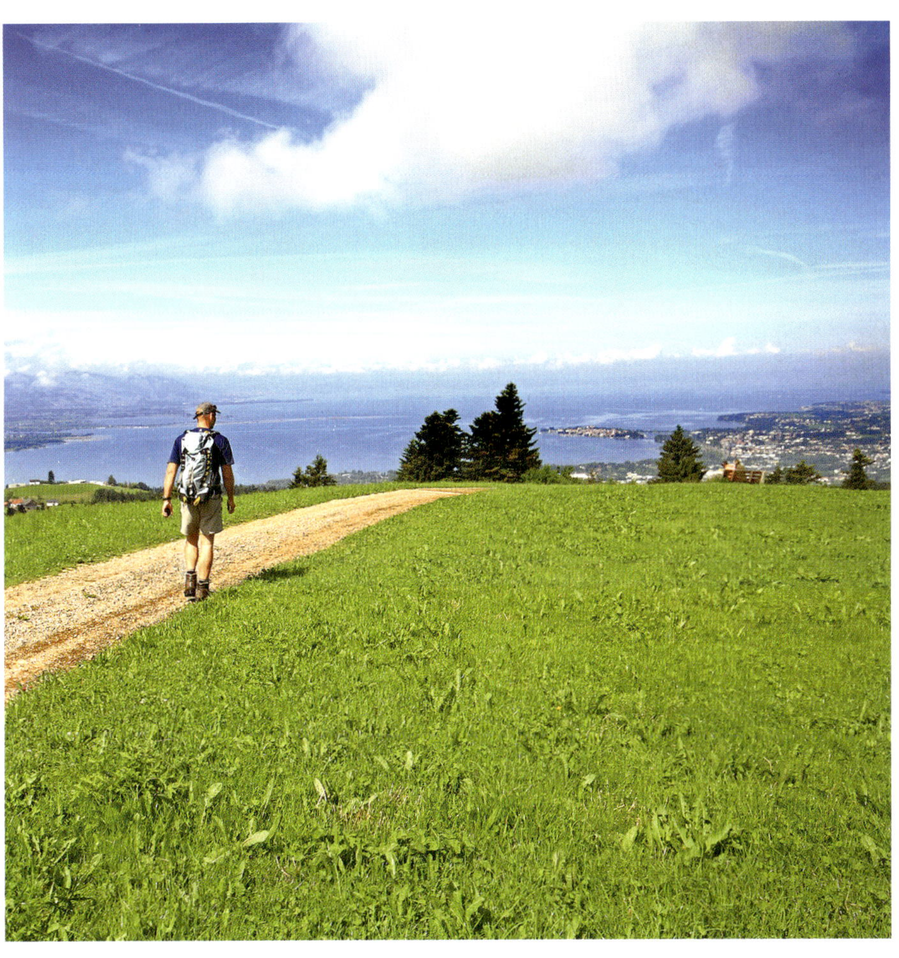

Tour 25

Infos Wanderung Hochberg

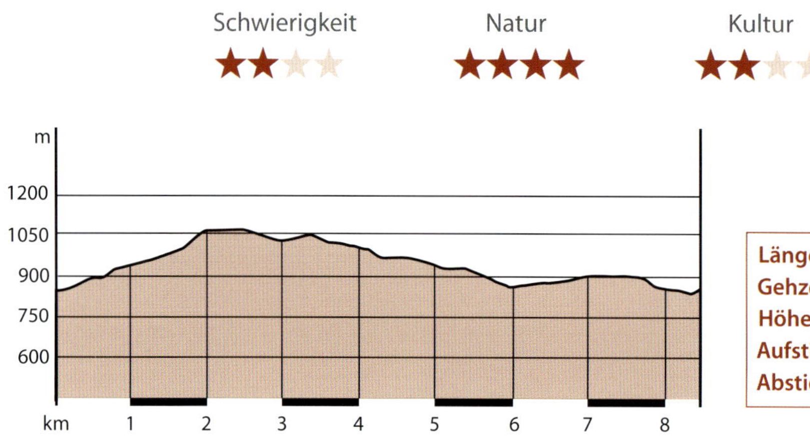

Länge der Tour: 8,5 km
Gehzeit: 2,5 h
Höhendifferenz: 330 m
Aufstieg: 320 m
Abstieg: 331 m

Charakter der Tour

Einfache Bergwanderung auf den Hausberg der Gemeinde Eichenberg, der entlang des Weges grandiose Aussichten auf die Weiten des Bodensees bietet.

Besonderheiten

Bei eventueller Anfahrt über die Autobahn, ist die Maut für Österreich zu bedenken.
Kurvige Bergstraße am Ende der Anfahrt.

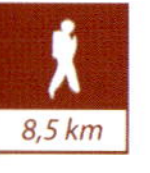

Sehenswürdigkeiten

Ruine der Ruggburg (10. Jh.) zwischen Eichenberg und Lutzenreute.
Eichenberg: *Pfarrkirche St. Bernhard* (19. Jh.), *Kapelle zum heiligen Michael* in Eichenberg.

Sonstige Aktivitäten

Wandern: *Käse-Wanderweg* mit *Käse-Lehrpfad* (Pfänder - Hochberg - Möggers – Scheidegg); *Walderlebnispfad im Schönsteintobel* nördlich von Möggers (sehr lohnend); *Scheidegger Wasserfälle.*
Diverse Möglichkeiten weiterer leichter Wanderungen auf den Höhenwegen bis zum Pfänder.
Gebhardsberg, Pfänder Tour 26.

Anreise:
Von Lindau B31, ab der Grenze B190 Richtung Bregenz; nach 2 km am Kreisverkehr scharf links und über Lochau, Hofen nach Eichenberg. Von dort über die kurvige L 11 hinauf nach Lutzenreute. Im Ort kaum Parkmöglichkeiten. Daher entweder in Eichenberg den Pkw abstellen und alle zwei Stunden mit dem Bus nach Lutzenreute, oder kurz vor Lutzenreute in der letzten Biegung vor dem Ort parken.

Kartenmaterial:
Wandern und Freizeit Bregenz, verschiedene Maßstäbe (vor Ort erhältlich)
Kompass Wanderkarte: ***1c Bodensee Gesamtgebiet,*** **GPS-genau** 1:75.000

Übernachtung:
Lutzenreute / Eichenberg: *Mühlenhof Lutzenreute* (FeWo), Mühle 26, Tel. +43 (0)5573 835 87; *Sohlerhof* (FeWo), Lutzenreute 19, Tel. +43 (0)5573 851 75, *Gasthof Paradies* (Zimmer), Lutzenreute 62, Tel. +43 (0)5573 825 76. *Fesslerhof,* Schüssellehen 28, Tel. +43 (0)5573 845 56, www.urlaubamfesslerhof.at
Lindau: *Park Camping am See,* Fraunhoferstr. 20, Tel. (08382) 72 236, www.park-camping.de
Bregenz: *Camping Mexico,* Hechtweg 4, Tel. +43 (0)5574 73 260, www.camping-mexico.at

Auskunft:
Tourismusbüro Eichenberg, Dorf 53, Tel. +43 (0)5574 42 429, www.eichenberg-bodensee.at

Viel Ausblick und wenig Höhenmeter am Hochberg

Karte Wanderung Hochberg

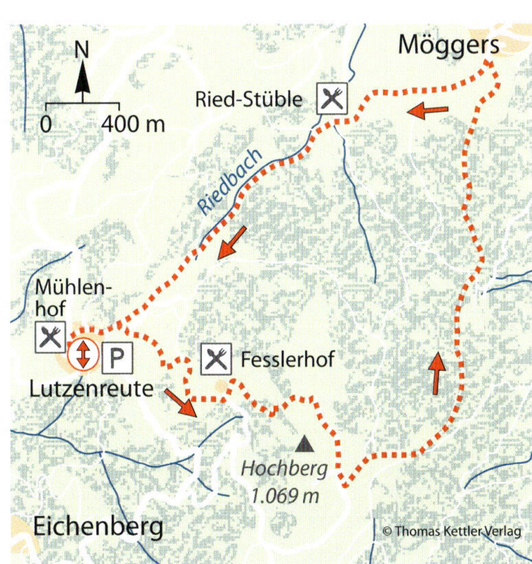

Der Hochberg zwischen Lindau und Bregenz bietet mit dieser Wanderung entlang saftiger Wiesen und kühler Waldwege eine schöne Alternative zum Pfänder. Hier führt kein Lift hinauf auf den Berg und somit ist die Zahl der Wanderer denen man begegnet, sehr überschaubar. Die sanften Anstiege garantieren Genuss ohne übermäßige Anstrengung.

Etwa 300 Meter vor dem Vorarlberger Dorf Lutzenreute habe ich mein Auto in der letzten Straßenkehre vor dem Ort stehen lassen, denn im Ort ist es schwierig zu parken.

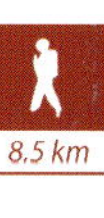

Gleich hier, gut von der Straße aus zu sehen, stürzt sich ein Bach fotogen über drei Stufen die ausgewaschenen Felsen hinunter. Ein paar Schritte weiter, im Dorf, biege ich nach rechts in Richtung Möggers / Hochberg ab. Die Teerstraße führt mich durch ein schattiges Waldstück, ehe ich den herrlich gelegen Bergbauernhof „Mühlenhof" erblicke. Umgeben von grünen Almwiesen und solitären Bäumen mit ausladenden Kronen, ist er ein echtes Bergidyll auf dem man Urlaub in der Ferienwohnung machen kann.

Am Hof geht es rechts ab. Der Weg wird zu einem geschotterten Wanderweg und steigt gemächlich an. Einige Mountainbiker strampeln den Berg hinauf, aber zu Fuß ist die Steigung recht angenehm. Überhaupt verschwendet man bei dieser Wanderung keinen Gedanken an Anstrengung, denn die Sicht über die Bergwiesen hinaus auf den Bodensee ist einmalig. Die Kontur der Insel Lindau ist im blauen Wasser des Schwäbischen Meeres

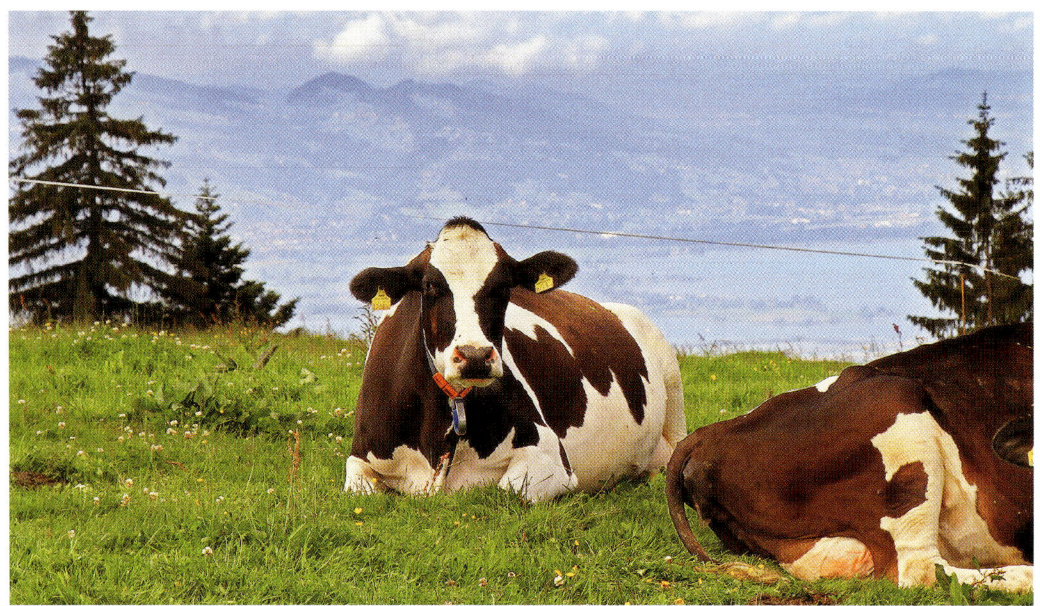

der Hauptdarsteller, während die Ausläufer von Bregenz am gegenüberliegenden Ufer zu sehen sind. Davor prangt auf einem Wiesensporn das Dorf Eichenberg mit seiner Kirche.

Hinter dem Fesslerhof, der in der Saison mit seiner Jausenstation (eigene Metzgerei!) zur Rast einlädt und wo man ebenfalls Urlaub auf dem Bauernhof verbringen kann, zweigt der Weg nach rechts ab und ich folge dem Wegweiser weiter in Richtung Hochberg. Nach einem anfangs etwas steileren Waldstück wird der Berg in Richtung Gipfel langsam flacher und gleicht bald einem Plateau. Das Gipfelkreuz samt Buch steht dann auch mitten auf einer eingezäunten Kuhweide. Zwischen den ruhenden Wiederkäuern hindurch komme ich zur Pausenbank, die mit einer schönen Aussicht in die dem See abgewandten Berge begeistert. Der Blick zum Bodensee ist nun vom eben durchschrittenen Waldstück verstellt. Mit 1.069 Metern Höhe ist der Hochberg sogar fünf Meter höher als der nahegelegene Pfänder, der für Bregenz von großer touristischer Bedeutung ist.

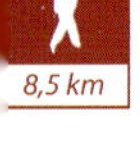

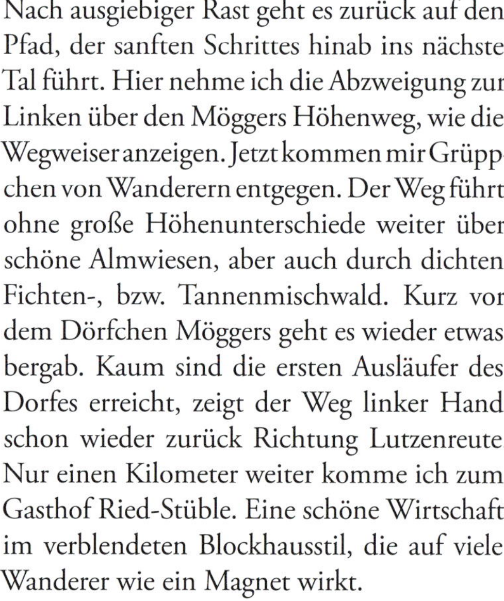

Nach ausgiebiger Rast geht es zurück auf den Pfad, der sanften Schrittes hinab ins nächste Tal führt. Hier nehme ich die Abzweigung zur Linken über den Möggers Höhenweg, wie die Wegweiser anzeigen. Jetzt kommen mir Grüppchen von Wanderern entgegen. Der Weg führt ohne große Höhenunterschiede weiter über schöne Almwiesen, aber auch durch dichten Fichten-, bzw. Tannenmischwald. Kurz vor dem Dörfchen Möggers geht es wieder etwas bergab. Kaum sind die ersten Ausläufer des Dorfes erreicht, zeigt der Weg linker Hand schon wieder zurück Richtung Lutzenreute. Nur einen Kilometer weiter komme ich zum Gasthof Ried-Stüble. Eine schöne Wirtschaft im verblendeten Blockhausstil, die auf viele Wanderer wie ein Magnet wirkt.

Danach geht es weiter auf dem Schotterweg an einem kleinen aber munter sprudelnden Bach entlang. Bald stoße ich erneut auf den Mühlenhof und bin auf bekannten Straßen schnell zurück in Lutzenreute. Dort lohnt auf alle Fälle noch ein Besuch der Bergsennerei, die Voralberger Bergkäse und Milchprodukte aus der Region zum Verkauf anbietet.

Gebhardsberg, Pfänder

Die schönste Aussicht in der Region

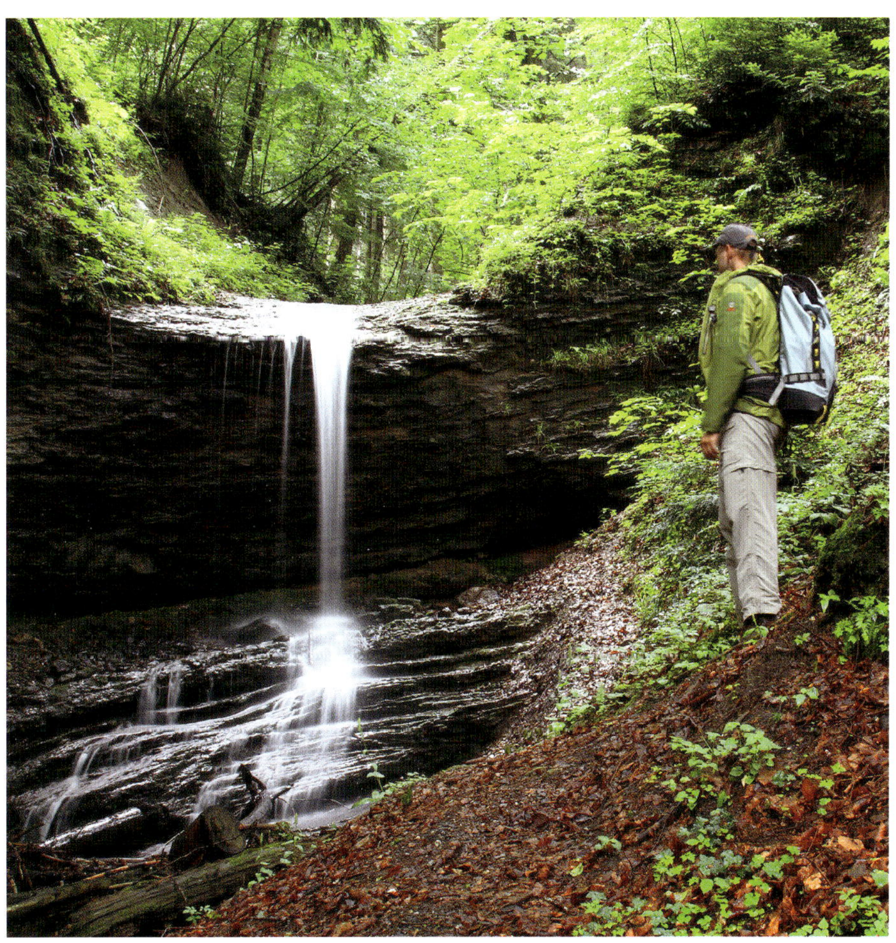

Tour 26

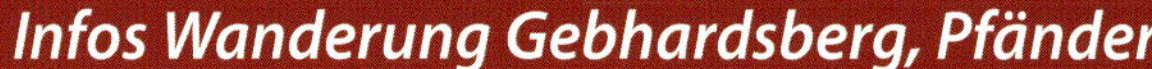

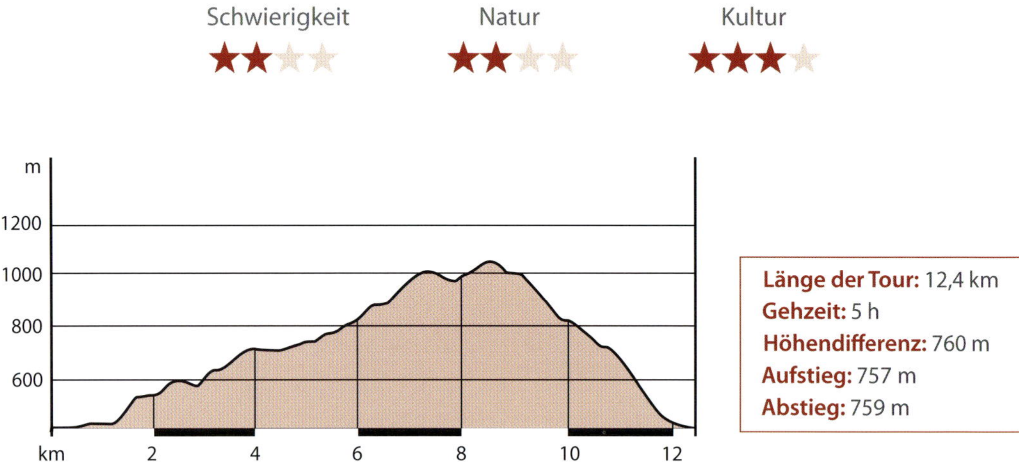

Charakter der Tour

Im Aufstieg einfache Bergwanderung hinauf auf den beeindruckendsten Aussichtsberg der Bodenseeregion, der mit 1.064 Metern auch der höchste, direkt an den See angrenzenden Berg ist. Im hier gewählten Abstieg ist an einigen Stellen etwas Trittsicherheit gefragt.

Besonderheiten

Der Lift zum Pfändergipfel bietet die Möglichkeit, sich den Auf- oder Abstieg zu ersparen. Die Pfänderbahn ist täglich von 8-19 Uhr in Betrieb. Bei Anfahrt über die Autobahn, ist die Maut für die österreichische Seite zu bedenken.

Sehenswürdigkeiten

Bregenz: Stadtrundgang S. 63. *Herz-Jesu Kirche* (1901), *Martinsturm* ehemaliger Getreidespeicher (17. Jh.) mit Militärmuseum, Tel. +43 (0)05 57 45 11 22 311, *Altes Rathaus* (17. Jh.), *Kapelle* auf dem Gebhardsberg (18.Jh.), *Burg Gebhardsberg* (11. Jh.), *Kloster Riedenburg* (19. Jh.), *Seebühne Bregenz, Kunsthaus Bregenz,* Tel. +43 (0)5574 48 59 40, *VLM Vorarlberger Mehrerau,* Tel. +43 (0)05 57 47 14 61, *Burg Hohenbregenz* (11. Jh.), *Seepromenade* mit Hafenmole.

Sonstige Aktivitäten

Wandern: *Käse-Wanderweg* mit *Käse-Lehrpfad* (Pfänder - Hochberg - Möggers – Scheidegg).
Wanderung *Hochberg* Tour 25.

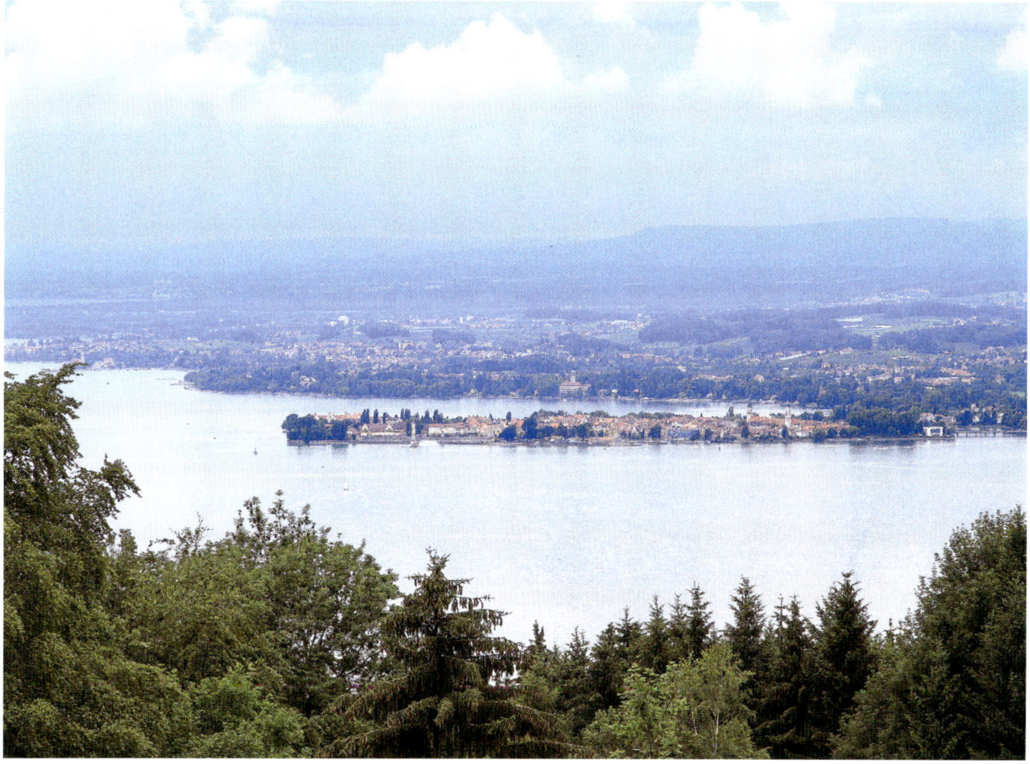

Auf dem Weg hinauf auf den Pfänder eröffnen sich hübsche Ausblicke auf Lindau.

Anreise:

Um nicht für eine Strecke von zwei Kilometern Maut zu bezahlen, fährt man über Landstraßen. Von Lindau aus geht es seenah über die Bregenzer Straße nach Lochau / Hörbranz, wo die Grenze nach Österreich überfahren wird. Weiter Richtung Bregenz der Straße und dort den Zeichen der Pfänderbahn links zum Parkplatz folgen.

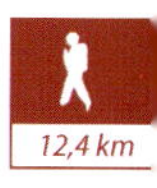

Kartenmaterial:

Wandern und Freizeit Bregenz verschiedene Maßstäbe (vor Ort erhältlich)
Kompass Wanderkarte: ***1c Bodensee Gesamtgebiet,*** **GPS-genau** 1:75.000

Übernachtung:

Bregenz: *JUFA Bregenz,* Mehrerauerstr. 5, Tel. +43 (0)5574 428 67 www.jufa.eu www.jfgh.at/bregenz JUFA Booking Center Tel.: +43 (0)5 7083; *Junges Hotel Hard* (Jugendherberge), Allmendstr. 87, Tel. +43 (0)5574 734 35, www.jugendherberge-hard.at; *Café-Pension Weidach,* Landstr. 17, Tel. +43 (0)5574 741 42; *Camping Mexico,* Hechtweg 4, Tel. +43 (0)5574 732 60, www.camping-mexico.at
Pfänder: *Berggasthof Fritsch,* Buchenberg 10, Lochau, Tel. +43 (0)5574 43 02 96, www.fritsch.co.at

Auskunft:

Bregenz Tourismus & Stadtmarketing, Rathausstr. 35a, Tel. +43 (0)5574 49 59-0, www.bregenz.at
Bodensee-Vorarlberg Tourismus in Bregenz, Römerstr. 2, Tel. +43 (0)5574 43 44 30
www.bodensee-vorarlberg.com

Die schönste Aussicht in der Region

Karte Gebhardsberg, Pfänder

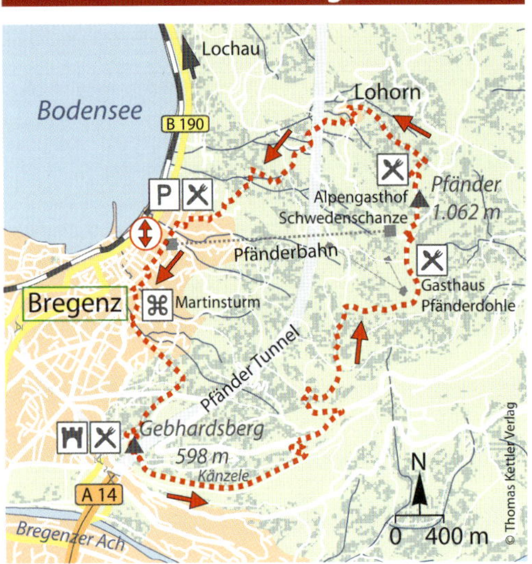

Es gibt verschiedene Möglichkeiten auf den Gipfel dieses wunderbaren Aussichtsberges hoch über dem östlichen Bodensee zu gelangen. Wer nicht gut zu Fuß ist, nimmt die Liftanlage, die im Herzen von Bregenz in spektakulärer Fahrt den Berg hinaufgleitet. Wer es liebt zu wandern, kommt aber ebenfalls auf seine Kosten – zahlreiche Wege führen auf den Berg. Einige von ihnen, eignen sich gar für eine Mountainbike Tour. Diese Beschreibung folgt der Route über den Gebhardsberg.

Der Tourenstart vom Parkplatz der Kabinenbahn hat den Vorteil am Gipfel zu entscheiden, ob man später mit der Bahn zurückkehrt oder doch lieber den Fußweg wählt.

Durch die Innenstadt von Bregenz folgt man den gelben Markierungen, die in Richtung Gebhardsberg weisen. Der Weg führt vorbei am Martinsturm, der seine gedrungene Zwiebelkuppel in den Himmel reckt. Auf kleinen Sträßchen und vorbei an interessanten Altstadthäusern, die teilweise in die alte Stadtmauer hineingebaut wurden, geht es langsam aufwärts. Bis der Weg immer noch als Teerweg in den Wald hineinführt und sich mit einem Trimm-dich-Pfad und einem Pfad, auf dem diverse Wasserspiele aufgestellt sind vereint.

Anfangs geht es durch einen „aufgeräumten" Fichtenwald, doch wandelt sich dieser später hin zu einem lockeren Mischwald aus Tannen Fichten und Buchen. Herausragend sind im wahrsten Sinne des Wortes aber riesige Douglasienbäume und große Esskastanien.

Bald stoße ich wieder auf eine Straße, die ebenfalls den Berg hochführt, da einige Gastwirtschaften und landwirtschaftliche Betriebe versorgt werden müssen. Rechter Hand liegt das Burgrestaurant Gebhardsberg. Von der 1097 erbauten Festungsanlage Burg Hohenbregenz eröffnet sich ein weiter Blick über die Dächer von Bregenz, hinaus auf den Bodensee, hinein in das Rheintal und die Schweizer Berge. Die Festung wurde errichtet, nachdem der Abt von St. Gallen Bregenz zerstören ließ. Wie ein Außenpfeiler des massigen Pfänderberges steht sie da. Ihre Wehrhaftigkeit konnte aber nicht verhindern, dass die Burg nach einer kampflosen Übergabe an die schwedische Armee im Jahre 1647 zu großen Teilen gesprengt.

Hinter der Burg führt der Weg zunächst wieder in den Wald. Nur ein paar Meter weiter ist das Rauschen eines Wasserfalls zu vernehmen. Über eine Steinstufe stürzt ein lieblicher kleiner Fall im grünen Buchenwald hinab in einen verwunschenen Gumpen.

Nun folge ich den Wegweisern zum „Känzele". Dabei wähle ich den äußeren von zwei Wegen, der zwar etwas schwieriger zu gehen ist, dafür aber an der steilen Felsflanke des Berges hinauf führt. Das „Känzele" wird seinem Namen gerecht. Wie eine kleine Kanzel,

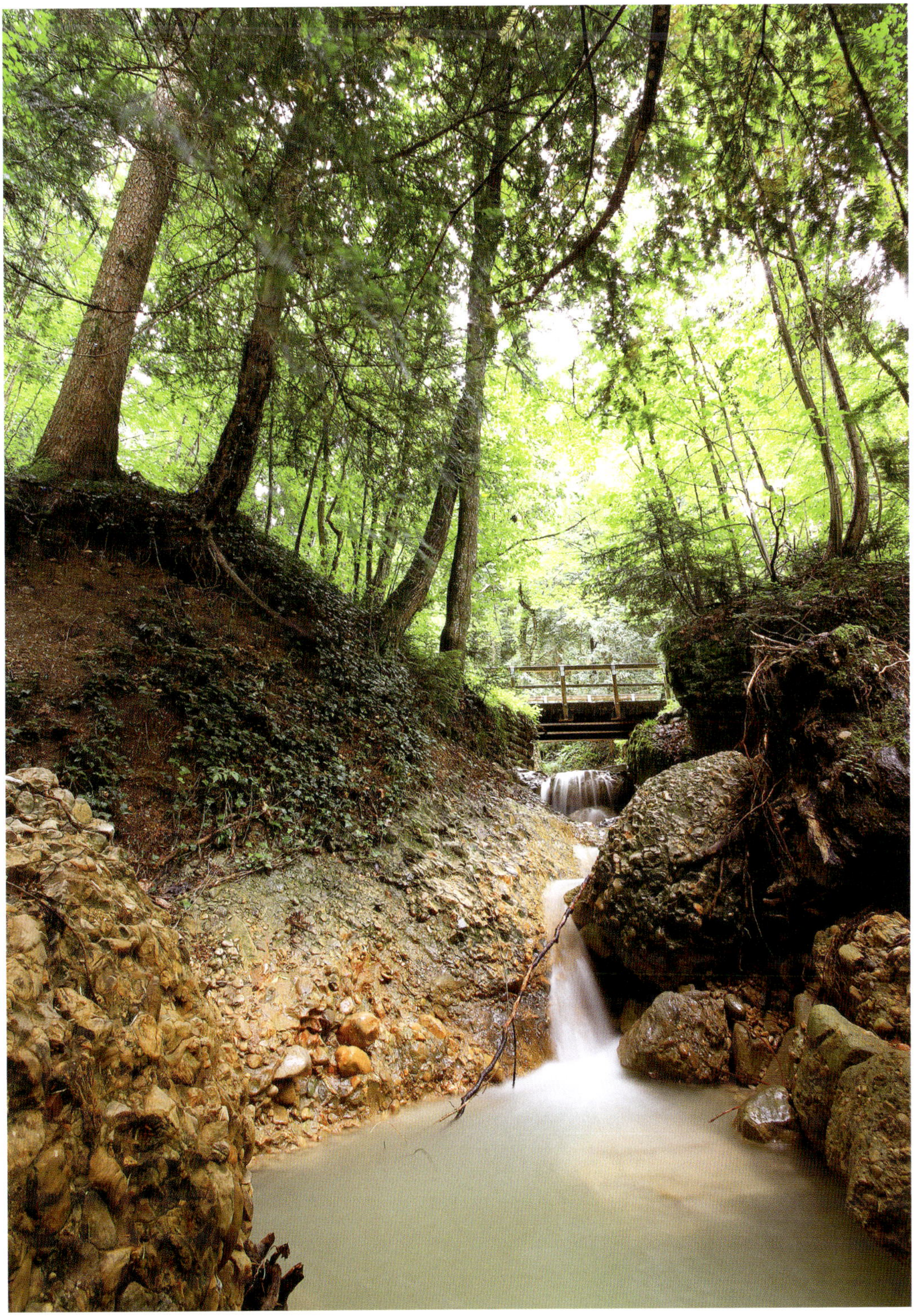

12,4 km

ragt ein Felsbrocken aus dem Wald heraus unter dem ein mehrere hundert Meter tiefer Abgrund gähnt. Ganz nah an der Felskante stehen Bäume, die ihre Wurzeln nur auf der Hangseite bilden können, was dazu führt, dass der flachgründige Steinboden am Weg mit dichtem Wurzelgeflecht überzogen ist. Hier mischen sich die Wurzeln von Buchen, Kiefern, Fichten, Tannen und Vogelbeeren. Der auf diesem Teilstück parallel verlaufende Waldlehrpfad berichtet auf Tafeln eindrücklich vom Werden und Vergehen des Waldes.
Hinter dem „Känzele“ geht es zunächst leicht hinab und anschließend ein Stück die Straße entlang, ehe sich der Weg wieder über Schotter nach oben schraubt. Mountainbiker überholen mich jetzt auf dem Weg zum Gipfel.
Weiter oben öffnet sich der Wald und gibt den Blick auf den von Almwiesen umgebenen Pfändergipfel frei. Hier liegt das Gasthaus Pfänderdohle, das vor allem die Skitouristen im Winter verköstigt. Die letzten Meter bis zur Bergstation sind schnell gegangen.
Hier oben „tobt das Leben“. Zahlreiche Touristen werden vom herrlichen Ausblick auf den Bodensee angezogen. In seiner ganzen Länge liegt es nun vor mir, das Schwäbische Meer. Sogar das Rheindelta und Lindau sind zu erkennen. Die großen Ausflugsdampfer erscheinen von hier oben wie Spielzeug. Ihre Wellen ziehen sie in der Form eines Dreiecks über Kilometer hinter sich her. Um dem Trubel zu entgehen, nehme ich die letzten paar Höhenmeter über einen engen, aber gut begehbaren Pfad zum Gipfelkreuz.

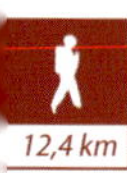

Weiter geht es in nördliche Richtung zum Alpengasthof Schwedenschanze, der im urgemütlichen Alpenstil daherkommt und ebenfalls zum Einkehren einlädt. Links von der Wirtschaft geht es weiter auf dem asphaltierten Weg in Richtung Lochau. In Serpentinen spaziere ich hinunter, bis fünf Minuten später linker Hand der rot markierte Schwedenweg in den Wald abzweigt. Von nun an steige ich auf einem steilen und kiesigen Forstweg hinab, bis sich der Weg vor dem kleinen Weiler Lohorn zu einem Pfad verengt. Lohorn liegt direkt an der Pfänderstraße, die ich aber nur überquere, um rechts neben dem Almbauernhof den Wegweisern des Schwedenweges zu folgen. Der Schwedenweg wird auf seinem Verlauf von einem Dutzend Schildern flankiert, auf denen von der Geschichte der Gegend im Dreißigjährigen Krieg und der Eroberung von Bregenz durch die Schweden berichtet wird.
Hinter Lohorn geht es in südlicher Richtung den Hinweisschildern nach Bregenz folgend zunächst ein kurzes Stück aufwärts, ehe ich zur Rechten über Wiesen und Wald nach Altreute schnell an Höhe verliere. Hier folge ich weiter den Wegweisern nach Bregenz und komme zu einer kleinen, aber solide gemauerten Kapelle, die ein angedeuteter Turm aus Kupferblech krönt. Dahinter grasen zottelige Hochlandrinder.
Wieder verschwindet der Pfad im Wald und quert mehrfach den Schanzengraben, der als leise flüsternder Bach in kleinen Kaskaden seinen Weg hinab zum See findet. Der teils steile und lehmige Weg ist an nassen Tagen ziemlich rutschig.
Bald öffnet sich der Wald und gibt den Blick wieder auf das mit Wolken verhangene Bregenz frei. Links gehe ich „Auf der Reute“ durch Wohngebiete weiter abwärts, dann in den Altreuteweg, dem ich bis zur Belruptstraße folge. Nur ein paar Schritte weiter ist der Parkplatz der Talstation und somit der Ausgangspunkt der Wanderung erreicht.

Hohenklingen

Unbezwungene Festung hoch über dem Rhein

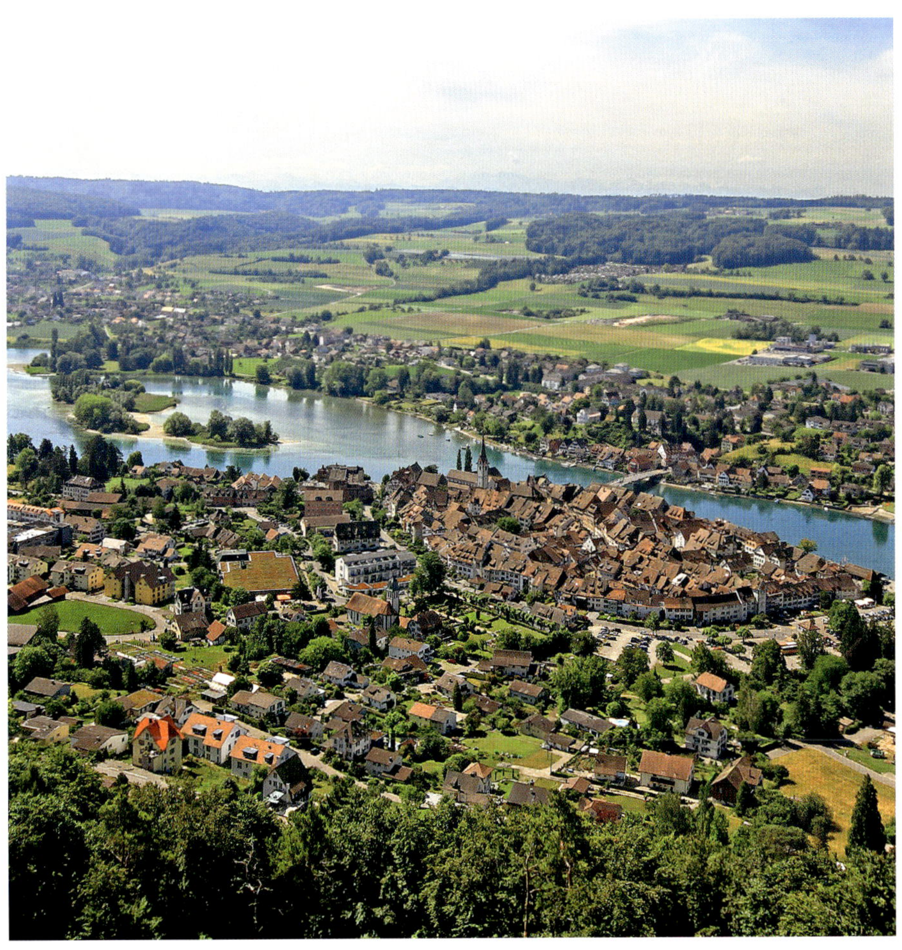

Tour 27

Infos Wanderung Hohenklingen

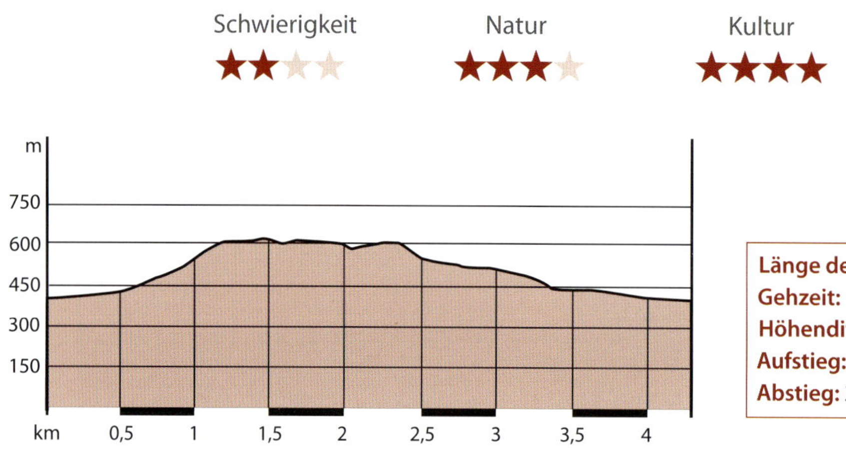

Länge der Tour: 4,3 km
Gehzeit: 1,5 h
Höhendifferenz: 248 m
Aufstieg: 241 m
Abstieg: 243 m

Charakter der Tour

Kurze, aber an Höhepunkten reiche, Wanderung zur Burg Hohenklingen. Die Lage der gut erhaltenen Festung mit Blick auf den Rhein ist überwältigend, ebenso der Rückweg durch tiefen Wald und offene Weinberge.

Sehenswürdigkeiten

Stein am Rhein: *Altstadt* mit bemalten Bürgerhäusern, *Hexenturm* (16. Jh.), *Untertor* (14. Jh.), *Obertor* (14. Jh.), *Burg Hohenklingen* (12. Jh.), Tel. +41 (0)52 741 21 37, www.burghohenklingen.ch; *Kloster St. Georgen* (11. Jh.) mit Museum, Tel. +41 (0)52 741 21 42; *Spital Bürgerasyl mit Touristeninformation, Museum Lindwurm* bürgerliche Wohnkultur und Landwirtschaft, Tel. +41 (0)52 741 25 12, www.museum-lindwurm.ch; *Johannes Kirche mit Römerkastell* (3. Jh.), Stadtrundgang Seite 158.

Sonstige Aktivitäten

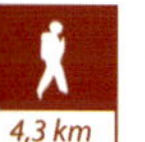

Wandern: Zahlreiche, von Stein am Rhein ausgehende Wanderwege. Wandern am Rhein entlang oder auf der *Kunstroute* auf den Spuren des Steiner Malers Hermann Knecht.
Sonstiges: Zwei *Strandbäder* am klaren Rhein. *Steiner Liliputbahn,* Tel. +41 (0)52 740 31 10, www.steiner-liliputbahn.ch. *Pferdewagenfahrten,* Tel. +41 (0)52 741 39 10.

Anreise:
Vom Autobahnkreuz Hegau bei Singen geht es auf der A 81 vorbei an Singen. An der Ausfahrt 42 abfahren und links auf die B 314 abbiegen. Diese etwa einen Kilometer bis zur Kreuzung B 34 (Schaffhausener Straße) durchfahren und dort rechts abbiegen. Nach der Bahnlinie gleich wieder links auf die L 222 nach Rielasingen-Worblingen abbiegen, bis diese an der Hauptstraße endet. Hier nach rechts in Richtung Schweiz / Stein am Rhein fahren. Parken in Stein am Rhein an der Mühlenstraße.

Kartenmaterial:
Kompass Wanderkarte: ***Hegau, Westlicher Bodensee,*** **1:50.000; Topografische Freizeitkarten Baden-Württemberg:** ***510 Singen,*** **1:50.000.**

Übernachtung:
Stein am Rhein: *Bed & Breakfast Stein am Rhein,* Oberstadt 3, Tel. +41 (0)52 741 45 44, *Hotel & Backpacker Schwanen,* Charregass 5, Tel. +41 (0)52 741 50 00, www.schwanen-hotel.ch; *Jugendherberge SJH,* Hemishoferstr. 87, Tel. +41 (0)52 741 12 55

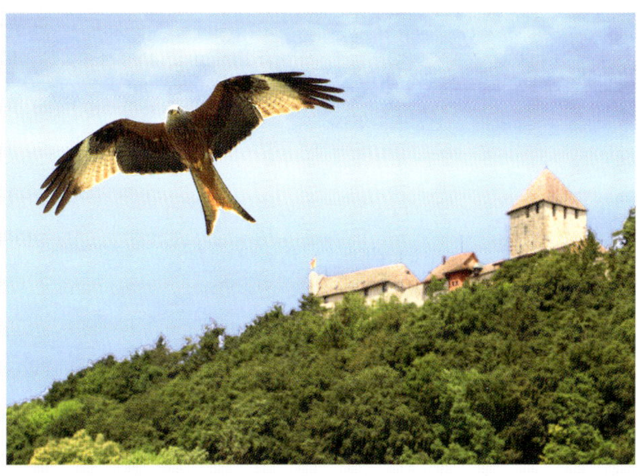

Auskunft:
Tourismus Stein am Rhein, Oberstadt 3, Tel. +41 (0)52 742 20 90, www.steinamrhein.ch

Unbezwungene Festung hoch über dem Rhein

Karte Wanderung Hohenklingen

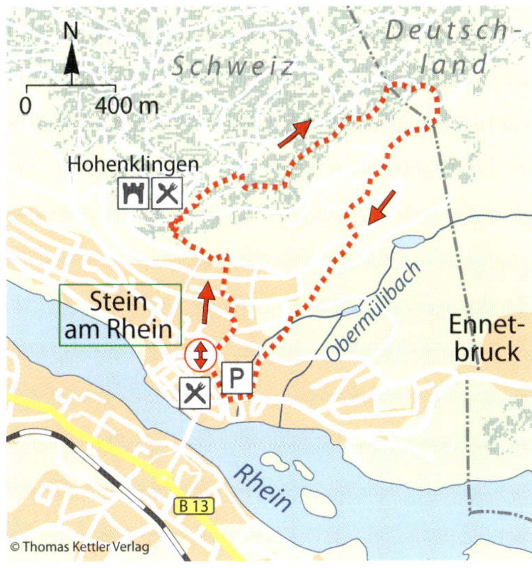

Ich sitze auf einer Mauer und meine Füße baumeln nur wenige Meter über dem grün dahinfließenden Rhein. Eine ausladende Trauerweide spendet Schatten, während ich beobachte, wie sich Jugendliche von der den Rhein überspannenden Brücke des schönen Städtchens Stein am Rhein kopfüber in den Fluss stürzen. Ein leichter Wind zieht durch das Tal und sorgt für etwas Kühlung an diesem heißen Frühsommertag. Es fällt mir etwas schwer, mich von meinem Aussichtsplatz zu lösen, um hinauf zur 200 Meter über der Stadt auf einem Grat aus Nagelfluh (scherzhaft auch Herrgottsbeton genannt) thronenden Burganlage Hohenklingen zu wandern.

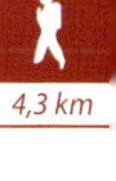

Vom Parkplatz an der Kirche zeigt ein gelbes Wanderwegschild rheinabwärts. Diesem folge ich für 300 Meter und zweige dann scharf rechts ab, da, wo ein Schild den Weg zur Burg weist. Die Schweizer, an Steigungen gewohnt, machen bei der Auswahl des Wanderweges keine großen Umschweife. In direkter Linie führt mich der Spaziersteig zunächst entlang der gepflegten Gärten des Ortes nach oben, ehe er durch einen Weinberg hindurch verläuft um bald darauf in ein Waldstück einzutauchen. Dort stoße ich auf eine riesige, mehrstämmige und mehrere Meter dicke Linde, einen echten Baumveteranen, der sicher viel aus den letzten Jahrhunderten der örtlichen Geschichte erzählen könnte. Im weiteren Verlauf folgt der Weg einer steilen Treppe durch einen schönen Buchenwald mit beachtlichen Stämmen, denen immer wieder auch Kiefern und Felsenahorne beigemischt sind. Ganz abrupt endet der Weg am Eingang zur trutzigen Burg.

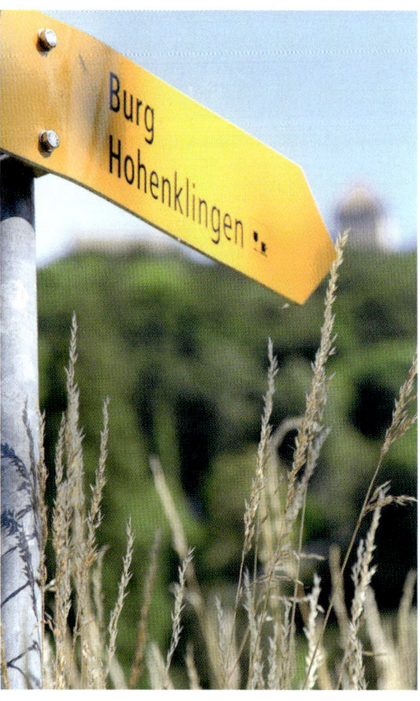

Die Herzöge von Zähringen erbauten im 12. Jahrhundert an dieser strategisch günstig über dem Rhein gelegenen Stelle zunächst eine Befestigungsanlage aus Holz. Der Freiherr von Klingen errichtete dann Anfang des 13. Jahrhunderts erste Wehrmauern aus Stein. In den nächsten Jahrzehnten wurde die Burg zügig zu ihrem heutigen Erscheinungsbild ausgebaut. 1457 erwarb die Bürgerschaft der Stadt Stein am Rhein den Besitz. Die Wehranlage Hohenklingen blieb im Lauf der Zeit von kriegerischen Zerstörungen verschont, obwohl sie zur Zeit der Schwabenkriege und während des Dreißigjährigen Krieges als wichtige militärische Befestigungsanlage diente. Die heutigen Besuchern können die bestens erhaltene Anlage ausgiebig erkunden. Meterdicke, alte Mauern, Eichenholztüren aus gewaltigen Bohlen, Schießscharten, die wie gleißende Lichtpunkte in die düsteren Gemäuer geschnitten sind, vermitteln einen Eindruck von ihrer Wehrhaftigkeit. Die Infotafeln zu den Ausstellungsstücken, wie alte Rüstungen, Waffen und Alltagsgegenständen machen die Burg erlebbar und bringen das Mittelalter für ein paar Momente zurück in die heutige Zeit.

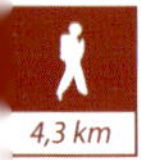

Im überdachten Außenbereich des Burgrestaurants, der Laube, steht vielleicht einer schönsten Restauranttische der Region. Von hier bietet sich ein unvergleichlicher Blick auf den Rhein, das mittelalterliche Städtchen, dessen Häuser sich kreisförmig zusammendrängen und die Silhouette der Alpen.

Von der Festung aus geht es über die Burgwiesen leicht bergauf und dann nach rechts in den Wald hinein. Der Wanderweg führt nun immer entlang der Kante einer Anhöhe, dann langsam abwärts durch einen hübschen Laubwald. Immer wieder lichtet sich der Waldmantel und gibt Blicke auf den Rhein und seine Umgebung frei. Nach ein paar hundert Metern sehe ich die Wegweiser, die den Weg zurück nach Stein am Rhein weisen.

Dazu folgt man rechts einem zunächst sich steil bergab schlängelnden Pfad, der zu einem Weinberg führt. Dessen Reben begleiten den Wanderer entlang des gut ausgeschilderten Weges, bis zu den ersten Häusern der Stadt. In der Thermik segeln Rotmilane mit weit aufgespannten Flügeln und ihrem charakteristischen V-förmigen Schwanz hoch über dem Tal.

Schaffhausen, Feuerthalen

Über verschlungene Waldpfade

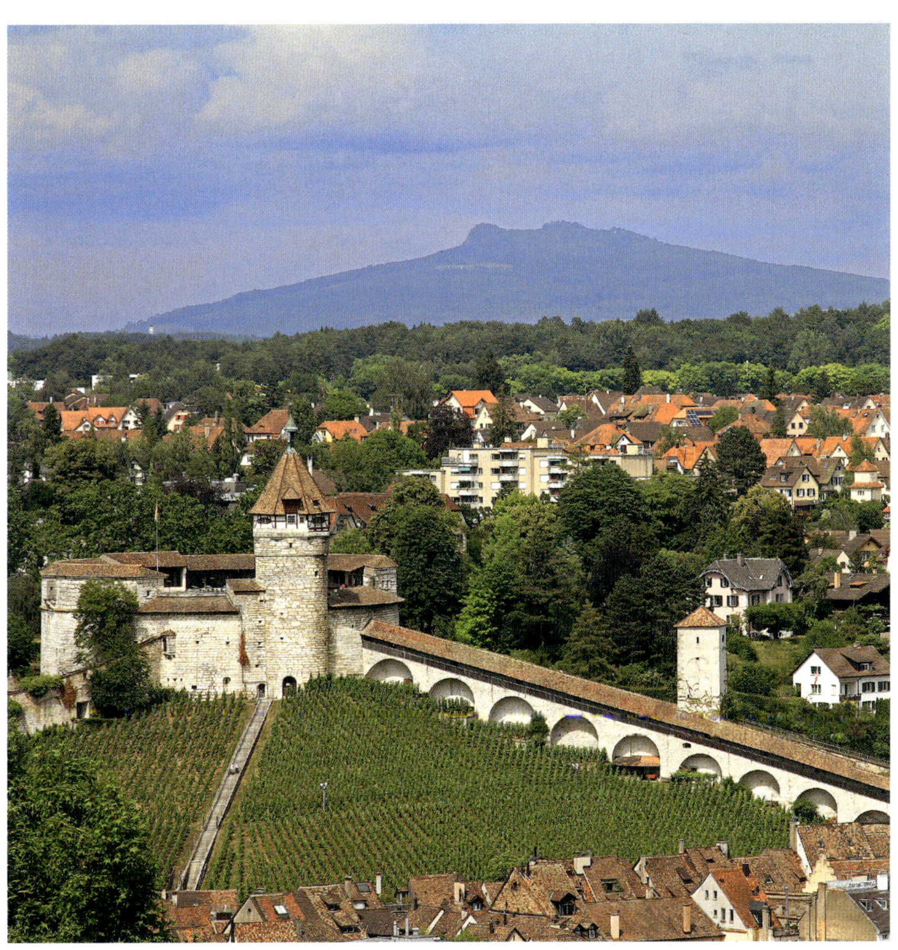

Tour 28

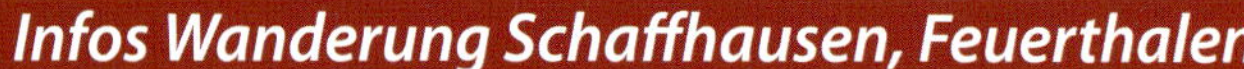

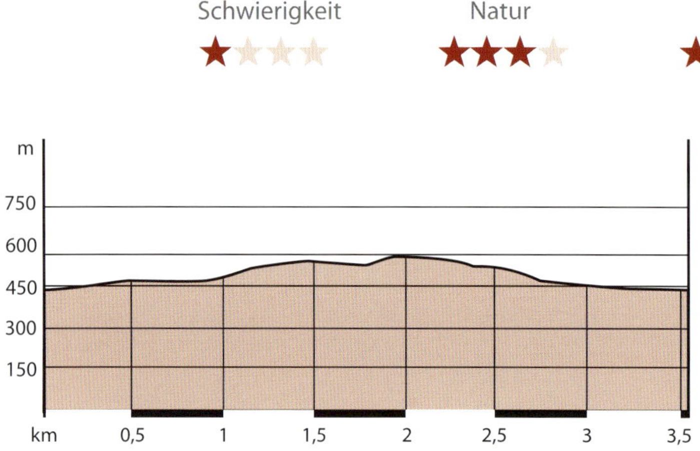

Länge der Tour: 3,5 km
Gehzeit: 1,5 h
Höhendifferenz: 165 m
Aufstieg: 144 m
Abstieg: 144 m

Charakter der Tour

Einsame Waldwanderung auf Forstwegen mit schönen Ausblicken auf den Rhein und ins Hegau hinein. Da der Weg weitgehend im Waldschatten verläuft, kann er für besonders heiße Tage empfohlen werden.

Tipp

Gut zu kombinieren mit einem Stadtrundgang durch Schaffhausen und einem Spaziergang zum Rheinfall.

Sehenswürdigkeiten

Schaffhausen: Stadtrundgang Seite 117.

Sonstige Aktivitäten

3,5 km

Wandern: *Baumlehrpfad Breitenau* (Im Park des Psychiatriezentrums Breitenau in Schaffhausen führt ein Baumlehrpfad durch den wertvollen, teilweise über 100 Jahre alten Baumbestand);
WWF Biberpfad von Rüdlingen nach Tössegg entlang des Rheins;
Blauburgunderland Panoramaweg (12 km Höhenwanderung durch das Herz der Schaffhauser Weinbauregion. Mit Bus von Schaffhausen zur *Siblinger Höhe*, zurück von Trasadingen mit der Bahn);
„StadtNaturWeg" Schaffhausen (Naturlehrpfad mit 21 Stationen); *Schaffhausen – Rheinfall* (entlang des Rheins, von der Altstadt Schaffhausen zum größten Wasserfall Europas. Zurück mit dem Bus);
Tageswanderung Schaffhausen - Stein am Rhein (zurück per Schiff oder Bahn).
Radfahren: Die *Rhein-Route* (nationale Fahrradroute 2 Andermatt - Basel) Verlängerung bis zur Nordsee möglich. Auf dem *EuroVelo 6*, der hier vorbei kommt, und vom Atlantik ans Schwarze Meer führt.

Anreise:
Vom Autobahnkreuz Hegau bei Singen auf der A 81 in Richtung Südwesten bis diese endet und auf die B 34 stößt. Rechts abbiegen und auf der Zollstraße in die Schweiz einfahren. Die Zollstraße geht in die A4 über und führt direkt nach Schaffhausen. In der Stadt an der Ausfahrt 4 rechts ausfahren, links auf die Fulachstraße, rechts in die Bachstraße bis diese auf die Rheinuferstraße stößt. Links abbiegen und gleich rechts über den Rhein nach Feuerthalen. Hier zunächst der Zürcherstraße und dann der Diessenhofen Straße folgen. Dann rechts in die Bahnhofstraße bis zu deren Ende. Rechts in die Vogelsangstraße bis zum Parkplatz des Sportplatzes.

Kartenmaterial:
Kompass Wanderkarte: ***Hegau, Westlicher Bodensee,*** 1:50.000;
Topografische Freizeitkarten Baden-Württemberg: ***510 Singen,*** 1:50.000.

Übernachtung:
Schaffhausen: *B&B Hürlimann,* Kasinogässchen 5, Tel. +41 (0)52 301 42 29, *Afra's B&B Schaffhausen,* Stokarbergstr. 76, Tel. +41 (0)52 624 30 20; *Backpacker Federnhut,* Moserstr. 10, Tel. +41 (0)52 625 22 94, *Backpacker CrossBox,* Hintersteig 1, Tel. +41 (0)52 620 10 00, www.crossbox.ch; *Jugendherberge Schaffhausen,* Randenstr. 65, Tel. +41 (0)52 625 88 00. **Dachsen:** *Jugendherberge Dachsen,* Schloss Laufen am Rheinfall, Tel. +41 (0)52 659 61 52, www.youthhostel.ch/de/hostels/dachsen

Auskunft:
Schaffhauserland Tourismus, Herrenacker 15, Tel. +41 (0)52 632 40 20, www.schaffhauserland.ch

Über verschlungene Waldpfade

Karte Wanderung Schaffhausen

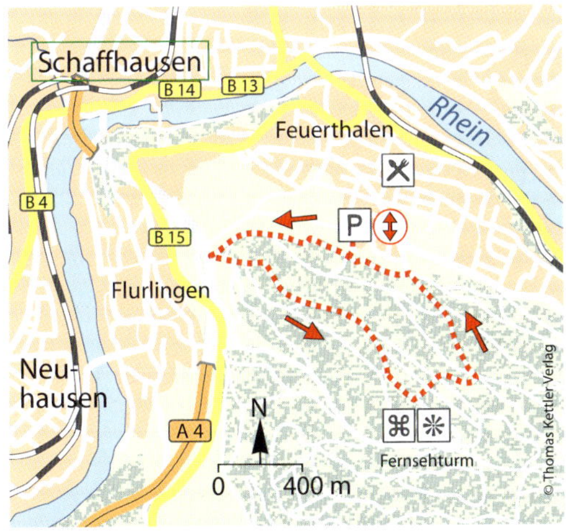

Idealer Startpunkt der kurzen Wanderung ist der örtliche Sportplatz im Stadtteil Feuerthalen, auf der gegenüberliegenden Rheinseite von Schaffhausen. Von da aus geht es geradewegs in Richtung Wald. Wer aufmerksam ist, kann schon jetzt das Ziel der Wanderung entdecken, einen riesigen stählernen Antennenmast, dessen Spitze aus dem Wald ragt. Am Waldrand angekommen, folge ich diesem gegen den Uhrzeigersinn, dabei erhasche ich einige Ausblicke in Richtung Schaffhausen und den dahinter in der Ferne liegenden Hegau-Vulkan Hohenstoffeln. Besonders beeindruckend ist der Blick auf die massive Festungsanlage Munot, dem Wahrzeichen der Stadt (siehe Stadtrundgang Seite 117). Aus der Ferne wird die klare Bauweise des zylindrischen Gebäudes, von dem sternförmig Mauern und Treppen wegführen, besonders deutlich.

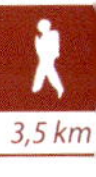

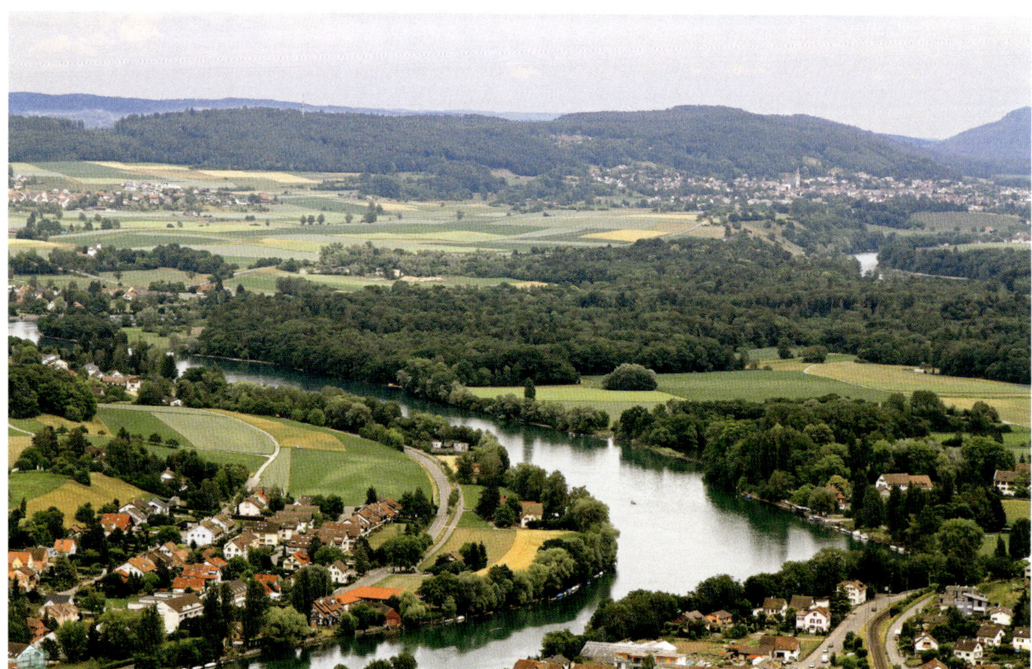

Ich folge weiter dem Waldrand, bis ich zu einer Kreuzung komme, an der ein altes, baufälliges Haus steht. An der Abzweigung zur Linken, finde ich die für diese Gegend typisch gelben Wanderweg-Markierungen, denen ich nun folge. Nach nur wenigen Metern stoße ich auf einen Sportplatz, wo die Markierungen mich links auf einen schmalen Wanderpfad führen. Nach einigen hundert Metern passiere ich einen zugewachsenen Aussichtspunkt, der zwar keinen Fernblick mehr gewährt, dafür aber eine Grillstelle samt Unterstand bietet.

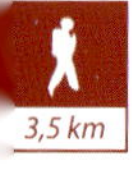

Der Wanderweg geht bald darauf in einen Forstweg über. Eindrückliche Stille umgibt mich, während ich dem stetig, aber sanft ansteigenden Weg folge. Unvermittelt stehe ich vor dem gigantischen Antennenturm, der mitten auf eine Waldlichtung gestellt wurde. Eine enge und luftig konstruierte Wendeltreppe, deren zahlreiche Stufen mich ins Schwitzen bringen, führt hinauf zu einer Plattform. Der anstrengende Aufstieg wird allerdings in Form eines unglaublichen 360-Grad-Panoramas wettgemacht. Der Blick reicht über die umgebenden dichten Waldkronen weit zurück ins Hegau Richtung Deutschland und über die oberen Schleifen des Rheins. Bei guter Sicht kann man sogar die Alpenkette sehen, von der die regelmäßigen Zacken des Churfirsten genannten Gebirgsstocks die auffälligsten sind.

Wer sich vom Auf- und Abstieg erholen muss, kann dies auf dem 100 Meter neben dem Turm angegliederten Pausen- und Grillplatz für Wanderer tun.

Gleich hinter dem Turm geht es in fast alpiner Manier steil abwärts, durch einen herrlichen Buchenwald, der mit Tannen und Douglasien durchsetzt ist. Als der Weg wieder ebener wird, suggeriert der Stadtweg auf dem ich mich nun befinde, bebautes Stadtgebiet. Tatsächlich dauert es aber noch rund zehn Minuten, bis ich mich wieder zwischen Häusern und bald darauf am Sportplatz, dem Ausgangspunkt des aussichtsreichen Spaziergangs befinde.

Der Rheinfall

Spaziergang am größten Wasserfall Europas.

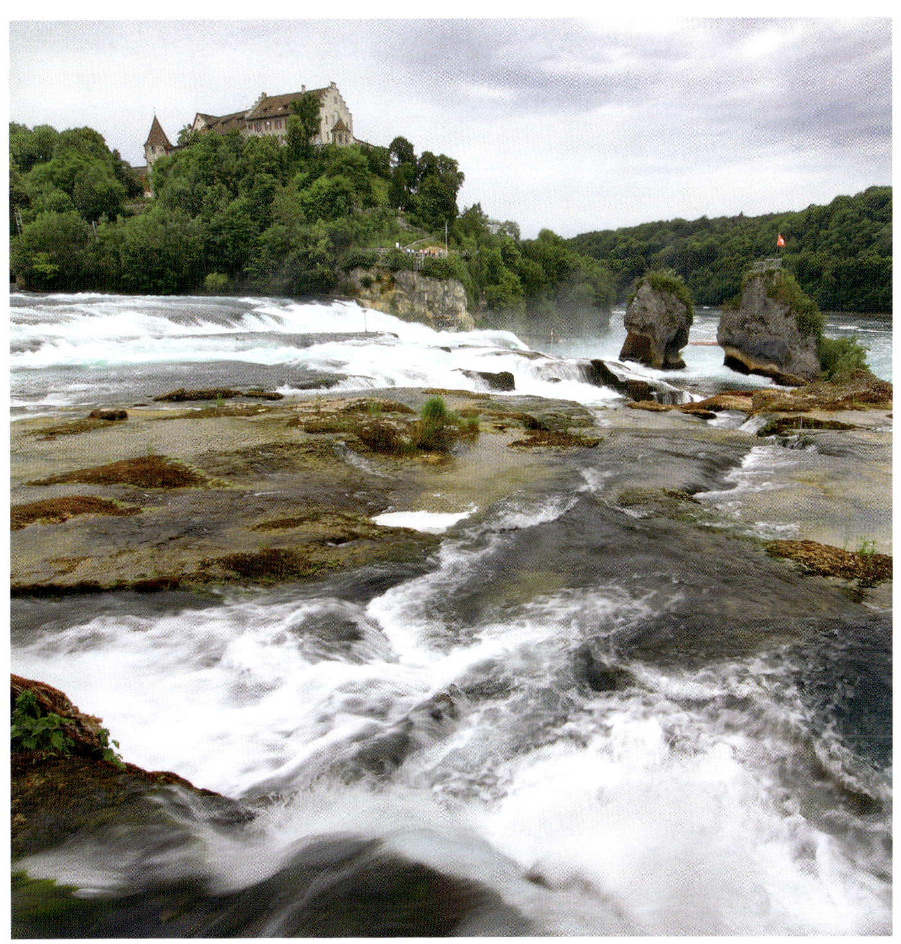

Tour 29

Infos Wanderung Rheinfall

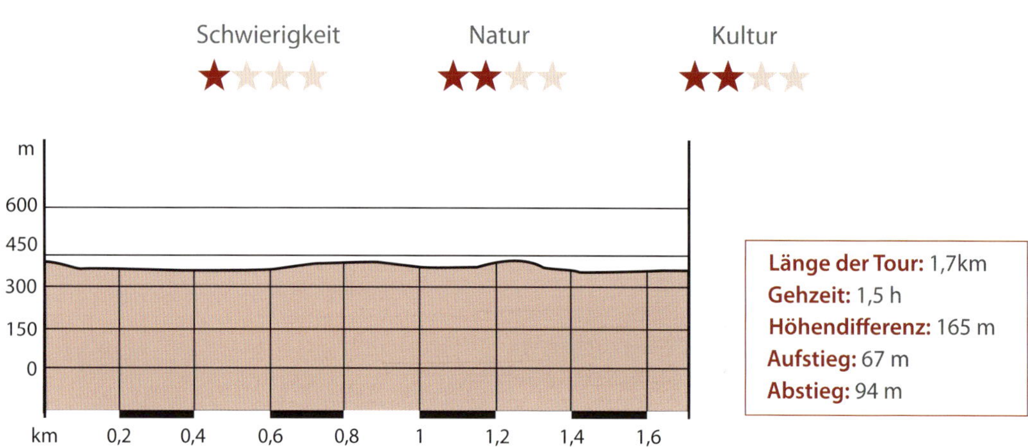

Charakter der Tour

Kurzer, aber spektakulärer Spaziergang entlang der tosenden Rheinfälle, der gut mit einem Stadtrundgang durch Schaffhausen verbunden werden kann. Hier ist man mitten in der Stadt und zwischen Touristengruppen aus aller Herren Länder unterwegs.

Sehenswürdigkeiten

Schaffhausen: *Munotwächter*, Tel. +41 (0)52 625 42 25, www.munot.ch; *Munot Rosengarten*, Tel. +41 (0)52 632 40 20; *Kloster zu Allerheiligen, Münsterkirche* (12. Jh.); *Klosterkirche Rheinau*, Tel. +41 (0)52 319 31 00; *Fresken am Haus zum Goldenen Ochsen*, Tel. +41 (0)52 632 40 20. Stadtrundgang Seite 117.

Sonstige Aktivitäten

Wandern: *WWF Biberpfad* am Rhein, *Blauburgunderland Panoramaweg* 12 km, Diverse rheinbegleitende Wanderungen, hier sei die *ViaRhenana* genannt. Wanderung *Feuerthalen* Tour 28.
Radfahren: Die *Rhein-Route* (nationale Fahrradroute 2 Andermatt - Basel) Verlängerung bis zur Nordsee möglich. Auf dem *EuroVelo 6,* der hier vorbei kommt, und vom Atlantik ans Schwarze Meer führt.
Seilpark: *Adventure Park am Rheinfall,* Tel. +41 (0)52 620 49 11, www.ap-rheinfall.ch

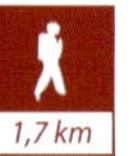

Anreise:
Vom Autobahnkreuz Hegau bei Singen geht es auf der A 81 in Richtung Südwesten bis diese endet und auf die B 34 stößt. Rechts abbiegen und auf der Zollstraße in die Schweiz einfahren. Diese geht dann in die A4 über und führt direkt nach Schaffhausen. In Schaffhausen nach dem langen Tunnel rechts halten und auf der Schaffhauserstraße bis zum Kreisverkehr, dort zweite Ausfahrt auf die Zentralstraße, rechts in die Wildenstraße und dann im Kreisverkehr die dritte Ausfahrt zur Rheinfallstraße, durchfahren bis zu den Parkplätzen.

Kartenmaterial:
Kompass Wanderkarte: ***Hegau, Westlicher Bodensee,*** 1:50.000
Topografische Freizeitkarten Baden-Württemberg: ***510 Singen,*** 1:50.000

Übernachtung:
Schaffhausen: *B&B Hürlimann,* Kasinogässchen 5, Tel. +41 (0)52 301 42 29, *Afra's B&B Schaffhausen,* Stokarbergstr. 76, Tel. +41 (0)52 624 30 20; *Backpacker Federnhut,* Moserstr. 10, Tel. +41 (0)52 625 22 94, *Backpacker CrossBox,* Hintersteig 1, Tel. +41 (0)52 620 10 00, www.crossbox.ch; *Jugendherberge Schaffhausen,* Randenstr. 65, Tel. +41 (0)52 625 88 00 **Dachsen:** *Jugendherberge Dachsen,* Schloss Laufen am Rheinfall, Tel. +41 (0)52 659 61 52, www.youthhostel.ch/de/hostels/dachsen

Auskunft:
Schaffhauserland Tourismus, Herrenacker 15, Tel. +41 (0)52 632 40 20, www.schaffhauserland.ch

Spaziergang am größten Wasserfall Europas

Karte Wanderung Rheinfall

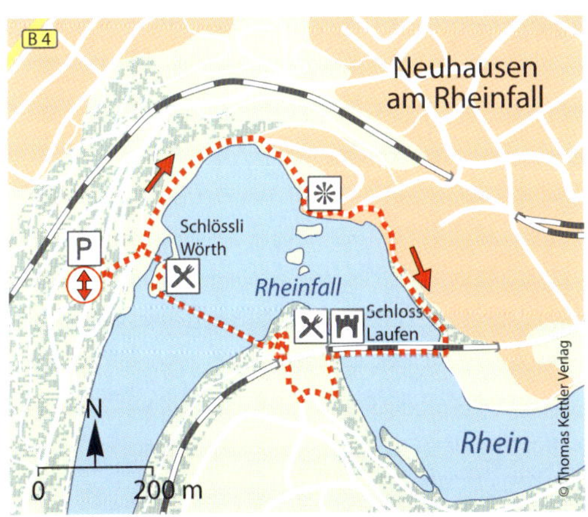

Das Auto parke ich am westlichen Ufer unterhalb des Rheinfalls. Schon beim Aussteigen ist das Rauschen des Wasserfalls zu hören. Die wenigen Schritte zum Wasser sind schnell getan. Fasziniert schaue ich auf die schäumende Gischt, bevor ich dem Informationszentrum einen Besuch abstatte. Hinter ihm liegt das Schlössli Wörth auf einer kleinen Insel. Nach seiner Erbauung im 13. Jahrhundert wurde das Gebäude bis weit ins 19. Jahrhundert hinein zu einem bedeutenden Warenumschlagplatz. Heute kann man hier vorzüglich im Gourmet-Restaurant oder Snack-Restaurant einkehren. Schon Goethe war zu Gast und genoss bei einem Glas Wein den Blick auf das atemberaubende Naturschauspiel. Schlössli Wörth ist außerdem Startpunkt für die Touristenschiffe, die sich im Rheinbecken sehr nah an den Fall heranwagen. Man kann den umtosten Felsen in der Mitte des Falles anfahren und dort über schmale und steile Treppen eine Aussichtsplattform besteigen. Außerdem werden kleine und große Rheinfallrundfahrten sowie die Übersetzung zum Schloss Laufen angeboten. Ich aber bewege mich zunächst am Ufer entlang immer auf den Rheinfall zu.

Je näher ich komme, desto feuchter wird die Luft. Die schäumenden Wassermassen wirbeln feine Wassertropfen auf, die an den Felsen dicke Moospolster gedeihen lassen. Kurz vor dem gewaltigen Fall steige ich rechts zwischen Felsen und einer Wassermühle über Treppen nach oben, hautnah vorbei am Spektakel. Auf einer Breite von etwa 150 Metern stürzen sich die donnernden Wassermassen des Rheins 23 Meter in die Tiefe. Mit gewaltiger

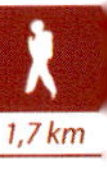

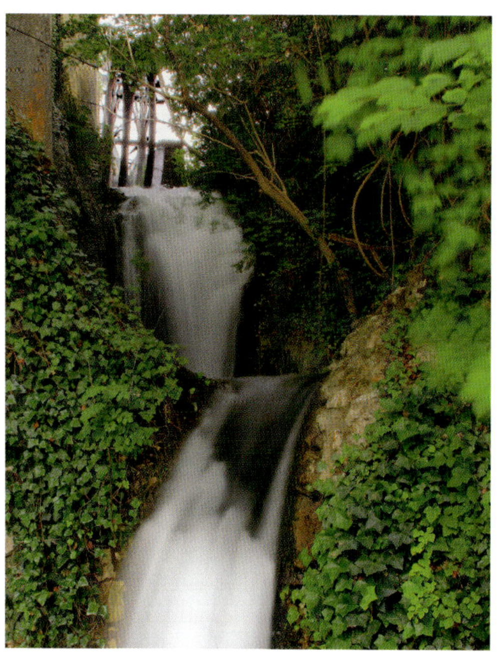

Kraft schießen im Sommer durchschnittlich 700.000 Liter Wasser pro Sekunde in Kaskaden hinunter in den Kolk. Damit gilt der Rheinfall als der größte Wasserfall Europas. Der Rhein wurde im Laufe seiner Existenz schon mehrfach durch eiszeitliche Prozesse und Geschiebemassen umgelenkt. So gab es auch eine Zeit, als er am Überlinger See bei Bodman den Bodensee verließ. Sein heutiges Flussbett kurz unterhalb des Bodensees, entstand vor etwa 14.000 Jahren.

Eine solch gewaltige Energiequelle erweckte Anfang des 20. Jahrhunderts mit steigendem Stand der Technik natürlich weitere Begehrlichkeiten. Zum einen drohten der Bau eines riesigen Kraftwerks zur Stromgewinnung sowie der Ausbau des Rheins zur Schifffahrtsstraße samt Schleusen. Volksabstimmungen verhinderten aber stets eine Zerstörung eines Landschaftsbildes, das mittlerweile zu den nationalen Schweizer Wahrzeichen zählt. Wegen seiner touristischen Attraktivität und des daraus resultierenden ökonomischen Wertes für die lokale Bevölkerung, sollte es auch weiterhin leicht fallen, derartige Ansinnen zu verhindern.

Diverse Aussichtsplattformen sorgen auf den nächsten Metern für faszinierende Panoramen. Die Eisenbahnbrücke, die sich in schön geschwungenen Bögen über den Fluss streckt, kann auch von Fußgängern begangen werden. Über sie komme ich schnell zum Schloss Laufen. Das wie ein Adlernest auf einem Felsen über dem Wasserfall thronende Gebäude wurde im Jahre 858 errichtet und war lange Stammsitz der Freiherren von Laufen, ehe es von der Stadt Zürich erworben wurde. Zwischenzeitlich von Napoleons Truppen erobert, kam das Schloss im Jahre 1941 in den Besitz des Kantons Zürich. Heute gibt es verschiedene Attraktionen für Besucher. Eine moderne Infoeinrichtung zeigt seine Geschichte und liefert Fakten über das Naturschauspiel Rheinfall. Hautnah kommt man über den Belvedere-Weg zum Känzeli, einer kleinen Aussichtsplattform direkt über dem tosenden Nass. Darüber hinaus gibt es einen Panorama-Lift, der mit luftiger Aussicht lockt. Mit der angeschlossenen Jugendherberge bietet sich darüber hinaus eine erschwingliche Unterkunft. Mit der Rheinfähre gelange ich zurück zur anderen Rheinseite, an den Anleger des Schlösslis Wörth.

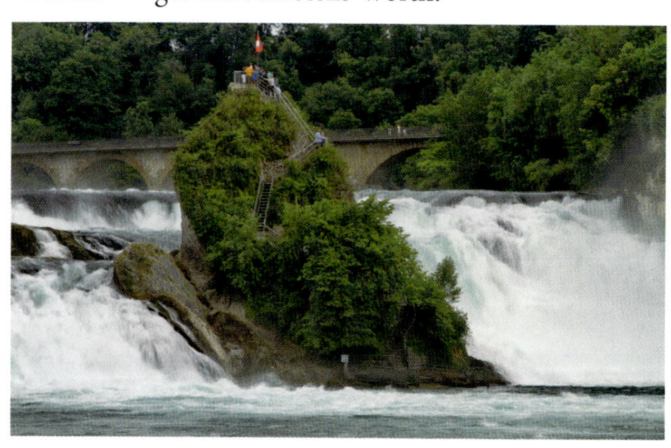

Über den Autor

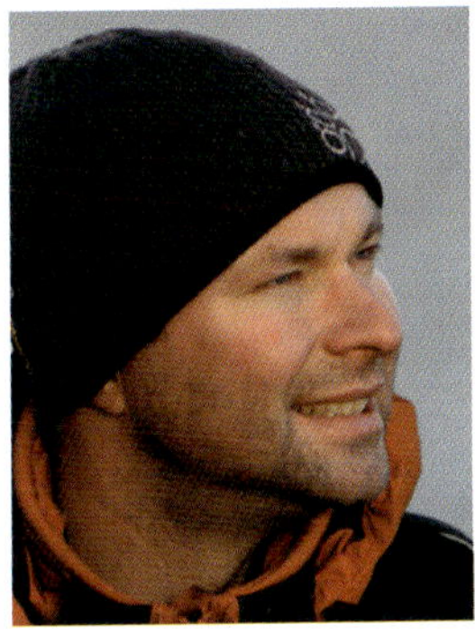

Björn Nehrhoff von Holderberg

Björn Nehrhoff von Holderberg ist mit allen Wassern gewaschen. Schon als kleines Kind von seinen Eltern im Faltboot mitgeschleppt, wurde er vom Paddelvirus früh infiziert. Der Reisebuchautor schreibt und fotografiert für Kanu- und Outdoormagazine und ist zusammen mit Frau und Freunden bevorzugt überall dort unterwegs, wo das Wasser salzig ist. Trotz abenteuerlicher Touren in fremden Gefilden, wie z.B. Schottland, Kanada, Norwegen und Korsika, liebt er es besonders, die Heimatgewässer zu befahren.

Auf seiner Internetseite www.liquidmedicine.de schreibt er in seinem Blog von den alltäglichen „kleinen Abenteuern" vom Brandungssurfen bis hin zur Naturfotografie.

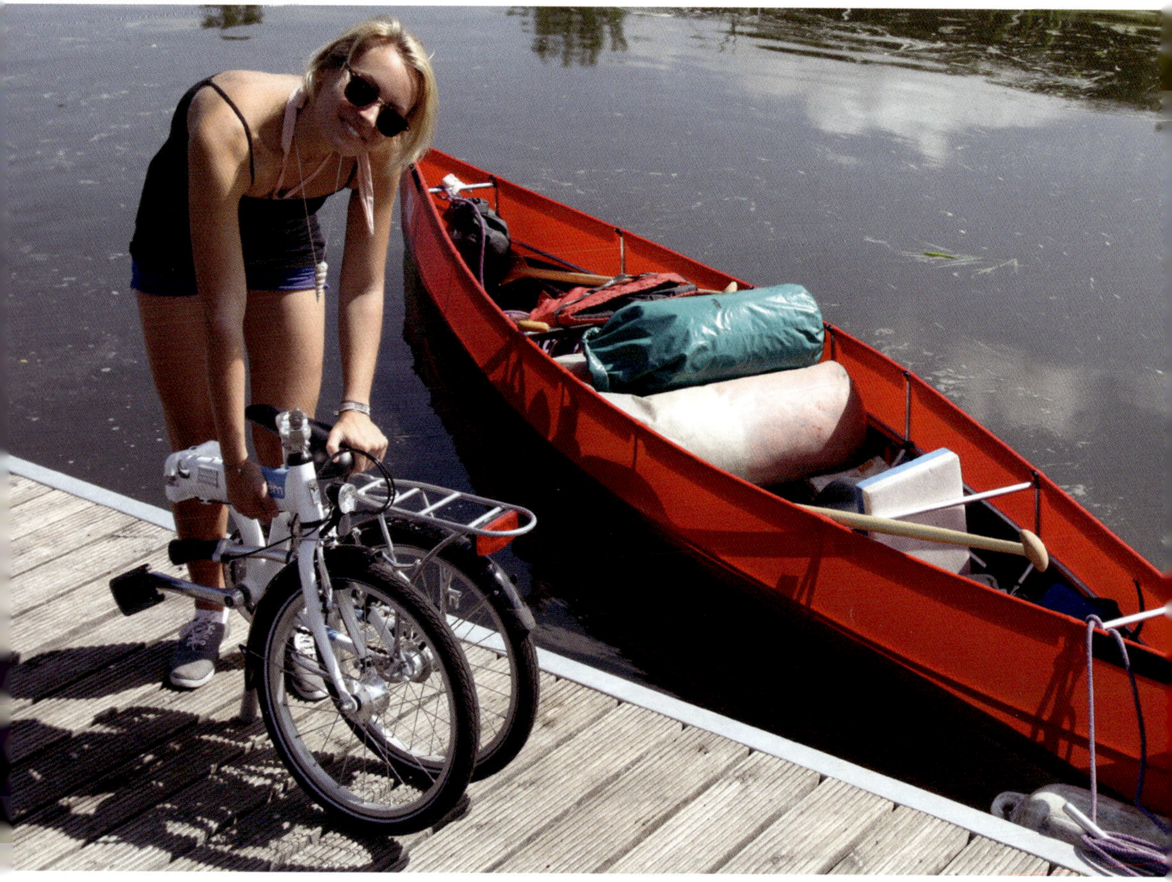

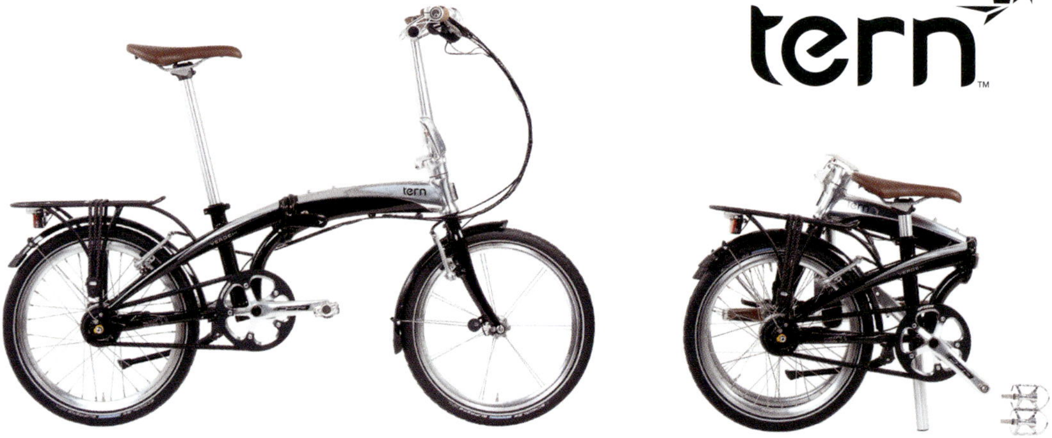

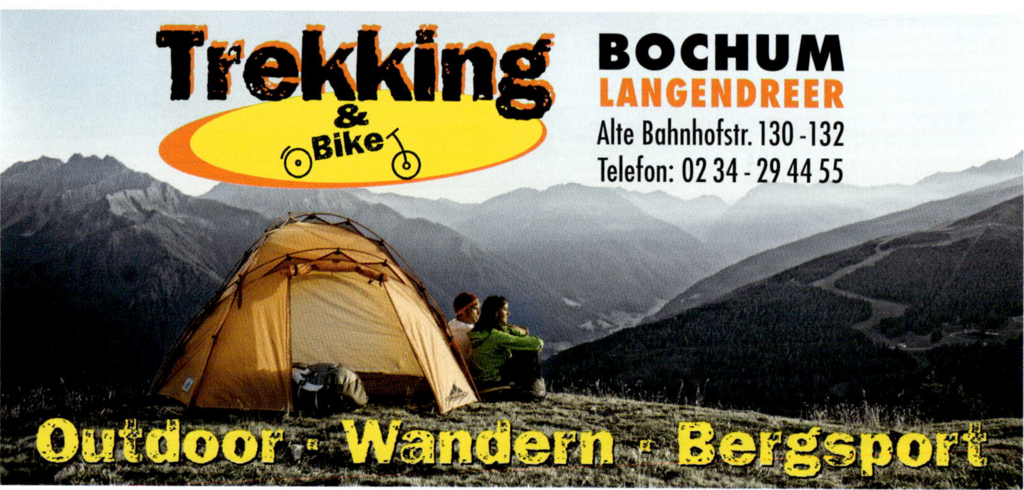
Trekking
&
Bike
BOCHUM
LANGENDREER
Alte Bahnhofstr. 130 -132
Telefon: 02 34 - 29 44 55
Outdoor · Wandern · Bergsport

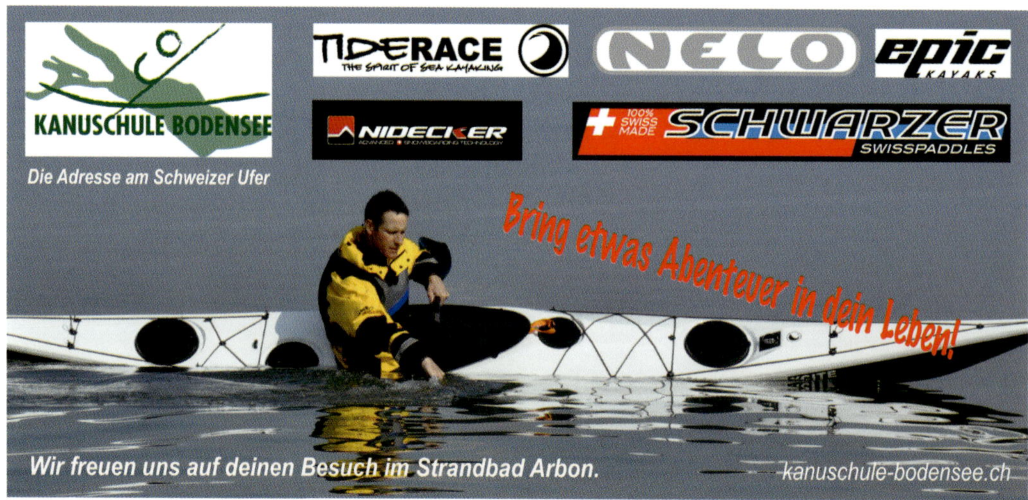
KANUSCHULE BODENSEE
Die Adresse am Schweizer Ufer
TIDERACE
THE SPIRIT OF SEA KAYAKING
NELO
epic
KAYAKS
NIDECKER
100% SWISS MADE
SCHWARZER
SWISSPADDLES
Bring etwas Abenteuer in dein Leben!
Wir freuen uns auf deinen Besuch im Strandbad Arbon.
kanuschule-bodensee.ch

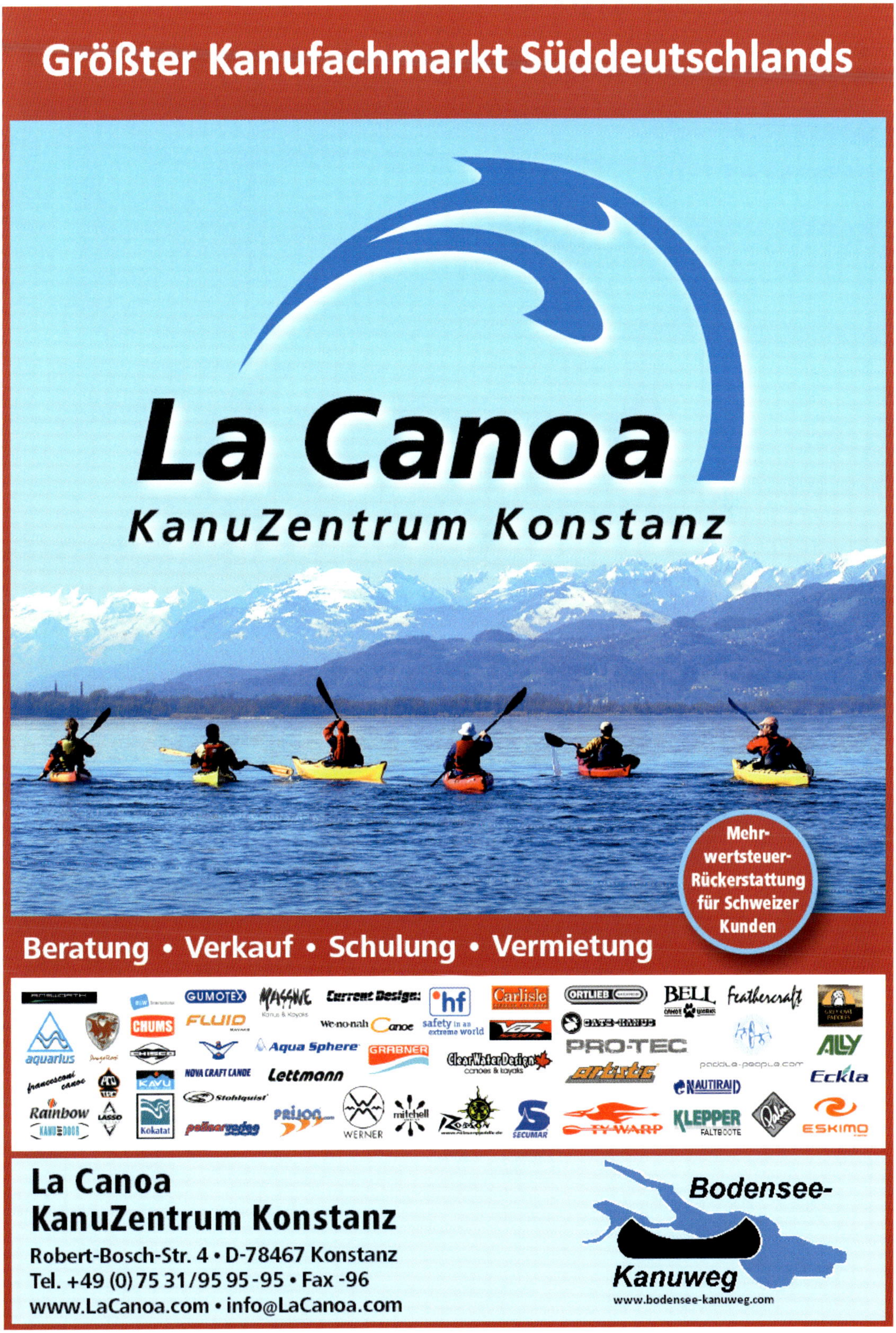

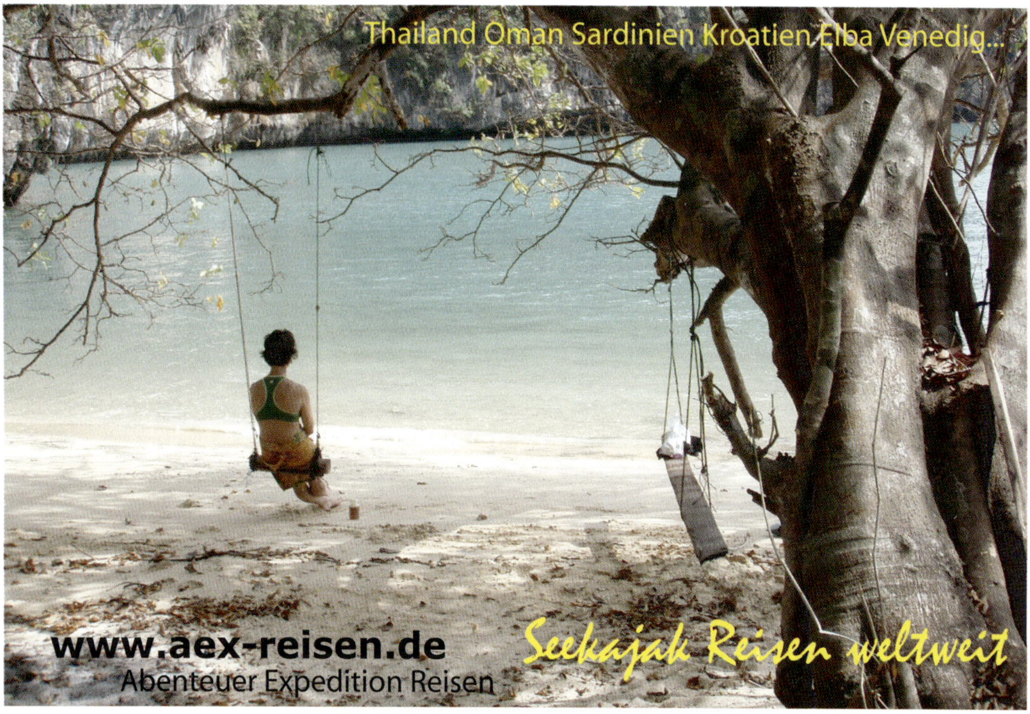

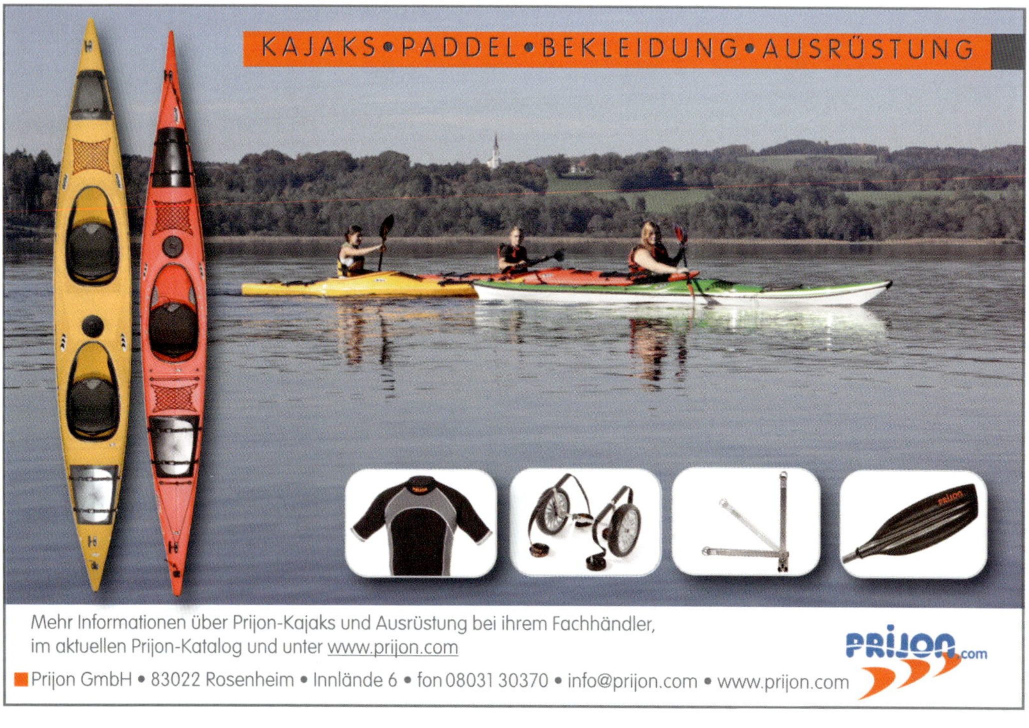

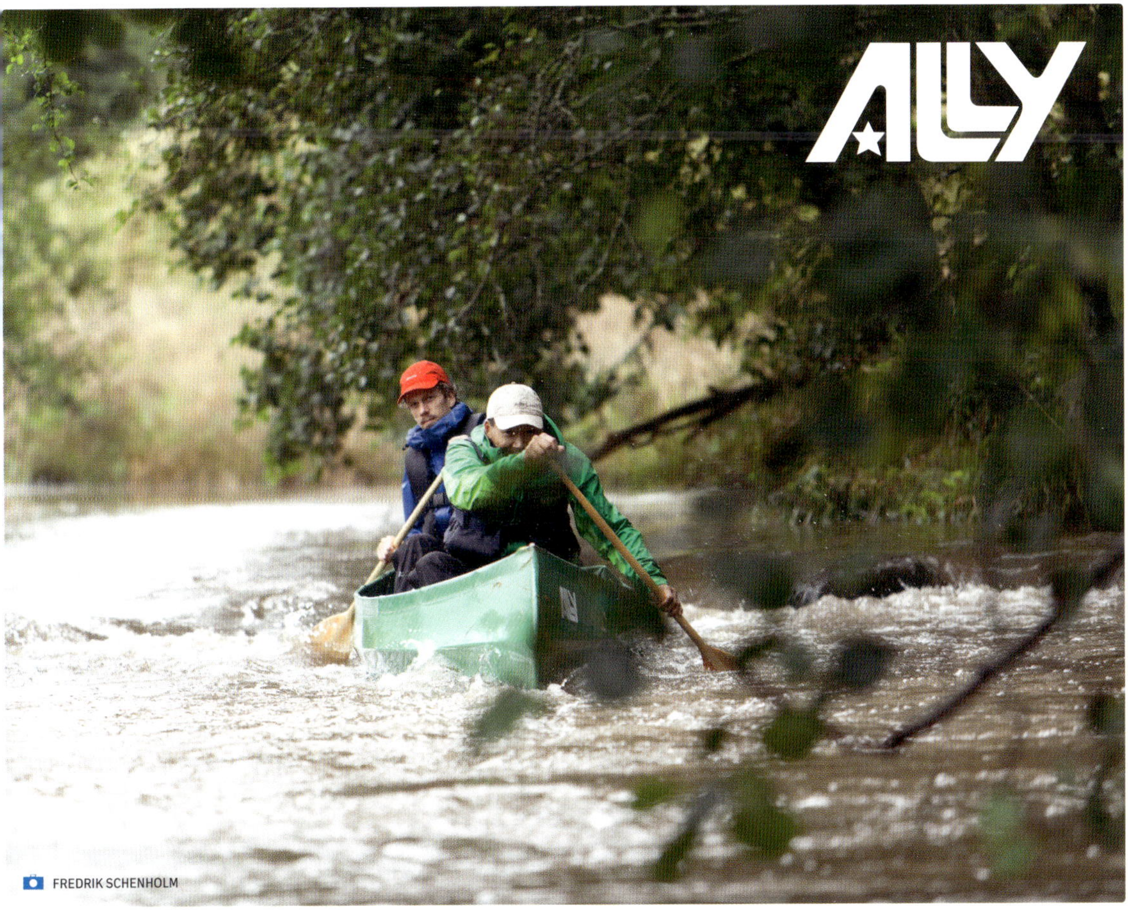

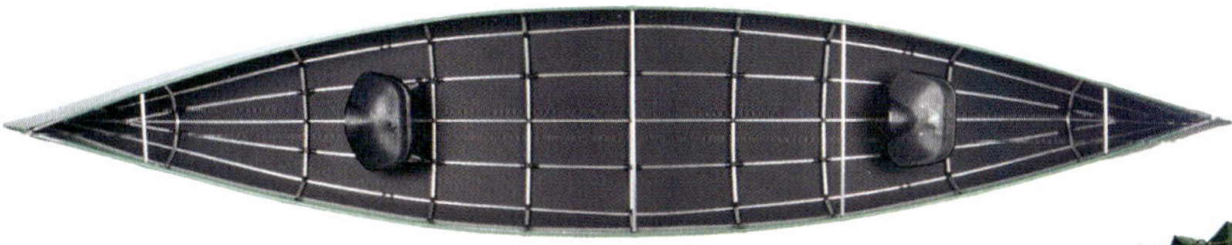

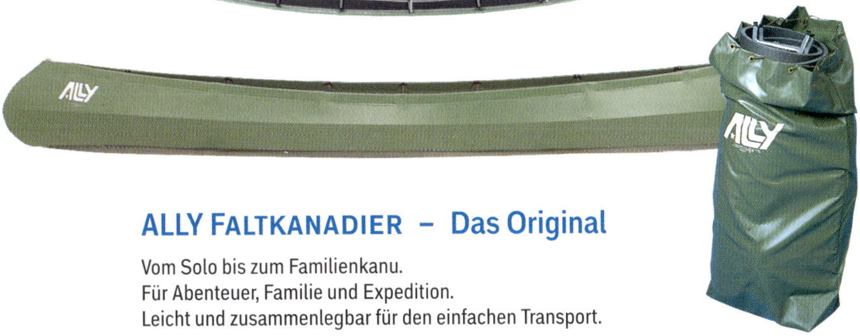

In der Reihe Outdoor Kompass bisher erschienen

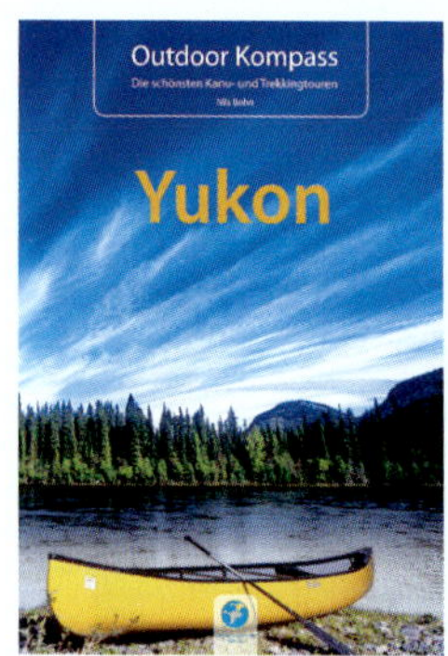

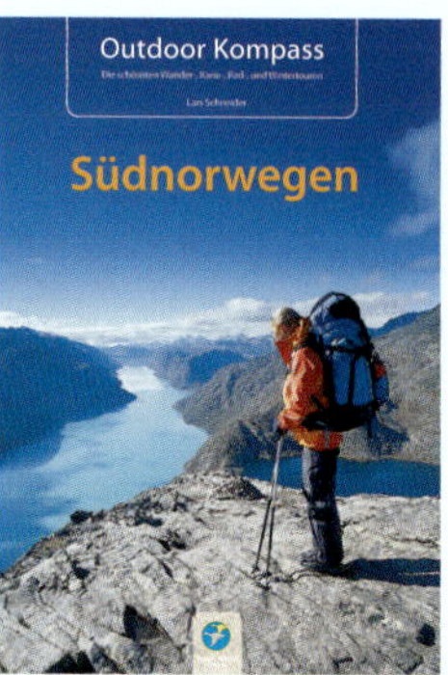

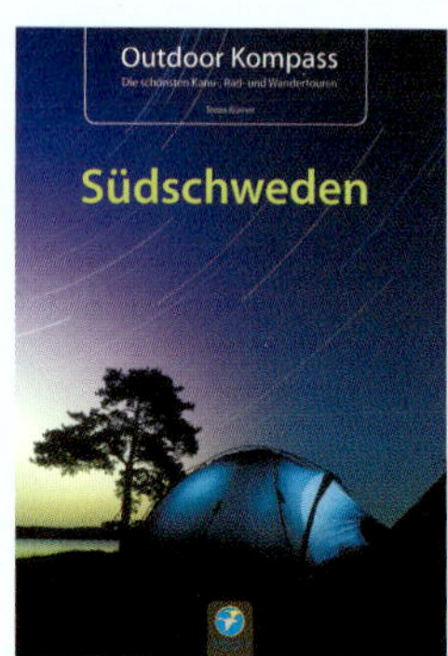

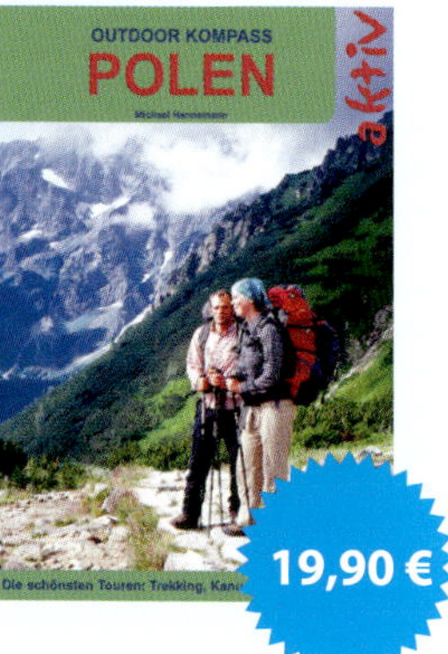

In der Reihe Kanu Kompass bisher erschienen

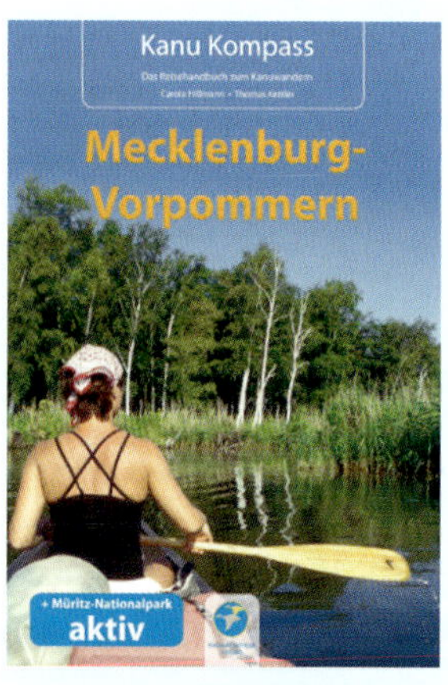

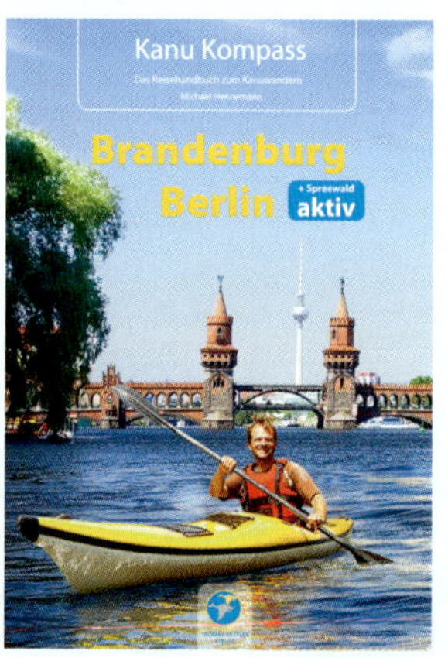

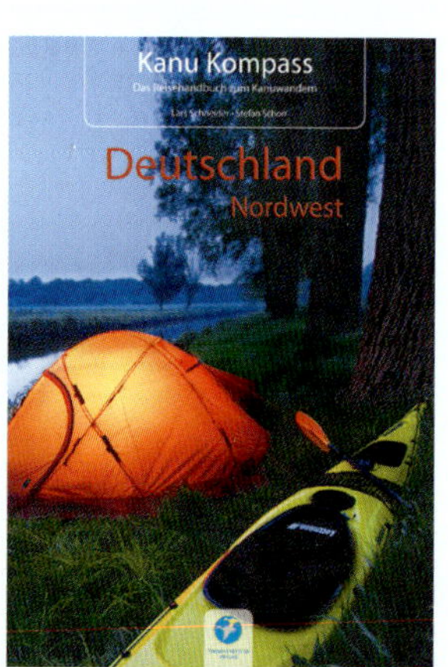

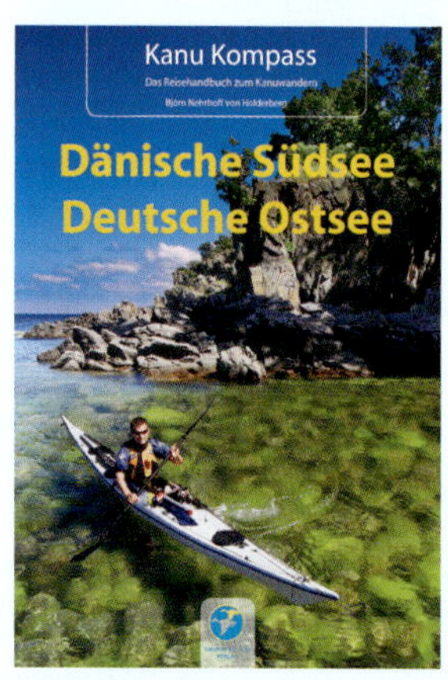

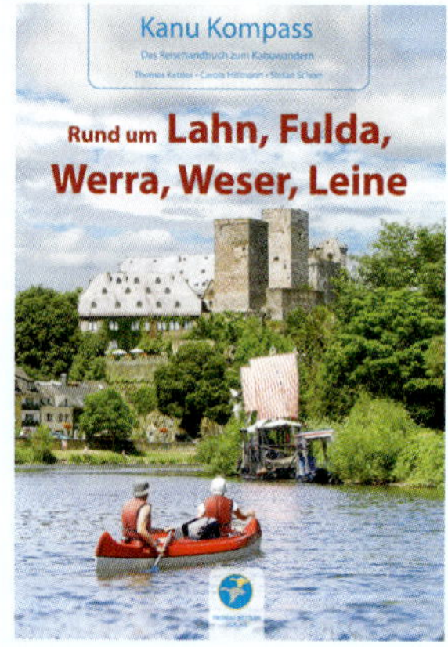

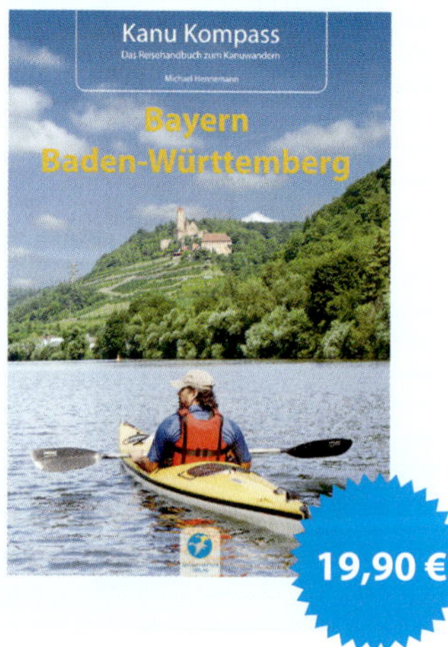

Erscheint 2013 / 2014

Die schönsten Kanutouren in Südschweden

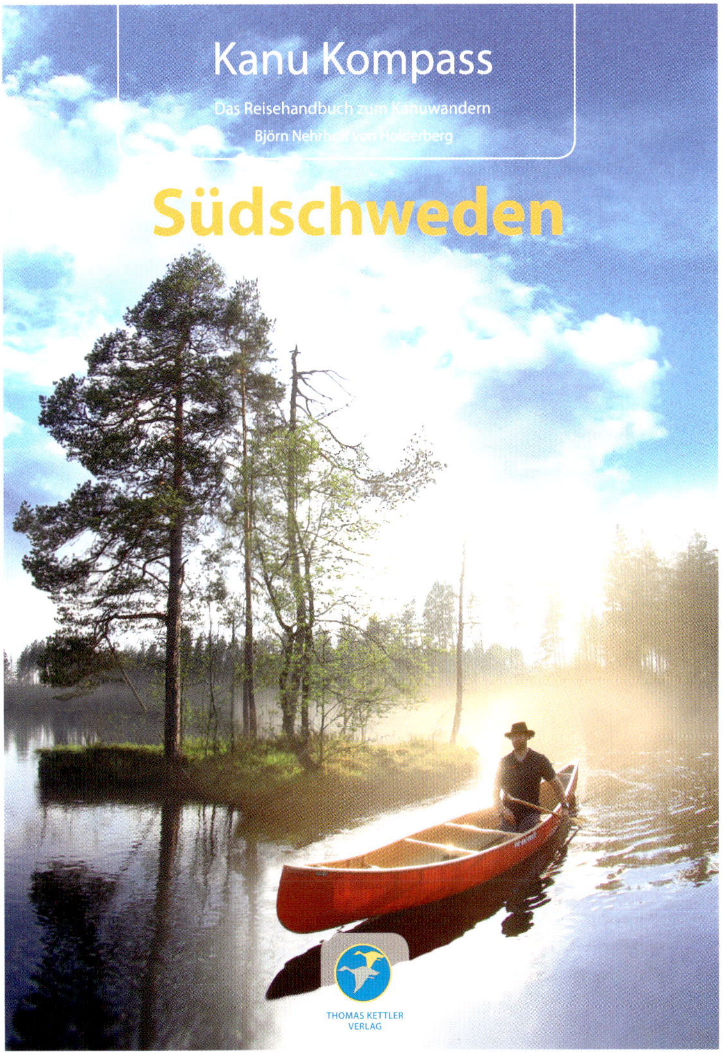

Kanu Kompass

Das Reisehandbuch zum Kanuwandern

Björn Nehrhoff von Holderberg

Südschweden

THOMAS KETTLER VERLAG

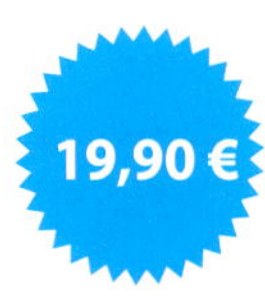

Register

Register